離婚調停・遺産分割調停の実務

―書類作成による当事者支援

日本司法書士会連合会 編

発行 民事法研究会

はしがき

　司法書士は、市民の「身近なくらしの中の法律家」として、これまで、離婚調停や遺産分割調停等の家事事件における申立書等作成といった家庭裁判所へ提出する書類作成業務を中心として、家庭裁判所を利用する当事者の支援を行ってきた。もちろん、その支援とは、単に申立書類を作成するだけではなく、さまざまな悩みや疑問をもって裁判手続に臨む当事者に寄り添い、当事者との二人三脚により、その紛争解決に対峙してきたといえる。

　また、成年後見人や相続財産管理人・不在者財産管理人などの財産管理業務においては、専門職としての実績を着実に積み重ねているところであり、特に成年後見分野においては、公益社団法人成年後見センター・リーガルサポートの尽力もあって、司法書士の実績は社会的にも広く認知されているといってよいであろう。

　しかし、少子高齢化等を要因として激増する家事事件全般にわたって、そのニーズに司法書士が十分に応えられているかといえば、残念ながらまだまだ不十分と言わざるを得ない。それは、本書に詳述するとおり、さまざまなデータから明らかである。

　司法書士は、これまで、いわゆる本人訴訟支援の実務から当事者に寄り添いながら紛争を解決していくノウハウを蓄積してきている。一方、多くの司法書士会においては調停センターを立ち上げ、相談技法などコミュニケーション・スキルについてのトレーニング実績も日々積み重ねられている。

　さらにいえば、離婚調停や遺産分割調停の多くは相続登記や自宅の財産分与による所有権移転登記をも包含していることから、利用者のニーズの側面からも、登記の専門家である司法書士が、事件全体のサポートができることが望ましいといえる。

　本書は、このような現状認識に立ち、全国の司法書士が、今後も増え続けるであろう家事事件全般に、法律専門家として、書類作成のみにとどまらない当事者の支援を行うためのノウハウを、ひとまず離婚調停・遺産分割調停

はしがき

に絞って提供することとした。
　本書が、くらしの法律問題に悩む市民を支援する司法書士の実務の一助になれば幸いである。
　　　平成27年4月

　　　　　　　　　　　　　　日本司法書士会連合会会長　齋　木　賢　二

●目　次●

第1章　司法書士の家事事件関与と家事事件手続法

I　司法書士と家事事件 …… 2
1　司法統計にみる家事事件に関する統計 …… 2
(1)　最近の傾向 …… 2
(2)　離婚関係事件 …… 3
(3)　相続関係事件 …… 4
2　家事事件への法律実務家の関与 …… 4
(1)　概　要 …… 4

〈表1〉　代理人弁護士関与率および平均審理期間の推移（婚姻関係事件）／5

〈表2〉　人事訴訟事件における弁護士選任率の推移と事件の内訳／6

〈表3〉　遺産分割事件の新受件数と死亡者の推移／7

〈表4〉　代理人弁護士関与率および平均審理期間の推移（遺産分割事件）／7

〈表5〉　訴訟代理人の選任状況の推移（過払金返還請求訴訟を除く民事第1審訴訟）／8

(2)　家事事件手続法の施行による関与の必要性の高まり …… 9

II　家事事件手続法 …… 13
1　家事事件の分類と審理の流れ …… 13
(1)　家事事件の分類 …… 13
(2)　各分類に属する事件 …… 13

〈表6〉　家事事件の分類／13

(3)　各分類に属する事件の特徴および手続の流れ……………………15
　　〔図1〕　別表第1に掲げる事項についての審判事件の流れ／16
　　〔図2〕　別表第2に掲げる事項についての審判事件の流れ／17
　　〔図3〕　離婚・離縁事件の流れ／20
　　〔図4〕　離婚・離縁を除く人事訴訟事件の流れ／21
　　〔図5〕　民事訴訟事件の流れ／21
　　〔図6〕　審判・訴訟の対象外事件の流れ／22
　2　家事事件手続法の法理念…………………………………………………22
　(1)　当事者等の手続保障を図るための制度の拡充……………………22
　(2)　手続を利用しやすくするための制度の創設・見直し……………27
　(3)　手続の基本的事項に関する規定の整備……………………………29

第2章　家事調停総論

Ⅰ　通　則……………………………………………………………………32
　1　家事調停の対象……………………………………………………………32
　(1)　家事調停の対象と分類………………………………………………32
　(2)　家事審判法から家事事件手続法への移行時に分類が変更された事件……………………………………………………………………34
　2　管轄と移送…………………………………………………………………36
　(1)　管轄（家事法245条）………………………………………………36
　(2)　地方裁判所または簡易裁判所への移送（家事法246条）…………37
　3　調停機関……………………………………………………………………38
　(1)　調停委員会と家事調停委員（家事法248条・249条）……………38
　(2)　家事調停官（家事法250条・251条）………………………………39
　(3)　家庭裁判所調査官……………………………………………………40

(4)　参与員……………………………………………………………40
　4　裁判所職員の除斥・忌避……………………………………………41
　　(1)　除斥（家事法10条）……………………………………………41
　　(2)　忌避（家事法11条）……………………………………………42
　5　手続行為能力等………………………………………………………43
　　(1)　当事者能力………………………………………………………43
　　(2)　手続行為能力……………………………………………………44
　　(3)　制限行為能力者が法定代理人によらずに自ら手続行為をする
　　　　ことができる事件…………………………………………………44
　　(4)　法定代理………………………………………………………45
　6　手続代理人等…………………………………………………………46
　　(1)　弁護士代理（家事法22条）……………………………………46
　　(2)　裁判長による手続代理人の選任（家事法23条）……………46
　　(3)　子どもの手続代理人……………………………………………46
　　(4)　手続代理人が行うことができない行為………………………47
　　(5)　補佐人（家事法27条）…………………………………………47
　7　記録の閲覧・謄写……………………………………………………47
Ⅱ　家事調停の申立て等……………………………………………………49
　1　家事調停の申立て……………………………………………………49
　　(1)　申立書の記載事項（家事法255条）……………………………49
　　(2)　申立書の写しの相手方への送付等（家事法256条）…………50
　2　調停前置主義（家事法257条）………………………………………50
Ⅲ　家事調停の手続…………………………………………………………53
　1　家事審判の手続の準用（家事法258条）……………………………53
　　(1)　当事者参加（家事法258条1項・41条、家事規128条1項・27
　　　　条）…………………………………………………………………53
　　(2)　利害関係参加（家事法258条1項・42条、家事規128条1項・
　　　　27条4項）…………………………………………………………54

(3) 排除（家事法258条1項・43条、家事規128条1項・28条）………56
　　　(4) 法令により手続を続行すべき者による受継（家事法258条1
　　　　 項・44条、家事規128条1項・29条）……………………………56
　　　(5) 電話会議システム・テレビ会議システム（家事法258条1
　　　　 項・54条、家事規128条1項・42条）……………………………57
　　2 子の意思の把握等（家事法258条1項・65条）……………………58
　　3 事実の調査（家事法261条・262条）………………………………58
　　　(1) 裁判官による調査および証拠調べ（家事法261条）…………59
　　　(2) 家事調停委員による調査（家事法262条）……………………59
　　4 意見の聴取（家事法263条・264条）………………………………60
　　　(1) 他の裁判所への意見の聴取の嘱託（家事法263条）…………60
　　　(2) 家事調停委員の専門的意見の聴取（家事法264条）…………60

Ⅳ　家事調停の終了……………………………………………………………61
　　1 家事調停の成立………………………………………………………61
　　　(1) 調停の成立（家事法268条）……………………………………61
　　　(2) 成立した調停の効力（家事法268条）…………………………61
　　　(3) 裁判所書記官からの通知………………………………………62
　　　(4) 調停条項案の書面による受諾（家事法270条）………………62
　　2 調停の成立によらない事件の終了…………………………………63
　　　(1) 調停をしない場合（家事法271条）……………………………63
　　　(2) 調停の不成立（家事法272条）…………………………………63
　　　(3) 調停の取下げ（家事法273条）…………………………………65

Ⅴ　付調停・自庁処理等………………………………………………………66
　　1 付調停…………………………………………………………………66
　　　(1) 必要的付調停（家事法257条2項）……………………………66
　　　(2) 任意的付調停（家事法274条）…………………………………66
　　　(3) 付調停を処理する裁判所（家事法257条3項・274条2項）…67
　　2 自庁処理………………………………………………………………67

3　訴訟手続の中断、家事審判手続の終了……………………………68
　　(1)　手続の中止（家事法275条）……………………………………68
　　(2)　訴えの取下げの擬制等（家事法276条）………………………68
Ⅵ　合意に相当する審判……………………………………………………69
　　1　合意に相当する審判の意義………………………………………69
　　2　合意に相当する審判の対象………………………………………70
　　3　合意に相当する審判の要件………………………………………70
　　4　確定した合意に相当する審判の効力……………………………71
　　5　婚姻の取消しについての合意に相当する審判の特則 ………71
Ⅶ　調停に代わる審判………………………………………………………72
　　1　調停に代わる審判の意義…………………………………………72
　　2　調停に代わる審判の対象…………………………………………72
　　3　調停に代わる審判の要件…………………………………………73
　　4　調停に代わる審判の取下げの制限………………………………73
　　5　調停に代わる審判の不服申立て…………………………………73
　　(1)　申立権者（家事法286条1項）…………………………………74
　　(2)　異議申立期間（家事法286条2項）……………………………74
　　(3)　異議申立てに対する裁判と効果（家事法286条3項〜10項）………74
　　6　確定した調停に代わる審判の効力………………………………75
　　7　戸籍の届出 …………………………………………………………75

第3章　離婚調停の手続と実務

Ⅰ　総　論……………………………………………………………………78
　　1　離婚調停とは…………………………………………………………78
　　(1)　夫婦関係調整（離婚）調停………………………………………78

目　次

　　《コラム》　離婚する？　しない？／79
　　《コラム》　子の将来を考える機会としての離婚調停／80
　　(2)　婚姻費用分担請求との関係 ………………………………………… 81
　2　離婚調停の申立て ……………………………………………………… 82
　　〔図7〕　離婚調停の手続の流れ／82
　　(1)　司法書士による離婚調停支援の基本姿勢 ………………………… 83
　　(2)　聞取りの姿勢と内容 ………………………………………………… 84
　　（資料1）　離婚相談チェックシート／85
　　(3)　調停前置主義 ………………………………………………………… 87
　　(4)　申立人および相手方 ………………………………………………… 87
　　(5)　管　轄 ………………………………………………………………… 88
　　(6)　申立てに必要な書類と留意点 ……………………………………… 88
　　【書式1】　夫婦関係調整（離婚）調停申立書／90
　　【書式2】　事情説明書／92
　　【書式3】　子についての事情説明書／93
　　【書式4】　進行に関する照会回答書／94
　　【書式5】　連絡先等の届出書／95
　　【書式6】　非開示の希望に関する申出書／96
　3　離婚調停の手続 ………………………………………………………… 97
　　(1)　第1回調停期日を迎えるまで ……………………………………… 97
　　(2)　調停期日 ……………………………………………………………… 97
　　(3)　次回期日までに行うこと …………………………………………… 98
　　(4)　家庭裁判所調査官の事前調査 ……………………………………… 99
　　(5)　司法書士による控室での支援 ……………………………………… 99
　　(6)　調停の成立へ向けて ………………………………………………… 100
　4　離婚調停の終了と諸手続への対応 …………………………………… 100
　　(1)　離婚意思の確認 ……………………………………………………… 100
　　(2)　調停条項 ……………………………………………………………… 101

(3) 戸籍法に基づく離婚の届出 ……………………………………… 101
　　(4) 氏・戸籍の選択 ………………………………………………… 102
　　(5) 子の氏と戸籍 …………………………………………………… 104
　　(6) 離婚時年金分割の請求 ………………………………………… 105
　　(7) 社会保険等に関する手続 ……………………………………… 105
　　(8) 調停不成立の場合の考え方と対応 …………………………… 107
　　　《コラム》　附帯請求と再調停／108
　　　《コラム》　ステップファミリー／109
Ⅱ　離婚原因 ……………………………………………………………… 111
　1　離婚原因とは ……………………………………………………… 111
　　(1) 協議離婚と裁判離婚の違い …………………………………… 111
　　(2) 不貞行為（民法770条1項1号） …………………………… 112
　　(3) 悪意の遺棄（民法770条1項2号） ………………………… 113
　　(4) 3年以上の生死不明（民法770条1項3号） ……………… 113
　　(5) 回復の見込みのない強度の精神病の罹患（民法770条1項4
　　　号） ……………………………………………………………… 114
　　(6) 婚姻を継続しがたい重大な事由（民法770条1項5号） … 114
　2　有責主義と破綻主義 ……………………………………………… 116
　　(1) 有責主義から消極的破綻主義へ ……………………………… 116
　　(2) 最高裁判所の判例変更 ………………………………………… 117
　　(3) 各国の離婚原因 ………………………………………………… 119
　　　《コラム》　協議離婚制度がもたらす弊害／120
Ⅲ　監護権・親権、面会交流 ………………………………………… 122
　　　《コラム》　離婚調停の場をより有効な場とするために／122
　1　監護権・親権 ……………………………………………………… 123
　　(1) 親権とは ………………………………………………………… 124
　　(2) 監護権とは ……………………………………………………… 126
　　　《コラム》　親権者と監護者／128

(3)　監護者・親権者を考える視点 …………………………………… 128
　　　《コラム》　兄弟姉妹の不分離／129
　　　《コラム》　標語にみる家庭裁判所の役割／135
　　(4)　調停条項 ………………………………………………………………… 135
　　(5)　調停手続──離婚後の親権者の変更 ………………………… 136
　　　(ア)　概　要 ………………………………………………………………… 136
　　　(イ)　申立手続 ……………………………………………………………… 136
　　　(ウ)　書類作成のポイント ……………………………………………… 137
　　　【書式7】　親権者の変更の調停申立書／138
　　(6)　調停手続──離婚後の監護者の変更 ………………………… 140
　　　(ア)　概　要 ………………………………………………………………… 140
　　　(イ)　申立手続 ……………………………………………………………… 140
　　　(ウ)　書類作成のポイント ……………………………………………… 140
　　　【書式8】　監護者の変更の調停申立書／141
　2　面会交流 ……………………………………………………………………… 143
　　(1)　面会交流とは ………………………………………………………… 143
　　　《コラム》　児童の権利に関する条約と面会交流／147
　　(2)　面会交流の方法と検討の順序 …………………………………… 147
　　(3)　面会交流を考える視点 …………………………………………… 148
　　(4)　面会交流の取決め ………………………………………………… 153
　　(5)　面会交流と養育費との関係 ……………………………………… 156
　　(6)　面会交流の実施に関する留意点 ………………………………… 157
　　(7)　調停条項 ………………………………………………………………… 159
　　(8)　調停手続──離婚後の面会交流 ………………………………… 160
　　　(ア)　概　要 ………………………………………………………………… 160
　　　(イ)　申立手続 ……………………………………………………………… 161
　　　(ウ)　書類作成のポイント ……………………………………………… 161
　　　【書式9】　子の監護に関する処分（面会交流）調停申立書／162

3　DVと監護権・親権、面会交流 ……………………………………… 164
　⑴　DVとは ………………………………………………………………… 164
　　《コラム》　離婚調停とDV被害／167
　⑵　DVへの対応を考える視点 …………………………………………… 168
　　《コラム》　DV被害者の話を聞くときの注意点／172
　　《コラム》　保護命令／173
　⑶　DVがある場合、DVが疑われる場合の監護権・親権の考え方 ………………………………………………………………………… 174
　⑷　DVがある場合、DVが疑われる場合の面会交流の考え方 ……… 174
　⑸　調停条項 ……………………………………………………………… 176
　⑹　調停手続 ……………………………………………………………… 176
　　㈠　書類作成のポイント ……………………………………………… 176
　　㈡　調停期日における留意点 ………………………………………… 177
　⑺　DVに関する支援機関等 ……………………………………………… 177
　　〈表7〉DV被害者に対する支援内容と相談機関／178

Ⅳ　養育費 …………………………………………………………………… 180

1　養育費とは ………………………………………………………………… 180
　⑴　概　要 …………………………………………………………………… 180
　　〈表8〉　母子世帯・父子世帯の父の養育費の取決め状況等／181
　　〈表9〉　母子世帯の母の世帯の養育費の取決めの有無（離婚の方法別）／181
　　〈表10〉　父子世帯の父の養育費の取決めの有無（離婚の方法別）／181
　⑵　養育費の考え方 ………………………………………………………… 181
　　《コラム》　公益社団法人家庭問題情報センター（FPIC）とは／182
　　《コラム》　母子及び父子並びに寡婦福祉法の改正と養育費相談支援センター／183
　⑶　扶養料との違い ………………………………………………………… 183

目　次

　　　(4)　養育費の額……………………………………………………… 184
　　　　〈表11〉子の人数ごとの養育費（1世帯平均月額）の額／184
　　　(5)　養育費と面会交流の関係…………………………………… 184
　　　(6)　離婚に伴う慰謝料・養育費と生活保護との関係………… 185
　　2　養育費の算定方法…………………………………………………… 185
　　　(1)　養育費算定表とは…………………………………………… 185
　　　(2)　養育費算定表における計算式……………………………… 186
　　　(3)　算定表の使用手順…………………………………………… 187
　　　　（資料2）　養育費算定表／189
　　3　養育費の支払期間………………………………………………… 198
　　4　調停条項…………………………………………………………… 198
　　　(1)　基本的な考え方……………………………………………… 198
　　　(2)　調停条項と留意点…………………………………………… 198
　　　　《コラム》　子の貧困の現状──就学援助／203
　　　　〈表12〉母子世帯・父子世帯の就業状況と平均年間収入等／204
　　　(3)　調停条項として避けるべき事項…………………………… 204
　　5　調停手続──離婚後の養育費請求……………………………… 205
　　　(1)　概　要………………………………………………………… 205
　　　(2)　申立手続……………………………………………………… 205
　　　(3)　書類作成のポイント………………………………………… 206
　　　　【書式10】子の監護に関する処分（養育費請求）調停申立書／207
　　6　事情の変更への対応……………………………………………… 209
　　　(1)　基本的な考え方……………………………………………… 209
　　　(2)　再調停による養育費の減額・増額請求…………………… 209
　　　　《コラム》　養育費の減額・増額／211
　　7　養育費の不払いへの対応………………………………………… 211
Ⅴ　財産分与………………………………………………………………… 212
　　1　財産分与とは……………………………………………………… 212

(1)　法定財産制度……………………………………………… 212
　(2)　夫婦の共有財産……………………………………………… 213
　(3)　財産分与請求………………………………………………… 213
　(4)　婚姻費用・養育費との関係……………………………… 214
 2　財産分与の種類……………………………………………… 214
　(1)　清算的財産分与……………………………………………… 214
　(2)　扶養的財産分与……………………………………………… 215
　(3)　慰謝料的財産分与…………………………………………… 216
 3　財産分与の方法……………………………………………… 216
　(1)　財産分与の対象となる財産……………………………… 216
　(2)　財産分与の基準時…………………………………………… 219
　(3)　寄与度……………………………………………………………… 220
　(4)　財産分与の方法……………………………………………… 220
 4　調停条項……………………………………………………………… 221
 5　調停手続──離婚後の財産の分与に関する処分 ……… 221
　(1)　概　要……………………………………………………………… 221
　(2)　申立手続………………………………………………………… 222
　(3)　書類作成のポイント………………………………………… 222
　　【書式11】　財産の分与に関する処分調停申立書／223
 6　財産分与における課税への対応…………………………… 227
Ⅵ　慰謝料……………………………………………………………… 228
 1　慰謝料とは………………………………………………………… 228
　(1)　不法行為に基づく慰謝料………………………………… 228
　(2)　離婚に伴う慰謝料…………………………………………… 228
　(3)　婚姻中の不法行為に基づく慰謝料…………………… 229
　(4)　不貞行為に基づく慰謝料………………………………… 229
　(5)　不貞行為の相手方に対する慰謝料…………………… 229
　(6)　慰謝料と財産分与の関係………………………………… 230

目　次

　　(7)　慰謝料の時効………………………………………………………230
　2　慰謝料の額……………………………………………………………230
　　(1)　概　要……………………………………………………………230
　　(2)　配偶者に対する請求……………………………………………231
　　(3)　不貞行為の相手方に対する請求………………………………232
　3　調停条項………………………………………………………………232
　4　調停手続――離婚後の慰謝料請求………………………………233
　　(1)　概　要……………………………………………………………233
　　(2)　申立手続…………………………………………………………233
　　(3)　書類作成のポイント……………………………………………234
　　　【書式12】　慰謝料請求調停申立書／235

Ⅶ　離婚時年金分割……………………………………………………237
　1　離婚時年金分割とは…………………………………………………237
　　(1)　日本の年金制度…………………………………………………237
　　　〔図8〕　公的年金制度のしくみ／238
　　(2)　離婚時年金分割制度……………………………………………238
　　(3)　離婚時年金分割の種類…………………………………………239
　2　離婚時年金分割の方法………………………………………………240
　　(1)　分割請求の方法…………………………………………………240
　　(2)　情報提供の請求…………………………………………………241
　3　調停条項………………………………………………………………242
　4　調停手続――離婚後の分割請求…………………………………242
　　(1)　概　要……………………………………………………………242
　　(2)　申立手続…………………………………………………………242
　　(3)　書類作成のポイント……………………………………………243
　　　【書式13】　年金分割のための情報提供請求書／244
　　　【書式14】　請求すべき按分割合に関する処分調停申立書／248
　5　分割請求権の放棄……………………………………………………250

Ⅷ 婚姻費用 ·· 251

1 婚姻費用とは ··· 251
　(1) 概　要 ·· 251
　(2) 別居中の生活費の請求 ··· 251
2 婚姻費用分担の始期と終期 ·· 253
　(1) 始　期 ·· 253
　(2) 終　期 ·· 253
3 婚姻費用の算定方法 ·· 253
　(1) 婚姻費用算定表とは ·· 253
　(2) 婚姻費用算定表における計算式 ································· 254
　(3) 算定表の使用手順 ··· 255
　（資料３） 婚姻費用算定表／257
4 婚姻費用の立証のポイント ·· 267
　〈表13〉 婚姻費用の証拠・取得方法／267
5 調停条項 ··· 267
6 調停手続 ··· 269
　(1) 概　要 ·· 269
　(2) 申立手続 ··· 270
　(3) 書類作成のポイント ·· 271
　(4) 調停期日における留意点 ·· 272
　【書式15】 婚姻費用の分担に関する処分調停申立書／273
7 審判前の保全処分の検討 ··· 275

Ⅸ 履行の確保 ·· 276

1 履行の確保とは ·· 276
2 養育費の請求手続 ··· 277
　(1) 履行勧告（家事法289条１項・７項、人訴法38条） ········· 277
　〈表14〉 履行勧告の事件数／278
　〈表15〉 履行勧告・履行命令・間接強制の手続上の相違点／278

【書式16】　履行勧告申出書／280
　(2)　履行命令（家事法290条1項・3項、人訴法39条）……………281
　【書式17】　履行をすべきことを命ずる審判申立書／282
　(3)　強制執行 …………………………………………………………284
　【書式18】　債権差押命令申立書／288
　【書式19】　間接強制申立書／290
　【書式20】　扶養義務等に係る金銭債権の間接強制申立ての申述書
　　　　　　（債権者提出用）／291
 3　債務者の資産を調査する方法 ………………………………………294
　(1)　調査嘱託の申立て …………………………………………………294
　(2)　関係者への聞取り …………………………………………………294

第4章　遺産分割調停の手続と実務

Ⅰ　総論 ……………………………………………………………………296
 1　遺産分割とは ……………………………………………………………296
　(1)　遺産分割制度の意義 ………………………………………………296
　(2)　遺産分割の基準 ……………………………………………………296
　(3)　遺産分割の手続 ……………………………………………………297
　《コラム》　遺留分減殺請求事件との相違／298
 2　遺産分割調停の申立て …………………………………………………299
　〔図9〕　遺産分割調停の手続の流れ／299
　(1)　申立人および相手方 ………………………………………………300
　(2)　管　轄 ………………………………………………………………300
　(3)　申立てに必要な書類と留意点 ……………………………………301
　【書式21】　遺産分割調停申立書／304

【書式22】　事情説明書／305
　　　【書式23】　進行に関する照会回答書／308
　　　【書式24】　連絡先等の届出書／309
　　　【書式25】　非開示の希望に関する申出書／310
　３　司法書士による本人支援 ………………………………………… 311
　　(1)　調停・審判の展開を見据えた長期的な支援 ………………… 311
　　(2)　調停の円滑な進行のための留意点 …………………………… 311
　４　長期化対策 ……………………………………………………… 312
　　(1)　概　要 …………………………………………………………… 312
　　　《コラム》　遺産を取得したいだけの遺産分割でないときもある／
　　　　　　　　313
　　(2)　長期化の要因と対策 …………………………………………… 313
　　　《コラム》　無理難題をいう当事者／315

Ⅱ　遺産分割の前提問題 ………………………………………………… 317
　１　相続人の範囲 …………………………………………………… 317
　　　《コラム》　内縁関係にあった者／317
　２　遺言書の存否および有効性 …………………………………… 318
　３　遺産分割協議の有効性 ………………………………………… 319
　　(1)　相続人の範囲の瑕疵 …………………………………………… 319
　　(2)　遺産の範囲の瑕疵 ……………………………………………… 319
　　(3)　遺産の瑕疵 ……………………………………………………… 319
　　(4)　意思表示の瑕疵 ………………………………………………… 320
　４　遺産の帰属──使途不明金 …………………………………… 320

Ⅲ　遺産分割の対象となる遺産 ……………………………………… 323
　１　遺産の範囲を定める基準時 …………………………………… 323
　２　遺産の範囲 ……………………………………………………… 323
　　(1)　不動産 …………………………………………………………… 324
　　(2)　不動産賃借権 …………………………………………………… 324

目　次

　　(3)　金銭債権その他の可分債権（預貯金等） ………………………… 324
　　　《コラム》　預貯金（金銭債権）のみの遺産分割／326
　　(4)　現　　金 ……………………………………………………………… 327
　　(5)　旧郵便局の定額郵便貯金債権 ……………………………………… 327
　　(6)　生命保険金 …………………………………………………………… 327
　　(7)　代償財産 ……………………………………………………………… 329
　　(8)　遺産から生じた果実および収益 …………………………………… 329
　　(9)　金銭債務（相続開始前の債務） …………………………………… 330
　　(10)　死亡退職金 …………………………………………………………… 331
　　　《コラム》　遺産の範囲の確定は、悩ましい／331

Ⅳ　遺産の評価 …………………………………………………………………… 333
　1　土地の評価 ………………………………………………………………… 333
　　(1)　地価公示価格 ………………………………………………………… 333
　　(2)　都道府県地価調査標準価格 ………………………………………… 333
　　(3)　固定資産評価額 ……………………………………………………… 334
　　(4)　相続税評価額 ………………………………………………………… 334
　2　建物の評価 ………………………………………………………………… 334
　　　《コラム》　土地および建物の評価／334
　　　《コラム》　不動産取得を複数の相続人が希望する場合／335
　3　預貯金の評価 ……………………………………………………………… 335
　4　株式・有価証券の評価 …………………………………………………… 336
　　(1)　株　　式 ……………………………………………………………… 336
　　(2)　有価証券 ……………………………………………………………… 336
　5　動産の評価 ………………………………………………………………… 336
　6　遺産の評価に関する合意 ………………………………………………… 337
　7　鑑定人の選任 ……………………………………………………………… 337

Ⅴ　特別受益 ……………………………………………………………………… 338
　1　特別受益とは ……………………………………………………………… 338

2　特別受益財産の範囲 ·· 338
　　　(1)　遺　　贈 ·· 338
　　　(2)　「相続させる」旨の遺言 ·· 338
　　　(3)　生前贈与 ·· 339
　　3　特別受益者の範囲 ·· 341
　　　(1)　代襲相続人 ·· 341
　　　(2)　包括受遺者 ·· 342
　　4　特別受益の評価基準時 ·· 342
　　5　持戻免除の意思表示 ··· 342
　　6　超過特別受益の取扱い ·· 343
Ⅵ　寄与分 ·· 344
　　1　寄与分とは ·· 344
　　　《コラム》　寄与分制度の見直しの動き／344
　　2　寄与分を受ける資格 ··· 344
　　3　寄与分の要件 ··· 345
　　4　寄与行為の態様 ·· 346
　　　(1)　被相続人の事業に関する労務の提供（家事従事型） ················· 346
　　　(2)　財産上の給付（金銭等出資型） ··· 346
　　　(3)　被相続人に対する療養看護（療養看護型） ···························· 347
　　　(4)　その他の方法 ·· 347
　　5　寄与分の決定 ··· 347
　　6　寄与分を定める手続 ··· 347
　　　(1)　寄与分を定める処分調停の申立て ······································· 348
　　　【書式26】　寄与分を定める処分調停申立書／349
　　　(2)　寄与分を定める処分審判の申立て ······································· 351
Ⅶ　遺産分割の方法 ·· 352
　　1　概　　説 ··· 352
　　2　現物分割 ··· 353

(1) 概　要 ………………………………………………………… 353
　　　(2) 審判の主文 …………………………………………………… 353
　　　(3) 調停条項 ……………………………………………………… 354
　　3　代償分割（債務負担分割） ……………………………………… 354
　　　(1) 概　要 ………………………………………………………… 354
　　　(2) 審判の主文 …………………………………………………… 355
　　　(3) 調停条項 ……………………………………………………… 356
　　4　換価分割（終局審判としての分割） …………………………… 357
　　　(1) 概　要 ………………………………………………………… 357
　　　(2) 審判の主文 …………………………………………………… 357
　　　(3) 調停条項 ……………………………………………………… 357
　　　(4) 中間処分としての換価を命ずる裁判（審判以外の裁判） … 358
　　5　共有分割 …………………………………………………………… 359
　　　(1) 概　要 ………………………………………………………… 359
　　　(2) 審判の主文 …………………………………………………… 359
　　　(3) 調停条項 ……………………………………………………… 359
Ⅷ　調停成立と調停条項 ………………………………………………… 360
　　1　概　説 ……………………………………………………………… 360
　　2　遺産分割の前提問題に関する条項 ……………………………… 360
　　　(1) 遺産分割協議・遺言の有効性の確認 ……………………… 360
　　　(2) 相続人の確認 ………………………………………………… 361
　　　(3) 相続分の確認 ………………………………………………… 361
　　3　特別受益に関する条項 …………………………………………… 361
　　4　寄与分に関する条項 ……………………………………………… 362
　　5　債権や債務に関する条項 ………………………………………… 363
　　6　分割方法に関する条項 …………………………………………… 364
　　7　遺言内容と異なる分割協議に関する条項 ……………………… 364
　　8　遺産分割協議の解除による再分割 ……………………………… 365

9	一部分割条項	366
10	将来発見される遺産に関する条項	367
11	清算条項	367
12	手続費用の負担に関する条項	367

IX 遺産分割の履行に関する諸問題 …………………………… 369
1 遺産の瑕疵 ……………………………………………………… 369
2 遺産分割協議内容の変更 ……………………………………… 369
3 相続人の債務不履行 …………………………………………… 370
4 登記手続 ………………………………………………………… 371
《コラム》 未登記建物の遺産分割による取得／371
5 預貯金の解約 …………………………………………………… 371
《コラム》 預貯金等の解約手続における相続財産管理業務／372

第5章 民事法律扶助を利用した書類作成援助の実務

I 民事法律扶助と家事事件 ………………………………………… 374
1 民事法律扶助とは ……………………………………………… 374
2 民事法律扶助の担い手としての司法書士 …………………… 374
  (1) 沿 革 ……………………………………………………… 374
   〈表16〉 契約司法書士数の推移／375
  (2) 法律扶助サービスの提供のあり方についての課題 ……… 375
3 司法書士が民事法律扶助を利用する意義 …………………… 376
   〈表17〉 援助開始決定件数の推移／377

II 民事法律扶助の利用方法 ………………………………………… 379
1 基本契約と個別契約 …………………………………………… 379
  (1) 基本契約 …………………………………………………… 379

(2)　個別契約 ……………………………………………………………… 379
　2　民事法律扶助の手続 ……………………………………………………… 380
　　〔図10〕　民事法律扶助の手続（全体の流れ）／380
Ⅲ　法律相談援助と書類作成援助 ……………………………………………… 381
　1　法律相談援助 ……………………………………………………………… 381
　　(1)　法律相談援助の利用状況 ……………………………………………… 381
　　　〈表18〉　法律相談援助の事件別内訳の推移／381
　　(2)　法律相談援助の利用に関する留意点 ………………………………… 382
　2　書類作成援助 ……………………………………………………………… 383
　　(1)　書類作成援助の利用状況 ……………………………………………… 383
　　　〈表19〉　書類作成援助の事件別内訳の推移／384
　　(2)　援助要件 ………………………………………………………………… 384
　　　〈表20〉　収入基準額／385
　　　〈表21〉　生活保護の基準に定める一級地／386
　　　〈表22〉　資産基準額／388
Ⅳ　書類作成援助のポイント …………………………………………………… 389
　1　法律相談 …………………………………………………………………… 389
　　(1)　法律相談のみで終了する場合 ………………………………………… 389
　　(2)　書類作成援助・代理援助の申込みをする場合（持込み案件）…… 390
　2　援助要件の確認 …………………………………………………………… 390
　3　相談者への説明 …………………………………………………………… 390
　4　必要書類の作成 …………………………………………………………… 391
　　(1)　必要書類の確認 ………………………………………………………… 391
　　(2)　必要書類作成のポイント ……………………………………………… 391
　　(3)　必要書類の送付 ………………………………………………………… 392
　　【書式27】　援助申込書（離婚等請求（書類作成）事件）（法テラス
　　　　　　　様式）／393
　　【書式28】　離婚調書（法テラス様式）／395

5　援助開始決定後の報告 ……………………………………… 397
　【書式29】　着手等報告書（法テラス様式）／398
　【書式30】　中間報告書（法テラス様式）／399
　【書式31】　書類作成援助用終結報告書（法テラス様式）／401
6　事件終結後の償還遅滞への対応 ……………………………… 402
7　償還免除・猶予申請の利用 …………………………………… 402
　(1)　償還免除・猶予制度 ……………………………………… 402
　(2)　償還免除・猶予の申請 …………………………………… 402
　　〈表23〉　準生活保護基準／403
　　【書式32】　免除に関する確認票（法テラス様式）／406
　　【書式33】　償還免除及び猶予申請書（法テラス様式）／413

第6章　座談会　家事調停の現状・課題と司法書士による支援のあり方

Ⅰ　はじめに………………………………………………………… 417
Ⅱ　**家事調停事件への法律専門家関与の現状** ………………… 419
　1　家事事件手続法による実務の変化 …………………………… 419
　2　同席調停の課題と可能性 ……………………………………… 423
　3　司法書士による調停支援のあり方 …………………………… 426
Ⅲ　**離婚調停の考え方──面会交流を中心に** ………………… 430
　1　離婚調停における面会交流の位置づけ ……………………… 430
　2　面会交流の継続性と支援のあり方 …………………………… 434
　3　司法書士に求められる離婚調停支援 ………………………… 437
Ⅳ　**遺産分割調停の考え方──長期化防止の視点から** ……… 439
　1　遺産分割調停における当事者間の調整 ……………………… 439
　2　遺産分割調停の争点と書面化 ………………………………… 442

目　次

　　3　司法書士に求められる遺産分割調停支援……………………………444
Ⅴ　まとめ……………………………………………………………………449

・事項索引／452
・判例索引／455
・執筆者紹介／458

■凡　例■

〈法　令〉
家事法　家事事件手続法
家事規　家事事件手続規則
家審法　家事審判法
家審規　家審規
人訴法　人事訴訟法
民訴法　民事訴訟法
民調法　民事調停法
民訴費　民事訴訟費用等に関する法律

〈判例集〉
民集　最高裁判所民事判例集
家月　家庭裁判月報
判時　判例時報
判タ　判例タイムズ
新聞　法律新聞

●参考文献●

松川正毅ほか編『新基本法コンメンタール　人事訴訟法・家事事件手続法』
中川善之助『新訂親族法』
斎藤秀夫＝菊池信男編『注解家事審判法〔改訂版〕』
大村敦志ほか編著『比較家族法研究——離婚・親子・親権を中心に』
金子修編著『一問一答　家事事件手続法』
金子修編著『一問一答　非訟事件手続法』
梶村太市『新版実務講座家事事件法』
秋武憲一編著『概説家事事件手続法』
伊藤滋夫編『家事事件の要件事実』
岩井俊『家事事件の要件と手続』
岡口基一『要件事実マニュアル第5巻——家事事件・人事訴訟・DV〔第4版〕』
最高裁判所事務総局家庭局監修『家事事件手続法執務資料』
裁判所職員総合研修所『家事審判法実務講義案〔六訂再訂版〕』
東京弁護士会弁護士研修センター運営委員会編『離婚事件の実務』
増田勝久編著『Q&A家事事件手続法と弁護士実務』
宇田川濱江ほか『ケース別離婚協議・調停条項作成マニュアル』
離婚事件研究会編『事例に学ぶ離婚事件入門』
群馬弁護士会編『立証の実務——証拠収集とその活用の手引』
日本弁護士連合会「民事司法改革グランドデザイン」（2013年10月改訂）
日本弁護士連合会「弁護士白書〔2013年版〕」

第1章
司法書士の家事事件関与と家事事件手続法

第1章　司法書士の家事事件関与と家事事件手続法

I　司法書士と家事事件

1　司法統計にみる家事事件に関する統計

(1)　最近の傾向

　最高裁判所が公表している司法統計（平成25年度家事事件編第2表）によると、平成25年度の家庭裁判所の総新受件数は91万6398件であり、そのうち審判事件が73万4228件、調停事件が13万9593件であった。そして、審判事件のうち、家事事件手続法別表第1に掲げる事項についての審判事件（以下、「別表第1審判事件」ともいう）が71万4197件、別表第2に掲げる事項についての審判事件（以下、「別表第2審判事件」ともいう）が20万31件であり、調停事件のうち、別表第2に掲げる事項についての調停事件（以下、「別表第2調停事件」ともいう）が7万4870件、その他の調停事件が6万4723件であった。

　総新受件数は、昭和30年度が28万5766件、昭和60年度が30万4377件と30年間で6％程度しか増加していないのに対して、昭和60年度から平成25年度までの30年では約3.2倍も事件数が増加している。特にここ20年間でいえば、平成5年が39万6546件、平成15年が68万3716件、平成25年が91万6398件と、10年ごとに30万件ずつ、すなわち年間約3万件ずつ増加している。

　この事件数の増加には、平成12年の成年後見制度開始に伴う成年後見関係事件の増加が大いに関係するところであることに異論を挟む者はいないであろう。

　成年後見制度が始まる直前の平成11年度では、禁治産が2963件、準禁治産が671件で合計3634件しか申立てがなかったのに対し、成年後見制度が開始された平成12年度には後見が7451件、保佐が884件、補助や任意後見が1473件の合計9808件と一気に申立件数が増加したのに始まり、平成25年度には成年後見関係事件全部で22万819件にまで達している。

そのため、家庭裁判所の事件数増加は、もっぱら成年後見関係事件の増加によるように思えてしまうかもしれない。

前述したとおり、平成25年度の総新受件数91万6398件に対して、別表第1審判事件が71万4197件と、総新受件数の約78％を占めており、また、別表第1審判事件に含まれる成年後見関係事件が年々増加している報告などをよく目にするので、そう思ったとしても至極当然といえる。

確かに、成年後見関係事件は選任事件以外の関連事件も含めると全部で22万819件であり、別表第1審判事件の中で占める割合は30.9％にも上っている。

ただ、この中には親族後見人に対する成年後見監督人選任の審判申立て8万1995件や、成年後見人等に対する報酬の付与の審判申立ての5万8918件などが含まれており、後見等開始や後見人等選任といった本来の事件自体は5万3391件しかない。

(2) 離婚関係事件

では、家事事件の中で単純に最も多い事件種別は何かというと、それは子の氏の変更についての許可申立事件である。子の氏の変更についての許可申立事件はそれのみで17万3624件もあり、別表第1審判事件の中で占める割合は24.3％にも上っている。

この全体の中で最も多い事件数となっている子の氏の変更についての許可申立事件に関して簡単に説明をする（第3章Ⅰ4⑸(イ)も参照）。

父母が婚姻の際に夫の氏を称する婚姻（民法750条）をしていた場合（子の氏の変更についての許可申立事件全体の約96％）に、父母が離婚すると母は復氏する（同法767条1項）ので、母と子の氏が異なることなる。このとき、母が離婚に際して、婚姻中の氏を称する届出（同法767条2項）をしていたとしても、呼称上の氏が婚姻中の氏になったにすぎず、それで当然に子が母の戸籍に入籍するわけでもなく、子の氏が母の氏と異にすることに何ら変わりはない。そのため、子の親権者となることの多い母が、子の戸籍も母の戸籍に入れようとするためには、家庭裁判所で子の氏の変更についての許可を得た

うえで、市区町村役場に戸籍法98条の届出をしなければならないとなっているのである。ほかにも子の氏の変更についての許可の申立てをするケースはさまざまであるが、このケースが一番の典型例であるといえる。

つまり、子の氏の変更についての許可申立事件というのは、離婚に伴い発生する離婚関係事件であるともみることができる。そして、離婚関係事件には、婚姻費用の分担に関する処分や親権者・監護者の指定・変更、財産の分与に関する処分など各種事件が多くあるため、実は家庭裁判所で最も取り扱われている事件というのは離婚関係事件なのである。

(3) 相続関係事件

また、子の氏の変更についての許可申立事件に次いで2番目に多いのは、17万3166件の相続の放棄の申述の受理事件である。平成25年度は、成年後見関係事件総数がこれらの事件数を上回ったが、昭和50年より平成24年度まではずっとこの順番は変わらない状況であった。

そして、相続関係事件では、相続の放棄の申述の受理事件に次いで遺言書の検認申立てや相続財産管理人選任申立ての事件数が多く、その後に遺産の分割調停事件やその他の事件と続いており、相続関係事件というのも、家庭裁判所が取り扱う事件数としては相当な比率を占めている状況である。

2 家事事件への法律実務家の関与

(1) 概　要

前記1のとおり、家事事件の事件数は年々増加しており、家事事件に対する国民の需要は年々増大している。

しかし、これまで、法律実務家は、家事事件に対する国民からの需要に十分に応えてきていなかったのではないかと思われる。その理由としては、離婚や遺産相続といった場面は、多くの国民が直面する法律問題であるが、当事者が、家庭裁判所に審判や調停の申立てをして法的解決を求めている割合が非常に少ないという点が考えられる。

確かに、日本人の国民気質には争いを避けたり、「お上」に判断を仰ぐこ

Ⅰ 司法書士と家事事件

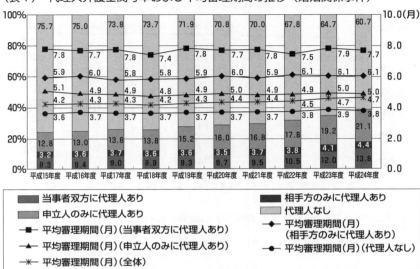

〈表1〉 代理人弁護士関与率および平均審理期間の推移（婚姻関係事件）

出典：最高裁判所「裁判の迅速化に係る検証に関する報告書」概況編184頁

とを避ける傾向はあるが、それを考慮に入れたとしても、その比率があまりにも低いといえる。

たとえば、離婚事件についてみると、厚生労働省の人口動態統計による1年間あたりの離婚件数は、平成25年度では23万1383件となっている。そのうち、裁判により離婚した数は最新の統計にはないが、厚生労働省データ（厚生労働省HP「平成21年度『離婚に関する統計』の概況」参照）によれば、協議離婚が約88％、裁判離婚が約12％となっている。離婚に関する調停・審判のうち、弁護士が関与した割合は、平成24年度統計で、申立人のみに弁護士が就いたのが21.1％、当事者双方が13.8％、相手方のみが4.4％、全部合わせると39.3％である（〈表1〉参照）。つまり、全離婚のうち、少なくとも一方に弁護士が関与した事件は、12％×39.3％＝4.71％にすぎない。

なお、離婚調停が不成立となった後は、人事訴訟である離婚訴訟で解決するしかないが、当事者双方相譲らない状況となっており、当事者どうしではお互い罵倒しあう場面も少なくないため、さすがに弁護士関与率は高く、平

〈表2〉 人事訴訟事件における弁護士選任率の推移と事件の内訳

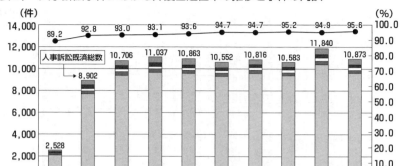

※ 数値は、最高裁判所から提供を受けた資料によるもの。
※ 人事訴訟事件は、2004年4月から家庭裁判所の管轄となり、数値は2004年4月以降の件数である。
※ 親子関係存否確認：認知を除く実親子関係の存否に関する事件（嫡出否認の訴えおよび民法773条の規定により父を定めることを目的とする訴えを含む）

出典：「弁護士白書〔2014年版〕」151頁

成24年度で、双方に訴訟代理人が就いているのが60.6％、原告のみが32.9％、被告のみが1.4％となっており、すべて合わせて94.9％となっている（〈表2〉参照）。

　一方、遺産分割事件についてはどうだろうか。1年間の死亡者数は、厚生労働省の人口動態統計によると、平成13年度が97万331人であったものが、平成25年度が126万8436人となっており、この12年間で約1.30倍となっている。遺産分割の調停・審判の申立ての新受件数は、平成13年が1万988件、平成25年度が1万5195件となっており、これも約1.38倍の増加となっている。このように死者の数と遺産分割の申立件数はほぼ比例状態となっているが、死者数のうち、遺産分割事件の申立件数はわずか1.2％にしかすぎない（〈表3〉参照）。そして、弁護士の関与に関していえば、平成24年で遺産分割事件が終結した事件は1万1737件であったが、そのうち弁護士が関与したのは7638件、遺産分割全事件数の約65％であった（〈表4〉参照）。つまり、全死者数のうち、調停・審判等で弁護士が関与した割合は、1.1％×65％＝

Ⅰ　司法書士と家事事件

〈表３〉　遺産分割事件の新受件数と死亡者の推移

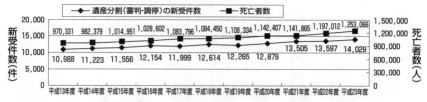

※　死亡者数は厚生労働省「平成23年人口動態統計」による。
※　新受件数は、審判事件および調停事件のいずれかとして係属したものを合計した件数であり、調停不成立により審判事件として係属した事件や、審判申立て後に調停に付して調停事件として係属した事件を含む。
出典：最高裁判所「裁判の迅速化に係る検証に関する報告書」社会的要因編134頁

〈表４〉　代理人弁護士関与率および平均審理期間の推移（遺産分割事件）

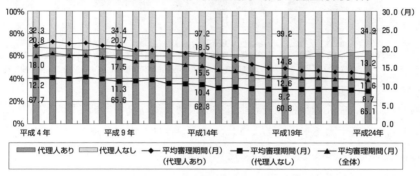

出典：最高裁判所「裁判の迅速化に係る検証に関する報告書」概況編179頁

0.71％にすぎない。

　ここで、一般民事事件をみてみよう。過払金返還請求訴訟を除く民事第１審訴訟における代理人の選任状況は、平成24年度で、双方に訴訟代理人が就いているのが45.2％、原告のみが33.8％、被告のみが4.0％となっており、すべて合わせて83％となっている（〈表５〉参照）。

　このように、例外的な離婚訴訟事件を除けば、家事事件への弁護士の関与は、一般民事事件と比べても低いという統計結果が出ている。

　また、弁護士会自体も、日本弁護士連合会が平成25年10月22日に公表した「民事司法改革グランドデザイン」（「第4-4　家事事件における弁護士の役割」）において、「家事調停及び家事審判事件における弁護士の選任率は必ずしも

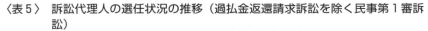
〈表5〉 訴訟代理人の選任状況の推移（過払金返還請求訴訟を除く民事第1審訴訟）

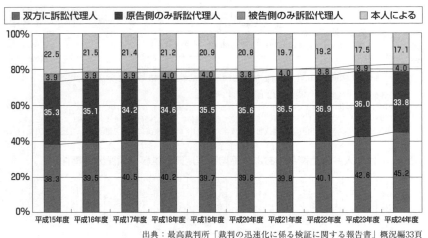

出典：最高裁判所「裁判の迅速化に係る検証に関する報告書」概況編33頁

高くはなく、多くの事件で弁護士による援助を受けないまま事件が終結しているものと思われる」とあるように、家事事件において弁護士が関与している件数は決して多くないということを自認している。

　一方、司法書士はどうであろうか。日本司法書士会連合会（以下、「日司連」という）の第77回定時総会議案書の事業報告に記載されている取扱事件数集計表をみる限り、成年後見を除く家事事件全体で年間3万件程度しかなく、その取扱件数はまだまだといわざるを得ない。

　しかし、取扱件数の絶対数はそれほど多くはないものの、このように実際に受託して業務に取り組んでいる者が存在していることも事実である。

　ただ、その受託事件の内訳はというと、別表第1審判事件が中心であり、別表第2審判・調停事件やその他の事件の受託は多くはないように思われる。家事事件において当事者への支援が必要なのは、別表第1審判事件よりはむしろ別表第2審判・調停事件やその他の事件であるにもかかわらず、司法書士の関与の実績を残してきていなかったのは、猛省すべき点である。

(2) 家事事件手続法の施行による関与の必要性の高まり
　㋐　法律実務家による積極的な関与の必要性

　これまで述べたとおり、家事事件に対しては、弁護士も司法書士もその関与の割合は低かったといえる。しかし、家事事件手続法（平成23年法律第52号）が平成25年１月１日に施行されたことにより、後で述べるように、われわれ司法書士が関与できるところが大きくなり、また関与する必要性が高まったと考えられるので、従来のような姿勢で業務に取り組むのではなく、より積極的に関与をする必要が出てきている（後記㋑(B)参照）。

　家事事件手続法の概要は後ほど紹介するが（本章Ⅱ参照）、端的にいえば、「家事事件の民事事件化」がされ、これまでのように家庭裁判所が大局から後見的に当事者の紛争を解決するというよりは、当事者が積極的に家庭裁判所の手続に関与して、自らが紛争解決に尽力をするというように、当事者に求められるものが大きくなったのである。そのため、当事者の法的支援をする者の存在もまた重要性を増すことになった（第６章も参照）。

　たとえば、家事事件手続法施行による一番の特徴である、申立書の写しの相手方への送付である。法律実務家が関与しないままだと、当事者が自らの感情などをそのまま申立書に記載して、相手方の感情を害してしまい、まとまる話もまとまらなくなったり、あるいは、ドメスティック・バイオレンス（DV）があるような離婚事件で、申立人の現在の居住地を相手方に知られてはいけないのに、その対策を怠ってしまって、住所が知られてしまうなど、申立人にとって不利益なことが発生してしまうことも十分にありうることである。あるいは、家庭裁判所から提出を求められた書面を、別に提出する必要もないだろうと自らの判断のみで提出しないことによって、不利益な結果を発生させてしまうかもしれない。

　このように、法律実務家が家事調停に関与することによって、当事者が不利益を被らないようにすることができるのである。

第1章 司法書士の家事事件関与と家事事件手続法

　　(イ)　司法書士による本人支援型関与
　　　(A)　本人支援型関与とは
　もちろん、家事事件に関与するといっても、現在、司法書士には家事代理権がない以上、「本人支援型関与」という形となり、司法書士法上の業務としては、裁判所提出書類作成業務として受託していくことになる。
　そこで、本人支援型関与による司法書士としてのかかわり方についても、言及しておく。
　家庭裁判所における司法書士の裁判所提出書類作成業務という場合、一般的には、相続の放棄の申述の受理や親子間利益相反における特別代理人の選任申立てといったように、申述書や申立書を作成して提出することで業務が終了する事件を想起する人も多いかと思われる。
　本人支援型関与とは、申立書を作成し提出することで終わるのではなく、申立て後も、家庭裁判所への同行なども含め、本人の主張・立証活動を支援することをいう。
　具体的にいうと、まず相談段階における情報提供から始まることとなる。たとえば、離婚をしたいという相談を受けた時点で、相談者の話を傾聴して、離婚原因や親権、養育費、慰謝料といった離婚に関する論点につき、調停の現状や審判例などを説明したうえで、相談者に申立内容を決定してもらう。申立内容が決定されれば、その内容に基づく調停申立書を作成し、申立人が内容を確認のうえ、家庭裁判所に調停申立書を提出する。調停期日には、申立人と家庭裁判所へ同行し、申立人が調停室から戻ってきたら調停室での調停委員とのやりとりを聴取し、調停委員の話したことや指示した資料の意味の説明を行う。また、相手方から要求されたり、調停委員から指示された内容につき、申立人の主張したいことを整序して、申立人の主張書面を作成したりすること、これらすべてを指す。
　これらの支援は、申立人側のみならず、相手方の支援の場合にも同様である。
　なお、調停期日に関して付け加えると、そもそも家事審判事件では、家事

事件手続法51条2項により「呼出しを受けた事件の関係人は、家事審判の手続の期日に出頭しなければならない」として出頭義務が課されたうえ、ただし書で「やむを得ない事由があるときは、代理人を出頭させることができる」として、例外的に代理人が出頭できるとしており、この規定は同法258条により調停手続にも準用される（家事審判法下でも家事審判規則5条、家事調停規則5条で規定されていた）。

つまり、民事訴訟では当事者が代理人に弁護士を選任した場合は、当事者尋問などの手続については格別として、事件を弁護士に一任し自らは最後まで裁判所に足を運ばずに事件を完遂することも可能であるが、家事事件ではそのようなことはできず、やむを得ない事由がある場合以外、弁護士を選任していたとしても、必ず当事者本人が裁判所に出頭しなければならない。

そのため、裁判所外での相手方との交渉が必要不可欠な事件は格別、家事事件は全般的に司法書士による支援と親和性が高い分野であるといえる。

このことは、司法書士が扱う個人破産事件と類似する点があると考えられる。つまり、司法書士が破産手続開始申立書の作成業務を行った事件について、破産審尋期日に司法書士が同行した場合、審尋室への入室は許されないが、当事者に寄り添うことによって、依頼者の不安を除去することの一助になっているという点において、似ているところがあるように思われる。

また、代理人である弁護士は当然に審尋室に入室できるため、申立書には必要最低限の記載にとどめ、後は代理人が口頭で説明するという方法をとることができるのに対し、司法書士はそのような対応がとれないため、裁判官から聞かれるであろうことは、すべて申立書等の書面に記載することにより、依頼者に不安を与えないように最大限の努力をしているのである。

そして、これと同様のことが、家事調停においてもいえるのではないかと考える。本人支援のための書類作成者としてすることができるのであり、また、そのようにするのが、現在のわれわれ司法書士の責務であるといえる。

(B) 書面の特徴

民事訴訟で裁判所に提出する書面には、事実の主張を主としたうえで、法

的主張も盛り込むことになっている。しかし、家事審判・調停において提出する書面には、法的主張よりは判例知識や法的観点に則った事実の主張という要素が強い。

たとえば、離婚事件では、「多数の事例の積み重ねにより、調停、審判、訴訟のそれぞれの場面で、解決手法が『ルーティン化』されており、手続選択で悩む場面が少ない」、「法的解釈論での争いは少ない」、「比較的誰にでもできて（専門性に乏しい）」（離婚事件研究会編『事例に学ぶ離婚事件入門』2頁）とあるように、手続を進めるにあたって、民事訴訟と比して、法的に問題になるところはどちらかといえば多くないものと考えられる。一方、遺産分割事件においても、紛争となっているのは、遺産の範囲・評価あるいは当事者の感情であり、この点も離婚事件と同様である。

以上のとおり、元来司法書士の本人支援型の裁判業務と親和性が高かった家事事件であるが、家事事件手続法の施行により、司法書士が積極的に取り組む環境はさらに整っている状況といえる。

II 家事事件手続法

1 家事事件の分類と審理の流れ

(1) 家事事件の分類

　家事事件と一言でいっても数多くの手続があるが、それらはいくつかに分類することができる。まず、入口の段階では、申立ての違いから審判手続と調停手続の二つに分けられ、調停が不成立となった場合などの出口の段階での違いから、家事審判手続、人事訴訟手続、民事訴訟手続に分けられる。そして、手続面からみると家事審判事件、家事調停事件、人事訴訟事件、その他の事件の四つに区分することができ、家事審判事件については、家事事件手続法の区分による、別表第1に掲げる事項についての審判事件、別表第2に掲げる事項についての審判事件というものもある。

　事件手続および事件の性質面からみて、これらをまとめると、①別表第1に掲げる事項についての審判事件、②別表第2に掲げる事項についての審判事件、③離婚・離縁事件、④離婚・離縁を除く人事訴訟事件、⑤民事訴訟事件、⑥審判・訴訟の対象外事件の六つに分類することができる。

(2) 各分類に属する事件

　家事事件の各種事件をそれぞれの分類に振り分けると〈表6〉のようになる。

〈表6〉 家事事件の分類

別表第1に掲げる事項についての審判事件
・成年後見関係（後見開始、保佐開始、補助開始、成年後見人の選任、成年後見人の辞任についての許可、成年後見人の解任、成年後見人の居住用不動産の処分についての許可、成年後見人に対する報酬の付与等） ・不在者の財産の管理に関する処分 ・失踪宣告（失踪の宣告、失踪の宣告の取消し） ・夫婦財産契約による財産の管理者の変更等 ・親子（嫡出否認の訴えの特別代理人の選任、子の氏の変更についての許可、養子

- 縁組をするについての許可、死後離縁をするについての許可、特別養子縁組の成立・離縁）
- 親権（子に対する特別代理人の選任、親権喪失・停止または管理権喪失、親権または管理権を辞しまたは回復するについての許可等）
- 未成年後見（未成年後見人の選任、未成年後見人の辞任についての許可、成年後見人の解任、未成年後見人に関する特別代理人の選任等）
- 扶養（扶養義務の設定・扶養義務の設定の取消し）
- 推定相続人の廃除（推定相続人の廃除、推定相続人の廃除の審判の取消し等）
- 相続の承認および放棄（相続の承認または放棄をすべき期間の伸長、相続財産の保存または管理に関する処分、限定承認または相続放棄の取消しの申述の受理、限定承認の申述の受理、限定承認の場合における鑑定人の選任、相続の放棄の申述の受理等）
- 財産分離（財産分離、財産分離の請求後の相続財産の管理に関する処分、財産分離の場合における鑑定人の選任）
- 相続人の不存在（相続人の不存在の場合における相続財産の管理に関する処分、相続人の不存在の場合における鑑定人の選任、特別縁故者に対する相続財産の分与）
- 遺言（遺言の確認・検認、遺言執行者の選任・解任、遺言執行者の辞任についての許可、遺言執行者に対する報酬の付与等）
- 遺留分（遺留分の放棄についての許可、遺留分を算定する場合における鑑定人の選任）
- 任意後見契約法（任意後見契約の効力を発生させるための任意後見監督人の選任、後見開始の審判の取消し、任意後見人・任意後見監督人の解任、任意後見契約の解除についての許可等）
- 戸籍法（氏または名の変更についての許可、就籍許可、戸籍の訂正についての許可、戸籍事件についての市町村長の処分に対する不服）
- 性同一性障害の性別の取扱いの特例に関する法律（性別の取扱いの変更）
- 児童福祉法（都道府県の措置についての承認、都道府県の措置の期間の更新についての承認）
- 生活保護法（施設への入所等についての許可）
- 心神喪失等の状態で重大な他害行為を行った者の医療及び観察等に関する法律（保護者の順位の変更および保護者の選任）
- 破産法（破産手続が開始された場合における夫婦財産契約による財産の管理者の変更、親権を行う者につき破産手続が開始された場合における管理権喪失、破産手続における相続の放棄の承認についての申述の受理）
- 中小企業における経営の承継の円滑化に関する法律（遺留分の算定に係る合意についての許可）

別表第2に掲げる事項についての審判事件

- 婚姻（夫婦間の協力扶助に関する処分、婚姻費用の分担に関する処分、子の監護に関する処分、財産の分与に関する処分等）
- 親子（離縁等の場合における祭具等の所有権の承継者の指定）
- 親権（養子の離縁後に親権者となるべき者の指定、親権者の指定または変更）
- 扶養（扶養の順位の決定およびその決定の変更または取消し、扶養の程度または方法についての決定およびその決定の変更または取消し）

	・相続（相続の場合における祭具等の所有権の承継者の指定） ・遺産の分割（遺産の分割、遺産の分割の禁止、寄与分を定める処分） ・厚生年金保険法等（請求すべき按分割合に関する処分） ・生活保護法（扶養義務者の負担すべき費用額の確定）
離婚・離縁事件	
離婚・離縁を除く人事訴訟事件	
	・婚姻（婚姻の無効および取消しの訴え、協議上の離婚の無効および取消しの訴え、婚姻関係の存否の確認の訴え） ・親子（嫡出否認の訴え、認知の訴え、認知の無効および取消しの訴え、父を定める訴え、実親子関係の存否の確認の訴え） ・養子（養子縁組の無効および取消しの訴え、協議上の離縁の無効および取消しの訴え、養親子関係の存否の確認の訴え）
民事訴訟事件	
	・慰謝料（離婚、婚約不当破棄、内縁関係不当破棄、不倫等） ・相続（相続回復請求、遺産範囲確認、遺産分割無効確認、遺留分減殺請求等） ・親子（胎児認知等）
審判・訴訟の対象外事件	
	・婚姻（夫婦関係円満調整） ・親子（親子間親族間円満調整） ・婚約履行請求

(3) 各分類に属する事件の特徴および手続の流れ

各分類の特徴およびそれぞれの手続の流れは、次のとおりである。

　(ア) 別表第1に掲げる事項についての審判事件

　(A) 事件の特徴

別表第1に掲げる事項についての審判事件は、家事審判法では甲類と分類されていた事件にほぼ相当するものであり（第2章Ⅰ1(2)参照）、どちらかといえば争訟性のない事件類型といえる。対立当事者も概念されない。

そのため、申立人が家庭裁判所に実情を主張し、必要な資料を提出することにより審判がなされる。また、別表2に掲げる事項についての事件は家事審判の対象にも、家事調停の対象にもすることができるが、別表第1に掲げる事項についての事件は、当事者の合意によらず家庭裁判所が後見的に関与すべき事件であるため、調停をすることができず、家事審判手続によって申

し立てることになる。

　(B)　手続の流れ

　前記(A)のとおり、申立てをしたら、要件を満たしている限り審判が下りるという構造である（〔図1〕参照）。そして、審判結果に不服がある場合は、即時抗告（家事法85条）をすることができ、即時抗告の決定に不服があるときは、憲法違反を理由とする特別抗告（同法94条）あるいは法令違反を理由とする許可抗告（同法97条）をすることができる。

〔図1〕　別表第1に掲げる事項についての審判事件の流れ

　(イ)　別表第2に掲げる事項についての審判事件

　(A)　事件の特徴

　別表第2に掲げる事項についての審判事件は、調停により解決が可能な事項であって、当事者が自らの意思によって処分することのできる権利または利益についての事項に関する事件である。当事者に処分権がある事項についての審判なので、家事審判事件の中では比較的公益性の低い事件であるといえる。

　また、別表第1に掲げる事項についての審判事件に紛争性がないのに対して、別表第2に掲げる事項についての審判事件の対象は、申立人と相手方との間で争われる事項であるため、紛争性を有している。そして、紛争性があるということは、対立する当事者が存在していることであるため、対立当事者双方に対する手続保障が必要となり、家事事件手続法では手続保障に関する規定が設けられている。具体的にいえば、合意管轄（同法245条1項。第2章Ⅰ2(1)参照）や、申立書の写しの相手方への送付（同法256条1項。第2章Ⅱ1(2)参照）、当事者への陳述聴取（同法68条1項）等である。

Ⅱ　家事事件手続法

(B)　手続の流れ

　別表第 2 に掲げる事項についての審判事件の手続の流れで最も特徴的な点は、調停を申し立てるのか、審判を申し立てるのかを申立人が選択できるということである（〔図 2〕参照）。

〔図 2〕　別表第 2 に掲げる事項についての審判事件の流れ

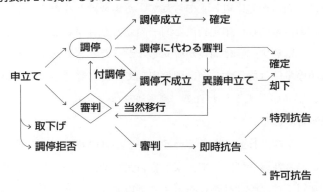

　この審判と調停の選択制に対比するものとして、調停前置主義（家事法257条。第 2 章Ⅱ 2 参照）がある。調停前置主義とは、家事調停手続を経なければ訴訟手続を進行させない原則をいい、家事調停手続を経ずに訴えの提起はできず、まず調停から申し立てなければならないというものである。したがって、調停前置主義が適用される事件では、家事調停手続を経ずに訴えの提起をしても、職権で調停に付されることになる。しかし、別表第 2 に掲げる事項についての事件は、本案が訴訟ではなく審判であるため調停前置主義の適用はなく、審判と調停のどちらの申立てをしてもよいこととなっている。

　別表第 2 に掲げる事項についての審判事件では調停前置主義が適用されない理由は、調停前置主義は訴えを提起できる事件のすべてに適用されるものであり、別表第 2 に掲げる事項についての審判事件はあくまでも審判事項であり、訴訟の提起が予定されていないことによるものだからである。

　このように別表第 2 に掲げる事項についての審判事件では、審判と調停の申立てを選択できるが、両方選択できるということは、調停と審判の関係が

どうなるかという問題が出てくる。

まず、審判が先に申し立てられた場合、家庭裁判所は職権でいつでも調停に付する（付調停（第2章Ⅴ1参照）。家事法274条）ことができ、付調停になれば、審判手続を中止（同法275条）にすることができる。そして、その後、結局調停が成立しなかった場合、中止していた審判が再開されることになる。

では逆に、調停が先に申し立てられていた場合はどうだろうか。調停が成立すると、調停の内容は確定判決と同一の効力を有することになるので問題は生じない。留意すべきは調停が成立しなかったときである。調停が成立しなければ調停事件は終了するが、調停申立ての時に審判の申立てがあったとみなされ、審判の手続が行われる（家事法272条4項）。いわゆる審判移行というものが行われる。

このように手続間移動があるというのが二つ目の特徴である。

なお、この審判移行に関して、家事審判法では、調停における調査結果の資料は、審判手続に受け継がれそのまま援用できることになっていたが、家事事件手続法では、明文としてはおかれていないものの、引き継ぎはできないものとされ、審判手続でもあらためて提出が必要となった。ただ、当然に引き継ぎはされないものの、記録の閲覧・謄写は認められる（同法47条）ので、調停手続で提出した主張書面や資料は原則的に相手方の目に触れることを念頭において提出しなければならない。

そして、審判に対しては、別表第1に掲げる事項についての審判事件と同様に、即時抗告（家事法85条）ができ、即時抗告の決定に不服があるときは、憲法違反を理由とする特別抗告（同法94条）あるいは法令違反を理由とする許可抗告（同法97条）をすることができる。

　　　㈢　離婚・離縁事件

　　(A)　事件の特徴

人事訴訟法2条では、人事訴訟の対象事件を、
① 婚姻の無効および取消しの訴え、離婚の訴え、協議上の離婚の無効および取消しの訴え並びに婚姻関係の存否の確認の訴え

②　嫡出否認の訴え、認知の訴え、認知の無効および取消しの訴え、民法773条の規定により父を定めることを目的とする訴え並びに実親子関係の存否の確認の訴え

③　養子縁組の無効および取消しの訴え、離縁の訴え、協議上の離縁の無効および取消しの訴え並びに養親子関係の存否の確認の訴え

と規定するように、離婚・離縁事件は審判事件ではなく、人事訴訟事件に属する。

つまり、訴訟を提起できる事件であるので、調停前置主義が適用され、家事調停手続を経ずに訴訟をすることはできず、まず家事調停の申立てをしなければならない。したがって、別表第2に掲げる事項についての審判事件のように、選択することはできない。

なお、これら人事訴訟事件は、原則として人事訴訟法19条2項により訴訟上の和解をすることができないが、離婚については同法37条、離縁については同法44条により、訴訟上の和解をすることができる。これらは本来的に当事者の処分に任せるべき内容の事件だからである。そのため、離婚・離縁の事件は、調停手続の中で双方の合意のみで調停が成立するところが、他の人事訴訟事件とは異なる点である。

　⒝　手続の流れ

〔図3〕のとおり、〔図2〕とは異なり、申立ての段階で調停と訴えの提起が選択的になっておらず、申立てから調停を経て訴訟に至っていること、これが調停前置主義が適用されるということである。そして、調停が不成立となると、後は人事訴訟を提起するしかなく、訴えの提起をするか否かは当事者の任意となっている。

もう一つの特徴は、調停成立と不成立以外に、調停に代わる審判（家事法284条。第2章Ⅶ参照）という手続があるという点である。調停に代わる審判は、ほとんどの事項について合意できているのに、わずかな事項について対立が解消されず結果として調停成立まで進まない場合、裁判所が一定の判断を示すことで、紛争の解決を図ることを目的とした制度である。この調停に

代わる審判に対して、適法な異議がなされた場合は、調停に代わる審判は失効し、後は訴えの提起をするか否かは当事者の任意となっているのは同様である。

〔図3〕 離婚・離縁事件の流れ

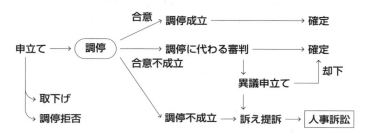

(エ) 離婚・離縁を除く人事訴訟事件

(A) 事件の特徴

離婚・離縁を除く人事訴訟の対象事件は、嫡出否認や認知などが典型例であるが、その紛争内容からわかるように、身分関係に密接した内容で、当事者の意向というよりは公益的判断を要する種類の事件ということがいえる。このような性質を有しているために、当事者の意思の合致のみで調停として成立させることはできず、合意に相当する審判（家事法277条。第2章Ⅵ参照）が必要になる。

(B) 手続の流れ

〔図4〕のとおり、調停手続からは直接に調停成立という矢印がなく、調停不成立か合意に相当する審判の2択となっており、合意が成立しても合意に相当する審判を経る必要がある。〔図2〕〔図3〕では、合意のみで調停が成立していることと対比すると、その違いは明確である。

〔図4〕 離婚・離縁を除く人事訴訟事件の流れ

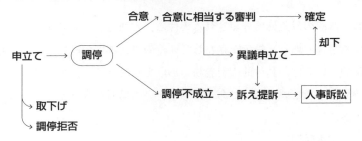

(オ) 民事訴訟事件

(A) 事件の特徴

　家事調停は、人事に関する訴訟事件その他家庭に関する事件を扱うものとされるから（家事法244条）、家庭に関する事件であれば広くその対象となる。たとえば、不倫による慰謝料や遺留分減殺請求といった民事訴訟事件も扱う。民事訴訟事件であるので、処分権主義が適用され、当事者の合意のみで事件を終了させることもできる。その意味で、家庭裁判所の手続的には離婚・離縁事件に近いといえる。

(B) 手続の流れ

　離婚・離縁と手続の流れはほぼ同じであり、違いは訴えの提起の内容が人事訴訟ではなく、民事訴訟となるだけである（〔図5〕参照）。

〔図5〕 民事訴訟事件の流れ

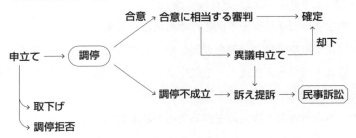

(カ)　審判・訴訟の対象外事件
　(A)　事件の特徴
　審判・訴訟の対象外に分類される事件は、審判も訴訟もできないが、家庭に関する事件であり、紛争が存在しているので、調停の対象となる事件である。端的にいえば、具体的権利義務の形成を目的とせず、当事者の任意履行に期待する事項ということであり、話し合いの場所を設けるというのに近いものである。
　(B)　手続の流れ
　調停の結果がどのようになろうとも、審判も訴訟もできないため、調停で話し合いがまとまれば調停成立となり、話がまとまらなければ不成立という構造である（〔図6〕参照）。

〔図6〕　審判・訴訟の対象外事件の流れ

2　家事事件手続法の法理念

　家事事件手続法の法理念は、次の①～③の三つとされている（金子修編著『一問一答　家事事件手続法』25頁）。
　①　当事者等の手続保障を図るための制度の拡充
　②　国民が家事事件の手続を利用しやすくするための制度の創設・見直し
　③　管轄・当事者・代理人・不服申立て等の、手続の基本的事項に関する規定の整備
　(1)　当事者等の手続保障を図るための制度の拡充
　家事審判法が施行されたのは第二次世界大戦の終戦直後であり、当時と現代とでは、市民を取り巻く社会環境も全く異なり、市民の権利意識も非常に

高くなっている。そのため、従来のように裁判所の後見的役割の下に裁判所の自由裁量で手続が進められることに対しては批判もあり、当事者にとって審理過程がより透明であることや、当事者の手続保障を厚くすることが求められたため、手続保障の制度がいくつか創設された。

具体的には、①記録の閲覧・謄写に関する制度の拡充（家事法47条3項）、②申立書の写しの相手方への送付（同法256条1項）、③参加制度の拡充（同法41条）、④不意打ち防止のための諸規定の整備（同法72条ほか）、⑤家庭裁判所調査官および家事調停委員の除斥および忌避の制度の創設（同法10条～16条）等である。

　　㋐　記録の閲覧・謄写に関する制度の拡充

家事審判法では、記録の閲覧等をすることの可否について、「家庭裁判所は、事件関係人の申立により、これを相当であると認めるとき」（家審規12条）はできるとし、裁判所に相当性を判断させる広い裁量を委ねていた。しかし、家事事件手続法では、基本理念である当事者の手続保障にとって家事審判記録の謄写・閲覧はその根幹をなす部分であるとの認識から、家庭裁判所は、当事者から閲覧・謄写の許可の申立てがあったときは、これを許可しなければならない（同法47条3項）として、当事者から許可申立てがあれば原則許可されることになる。

つまり、当事者が提出する資料も、他方の当事者から申請があった場合には、原則として閲覧・謄写が許可されるということである。

ただし、未成年者の利益を害するおそれ、当事者もしくは第三者の私生活もしくは業務の平穏を害するおそれ、その他事件関係者のプライバシーへの配慮から、一定の場合には例外的に不許可とすることができるとして、不許可とされる場合も明確に規定した（家事法47条4項）。

なお、家事調停事件については、紛争の円満解決という目的の下、記録の閲覧・謄写に対して、一定程度の制限がかかるのは当然であるので、基本的には従来どおり、原則は不許可で例外的に許可となっている。ただし、調停で提出した資料も、審判に移行した場合には、閲覧・謄写が原則許可される

ので、調停段階でも資料提出には注意が必要となる。

　特に注意が必要なのが、相手方に知られては困る秘匿情報である。秘匿情報の典型例がDV事例などにおける、申立人の現在の居住地である。たとえば、賃貸借契約書に記載された住所や物件所在地などが明記されてあれば居住地が相手方に判明することとなる。それ以外にも、たとえば、源泉徴収票の勤務先、年金分割の情報通知書に記載された住所・発行元・勤務先、あるいは病院の診断書における病院名・医師名なども秘匿情報であり、注意が必要である。このあたりはうっかりするとそのまま提出してしまって相手方に申立人の立ち回り先などを知らせてしまう危険がある。

　このような秘匿情報が記載された書面を資料として提出する場合には、マスキング処理をしてから提出しておく必要がある。マスキング処理で対応できない場合には、「非開示の希望に関する申出書」（【書式6】【書式25】参照）を添付して提出することが必要となる。非開示の希望に関する申出書を添付していない場合には、非開示の希望はなく、相手方による閲覧・謄写許可申請が認められても異議がないものと扱われるので、必ず添付しておかなければならない。

　なお、非開示の希望に関する申出書は、非開示を希望する書面ごとに、ステープラーで付けて一体として提出する取扱いになっている。そのため、対象書面と申出書との一体性が確保できないという理由により、ファクシミリでの提出は認められていない。

　　　(ｲ)　申立書の相手方への送付

　家事事件手続法の最も重要な点であるといえるのが、申立書の写しの相手方への送付である。

　従来の離婚調停などでは、申立人が家庭裁判所に提出した申立書は相手方に送付されておらず、家庭裁判所から相手方に対しては、調停の申立てがなされたことおよび次回期日のみ通知されるにとどまっていた。そのため、相手方としては、申立人がどういう理由で調停を申し立てたのか、申立人が自分に対して何を求めているのかについて、第1回期日前には知ることができ

なかった。

　しかし、家事事件手続法では、「家事調停の申立てがあった場合には、家庭裁判所は、申立てが不適法であるとき又は家事調停の手続の期日を経ないで第271条の規定により家事調停事件を終了させるときを除き、家事調停の申立書の写しを相手方に送付しなければならない」（同法256条1項）として、申立書は原則として相手方に送付される。

　ただ、申立書には申立人の住所や連絡先なども記載することになっているため、申立書の写しを送付することによって、相手方に申立人の住所などが知られてしまうこととなる。しかし、離婚事件では事件の種類によっては、相手方に住所を知られたくないこともある。そのような場合は、申立書にはかつて相手方と同居して生活していた旧住所を記載しておき、裁判所には別途「連絡先等の届出書」（【書式5】【書式24】参照）を作成して提出し、そこには「連絡先は申立書記載の住所以外の場所を指定する」と届け出て、かつ、この届出書とあわせて非開示の希望に関する申出書を添えて、一体の書面として提出すればよいのである。こうして初めて、申立人の現在の連絡先が相手方に知られないこととなる。

　非開示の希望に関する申出書を提出していれば、基本的には問題はない。ただ、家庭裁判所の裁判官や書記官も人間なので、ミスすることもあり、実際に、平成19年11月には東京地方裁判所の書記官がDV被害者の妻の住所や携帯番号を加害者の夫に誤って知らせてしまった事件や、平成24年6月には宮崎家庭裁判所の裁判官が同様に妻の連絡先を夫に知らせてしまったという事件も起こっている。そのため、DVなど対応面で特に注意が必要な事件では、念には念を入れて、親戚の連絡先など別の住所を入れるという方策をとったほうがよい場合もある。

　　　(ウ)　参加制度の拡充

　家事審判法における参加制度では、「家庭裁判所は、相当と認めるときは、審判の結果について利害関係を有する者を審判手続に参加させることができる」（同法12条）とし、「審判の結果について利害関係を有する者は、家庭裁

判所の許可を受けて、審判手続に参加することができる」（家審規14条）として、参加すること自体は認めているものの、「相当と認める」や「家庭裁判所の許可を受けて」など、家庭裁判所の裁量があるような規定をおいて、具体的な参加人の権限などが不明確にされていた。

そこで、家事事件手続法では、「当事者となる資格を有する者は、当事者として家事審判の手続に参加することができる」（同法41条）として当事者であれば参加できる旨を規定し、利害関係人が参加できる旨（同法42条）を規定することにより、当事者や利害関係人が参加人となって、手続主体として主張や資料の提出することを可能にした。

(エ) 不意打ち防止のための諸規定の整備

不意打ち防止のための規定が、家事事件手続法ではいくつか創設されており、そのうちの一つが、あらかじめ主張や資料の提出期限および審判日を定めることによって、当事者の予測可能性を確保するというものである。従来の実務においても、審判の予定日を伝えていたようだが、具体的な審判の日付まで特定することが少なかったため、審判がいつ頃されるのかわからないという不満の声があがっていたようである。そのため、家事事件手続法では、審理の終結の日すなわち資料の提出期限や、審判日を定めなければならない（同法72条）。

ほかには、事実の調査の通知（家事法63条）、陳述聴取（同法68条）等も不意打ち防止のための諸規定といえる。

(オ) 家庭裁判所調査官および家事調停委員の除斥・忌避制度の創設

公正な裁判を保障するため、当事者と裁判官に一定の関係がある場合、裁判官には除斥・忌避の制度があり、裁判所書記官などにも同様の制度は家事審判法でも規定されていた。

しかし、家庭裁判所調査官や家事調停委員については、同様の規定がおかれていなかったため、家事事件手続法では、家庭裁判所調査官や家事調停委員について除斥・忌避の制度が創設されることとなった（同法10条～16条。第2章Ⅰ4参照）。なお、忌避については、家庭裁判所調査官の場合は濫用的

な申立てにつながるとして、家事調停委員の場合は調停に合意しないことで目的を達することができるとして、ともに導入はされなかった。

(2) 手続を利用しやすくするための制度の創設・見直し

家事事件に関する手続は非訟手続であったため、当事者の利益よりは裁判所の審理の便宜のほうが、従来は優先されがちであった。

しかし、家事事件手続法は、家事審判および家事調停の手続を国民にとって利用しやすいものにするために改善を図られたものであり、いくつかそのための制度の創設や見直しがされている。そのうち代表的なものが、①電話会議システム・テレビ会議システムによる手続の創設（同法54条）、②調停を成立させる方法の拡充（同法84条）、③手続上の救助制度の導入（同法32条）、④調停に代わる審判ができる事項の拡張（同法284条）である。

(ア) 電話会議システム・テレビ会議システムによる手続の創設

家事事件では、従来、家事審判規則5条、家事調停規則5条により、当事者には出頭義務が課せられており、家事事件手続法でも、51条および258条でその規定は維持されている。しかし、当事者の一方または双方が遠隔地に居住しているために、審判期日への出頭が確保できない場合、従来の実務においては、家庭裁判所調査官の調査や書面による照会等を利用するなどの工夫をしていた。

家事事件手続法では、家庭裁判所および当事者双方が電話会議やテレビ会議によって、審判期日の手続を行うことができる（同法54条1項）。この規定は、家事調停手続の期日についても準用される（同法258条1項。第2章Ⅲ1(5)参照）。

電話会議やテレビ会議は民事訴訟でも利用されているが、家事事件手続法のそれとは少し異なる。民事訴訟法では、電話会議システムを利用するにしても、最低限当事者の一方が裁判所に出頭しなければならないが（民訴法170条）、家事事件手続法ではこの規定が採用されておらず、複数の当事者が遠隔地に居住している場合は、いずれかの当事者が出頭していなくても、電話会議システムまたはテレビ会議システムを利用して調停などを成立させる

ことが可能である。

　なお、離婚・離縁の調停については、当事者の意思確認を確実に行うため、電話会議システム等を利用して調停を成立させることはできないことに注意が必要である（家事法268条3項）。

　　(イ)　調停を成立させる方法の拡充

　家事審判事件の抗告事件や人事訴訟の控訴事件を扱う高等裁判所では、これまで家事調停をすることができなかったが、家事事件手続法では、高等裁判所でも家事調停ができる（同法84条）。

　また、これまで調停条項案の受諾による調停は、民事事件ではよく利用されているものの、家事事件では遺産分割事件のみしか適用されていなかった。しかし、手続の利便性は家事事件全般に共通して求められることなので、家事事件手続法では、広く調停事件全般に適用することができる（第2章Ⅳ1⑷参照）。ただし、これも電話会議システムと同様、離婚・離縁の調停には利用できないことに注意が必要である。

　　(ウ)　手続上の救助制度の導入

　家事事件は基本的には職権探知主義をとっているが、家事事件手続法の施行により「家事事件の民事事件化」が進み、当事者自らが主体的に手続に参加することが求められるようになった。

　ただ、手続に参加するには、費用もかかるため、経済的理由により断念せざるを得ないということは避ける必要がある。

　そのため、民事訴訟法82条と同様に、家事事件も手続の準備や追行のための費用を支払う資力のない者のために、申立てにより手続上の救助を受けることができる（家事法32条）。

　　(エ)　調停に代わる審判ができる事項の拡張

　調停に代わる審判という手続は家事審判法にもあったが、乙類審判事件の調停については、これをすることができなかった（同法24条2項）。

　しかし、頑なな当事者の意向、あるいはわずかな意見の相違によって調停が成立しないのは、当事者にとっても裁判所にとっても好ましくないことに

変わりはなく、その趣旨からすれば、乙類事項を除外する必要もないため、家事事件手続法では別表第2に掲げる事項に関する事件の調停にも利用できる（同法284条）。

(3) 手続の基本的事項に関する規定の整備

これまでの家事事件についての手続は、家事審判法や家事審判規則、特別家事審判規則で定められるほか、非訟事件手続法を準用するなどしており、非常に複雑な構造をしていた。

しかし、家事審判および家事調停の手続を国民にとって利用しやすいものにするためには、もっとわかりやすいものにする必要があるため、手続の基本的事項に関する規定がいくつか整備された。

その代表的なものが、①管轄に関する事項の整備（家事法245条ほか）、②代理権の範囲についての規定（同法18条ほか）、③不服申立手続の整備（同法87条ほか）である。

㋐ 管轄に関する事項の整備

家事審判法は、管轄一般について、非訟事件手続法2条～4条を準用しており（家審法7条）、土地管轄については、家事審判規則および特別家事審判規則において事件の種類ごとに規定していた。

家事事件手続法では、審判事件において、事件類型ごとに土地管轄を定めることにし、調停事件においては、相手方の住所地を管轄裁判所としたうえ、一定の審判事件および調停について合意管轄の規定（同法245条）を設けた。

また、このような個別の規定では管轄が定まらない場合の補充的な規定（家事法7条、家事規6条）を設けたほか、優先管轄の規定（同法5条）および管轄の標準時の規定（同法8条）も設けられた。

㋑ 代理権の範囲についての規定

家事審判法では、法定代理人の代理権の範囲について明確な規定を設けていなかったが、家事事件手続法は、民事訴訟法と同様の規定を設けて、その範囲を明確にした。

具体的には、成年後見人その他の法定代理人は、他の者がした家事審判ま

たは家事調停の申立てなどについて手続行為をするときには後見監督人等の同意その他の授権を要しない（家事法18条）とすることである。また、成年後見人その他の法定代理人であっても、取下げ、調停成立、審判に対する即時抗告など重要な行為については、特別の授権がなければできないことが定められた。

そして、成年被後見人等であっても、本人の意思を尊重すべき類型の事件については、完全な手続行為能力を有することになるが、成年後見人と本人の意向が一致しないこともあり、本人が単独で事件を遂行をしようとすると、かえって本人の保護にならない場合もありうるため、裁判官は職権で手続代理人を選任できる（家事法23条）。なお、手続代理人とは民事訴訟法上の訴訟代理人に対応するものである。

　(ウ)　不服申立手続の整備

家事審判法、家事審判規則では、即時抗告についての規定（家審規18条・19条）があったが、条文上、抗告手続や抗告審の手続の規律は明らかではなかった。そこで家事事件手続法では、即時抗告の規定（同法87条）を明文化した。

また、不服申立手続において最も重要なのが、民事訴訟法の不利益変更禁止の規定（同法304条）が準用されていないことである。つまり、民事訴訟であれば、控訴をした場合には控訴審判決は付帯控訴がない限り、第1審判決より不利益にされることがないが、家事審判では、即時抗告を申し立てたからといって、必ずしもよい結果になるとは限らず、逆に元の審判より不利益になるような判断がされる可能性があるということである。したがって、実務においては、不服申立てをするかどうか、非常に難しい判断を迫られ、不服申立てには慎重さがより要求されるようになった。

第2章
家事調停総論

Ⅰ 通 則

1 家事調停の対象

(1) 家事調停の対象と分類

　家庭裁判所は、人事に関する訴訟事件その他家庭に関する事件（家事事件手続法別表第1に掲げる事項についての事件を除く）について調停を行う（家事法244条）。このことから、家事調停の対象となる事件は、①人事に関する訴訟事件、②その他家庭に関する事件に分類される。前記②は、さらに、ⓐ家事事件手続法別表第2に掲げる事項についての事件、ⓑ別表第1および第2に掲げる事項を除くその他家庭に関する事件に分類できる。これら家事調停の対象となる事件については、範囲・分類とも一部の例外を除き家事審判法と同様の枠組みが維持されている。

　家事事件手続法は、家事調停（および家事審判）について通則的な手続を定めているが、その対象となる事件は、家事事件手続法に根拠をもつ事件だけではないことに留意する必要がある。

　　　㈦　人事に関する訴訟事件

　人事に関する訴訟事件とは、人事訴訟法に規定される婚姻関係事件、実親子関係事件、養子縁組関係事件、その他身分関係の形成または存否の確認を目的とする訴えを内容とする事件である（人訴法2条）。

　これらの事件はその性質によって二つに分類される。一つは離婚および離縁で、本来的に当事者で話し合って結論を求めるべき性質の事件である。もう一つは、それ以外の嫡出否認、認知、離婚無効・取消し、離縁無効・取消しといった事件である。家族秩序を内容としていて公益性が高く、ゆえに当事者の話し合いに委ねるべき性質ではなく、家庭裁判所が後見的に関与すべき事件である。前者は典型的な家事調停向きの事件ということができ、後者は家事調停を前提としつつも合意に相当する審判（家事法277条）をもって処

理される。

　ところで、公益性が高く当事者の任意処分に委ねるべきでないとされる事件であっても、家庭内の身分関係に関する事件の解決方法が公開の法廷による訴訟しか用意されないのでは不都合もあることから、人事訴訟を提起する前に話し合いにより解決を図る場である家事調停を申し立てることが前提となる（調停前置主義。家事法257条）。

　本書で取り上げる離婚調停は、人事訴訟法にその根拠をもち、家事事件手続法の規律の下で調停を行う事件である。

　　㈡　家事事件手続法別表第2に掲げる事項についての事件

　その他家庭に関する事件のうち、別表第1に掲げる事項についての事件が除かれていることから、反対解釈として別表第2に掲げる事項についての事件は、家事調停を行うことができる。別表第1に掲げる事項についての事件は家事審判のみ行うことができ、家事調停を行うことはできない。

　本書で取り上げる遺産分割調停や、離婚調停とあわせて行うことが多い親権者の指定、財産分与なども、家事事件手続法別表第2に根拠をもつ事件である。

　　㈢　家事事件手続法別表第1および第2に掲げる事項を除くその他家庭に
　　　関する事件

　その他家庭に関する事件のうち、家事事件手続法別表第1および第2に掲げる事項についての事件を除いた事件である。①親族またはこれに準ずる者の間という一定の身分関係の存在、②その間における紛争の存在、③人間関係調整の要求・余地の存在の3点を要件に、簡易裁判所や地方裁判所で扱うべき民事事件であっても家事調停の対象とすることができる。

　前記①の「親族」とは夫婦および親子・兄弟など6親等以内の血族並びに3親等以内の姻族関係にある者（民法725条）、「これに準じる者」とは事実上の夫婦・親子・養親子、不貞行為の相手方と一方配偶者、婚約当事者などである。関係が過去のものであってもよい。

　前記②の「紛争」とは身分関係上の問題だけでなく、親族間の金銭貸借・

建物賃貸借などの財産関係の紛争も含まれる。すでに顕在化している紛争ばかりでなく、夫婦・親子・親族間の不和の調整といった抽象的なもの、婚約の履行など潜在的なものも対象となる。

前記③の家庭内の事件は、当事者間の感情の軋轢や生活環境の破壊が問題解決を困難にしていることが多く、むしろ人間関係の修復・調整により問題解決を図ろうとするのが家事調停の役割でもある。よって、人間関係調整の余地がなければ家事調停によって問題解決を図る意味がないことから要求される要件である。

実例としては、事実婚夫婦の関係解消、婚姻している男性と婚姻外で男女関係をもった女性との関係解消、親族間で不動産賃貸借をしている場合の建物明渡紛争、同族会社の業務執行等に関する財産関係の紛争など、本来は民事事件（訴訟、調停）として構成される事件であっても、親族またはこれに準ずる者の間の人間関係の調整が必要であれば、家事調停の対象となる。民事調停も訴訟と比較して手続費用は安く抑えられているが、家事調停は申立手数料が1200円と定額・安価であるため、積極的に家事調停として立件するほうが当事者の利益に資する場合もあると考えられる。

ただし、家事調停が不成立で終了した場合、前記②の事件は家事審判に当然に移行するが（家事法272条4項）、①③の事件はあらためて家庭裁判所、簡易裁判所、地方裁判所に訴訟を提起しなければならない。家事調停と管轄を大きく異にする場合もあるため、メリット・デメリットを慎重に検討し、依頼者に説明する必要がある。

(2) **家事審判法から家事事件手続法への移行時に分類が変更された事件**

ところで、家事事件を規律する法令が家事審判法から家事事件手続法へ移行した際、家事審判法乙類事件であったにもかかわらず乙事件に相当する家事事件手続法別表第2に掲げる事項についての事件に分類されず、甲類事件相当である別表第1に掲げる事項についての事件として分類された事件は、次の①～④の四つである。

① 夫婦財産契約による財産の管理者の変更等（別表第1・58項）

② 破産手続が開始された場合における夫婦財産契約による財産の管理者の変更等（別表第1・131項）　夫婦財産契約による財産の管理者の変更および共有財産の分割は、請求事由が限定されていること、当事者間の協議を認めない趣旨と解されることから、家事事件手続法では調停をすることができる別表第2に掲げる事項についての事件から除外することになり、その結果、別表第1に掲げる事項についての事件に分類することとなった。

③ 扶養義務の設定および取消し（別表第1・84項・85項）　家庭裁判所は、特別の事情があるときには、直系血族および兄弟姉妹のほか、3親等以内の親族間においても扶養の義務を負わせることができ（民法877条2項）、扶養義務を負わせる審判があった後に事情の変更が生じた場合は、その審判を取り消すことができる（同条3項）。この扶養義務については、扶養権利者と扶養義務者との間の協議による義務の設定を認めない趣旨と解され、「特別な事情」に関しても家庭裁判所の判断によるのが相当とされることから、家事事件手続法では調停をすることができる別表第2に掲げる事項についての事件から除外することになり、その結果、別表第1に掲げる事項についての事件に分類されることとなった。

④ 推定相続人の廃除および取消し（別表第1・86項・87項）　推定相続人の廃除は、その相続人の相続権の剥奪という重大な効果を生じさせるものであるから、一定の事由がある場合に限って認められるべきであり、廃除事由についても当事者の自由な処分を許すべきでないものと解される。また、廃除の請求が被相続人の真意に基づくものかは、家庭裁判所が判断すべきことが求められているものと解される。よって、家事事件手続法では調停をすることができる事件から除外し、その結果、別表第1に掲げる事項についての事件に分類されることとなった。

この4事件の再分類が示すように、審判のみ申し立てることができる事件（別表第1に掲げる事項についての事件）とは、当該保護法益の公益性が高く、

当事者の任意処分に委ねることが相当でなく、そのため家庭裁判所には後見的立場で事件へ関与することが求められている事件である。逆に、調停の申立てをすることができる事件（別表第2に掲げる事項についての事件）とは、本来は当事者の任意処分に委ねるべき内容であり、家庭裁判所が後見的立場で関与する必要がない事件である。

2 管轄と移送

(1) 管轄（家事法245条）

　家事調停事件の管轄は、相手方の住所地を管轄する家庭裁判所または当事者が合意で定める家庭裁判所である（家事法245条1項）。この管轄の合意は、合意の有無についての紛争を避けるため書面または電磁的記録でしなければならない（同条2項、民訴法11条2項・3項）。管轄の合意は、専属的、競合的、選択的のいずれでもよいが、管轄権のある家庭裁判所に調停の申立てがされた後に当事者がそれ以外の家庭裁判所を専属的に定めたとしても、当初の家庭裁判所は依然として管轄権を有する。しかし、当事者の合意を無視してまで当初の家庭裁判所が調停をする必要はないので、当初の家庭裁判所はこのまま調停を行うか当事者が合意した家庭裁判所へ移送をすることを検討する。管轄の合意が競合的または選択的になされたときは、当初の家庭裁判所が事件を管轄する（同法5条）。

　寄与分を定める処分調停事件については特則があり、すでに遺産の分割調停申立事件が係属している場合には、その遺産の分割調停申立事件が継続している家庭裁判所に申立てをしなければならない（家事法245条3項）。遺産の分割調停申立事件と寄与分を定める処分調停事件を一括して矛盾なく処理するためである。

　ところで、遺産分割を求める審判が先行して家庭裁判所に係属している場合は、寄与分を定める処分調停事件の管轄が通則に従って相手方の住所地を管轄する家庭裁判所または当事者が合意で定める家庭裁判所となるため、事件が別々の家庭裁判所に係属する場合が理論的にありうる。しかし、前述し

たように、遺産分割事件と寄与分を定める事件を切り離して処理するのは相当でないので、申立てを支援する司法書士としても、遺産分割を求める審判が係属している家庭裁判所への申立てを勧めるようにしたい。

(2) 地方裁判所または簡易裁判所への移送（家事法246条）

前記1(1)(ウ)のとおり、家庭に関する事件については民事事件と管轄が競合し対象範囲が必ずしも明瞭でないことから、内容によっては民事調停事件として処理することが適当である場合もある。そこで、家事事件手続法では、家庭裁判所に申し立てられた家事調停を民事事件として地方裁判所または簡易裁判所へ移送する規定がおかれている（同法246条）。

家庭裁判所は、そもそも家事調停を行うことができない事件について家事調停の申立てがあった場合は、職権で管轄権を有する地方裁判所または簡易裁判所に移送することができる（家事法246条1項）。また、家事調停を行うことができる事件であっても、事件を処理する必要があると認めるときは、職権で事件の全部または一部を管轄権を有する地方裁判所または簡易裁判所へ移送することができる（同条2項）。さらに、同条1項・2項の規定にかかわらず事件を処理するために特に必要があると認めるときは、事件を管轄権のない地方裁判所または簡易裁判所に移送することができる（同条3項）。ただし、ここで緩和されるのは土地管轄のみであり事物管轄までは緩和されないため、紛争の価額によって地方裁判所または簡易裁判所に移送することになる。

ところで、調停の当事者は、移送の裁判がされると遠方の裁判所まで移動を強いられるなど重大な影響を受ける場合もあるため、移送の裁判に対しては即時抗告をすることができる（家事法246条4項、9条3項～5項）。

これらは、家庭裁判所から地方裁判所または簡易裁判所へ移送する規定であるが、反対に、本来は家庭裁判所において家事調停事件として処理すべき事件を誤って地方裁判所ないし簡易裁判所へ民事調停の申立てをした場合は、管轄権のある家庭裁判所に移送される（民調法4条2項）。

3　調停機関

　家事調停は原則として調停委員会が行う（家事法247条1項本文）。調停は当事者の合意促進を本質とするため、民間の調停委員の関与により、豊富な知識と経験を活かして和やかな雰囲気の下で条理にかなった解決を期待するからである。例外として、内容が簡明であるか法律判断のみに絞られるため調停委員会を開くまでもない場合、緊急性があり調停委員会を開く時間がない場合、当事者双方の希望がある場合など、家庭裁判所が相当と認めるときは裁判官単独で調停を行うことができる（同項ただし書）。実務上、前者を委員会調停、後者を単独調停と呼ぶ。単独調停は例外的な扱いであるため、調停当事者の一方または双方から申立てがあるときは原則に戻って調停委員会において家事調停を行わなければならない（同条2項）。

　ところで、家事調停自体を行う権限は調停機関ではなく家庭裁判所に属する（裁判所法31条の3第1項1号）。家庭裁判所は、家事調停事件を受理すると裁判官会議が定める事務分配により事件が配転され、手続上の家庭裁判所（受調停裁判所）が定まる。本質的な調停行為や付随行為は調停機関に委ねられるが、調停期日の指定、調停委員の指定といった準備的調停行為や、調停調書への押印といた事後的調停行為は受調停裁判所自ら行う。家事事件手続法247条1項は、家庭裁判所は調停委員会で調停を行うものとするが、同条にいう「調停」とは、当事者間の合意形成に向けて調整作業をする本質的調停行為およびそれに付随する行為のことを指している。本質的調停行為は調停機関が分掌し、準備的調停行為・事後的調停行為は受調停裁判所が分掌する。

(1)　調停委員会と家事調停委員（家事法248条・249条）

　調停委員会は、裁判官1名と家事調停委員2名以上で組織される（家事法248条1項）。そのため、裁判官1名と家事調停委員1名のときは委員会調停ではなく単独調停になると解釈される。実務上、裁判官は、同一期日の同一時間帯に複数の調停事件を担当するため、調停委員との評議や調停成立時の

立会いなどを通して事件進行の把握に努めることになる。そのため、実際に調停を運営していくのは調停委員である。調停委員は通常2名が指定されるが、特に離婚調停では、男女1名ずつの調停委員が指定される場合が多い。

　家事調停委員は、最高裁判所によって非常勤の公務員として任命される（民事調停委員及び家事調停委員規則1条）。任命資格は、弁護士となる資格を有する者、家事の紛争解決に有用な専門的知識経験を有する者、社会生活の中で豊富な知識経験を有する者の中から人格識見の高い、原則として40歳から70歳未満の者とされている。任期は2年であるが再任は可能である。任命と所属家庭裁判所の指定は形式的に最高裁判所がするが、実務上は各家庭裁判所が選考を行い最高裁判所に任命を上申する。

　家事調停委員は、欠格事由が発生したときは必要的に解任されるが、心身の故障のため職務の執行ができないと認めるとき、または職務上の義務違反その他家事調停委員たるに適しない行為があると認めるときは、裁量的に解任される（民事調停委員及び家事調停委員規則2条・6条）。

(2)　**家事調停官（家事法250条・251条）**

　家事調停官とは、弁護士として5年以上職にあった者が裁判官と同等の権限をもって調停手続を行うもので、非常勤裁判官制度とも呼ばれる。最高裁判所が任命し任期は非常勤2年である（家事法250条）。

　家事調停官は、家庭裁判所の指定を受けて家事調停事件を取り扱うが、取り扱う調停事件の処理において有する権限は、家事事件手続法に定める家事調停事件処理に関する家庭裁判所、裁判官、裁判長の権限として定められているものすべてである（同法251条1項）。したがって、合意に相当する審判や調停に代わる審判も行うことができる。裁判所書記官、家庭裁判所調査官および医師である裁判所技官に対しても必要な命令をすることができる（同条4項）。しかし、家事調停官の権限は指定を受けた家事調停事件の処理という限度で付与されているため、家事審判事件を処理することはできない。また、合意に相当する審判に対する異議の申立てについての裁判などの不服申立手続、調停成立後の履行状況の調査など家事調停が終了した後に予定さ

れている手続については、家事調停官の権限に含まれない。

家事調停官の指定の方式や事件の種類等は法文上明記されていないため、運用に委ねられている。

(3) 家庭裁判所調査官

家庭裁判所調査官は、行動科学に関する知識や技法（専門性）と、状況に応じて裁判所外でも調査活動ができるという特性（機動性）をもっている家庭裁判所の職員である。調停委員会は、紛争当事者間に適正妥当な合意が成立するよう働きかけをする第三者の役割を果たす。もっとも、法律専門家である裁判官と法律専門家でない複数の家事調停委員との合議体である調停委員会より、専門的知見をもつ裁判官が単独で事実の調査を行ったほうが迅速かつ適切であることもある。そこで、調停委員会は、決議により裁判官に対し事実の調査を委ね、裁判官は家庭裁判所調査官に事実の調査をさせ、あるいは医師である裁判所技官に事件の関係人の心身の状況について診断をさせることができる（家事法261条1項・2項）。また、家庭裁判所は、家事調停事件の処理に関し、事件の関係人の家庭環境その他の環境の調整を行うために必要があると認めるときは、家庭裁判所調査官に社会福祉機関との連絡その他の措置をとらせることができる（同条5項・59条3項）。「その他の措置」とは、子の監護に関する処分調停申立事件などで児童相談所と連携を図り、当事者の合意を形成することなどが該当する。

(4) 参与員

調停の機関ではないが、参与員について説明しておく。

参与員は、家庭裁判所で行われる家事審判事件の手続の際に、審判に立ち会ったり提出された書類を審査したりして、裁判官が判断をするのに参考となる意見を述べる（家事法40条1項）。また、離婚訴訟などの人事訴訟事件の証拠調べや和解の試みなどに立ち会い、裁判官に意見を述べるなどして紛争を解決に導く助力をする（人訴法9条1項）。

参与員は、毎年あらかじめ家庭裁判所が参与員となるべき者として選任している者の中から、各事件について家庭裁判所が指定することによってその

身分を取得する（家事法40条5項、人訴法9条3項）。特別な資格は必要とされず、人望があって、社会人としての健全な良識のある者から選任される非常勤の裁判所職員である。

4 裁判所職員の除斥・忌避

裁判所の構成員が事件の一方当事者や当該事件と特別な関係をもっていたりすると、他方当事者は不公平な扱いを受けるのではないかと疑念を抱き、裁判の公正に対する信頼を損ねるおそれがある。除斥・忌避は、そのような関係をもつ裁判所構成員を当該事件の職務から排除する制度である。

なお、裁判所構成員は、監督権を有する裁判所の許可を得て、当該事件の職務担当を回避することができる。実際の事件では、裁判所構成員の自発的回避により、除斥・忌避が問題となる場面は必ずしも多くないと考えられる。

(1) 除斥（家事法10条）

裁判官は、担当する事件について家事事件手続法10条1項に列挙される特別な関係を有する場合、職務の執行から除斥される。裁判官に除斥原因がある場合、当該裁判官がそのことを知っているかどうかにかかわらず、また何らの手続を必要とせず法律上当然に除斥される。同条2項は除斥の裁判についての定めであるが、当該裁判官が関与して行った手続は除斥の裁判の有無・前後を問わず当然に無効となる。よって、除斥の裁判は確認的な性質しか有しないものとされる。なお、裁判所書記官（同法13条）、参与員（同法14条）、家事調停官（同法15条）、家庭裁判所調査官（同法16条）、家事調停委員（同条）にも除斥の規定が適用される。

除斥の申立ては、その原因を明示して当該裁判官等の所属する裁判所に対し、家事事件の期日においてする場合を除き書面で行わなければならない。除斥原因は、除斥の申立てから3日以内に疎明しなければならない（家事規10条）。

裁判官・家事調停官に対し除斥の申立てがされた場合、その裁判が確定するまで当該家事事件の手続は原則停止する（家事法12条4項・15条1項）。そ

の他の裁判所構成員に対し除斥の申立てがされた場合は、その裁判が確定するまで当該家事事件に関与することができない（同法13条2項・14条2項・16条2項）。

(2) 忌避（家事法11条）

㋐ 忌避事由および忌避の裁判

　裁判官について裁判または調停の公正を妨げる事情があるときは、当事者は、その裁判官を忌避することができる。除斥と同様、裁判所書記官、参与員、家事調停官に準用されるが、家庭裁判所調査官および家事調停委員には忌避の制度はない。除斥が法律上当然に職務執行排除の効果を生じるため原因が列挙されているのに対し、忌避は当事者の申立てを待って裁判によって効果を生じる点が異なる。

　忌避事由は、「裁判官について裁判又は調停の公正を妨げる事情があるとき」（家事法11条1項）である。この事情とは、不公正な裁判や調停が行われるおそれがあると当事者に懸念を抱かせる事情を指すが、当事者の主観ではなく一般人の目から見て不公平ないし偏頗の懸念を生じさせる客観的な事情でなければならない（松川正毅ほか編『新基本法コンメンタール　人事訴訟法・家事事件手続法』142頁）。

　忌避の裁判は、当該裁判官等が所属する裁判所で行う（家事法12条1項）。前述のとおり、裁判は形成的な性質をもち、裁判の確定によって裁判官等は初めて職務執行から排除される。確定前に行った手続の効力に影響は与えない。忌避の申立ては、忌避原因を明示して期日にするか書面でしなければならず、3日以内に忌避原因を疎明しなければならない。

　当事者が、裁判官等の面前で事件について陳述したときは、陳述時に忌避事由があることを知らなかったときおよび忌避事由が陳述後の生じた場合を除き、裁判官等を忌避することはできなくなる（家事法11条1項）。

　忌避の申立てがなされると、裁判官または家事調停官に対してなされたときはその裁判が確定するまで原則家事事件手続が停止し（家事法12条4項・15条1項）、裁判所書記官または参与員に対してなされたときはその裁判が

確定するまで当該家事事件手続に関与することができない(同法13条2項・14条2項)。

　　(イ)　忌避の簡易却下

　裁判官または家事調停官に対して忌避の申立てがされると裁判が原則停止することから、当事者が手続の遅延を目的として濫用的に申立てをする場合があり、手続が遅延すると関係人すべての利益を損なうことになるおそれもある。そこで、一定の事由に該当する忌避申立ては、刑事訴訟法にならい、当該裁判を担当する裁判官または家事調停官自ら却下することができることとした(家事法12条5項)。

　しかし、手続指揮の範疇として忌避の申立ての却下がなされるとすると、およそすべての忌避が却下されることになりかねない。実際、裁判所は忌避に対し極めて消極的な姿勢であるとされる(松川ほか編・前掲書143頁)。司法書士としては、安易な運用がされないよう注視していく必要がある。

5　手続行為能力等

　家事事件における当事者能力、手続行為能力を欠く者の法定代理、手続行為をするに必要な授権については、その性質上民事訴訟における当事者能力と別にする必要はないことから、民事訴訟法の当事者能力の規定を準用している(家事法17条1項、民訴法28条・29条・31条・33条・34条1項・2項)。したがって、家事調停における当事者は、民事訴訟法における当事者能力等と同等の能力を必要とする。

　なお、家事事件手続法における当事者とは申立人と相手方のことである。当事者能力等の有無については職権調査事項である。

　　(1)　当事者能力

　家事事件の当事者となりうる一般的能力をいう。民事訴訟法の当事者能力の判断基準は民法その他の法令に従うものとされ(実体法基準。民訴法28条)、具体的には自然人(法令または条約により禁止される場合を除き外国人を含む)と法人である。法人でない社団または財団(いわゆる権利能力なき社団・財

団）については、民事訴訟法29条により、代表者または管理人の定めがあるものについては当事者能力を有するものとされる。

(2) **手続行為能力**

手続行為能力とは、家事事件における手続上の行為を自ら有効に行うことができる能力をいい、民事訴訟法における訴訟能力に応じるものである。よって、未成年者および成年被後見人は家事事件における手続行為能力を有しないのが原則である。ただし、未成年者については、営業を許可された者、婚姻をして成年擬制を受けた者は自ら手続を行うことができる（民法6条・753条）。また、被保佐人・被補助人（その手続行為について補助人の同意を得ることを要するものに限る）または後見監督人が就き、訴訟の提起などについて特別の授権を要する成年被後見人その他の法定代理人は、第三者から審判または調停事件等を申し立てられた場合には、保佐人や後見監督人等から特別の授権を要することなく応訴的な手続行為をすることができる（家事法17条2項）。さらに、これらの者は家事審判や家事調停の取下げ等をするには特別の授権を要するが（同条3項本文）、家事調停の申立てその他家事調停手続の追行について同意その他の授権を得ている場合は、調停の成立（同法268条1項）、合意に相当する審判を受けること（同法277条1項1号）、調停条項案の書面による受諾（同法270条1項）、調停に代わる審判に服する旨の共同の申出（同法286条8項）をする場合は、別に授権を要せず手続行為をすることができる。

(3) **制限行為能力者が法定代理人によらずに自ら手続行為をすることができる事件**

制限行為能力者が家事事件を遂行する場合、法定代理人によるのが原則である。しかし、財産上の給付に関する事件と異なり、身分上の行為に関する事件については、事件の結果によって最も影響を受けるのは本人であるから、本人の意思を最大限尊重するべきであり、従来から意思能力さえあれば制限行為能力者であっても手続行為能力を認めるべきとする考え方があった。

そこで、家事事件手続法は、身分関係事件など当事者本人の意思を尊重す

べき事件については、例外として事件類型別に手続行為能力を定め、制限行為能力者は自ら手続行為をすることができるものと定めた。後見関係事件等がこれに該当するが（同法118条・151条・177条・227条・235条ほか）、家事調停をすることができる事件としては、①夫婦間の協力扶助に関する調停事件の夫および妻（別表第2・1項）、②子の監護に関する処分調停事件の子（別表第2・3項）、③養子の離縁後に親権者となるべき者の指定についての調停事件の養子、その父母および養親（別表第2・7項）、④親権者の指定または変更の調停事件の子およびその父母（別表第2・8項）、⑤人事訴訟法2条に規定する人事に関する訴えを提起することができる事項について同法13条1項の規定が適用されることにより訴訟行為をすることができることとなる者なども、法定代理人によらずまたは保佐人・補助人等の同意がなくても制限行為能力者は自ら手続行為をすることができる（家事法252条1項。なお、前記①②については財産上の給付を求めるものは除く）。ただし、家事事件の遂行に意思能力が必要であることはいうまでもないから、乳幼児や意思能力を有しない成年被後見人などには手続行為能力は認められない。

　家事審判法の下では、何が身分関係に関する事件で何が財産上の給付に関する事件なのか明確でなかったが、家事事件手続法では明文として整理され、制限行為能力者であっても手続行為能力が認められる事件が明確となった。手続保障の視点からも意義は大きい。

(4)　法定代理

　前記(2)のように、制限行為能力者が法定代理人等によらず自ら手続行為をすることができる場合であっても、現実には手続遂行に困難を伴うことが少なくないことから、親権者または成年後見人が未成年者または成年被後見人を代理して手続を行うことができるものとした（家事法18条）。しかし、前記(3)①③④や離婚などの身分上の行為については、法定代理人であっても本人を代理して調停を成立させる合意等をすることができない（同法252条2項）。当事者の真意に基づく合意が、最も尊重されるべき事件であるからである。

6 手続代理人等

(1) 弁護士代理（家事法22条）

　手続代理人とは、家事事件において手続を行うため包括的代理権をもつ代理人をいう。法定代理人に対する任意代理人のことである。いわゆる事件屋などの介入の阻止、法律実務に精通していない当事者の利益の保護のため、弁護士でなければ手続代理人になることはできない。例外として、当事者本人の出頭が困難な場合など、家庭裁判所の許可を得て弁護士以外の者が手続代理人となることができる（家事法22条1項）。具体的には、当事者本人と利益を同じくする親族などである。

(2) 裁判長による手続代理人の選任（家事法23条）

　家事事件手続法は、制限行為能力者にも、一定の手続については完全な手続行為能力を認めた（前記5(3)参照）。しかし、制限行為能力者が単独で家事事件を遂行するには多くの困難が伴うものと考えられ、実質的な手続参加を実現するためには手続代理人による助力が必要になる場合も多い。

　そこで、制限行為能力者の申立てまたは職権により、裁判長は弁護士を手続代理人として選任することができるものとした（家事法23条1項・2項）。

(3) 子どもの手続代理人

　広く司法手続において子どもの利益を代弁する者をいう（松川ほか編・前掲書160頁）。

　児童の権利に関する条約は、子どもが自己に影響を及ぼすすべての事項について意見を表明する権利を保障し（同条約12条1項）、意見表明権の確保のため自己に影響を及ぼす司法手続において子どもの意見が聴取される制度を定めることを条約批准国に要求している（同条2項）。日本は、同条約を平成6年に批准しており、以前から家事事件を含む司法手続において法制の整備が必要である旨、指摘されていた。

　これを受けて、家事事件手続法は、子どもの意見表明権を実質的に確保するため、親権の喪失など自己に影響を及ぼすような事件ごとに、子どもの意

見を聴取する規定を設けた。さらに、子どもは手続の当事者でなくても自ら利害関係人として裁判所の許可を得て手続に参加することができるし、裁判所は強制的に子どもを手続に参加させることもできるものとした（同法42条）。子どもが自ら当事者として手続行為をすることができる事件も整備された（前記5(3)参照）。

前述のとおり、家事事件手続法が子どもを手続に参加させることに積極的であることから、実質的な意見表明権の確保のため、手続代理人が選任される場面も増えていくと考えられる。

(4) 手続代理人が行うことができない行為

法定代理人であっても離婚など身分上の行為についての調停を成立させる合意ができない以上（家事法252条2項）、手続代理人も、離婚、内縁解消、離縁、親権者の指定および変更、監護者の指定および変更等の調停を成立されるための合意はすることができないものと解される。そのため、手続代理人が選任されている場合も、前記調停の成立日（最終の調停期日）においては、原則当事者が全員出席し、合意意思の確認が必要となる。

(5) 補佐人（家事法27条）

補佐人とは、高度な専門的知識を要する事案などで、当事者および手続代理人に付き添って期日に出頭し補足をする者である。財産分与や遺産分割の手続で知的財産の評価など陳述を補う場面が考えられる。補佐人は、当事者に代わって単独で期日に出頭し、期日外で手続行為をすることはできない。

7 記録の閲覧・謄写

家事審判法では、記録の閲覧・謄写についての規定は家事審判規則におかれていた（家審規12条1項）。許可の可否はすべて家庭裁判所の裁量に委ねられ、可否の判断に対する不服申立手続も用意されていなかった。このため、当事者は不十分な情報を基に手探りで調停を進めざるを得ず、手続遅延の原因になっているとの批判があった。

そこで、家事事件手続法は、記録の閲覧・謄写を家庭裁判所が許可すると

いう枠組みを維持しつつ（同法47条1項）、家事審判では当事者から許可申立てがあったときは原則これを許可し（同条3項）、これを却下する裁判に対しては即時抗告をすることができるものとした（同条8項）。ただし、手続によって記録の閲覧・謄写への要請強度が異なるため、家事審判（同法47条）、保全処分（同法108条）、家事調停（同法254条）それぞれ独自の規定がおかれた。

　家事調停では、家事審判と比して、許可の申立てをする者が当事者と利害関係人とで区別はしないものの、許可の可否については引き続き家庭裁判所の裁量に委ねられた（家事法254条1項）。また、許可の申立てを却下した裁判に対しては不服申立てをすることができない。これは、家事調停には相手方がおり、すべての許可申立てを認めるとすると、当事者の感情を害するなど、かえって調停の進行を阻害するおそれがあるからである。

　しかし、別表第2に掲げる事項についての家事調停事件が不成立で終了した場合、当然に審判に移行するため、審判移行後は記録の閲覧・謄写の請求があれば必要的に許可されることになる。また、家事事件手続法は手続保障を重視しており、当事者の悪感情を起因するなど、家事調停を進行するうえで、特に問題と考えられる資料以外は広く許可されることになるものと考えられる。

　司法書士としては、家事調停に提出する資料等は原則相手方当事者に知られることになることを留意し、提出のタイミングや内容を依頼者とよく検討する必要がある。

　なお、合意に相当する審判の対象となる調停事件（人事訴訟法2条のうち離婚・離縁を除いた事件）については、家事審判における閲覧・謄写の規定が適用される。これらの事件については簡易な人事訴訟の手続という性質があり、純粋な調停と異なり裁判所の判断が加えられるためである。

Ⅱ 家事調停の申立て等

1 家事調停の申立て

(1) 申立書の記載事項（家事法255条）

　家事調停の申立ては、申立書を家庭裁判所に提出してしなければならない（家事法255条1項）。家事審判法下では口頭による申立ても可能とされていたが、身体的な理由で申立書を作成することが困難な者については準口頭申立て（申立内容を家庭裁判所書記官が代筆し本人の署名・押印を求める方法）で対応することができること、申立人が求める調停内容を明確にして円滑な手続運営を可能にする必要があることから、家事事件手続法では、家事調停の申立ては書面をもってすることとされた。従来からの実務を明文化したものといえる。

　また、法定記載事項として、当事者および法定代理人と申立ての趣旨および理由を記載することとされた（家事法255条2項）。当事者とは申立人および相手方である。また、申立ての趣旨とは申立人が求める調停事項であり、申立ての理由とは申立ての趣旨と相まって求める調停事項を特定するのに必要な事実である。家事調停事件は、家庭に関する具体的紛争を円満解決することを求めるものであり、民事事件と異なり申立ての趣旨と申立ての理由を峻別して記載できる内容の事件ばかりでないため、両者を合わせて調停事項を特定できればよいものとされる。

　とはいえ、申立ての趣旨は、金員を求める調停である場合など請求金額だけでなく根拠となる法的性質も記載する必要があるだろうし、簡潔明確であるべきである。一方、申立ての理由については、申立ての動機や紛争の経過など調停を開始する際の取り掛かりとなるような記載が不十分であると、調停委員が事件を把握するための時間を要してしまうことになる。

　また、実務上、家庭裁判所は法定記載事項が記載されていればどのような

書式であっても事件を受理するし、実際弁護士が作成する調停申立書はいわゆる訴状様式で作成されていることも多い。しかし、家庭裁判所では大量の事件を要領よく処理するため、また、家事調停は必ずしも法律の専門家でない調停委員が運営していく事件であるため、申立書式が統一されていれば調停の管理運営上都合がよいとも考えられる。

したがって、司法書士としては、家庭裁判所がウェブサイトで提供する申立書式を利用しつつ、付属書類や陳述書などを充実させ調停委員や相手方が紛争のポイントを把握できるような書類作成に努めるべきであろう（東京家庭裁判所ウェブサイト「手続案内」参照）。

(2) **申立書の写しの相手方への送付等（家事法256条）**

家庭裁判所は、原則として、家事調停の申立てが不適当であるときまたは調停委員会が家事事件手続法271条に基づき調停をしないものとして事件を終了するときを除いて、調停申立書の写しを相手方に送付しなければならない（同法256条1項）。相手方に申立ての内容を了知させ手続を進めたほうが、家事調停手続の充実と早期解決の観点から有益だからである。申立書正本1通と相手方人数分の副本の提出を求められる。

また、実務上は、付属書類や資料についても、相手方に送付するとかえって紛争を激化させるなどのおそれがない限り、写しが相手方にも送付される運営が広く行われている。相手方へ送付してほしくない資料等については、「非開示の希望に関する申出書」（【書式6】【書式25】参照）を別途作成し、資料等をこれに編冊して提出する必要がある。

2 調停前置主義（家事法257条）

家事事件手続法244条の規定により調停を行うことができる事件について訴えを提起しようとする者は、まず家庭裁判所に家事調停の申立てをしなければならず（同法257条1項）、家事調停の申立てをすることなく訴えを提起した場合には、裁判所は職権で事件を家事調停に付さなければならない（同条2項本文）。調停前置主義の現れとして必要的付調停が定められている。

なお、同項の「訴えを提起」する場合とは人事訴訟法2条に基づく事件群のことを指すため、法令上の調停前置主義が採用されるのは、「人事に関する訴訟事件」（家事法244条）についてである（第1章Ⅱ1(3)(ウ)(エ)参照）。

たとえば、離婚訴訟を提起しようとする者は、まずは夫婦関係調整（離婚）調停の申立てをしなければならず、調停の申立てをせずに離婚訴訟を提起したとしても、職権で調停に付されることになる。ただし、裁判所が事件を調停に付することが相当でないと認める場合は、調停の申立てをせずに訴えを提起することができる。相手方が所在不明で出頭が期待できない場合、相手方配偶者の生死が3年以上不明な場合などが該当する（家事法257条2項ただし書）。

調停前置主義を採用する意義は、①家庭内紛争というべき事件をいきなり公開の法廷等で争わせることは、家庭の平和と健全な親族共同生活の維持を図るという見地から望ましいことではないこと、②法の画一的合理的な適用によって結論を出すのではなく、人間関係の調整をすることで家庭や親族間の円満な関係形成と適正妥当な解決を図ること、③経済的立場が弱いことの多い妻子や高齢者の立場を速やかに保護するため、調停委員会が後見的に関与し簡易・迅速に解決する機会を確保することなどであるとされる。

ところで、別表第2に掲げる事項についての事件は訴えの提起が予定されていないため、法令上の調停前置主義の対象外である。しかし、訴訟または家事審判事件が係属している場合でも、裁判所はいつでも当事者の意見を聴いて職権で事件を家事調停に付することができるとされていることから（任意的付調停。家事法274条）、実務上、家庭裁判所は、別表第2に掲げる事項についての事件について家事調停の申立てがされずに家事審判の申立てがされた場合、職権で家事調停に付す扱いをしている。その理由は、人事に関する訴訟事件において調停前置主義が採用されていることと同趣旨である。相手方行方不明等で家事審判の申立てを受理するのも、人事に関する訴訟事件と同様の扱いである。

結局、別表第2に掲げる事項についての事件についても事実上の調停前置

の扱いがされ、相手方行方不明等の事情がない限り、審判に先行して調停を行うことが求められることに注意が必要である。

Ⅲ　家事調停の手続

1　家事審判の手続の準用（家事法258条）

　家事調停手続では、家事審判手続の規定が多数準用されている。
　(1)　当事者参加（家事法258条1項・41条、家事規128条1項・27条）
　参加とは、係属している事件の手続の当事者でない者が手続に参加し追行することをいう。当事者参加した者は当該手続の当事者となるから、当事者参加人はすでに当事者となった者と同じ権能を有し、申立権者が当事者参加をした後に当初の申立人が申立てを取り下げても、当事者参加人の申立てに基づいて手続は続行される（金子修編著『一問一答　非訟事件手続法』91頁）。

　　㋐　任意的当事者参加（家事法258条1項・41条1項、家事規128条1項・27条1項・2項）

　当事者となる資格を有する者は、当事者として家事調停の手続に参加することができる。当事者となる資格を有する者とは、複数の申立権者がいる場合の申立人以外の申立権者と、相手方がある事件で相手方とされていない者である。前者の例としては、後見開始の審判申立事件で配偶者から審判の申立てがされた場合に他の申立権者である4親等内の親族が参加の申出をする場合、後者の例としては、共同相続人の一人が他の共同相続人の一部の者のみを相手方として遺産の分割調停の申立てをした場合に残余の共同相続人が相手方として参加する場合がある（金子編著・前掲書89頁）。
　参加の申出は、当事者となる資格を証明する資料を添付し（家事規128条1項・27条1項）、申出の趣旨および理由を記載した書面でしなければならない（家事法258条1項・41条3項）。裁判所書記官は、参加の申出を却下する裁判がされた場合を除き、参加の申出があったことを、当事者および利害関係人に通知しなければならない（家事規128条1項・27条2項）。また、参加の申出を却下する裁判に対しては即時抗告をすることができる（家事法258条1項・

41条4項)。

　　(イ)　強制的当事者参加（家事法258条1項・41条2項、家事規128条1項・27条3項）

　家庭裁判所は、当事者となる資格を有する者が手続に参加しない場合、相当と認めるときは、当事者の申立てまたは職権により当事者として家事調停の手続に参加させることができる。当事者として参加させるべき者が手続に参加しないと事件の合一的処理が困難になる場合や、後見的見地から本来手続に当事者として参加すべき者の手続保障を図る必要があるためである。例としては、共同相続人の一人が他の共同相続人の一部の者のみを相手方として遺産の分割調停の申立てをしたが、残余の共同相続人が任意的当事者参加（前記(ア)参照）により参加しない場合などである。

　強制参加の裁判がされたときは、裁判所書記官はその旨を当事者および利害関係人に通知しなければならない（家事規128条1項・27条3項）。

　なお、家事審判について、当事者として参加させることができる者のうち「審判を受ける者となるべき者に限る」（家事法41条2項）としているところ、家事調停ではそのような限定は想定し得ないのが通常である（松川ほか編・前掲書534頁）。

　(2)　利害関係参加（家事法258条1項・42条、家事規128条1項・27条4項）

　家事事件では、事件の結果によって当事者以外の者も法的地位や権利関係に影響を受けることがあり、手続保障の観点から、利害関係を有する者が手続へ参加できるよう規定が設けられている。

　　(ア)　権利参加（家事法258条1項・42条1項、家事規128条1項・27条4項）

　調停を受ける者となるべき者は、家事調停の手続に参加することができる。「調停を受ける者となるべき者」（家事法258条1項・42条1項）とは、調停の効力を直接受け自己の法的地位や権利義務が形成される者のことをいい、たとえば、親権喪失の審判事件における親権者が該当する（増田勝久編著『Q&A家事事件手続法と弁護士実務』42頁）。

参加の申出は、申出の趣旨および理由を記載した書面でしなければならない（家事法258条1項・42条4項・41条3項）。また、参加の申出を却下する裁判に対しては即時抗告をすることができる（同法258条・42条6項）。

(イ) 許可参加（家事法258条1項・42条2項、家事規128条1項・27条4項）

調停を受ける者となるべき者以外の者で、調停の結果により直接の影響を受ける者または当事者となる資格を有する者は、家庭裁判所の許可を得て家事調停の手続に参加することができる。「調停の結果により直接の影響を受ける者」（家事法258条1項・42条2項）とは、調停の結果により自己の法的地位や権利義務に直接の影響を受ける者をいう。前記(ア)の親権喪失の審判事件を例にとると、子が該当する。また、子の親族は申立権者であるから（民法834条）、親権者の親権喪失に賛成の立場の場合は当事者参加（家事法258条1項・41条1項・2項）をすることができるし、親権喪失に反対の立場の場合は、申立人として参加することは背理であるから、当事者となる資格を有する者（家事法258条1項・42条2項）として家庭裁判所の許可を得て参加することになる（金子編著・前掲書93頁）。

参加の申出は、申出の趣旨および理由を記載した書面でしなければならない（家事法258条1項・42条4項・41条3項）。権利参加と異なり、参加を許可しない裁判に対して即時抗告をすることができない。

(ウ) 強制参加（家事法258条1項・42条3項、家事規128条1項・27条4項）

後見的見地から、調停の結果により直接の影響を受ける者でありながら参加しない者に対し、手続保障の必要があると認められる場合には、裁判所は、職権で前記(ア)(イ)の者を手続に参加させることができる。強制的当事者参加（前記(1)(イ)参照）と同趣旨である。たとえば、親権者変更の審判など、任意で利害関係参加をすることが期待できない未成年者等に手続を行う機会を保障するための制度とされる。なお、家庭裁判所は、未成年者を強制参加させた場合、子どもの手続代理人を職権で選任して対応させるものと考えられる。

(エ)　未成年者の利害関係人参加（家事法258条1項・42条5項、家事規128条1項・27条4項）

　家庭裁判所は、手続に参加しようとする者が未成年である場合、年齢および発達の程度その他一切の事情を考慮して参加することがその者の利益を害すると認められるときは、参加の申出を却下しなければならない。たとえば、親権喪失の審判において、親が自らに有利に導くため、親権を行使して任意的参加ができない未成年の子を手続に参加させるような場合である。このような場合は、子の自発的発言は封じられ、子の利益を害することになるため、参加の申出および参加の許可申立ては却下される。

　(3)　排除（家事法258条1項・43条、家事規128条1項・28条）

　家庭裁判所は、当事者となる資格を有しない者および当事者である資格を喪失した者を家事調停の手続から排除することができる。民事事件では、実体上の権利義務の帰属主体に変更があり、紛争の主体としての地位は喪失しても、当然には当事者の地位は失われず、新たに紛争主体となった者は訴訟承継により当事者になり、旧当事者は脱退により離脱するが、家事事件の当事者の地位は、身分関係と結合しているため、当事者が身分関係を失えば当事者としての適格も失う（増田編著・前掲書45頁）。

　排除の裁判がされたときは、裁判所書記官は、その旨を当事者および利害関係参加人に通知しなければならない（家事規128条1項・28条）。

　(4)　法令により手続を続行すべき者による受継（家事法258条1項・44条、家事規128条1項・29条）

　当事者の死亡、資格の喪失その他の事由によって家事調停の手続を続行することができない場合には、法令により手続を続行する資格のある者は、その手続を受け継がなければならない（家事法258条1項・44条）。具体例として、当事者が死亡した場合の相続人があげられる。

　受継とは、手続を追行してきた相手方当事者の利益や手続経済の見地から、当事者の死亡等により手続を終了させるのではなく、他の者が当事者の手続上の地位を承継する制度である。

Ⅲ　家事調停の手続

　なお、家事調停では、他の申立権者による受継（家事法45条）は準用されていない。

(5) **電話会議システム・テレビ会議システム（家事法258条１項・54条、家事規128条１項・42条）**

　家庭裁判所は、当事者が遠隔地に居住しているときその他相当と認めるときは、当事者の意見を聴いて、家事事件手続規則で定めるところにより、家庭裁判所および当事者双方が音声の送受信により同時に通話をすることができる方法によって（家事法258条１項・54条１項）、家事調停の手続の期日に出頭しないで手続に関与した者は、その期日に出頭したものとみなす（同法258条１項・54条２項）。

　家事調停事件は、事件の性質が当事者の任意処分に委ねるべき内容であり、当事者の紛争解決能力を活かして解決を図っていくため、実際に当事者が出頭して調停を行うことを原則としている。

　しかし、家事調停事件の相手方は必ずしも申立人の近隣に居住しているとは限らず、特に遺産分割事件の相手方は日本全国各地に居住している場合がある。このような相手方にも遠方の家庭裁判所まで出頭することを求めると、時間的にも費用面でも困難を強いることとなり、調停による解決をかえって阻害する結果となる。そこで、家事調停事件についても、電話会議システムやテレビ会議システムの利用を積極的に認めたものである。

　ただし、電話会議システムは、係属中の裁判所と当事者代理人の事務所をつないで行うことを原則とするため、代理人を選任していない当事者本人が自宅の電話で会議を行うことはできない。近くに当事者以外の者がいるなどして、当事者の判断へ影響を与えることを避けるためである。そこで、係属中の裁判所と一方当事者の住所地を管轄する家庭裁判所を利用して電話会議を行う方法もある。あらかじめ双方の家庭裁判所書記官と打合せを行う必要がある。それに対して、テレビ会議システムは裁判所にしか設置されていないため、調停が係属している家庭裁判所に行かなくてよいというだけで、同システムが設置されているいずれかの裁判所に赴かなくてはならない。

なお、同システムは、調停の続行期日だけでなく調停成立の最終期日にも活用することができるが、離婚・離縁の調停事件については、調停成立によって実体上の身分関係変動の効力が生じるため、当事者の意思確認を調停の場で必ずしなければならないものとされることから、同システムを利用して調停を成立させることはできない。また、同様の趣旨から、離婚・離縁以外の身分に関する訴訟事件を対象とする合意に相当する審判についても行うことができない。

実務上は、続行期日において同システムを利用して当事者の意思確認や証拠調べ等を行い、合意内容を可能な限り詰めたうえで、調停成立の局面では調停に代わる審判（家事法284条）などを利用するなどの工夫が必要となろう。

2 子の意思の把握等（家事法258条1項・65条）

家庭裁判所は、親子、親権または未成年後見に関する家事調停その他未成年者である子（未成年被後見人を含む）がその結果により影響を受ける家事調停の手続においては、子の陳述の聴取、家庭裁判所調査官による調査その他の適切な方法により、子の意思を把握するように努め、調停をするにあたり、子の年齢および発達の限度に応じて、その意思を考慮しなければならない（家事法258条1項・65条）。

家事調停においては、親同士の紛争が激化し、親が子の利益を代弁することに期待できない場合が多々あるため、家庭裁判所は、子の年齢に関係なく子の意思の把握に努めなければならないものとされる。実務現場では従来から子の意思の確認に努めてきたが、家事事件手続法で明文化された。家事事件手続法の立法精神が特に現れた規律といえよう。

3 事実の調査（家事法261条・262条）

家事調停は、事件の性質が当事者の処分に委ねるべき内容であることから、事実やそれを裏づける証拠については、裁判所による職権探知より当事者主義が優先される。したがって、原則当事者から証拠に相当する資料等の提出

を受けるのみで、裁判所が積極的に事実の調査をすることはない。

しかし、事件によっては、裁判所が主導して事実関係の調査を行ったほうがよい場合もあるため、裁判所による事実の調査（家事法261条・262条）、他の裁判所への意見聴取の嘱託（同法263条。後記4(1)参照）、調停委員会を組織していない家事調停委員の専門的な意見の聴取（同法264条。後記4(2)参照）などのしくみが用意されている。

(1) **裁判官による調査および証拠調べ（家事法261条）**

調停委員会を組織する裁判官は、当該調停委員会の決議により、事実の調査および証拠調べをすることができる（家事法261条1項）。この場合、裁判官は家庭裁判所調査官に事実の調査をさせ、または医師である裁判所技官に事件の関係人の心身の状況について診断をさせることができる（同条2項）。また、裁判官は、相当と認めるときは裁判所書記官に事実の調査をさせることができる（同条4項）。

裁判官に事実の調査をする権限を委ねる理由は、調停委員会が法律専門家である裁判官と必ずしも専門知識を有するとは限らない調停委員で構成されるため、事実認定について専門的な知識と経験を有する裁判官が事実の調査にあたったほうがよい場合があるからである。また家庭裁判所調査官は、心理学等の専門知識を有しており、未成年の子の心情を把握するのに有益であるためである。

(2) **家事調停委員による調査（家事法262条）**

調停委員会は、相当と認めるときは、当該調停委員会を組織する家事調停委員に事実の調査をさせることができる（家事法262条本文）。調停委員には医師などの専門職が採用されているため、専門的知見を有する調停委員に事実調査を行わせたほうが有効である場合がある。資料収集の方法を多様化する趣旨の規定である。ただし、家庭裁判所には専門的かつ科学的な調査機構として家庭裁判所調査官の制度が設けられているため、家庭裁判所調査官に事実の調査を行わせることが相当である場合は調停委員による調査は行われない（同条ただし書）。

4 意見の聴取（家事法263条・264条）

　調停委員会は、調停期日に直接当事者から意見を聴取するのを原則とするが、期日当日かつ直接にしか意見の聴取ができないとすると不都合が生じる。聴取方法を多様化し効率よく関係人から意見を聴取するための規律である。

(1) 他の裁判所への意見の聴取の嘱託（家事法263条）

　調停委員会は、他の家庭裁判所または簡易裁判所に事件の関係人から紛争の解決に関する意見を聴取することを嘱託することができる（家事法263条1項）。嘱託を受けた家庭裁判所は、相当と認めるときは、家事調停委員に当該嘱託に係る意見を聴取させることができる（同条2項）。

(2) 家事調停委員の専門的意見の聴取（家事法264条）

　調停委員会は、必要があると認めるときは、当該調停委員会を組織していない家事調停委員の専門的な知識経験に基づく意見を聴取することができる（家事法264条1項）。この家事調停委員は、調停委員会に出席して意見を述べるものとする（同条3項）。

Ⅳ　家事調停の終了

1　家事調停の成立

(1)　調停の成立（家事法268条）

　家事調停は、当事者間に合意が成立し、その内容が調書に記載されたときに成立する（家事法268条1項。ただし裁判官宣言時説もある）。合意成立と調停成立は概念が異なり、調停成立は裁判所書記官が調書にその内容を記載した時である。調停委員会は、合意内容が相当でないときは調停を不成立として終了させることができる（同法272条1項）。また、合意に相当する審判の対象となる事項については、合意が成立しても同審判がされない限り調停が成立したことにはならない（同法268条1項）。

　事件の一部について当事者間に合意が成立したときは、その一部について調停を成立させることができる。併合関係にある数個の家事調停中その一つについて合意が成立したときも同様である（家事法268条2項）。実務上認められてきた運用が明文化されたものである。

　離婚・離縁の調停事件においては、電話会議システムまたはテレビ会議システムによって調停を成立させることはできない（家事法268条3項）。離婚・離縁の調停は、その成立によって身分関係が変動するため調停成立時の意思確認を慎重に行わなければならないが、同システムでは当事者のおかれている状況や態度などを直接確認しづらいため、人事訴訟における和解（人訴法37条・44条）と同様の規定がおかれた。

(2)　成立した調停の効力（家事法268条）

　別表第2に掲げる事項について合意内容が記載された調停調書は、本案が家事審判であるから、確定した家事審判と同一の効力を有する。給付条項については、調停調書が執行力のある債務名義と同一の効力を有し、あらためて執行文の付与を必要としない。

一方、別表第2に掲げる事項以外の事項についての給付条項（人事に関する訴訟事件およびその他家庭に関する事件）は、確定判決と同一の効力を有するものとされる。これら事項の本案は訴訟であるためである。確定した家事審判の場合と異なり、執行には執行文の付与が必要になる。

(3) 裁判所書記官からの通知

調停が成立したときは、裁判所書記官は、調停条項案受諾の書面を提出した当事者および期日に出頭しない利害関係人に対し、その旨を通知しなければならない（家事規130条1項）。これらの者は、期日に出頭していないため調停の終了を認識し得ないからである。

戸籍の届出または訂正を必要とする事項について調停が成立したときは、裁判所書記官はその旨を戸籍事務管掌者に対し通知しなければならない（家事規130条2項）。調停成立により、当事者等に実体上の身分関係変動の効力が生じるが、身分関係の変動を公証する戸籍の届出をする義務も生じる。家事事件手続規則は、戸籍事務管掌者に身分関係変動の事態を報せ、届出をしない当事者等に対して催告をするなど（戸籍法44条）、早期に身分関係を戸籍に反映させる趣旨である。しかし、戸籍の届出はあくまで身分関係に変動のあった当事者等が行うこととされており、戸籍事務管掌者の職権ですることはできないため、戸籍の届出がいつまでもされないという問題は解消されない。

(4) 調停条項案の書面による受諾（家事法270条）

家事調停事件においては、事件が係属する家庭裁判所から遠方に当事者が居住していることが多く、思うように調停期日に出頭できない当事者もいる（本章Ⅲ1(5)参照）。遠方当事者が家庭裁判所に出頭せずとも調停を進行させるしくみとして電話会議システム等があるが、調停成立時には調停条項案の確認など正確性が求められるため、同システムを利用しにくい場合もある。そこで、従来は遺産分割調停事件にのみ認められていた調停条項案の書面による受諾を、離婚・離縁の調停事件以外のすべての調停事件に対象を拡大した。

調停委員会は、当事者から調停条項案を受諾する書面が提出された場合、当該書面を提出した当事者の真意を確認するものとされているため（家事規131条2項）、実務上は、申立書等の印鑑の印影と照合する方法などで対応している。

2 調停の成立によらない事件の終了

(1) 調停をしない場合（家事法271条）

調停委員会（裁判官単独調停の場合は裁判官）は、調停を求める内容が法令や公序良俗に反する場合、義務を回避するためあるいは手続の引き延ばしのために家事調停が申し立てられた場合などは、調停をしないものとして事件を終了させることができる（家事法271条）。調停委員会がこの決定を行ったときは、裁判所書記官はその旨の調書を作成し、期日に出頭しなかった当事者や利害関係参加人に通知をしなければならない（家事規132条1項）。

(2) 調停の不成立（家事法272条）

㋐ 不成立の判断（家事法272条1項・2項）

調停委員会は、当事者間に合意が成立する見込みがない場合や、成立した合意が相当でない場合は、調停が成立しないものとして家事調停を終了させることができる（家事法272条1項本文）。ただし、家庭裁判所が調停に代わる審判をした場合は、調停が係属していることが前提となることから、終了させることができない（同項ただし書）。調停委員会が調停を不成立とする場合、調停が不成立で終了した旨の調書が作成され、当事者および利害関係参加人に通知される（同条2項・1項、家事規132条2項）。

当事者間に合意が成立する見込みがないとは、期日に当事者の出頭が全くない場合や、主張の隔たりが大きく話し合いがつかない場合などである。成立した合意が相当でないとは、法律上放棄することができないとされる子の扶養料を親が放棄することで合意する場合などが考えられる。

なお、調停不成立に対しては、当事者は不服の申立てができない。不成立の判断に不服があるならばあらためて訴えを提起すればよいし、別表第2に

掲げる事項についての事件であって当然に審判に移行してしまう場合でも、審判移行後に取下げをすればよいからである。

　(イ)　訴えの提起の擬制（家事法272条3項）

　当事者が、前記(ア)の通知を受けてから2週間以内に家事調停の申立てがあった事件について訴えを提起したときは、家事調停の申立てのときにその訴えがあったものとみなされる（家事法272条3項）。人事に関する訴訟事件に関しては調停前置主義がとられるため（同法257条）、家事調停事件が係属している間に出訴期間を経過してしまうことの不都合を回避して、訴訟係属の効果を家事調停申立て時にさかのぼらせる趣旨である。出訴期間が設定されている事件としては、たとえば嫡出否認の訴え（民法777条）などがある。訴訟係属中に事件が家事調停に付された後に調停が不成立になった場合は、当然に従前から継続していた訴訟手続を進めることになる。

　注意しなければならないのは、家事審判申立ての擬制（後記(ウ)参照）と異なり、訴え自体はあらためて提起しなければならず、当然に訴訟に移行するわけではない点である。擬制されるのは、訴訟係属の効果が調停申立て時にさかのぼる点である。

　なお、訴えの手数料は、調停申立手数料に相当する額については、すでに納付したものとみなされる（民訴費5条）。

　(ウ)　家事審判申立ての擬制（家事法272条4項）

　別表第2に掲げる事項についての調停事件が不成立によって終了した場合は、家事調停の申立て時に当該事項について家事審判の申立てがあったものとみなされる（家事法272条4項）。訴えの提起の擬制（前記(イ)参照）と異なり、家事審判の申立てがあったことそのものが擬制されるため、別表第2に掲げる事項についての事件の家事調停が不成立で終了した場合は、当然に審判へ移行することになる。家事審判事件の係属中に家庭裁判所により任意的に調停に付された事件が調停不成立によって終了した場合は、すでに係属している家事審判の手続を進めることになる。

　当事者からあらためて審判の申立てを待つまでもなく当然に審判へ移行す

る理由としては、当事者は調停が不成立となれば審判を求めるのが通常であること、審判を望まないのであれば審判移行後に取下げをすればよいこと、家庭をめぐる紛争は早期解決することが望ましく当事者からの審判申立てを待つことは公益的・後見的観点から相当でないことなどがあげられる（金子修編著『一問一答　家事事件手続法』237頁、斎藤秀夫＝菊池信男編『注解家事審判法〔改訂版〕』834頁）。

(3) 調停の取下げ（家事法273条）

手続を明確化するため明文の規定がおかれた。

調停は、原則として相手方の同意を得ずに、いつでも取り下げることができる（家事法273条）。当事者が話し合って紛争を解決することが調停の本質であるから、調停を続けるかどうかは当事者の意思に任せるべきとされるためである。ただし、いつまでも調停を取り下げることはできず、調停が成立した場合（調停調書記載時）、調停が不成立の場合（調停委員会の処分時）、調停をしない場合（調停委員会の処分時）、合意に相当する審判がされたとき（審判確定時または利害関係人の異議により審判が効力を失ったとき）は、もはや調停を取り下げることはできない。さらに、合意に相当する審判がされたときは、たとえ審判確定前でも相手方の同意を得ないと調停を取り下げることはできない（同法278条）。また、調停に代わる審判がされたときは、調停が係属していることが前提となる処分であることから、調停を取り下げること自体ができない（同法285条1項）。

V 付調停・自庁処理等

1 付調停

　付調停には、必要的付調停と任意的付調停がある。いずれも、裁判所の職権により、訴訟または家事審判事件の中途で調停に付すことをいう。付調停に対する不服申立ては用意されていない。

(1) 必要的付調停（家事法257条2項）

　裁判所は、家事事件手続法244条により家事調停を行うことができる訴訟事件について、調停前置主義に反して家事調停の申立てをすることなく訴訟を提起した場合、職権で家事調停に付さなければならない（同法257条2項）。家庭内の紛争であるから、これを解決するのにいきなり訴訟を起こすのではなく、当事者の話し合いによって円満に自主的に解決されることが望ましいからである。ただし、調停による解決の可能性が極めて低い場合、たとえば調停への出頭が望めない渉外事件や相手方が行方不明である場合などは、例外的に調停に付さないことができる（同項ただし書）。

　なお、家事調停を行いうる事件として人事に関する訴訟事件のほかに民事事件があるが（その他家庭に関する事件。家事法244条）、実務上、調停前置主義の採用はないと考えられているため、調停を経ずに訴訟が提起されても裁判所が必要的に調停に付すことはない。

(2) 任意的付調停（家事法274条1項）

　家事調停を行うことができる事件について、訴訟事件または家事審判事件が係属している場合に、裁判所が職権で事件を家事調停に付することを任意的付調停という（家事法274条1項）。

　　㋐ どのような事件が調停に付されるか
　明文の規定がないため裁判所の裁量による。
　実務では、家事調停を行うことができる事件（別表第2に掲げる事項につい

ての事件）が家事調停を経ずに家事審判の申立てがなされた場合、調停に付すことが相当でない事情が存在しない限り、原則として調停に付す扱いとなっている。ただし、必要的付調停と同様、相手方の行方不明など家事調停による解決の可能性が低い場合は、家事審判の申立てが受理される。

　　(ｲ)　意見聴取

　裁判所は、事件を家事調停に付すときは、当事者の意見を聴取しなければならない。当事者の手続選択権を保障するためである。

　　(ｳ)　付調停の時期

　和解勧試の時期について特段の制限がないこと、家事調停を行うことができる事件については家事調停によって紛争解決を図ることが望ましいことなどから、裁判所はいつでも事件を調停に付すことができる。

　(3)　**付調停を処理する裁判所（家事法257条3項・274条2項）**

　原則として、訴訟もしくは審判を行っていた裁判所と同じ管轄の家庭裁判所が調停を処理する（家事法257条3項・274条2項）。例外として、「特に必要がある場合」管轄権のない他の家庭裁判所に処理させることができる。

2　自庁処理

　家庭裁判所または高等裁判所が事件を調停に付する場合、管轄家庭裁判所に処理させるのではなく、自ら処理することができる（家事法274条3項）。従来、家事調停は家庭裁判所でないと行うことができないものとされていたが、訴訟や審判が高等裁判所に係属している場合で和解の機運が高まった際、自ら調停を処理することで一気に解決を図ることを可能としたものである。また、迅速な解決のため裁判官単独での調停も認められた（同条5項・247条）。

　なお、地方裁判所、簡易裁判所での付調停・自庁処理は認められていない。

3　訴訟手続の中断、家事審判手続の終了

(1) 手続の中止（家事法275条）

訴訟または家事審判が係属している裁判所が事件を調停に付した場合、当然に訴訟または家事審判が終了するのではなく、当該訴訟手続または家事審判手続と家事調停手続が併存することになる。双方の手続を同時に進行する必要はないため、当該訴訟手続または家事審判手続が係属している裁判所は、家事調停事件が終了するまで手続を中止することができる。

(2) 訴えの取下げの擬制等（家事法276条）

　(ア)　訴訟が係属している裁判所が事件を調停に付した場合

調停の成立、合意に相当する審判の成立（高等裁判所で調停に付された後に行われる場合は「合意に相当する審判に代わる裁判」という）、調停に代わる審判が確定したとき、当該訴訟は訴えの取下げがあったものとみなされる（家事法276条1項）。

　(イ)　家事審判が係属している裁判所が事件を調停に付した場合

調停の成立、調停に代わる審判が確定したとき、当該家事審判は当然に終了する（家事法276条2項）。

Ⅵ 合意に相当する審判

1 合意に相当する審判の意義

　合意に相当する審判とは、裁判所の非訟手続によって簡易迅速に処理することを目的とした人事訴訟手続の代用手続である（家事法277条）。

　人事訴訟法2条に定める人事に関する訴えは、身分関係の形成や存否の確認を求める事件である。そのため、離婚・離縁を除く事件については当事者の任意処分を許すべきでなく（反対解釈として離婚・離縁事件は当事者の任意処分に委ねるべき事件といえる）、本来的に人事訴訟手続によって解決を図るべき事件である。

　ところが、本来的に人事訴訟手続によるべきであっても、家庭内もしくは親族間の紛争であることに変わりはなく、解決手段が公開の訴訟手続に限定されると、かえって手続利用が憚られる結果も考えられる。一般に、訴訟手続は費用と時間がかかることが多いうえ、親族関係が徹底的に破壊されてしまう場合もある。むしろ当事者の話し合いにより円満に解決できれば、家庭の平和を維持し将来に向けて親族関係を修復することもできよう。そこで、人事訴訟法2条の事件については調停前置主義が採用され、まずは話し合いをもって解決を図ることが求められる（家事法257条）。

　ただし、本来的に人事訴訟手続によるべき事件であるから、当事者の合意のみで調停を成立させることはできず、当事者の合意を前提として家庭裁判所が審判を行うことにより、審判で形成・確認された身分関係について確定判決と同一の効力を認めることとした。審判が確定すると、人事訴訟を経ることなく当該審判で形成・確認された身分関係が確定する。

　実務でも多用されている。多くは、当事者に争いがなく1回〜2回の期日で合意が成立する事例で、裁判官が当事者から話を聴き合意内容に真実性があると判断する場合、直ちに審判がされる。

2　合意に相当する審判の対象

　合意に相当する審判の対象となる事件は、人事訴訟法2条の事件から離婚・離縁を除いた事件である（家事法277条柱書）。具体的には、婚姻の無効および取消し、協議上の離婚の無効および取消し、婚姻関係存否の確認、嫡出否認、認知、認知の無効および取消し、父を定める訴え、実親子関係存否確認、縁組の無効および取消し、協議上の離縁の無効および取消し、養親子関係存否確認の訴えである。

　これら事件は、調停に代わる審判の対象にはならない。調停に代わる審判は、当事者の任意処分が許される内容の事件について裁判所が裁量により合意案を示して紛争の早期解決を図るものであり、合意に相当する審判とは趣旨・要件とも異なるからである。

3　合意に相当する審判の要件

　合意に相当する審判は、次の①～⑤の五つの要件の下、審判がなされる（家事法277条）。

① 　当事者間に合意が成立していること（同条1項1号）　　当事者の真意を慎重に確認するため、調停条項の書面による受諾の方法や電話会議システムを利用することはできない（同条2項）。

② 　当事者間に原因事実について争いがないこと（同条1項2号）　　原因事実について争いがある場合、簡易迅速に処理することがかなわないと考えられる。

③ 　家庭裁判所が必要な事実を調査すること（同条1項柱書）　　家庭裁判所は、当事者の合意が真実に合致しているか、申立ての趣旨に従った審判が法的に正当な内容であるかを職権で調査しなければならない。

④ 　家事調停委員の意見を聴くこと（同条3項）　　ただし、裁判官は調停委員の意見に拘束されることはない。また、裁判官単独調停の場合は、意見を聴く必要はない。

⑤　当事者間の合意を正当と認めること（同条1項柱書）　正当と認められないときは、調停は不成立として終了する（同条4項）。

4　確定した合意に相当する審判の効力

確定した合意に相当する審判は確定判決と同一の効力を有する（家事法281条）。

審判に対する不服申立ては、審判の告知を受ける者については告知を受けた時から、告知を受ける者でないときは当事者が告知を受けた時から、それぞれ2週間以内に異議申立てを行う。異議申立てがないとき、または異議申立てを却下する裁判が確定したとき、審判は確定する（家事法279条）。

裁判所書記官は、合意に相当する審判が確定したら、遅滞なく当該審判にかかる身分関係の当事者の戸籍事務管掌者へ通知する（家事規134条）。

5　婚姻の取消しについての合意に相当する審判の特則

婚姻の取消しの調停について合意に相当する審判がされた場合、婚姻の取消しと未成年者の親権者の指定は密接不可分な関係にあるから、当事者の合意に基づいて親権者の指定がされる（家事法282条1項）。逆に、当事者に親権者についての合意がない場合は、婚姻の取消しについての合意に相当する審判をすることができない（同条2項）。

Ⅶ 調停に代わる審判

1 調停に代わる審判の意義

 調停に代わる審判とは、当事者の異議申立てを保障したうえで裁判所が具体的な解決案を示す、一種の強制調停である（家事法284条）。高等裁判所で調停に付された後にされる場合は「調停に代わる審判に代わる裁判」という。
 調停は、当事者の合意により自主的解決を図る制度であるから、当事者の合意がなければ成立しないのが原則である。しかし、調停に現れる争点は多岐にわたるため、根本的な問題では合意しているにもかかわらず、わずかな意見の相違で全体の合意に至らないケースや、一方当事者の頑なな態度によって合意できないケースなど、不成立で終了するとそれまでの尽力が無駄となりかえって当事者に不利益となる場合がある。
 そこで、裁判所が合意案を示すことにより、調停手続内での終局的な紛争解決を積極的に図ることを目的として、家事審判法を引き継ぎ、家事事件手続法でも規定された。
 家事調停の実務上も多用されている裁判である。

2 調停に代わる審判の対象

 調停に代わる審判の対象となる事件は、離婚・離縁事件と別表第2に掲げる事項の事件である（家事法284条1項）。
 家事審判法の下では、別表第2に相当する乙類事件は調停に代わる審判の対象ではなかったが、家事事件手続法では対象を拡大し、別表第2に掲げる事項についての事件も調停に代わる審判の対象とした。
 合意に相当する審判の対象となる人事訴訟法2条の事件（離婚・離縁は除く）は調停に代わる審判の対象とならない。合意に相当する審判は、本来当事者の任意処分が許されず訴訟によってのみ解決を図るべき事件であるとこ

ろ、調停内で簡易に処理することを認める制度であるから、調停に代わる審判とは、要件・制度趣旨ともに異なるからである。

3 調停に代わる審判の要件

調停に代わる審判は、次の①～④の四つの要件の下、審判がなされる（家事法284条）。

① 調停が成立しないこと（同条1項）　当事者に合意が成立しないだけでなく、成立した合意が相当でないと調停委員会が判断した場合なども含まれる。

② 家庭裁判所が審判をすることを相当と認めること（同条1項）　「相当」とは、家庭裁判所が当事者に対し調停に代わる審判として解決策を示すことが妥当である場合のことであり、根本的問題は合意しているが、一方当事者の遠隔地居住、無関心や怠惰などを理由として調停が進行しない場合が考えられる。

③ 当事者双方の衡平と一切の事情を考慮すること（同条1項）

④ 委員会調停の場合は調停委員の意見を聴くこと（同条2項）　裁判官単独調停の場合は、調停委員の意見を聴く必要はない。

4 調停に代わる審判の取下げの制限

当事者は、調停に代わる審判がされると調停を取り下げることができない（家事法285条1項）。調停に代わる審判に対し異議の申立てをすれば効力が失われること、調停不成立の場合に取下げができないこととの均衡を図ることが理由とされる。

5 調停に代わる審判の不服申立て

調停に代わる審判に対する不服申立方法は異議申立てである（家事法286条）。異議の申立てがされると、調停に代わる審判は効力を失う。異議の申立てをするのに特段の理由は不要である。

(1) 申立権者（家事法286条1項）

　申立権者は当事者のみである（家事法286条1項）。調停に代わる審判がされる家事調停は、本来当事者の任意処分に任せるべき事件であるから、当事者が不服を述べない以上、利害関係人等の第三者の申立てによって審判の効力を失うことになるのは相当でないからである。

(2) 異議申立期間（家事法286条2項）

　異議申立ては、調停に代わる審判の告知を受けた日から2週間以内にしなければならない（家事法286条2項）。ただし、当事者は、審判を早期に確定させるため異議申立権を放棄することができる。

(3) 異議申立てに対する裁判と効果（家事法286条3項〜10項）

　家庭裁判所は、異議申立てが不適法であるときは却下することができる（家事法286条3項）。当事者は、申立てを却下する審判に対しては即時抗告をすることができる（同条4項）。

　適法な異議の申立てがあったときは、調停に代わる審判は効力を失い、家庭裁判所は、異議の申立てがあったときは、その旨を当事者に対して通知しなければならない（家事法286条5項）。

　当事者は、通知を受けてから2週間以内に訴訟を提起したときは、調停申立て時に訴訟を提起したものとみなされる。別表第2に掲げる事項について調停に代わる審判が効力を失ったとき（適法な異議申立てがあったとき）は、家事調停申立て時に家事審判の申立てがあったものとみなされ、当然に審判に移行する（家事法286条6項・7項）。

　当事者は、調停に代わる審判に服する旨の共同の申出を書面によってしたときは、異議の申立てができない（家事法286条8項・9項）。この申出は、調停に代わる審判がなされるまでは、相手方の同意を得ることなく撤回することができる（同条10項）。なお、離婚・離縁については、調停に代わる審判に服する旨の共同の申出はできない（同条8項）。

6　確定した調停に代わる審判の効力

　確定した調停に代わる審判は、別表第2に掲げる事項については確定した審判と同一の効力を有し、その他の事項については確定判決と同一の効力を有する（家事法287条）。よって、強制執行するには、前者については確定した審判自体執行力のある債務名義となるから執行文の付与を要せず、後者については執行文の付与を要することになる。

　たとえば、離婚事件に付随してなされた別表第2に掲げる事項についての審判部分は確定した審判と同一の効力を有するから、強制執行にあたって執行文の付与は不要である。

7　戸籍の届出

　家庭裁判所書記官は、調停に代わる審判が確定した場合、身分関係に変動が生じることについて戸籍事務管掌者に通知をしなければならない（家事規136条）。

第3章
離婚調停の手続と実務

I　総　論

1　離婚調停とは

(1)　夫婦関係調整（離婚）調停

　離婚調停は、離婚だけでなく、身分関係の清算に伴って必要となるさまざまな事項についても同時に扱う。

　夫婦は、互いの共同生活のため何らかの形で財産を保有しているのが通常であるから、保有財産の中に実質的に夫婦共有と認められる財産があれば、分与を行い清算することになる（財産分与。民法768条1項）。不貞など、離婚に至った原因が夫婦の一方にある場合は、他方から不法行為に基づく損害賠償請求がなされる場合がある（慰謝料請求。同法709条）。年金については、相手方配偶者の貢献により受給権を得ることができるという側面もあり、離婚後の生活保障の観点から、請求に基づき厚生年金または共済年金の年金記録を分け合うのが離婚時年金分割である（請求すべき按分割合に関する処分。厚生年金保険法78条の2ほか）。これらはいずれも財産的請求であり、根拠法や制度趣旨の違いはあれ、大きな視点でみれば夫婦間の積極・消極財産の清算ととらえることができよう。

　これに加え、夫婦間に未成熟子が存在する場合は、父母のどちらが子を監護していくかを決める必要がある。民法は、夫婦が離婚する場合、父母のどちらかが単独で親権を行使する制度を採用しているから、父または母のどちらか一方を親権者と定めない限り離婚ができない（親権者の指定。民法819条1項）。一般には〔親権者＝子の監護者〕であるが、親権は財産管理権と身上監護権で構成されるから、両者を分けて指定することも可能である（監護者の指定）。父または母の一方を監護者と定めたのに他方が子の監護を継続するときは、監護者は子の引渡しを求めることができる（子の引渡請求）。父母が離婚すると子はどちらか一方に監護される立場となるが、子にとっては

どちらも「親」であり非監護親に対して必ずしも悪感情を抱いているとは限らない。むしろ、子の健全な発育のためには非監護親との交流を図ったほうがよいとされることから、面会交流についての取決めも検討される（面会交流）。子の養育には費用が必要であるから、監護親から非監護親に対して費用負担の請求をすることができる（養育費）。これら、監護権者の指定、子の引渡請求、面会交流、養育費は、子の監護に関する処分ということができる（民法766条1項）。

　以上のように、夫婦の離婚に伴い清算しなければならない事項は多岐にわたるため、離婚調停ではこれらの事項をすべて取り扱い、一度に解決を図ったほうが訴訟経済上都合がよい。そこで、家庭裁判所実務では、離婚調停の申立てがされると、離婚成立を前提とした財産分与、慰謝料請求、離婚時年金分割、親権者の指定、子の監護に関する処分などの付随事項についても同時に取り扱う調停として、夫婦関係調整（離婚）調停という事件が1件立件される。付随事項はあくまで離婚調停に附帯するだけで個々の事件としてカウントされず、全体として1件の調停であるから、事件番号は1件のみ付され、申立手数料も1200円である。財産分与、離婚時年金分割、子の監護に関する処分については、離婚成立後にあらためて家事調停の申立てをすると、個別に事件が立件され（子の監護に関する処分は子の数だけ立件）事件数に応じて申立手数料もかかる。慰謝料請求については、元々民事事件であるから、あらためて民事調停（家庭に関する事件として家事調停の申立ても可能）の申立てをするか民事訴訟を提起することになる。なお、夫婦関係を回復・復活させることを求めて行われる調停は夫婦関係調整（円満）調停という。

　本書では、一般に離婚調停という呼び方が定着していることもあり、特に断りのない限り、夫婦関係調整（離婚）調停のことを単に「離婚調停」と呼ぶ。

┌─コラム　離婚する？　しない？──────
│　婚姻は合意により成立する。そして、離婚も合意がないと成立しない。

一方がこれ以上婚姻関係を継続することができないと、離婚を決心し、相手に伝えたとき、すんなりと離婚ができるとは限らない。相手も、婚姻関係を継続することができないと思い離婚をすることに同意をしないと、離婚することができないのである。これは、調停であっても同様である。調停を申し立てたからといって、相手が離婚に応じない限り、離婚は成立しない。

当然のことではあるが、これがなかなか一筋縄ではいかない。客観的に婚姻関係は破綻しているようでも、当事者はまだ破綻していないと思っていたり、何らかの事情（世間体やプライドなど）で離婚に応じないことがある。

また、離婚をしたいと言っている当事者もまた、気持の揺らぎがあり、時には、やり直しを決意し、夫婦関係が円満に戻ることもある。

このときに当事者に気を付けてもらいたいのは、子がいるから離婚をしてはいけないと頑なに思うことである。子がいるために離婚をしなかった、夫婦として相手に何らの愛情も感じず、家族としての情もなく、ただただ恨むだけの存在と嫌々生活し続ける、それはすべて子のため、子には必ず両親が揃っていなければならず、がまんし続けることが美徳であると思い込むことである。

子は、両親の不仲を敏感に感じ取る。子は、自分がいるから両親は、嫌々いっしょにいるんだ、すべて子である私の存在が悪いんだと自己否定し、自らを責め続けることになりかねない。

また、離婚を配偶者から切り出された際に「子がいるから離婚をしない」と言ったら、相手は、どう思うだろうか。離婚は、夫婦の問題である。配偶者である相手を思いやり、どのような関係を築いてきたのか、これからどのような関係を築くのかを再考する大切な機会である。

離婚は、結婚よりもさらに大きなエネルギーを必要とする。私たち法律実務家は、そのような当事者の揺らぐ気持、辛い気持、複雑な気持を聞き、その気持に寄り添い、これから進む途へ当事者を後押ししていかなければいけないのではないだろうか。

コラム　子の将来を考える機会としての離婚調停

離婚調停と一括りにいっても、その中身は多種多様であり、単に離婚するという内容だけではなく、婚姻費用、財産分与、養育費と金銭が絡むものや親権、面会交流などの人の問題など、調停で決めなければならない事項も多岐にわた

るが、いずれも密接にかかわりあっていることに注意が必要である。

　書類作成を行う司法書士は、本人の想いを聞き取り、裁判所（調停委員を含む）に伝わる内容の書類を作成すべきであるし、調停を単なる訴訟への通過点と考えてはならない。調停前置主義とはいえ、調停を形式的なものとして儀式化させることは、調停制度を形骸化させることになるからである。子がいる場合は、調停は子の将来を考える絶好の機会という側面を有している。また、調停の本質は、当事者が自身で問題を解決する場であることや、事実認定をしないことから、少なくとも当事者自身の口から話をして、調停委員に聞いてもらうことが必要である。自身の口で説明すると何が問題であるのか、どのように解決するのがよいのかを理解できるようになり、当事者が納得できる結果となるケースが多い。

(2) 婚姻費用分担請求との関係

　夫婦が離婚に至る過程で先行して別居が始まっている場合、一方から他方に対し婚姻費用分担請求がされる場合がある（本章Ⅷ参照）。婚姻中の夫婦は、共同生活維持のために必要な費用（生活費など）を暗黙のうちに分担しているが、別居が始まるとこの前提が崩れるため、生活保持義務に基づき一方から他方に対し婚姻費用の分担の請求をすることになるのである。

　別居は、離婚直前あるいは離婚を前提に開始される場合が多いため、婚姻費用分担請求も離婚と関係の深い事件であるといえるが、離婚調停申立て前でも申立て後でも、独立して申立てをすることができる。したがって、家庭裁判所実務では、離婚成立を前提とする付随事項として扱わないため、離婚調停とは別に調停を申し立てる必要がある。

　離婚前別居が長期化していると、離婚以前に依頼者が窮乏に陥ってしまっている場合もある。離婚調停にじっくり対応するためにも、離婚調停と同時か、それより早い段階で婚姻費用分担請求調停の申立てを行い、依頼人の生活費を早期に確保する必要がある。場合によっては、調停前の処分の申立て（家事法266条1項）や、審判前の保全処分（同法105条）の申立てなども検討する必要がある。これらの手続の選択方法については、依頼者と相手方との

関係やそれまでの交渉経過等を丹念に聞き取ったうえで検討する必要がある。

2　離婚調停の申立て

離婚調停の手続の流れは、〔図7〕のとおりである。

〔図7〕　離婚調停の手続の流れ

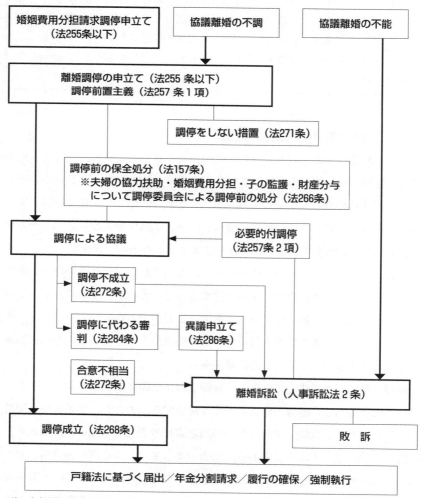

※法＝家事事件手続法

(1) 司法書士による離婚調停支援の基本姿勢

　司法書士は、司法書士法3条1項4号の裁判所提出書類作成業務を通じて離婚調停の支援を行う。家事事件手続法22条は、原則として弁護士のみを手続代理人と定め、例外として家庭裁判所の許可を得れば弁護士でない者を手続代理人とすることができるとしているが、実際はほとんど利用されていない制度となっている。したがって、司法書士に対しての手続の代理が許可されることは少ないと思われる。

　調停手続における本人支援とは、本人が自己の能力をもって調停活動を行うことを支援することである。まず、支援の中心になるのは申立書等の書類の作成である。依頼者の主張する趣旨内容を要件事実に沿って論点整理を行い、簡潔かつ過不足のない法律的に整序された書類を作成することが支援の基本である。この際、留意しなければならないのは、調停活動を行うのは依頼者であり、司法書士が作成した書類は依頼者名義の書類となるということである。法律実務家なら特段の記述がなくてもわかることでも、依頼者が理解し説明できるとは限らない。司法書士が作成した書類により依頼者自身の判断で調停活動を存分に行うことができるよう、相手方との紛争の状況や子との関係など、陳述書や報告書を積極的に活用して書類で説明ができるような配慮が必要になろう。

　依頼者に対し、離婚ほか付随事項についての基本知識の説明を丁寧にすることも重要である。調停委員の問いに答えなければならないのは依頼者であるし、依頼者が基本的な法律構造を理解したうえで調停に臨むことができれば、依頼者自身の判断で対応できる事柄も増える。司法書士が作成した書類が、どのような法律的判断や根拠に基づいて作成されているかについても、十分な説明が必要であることはいうまでもない。

　さらに、面会交流など、司法書士から、助言にとどまらない「教育」を行う必要がある場合もある。依頼者が監護親である場合、非監護親からの面会交流の求めに激しい拒否反応を示すことがある。しかし、面会交流には非監護親に子の親であることの自覚をもたせ、養育費の支払いなど親としての義

務を果たすことにつながる効果があるといわれている（本章Ⅲ2(5)参照）。非監護親が子に暴力をふるっていたなどの事実がない限り、長期的視点に立てば面会交流を続けることにメリットもある。監護親は非監護親を一方的に非難しがちだが、子の利益に立った判断とは何かを依頼者に示すことも必要である。

以上、書類作成とそれに伴う助言（教育を含む）が司法書士の活動の中心になるが、事件を受任する司法書士は、自己の能力を活かして調停活動を行うのは依頼者本人であるということを常に意識しなければならない。

(2) 聞取りの姿勢と内容

⑦ 聞取りにあたっての注意点

依頼者は、司法書士の所に相談に来るまでに、相手方との軋轢から精神的に疲弊していることがある。相談を受ける司法書士は、二次被害が生じないよう配慮しつつ、依頼者の様子をみて注意深く聞取りをする必要がある。時に、激しい暴力などから依頼者を逃がすため、即刻の対応を迫られる場合がある。日頃からDVの相談窓口など、関係各所との連携も深めておきたい（〈表7〉参照）。

確認しなければならない事項は多数あるため、チェックシートを活用するなどして漏れなく聞取りをされたい（《資料1》参照）。ただし、チェックシートに従って機械的に尋ねると依頼者は苦痛を感じる場合もあるので、陳述に任せつつ不足点を補うような聞取りの技術が必要である。

⑦ 離婚意思の確認

まず、依頼者と相手方の離婚意思を確認する。相談の時点では、離婚の意思が固いケースばかりでなく、離婚意思がはっきりしていなかったり、自分は離婚するつもりがないのに相手方から離婚を求められて悩んでいたり、離婚後の生活が描けず困惑していたりするケースもある。漠然とした話の中から依頼者の真意を抽出し、離婚の意思があるかないかを見極める。また、現時点で依頼者に明確に離婚の意思がない場合、将来への対策として、証拠資料の収集が必要になる旨助言してもよい。

I 総論

(資料1) 離婚相談チェックシート

相談者

フリガナ			性別		生年月日	
名前			男・女		年　月　日	
住所						
電話			FAX		Eメール	
連絡方法	電話	□ 可 □ 不可	FAX	□ 可 □ 不可	Eメール	□ 可 □ 不可
本籍地						
職業			収入	□ 年収　　　万円　□ 月収　　　万円		

相手方

フリガナ			性別		生年月日	
お名前			男・女		年　月　日	
住所						
職業			収入	□ 年収　　　万円　□ 月収　　　万円		
勤務先住所			勤務先電話番号			

家族

婚姻日		年　月　日				
同居・別居	□ 同居　□ 別居		開始日	年　月　日	年	
子供	名前		生年月日	年　月　日	歳	同居□父 □母
	〃			年　月　日	歳	同居□父 □母
	〃			年　月　日	歳	同居□父 □母
	〃			年　月　日	歳	同居□父 □母

離婚について

離婚希望	□ 自分　□ 相手方　□ 双方　意思伝達　□ 済み　□ 未了
反応(予想)	□ 許否　□ 概ね応諾　□ わからない
現在状況	□ 検討中　□ 話合い中　□ 調停中　□ 離婚済み　□ その他(　　　　)
離婚理由	□ 不倫(相手方・自分)　□ 暴力　□ 借金(相手方・自分)　□ 病気(相手方・自分)　□ 性的不調和 □ 浪費　□ 生活費を入れない　□ 身内との不仲(相手方・自分)　□ 性格の不一致 □ その他(　　　　　　　　　　　　)

離婚条件

親権	□ 自分が希望　□ 条件次第で相手でも良い　□ 相手でも良い　□ 合意あり(　　　　)
面会交流	□ 認めても良い　□ 条件次第で認めても良い　□ 認めたくない
養育費	□ 希望月額(月　　　万円)　□ 請求しない　□ 合意あり(　　　　)
婚姻費用	□ 希望月額(月　　　万円)　□ 請求しない　□ 合意あり(　　　　)
財産分与	□ 希望内容(　　　　)　□ 請求しない　□ 合意あり(　　　　)
慰謝料	□ 希望額(金　　　万円)　□ 請求しない　□ 合意あり(　　　　)
年金分割	□ 請求する　□ 請求しない　□ 合意あり(　　　　)

資産関係

不動産	所有有無	□ 有　□ 無	名義人	□ 相手方　□ 自分　□ その他(　　　　)		
	購入価格		時価		ローン残高	
預貯金	相手方名義			自分名義		
生命保険	契約者	□ 相手　□ 自分	保険料		解約返戻金	
自動車	所有有無	□ 有　□ 無	名義人	□ 相手方　□ 自分　□ その他(　　　　)		
	購入価格		時価		ローン残高	
負債	相手方	□ 無　□ 有(　　円)	自分	□ 無　□ 有(　　円)		
年金種別	相手方	□ 共済 □ 厚生 □ 国民	自分	□ 共済 □ 厚生 □ 国民		
その他						

聞取りの結果、依頼者の離婚意思が明確であれば、その他の付随事項を検討していくこととなる。なお、離婚意思および財産的請求並びに子の監護についての事項の折り合いが付いているのであれば、公証人による離婚契約公正証書の作成を選択することもできる。

離婚前なのか離婚後なのかで選択する手続が異なってくる。聞取りには夫婦の戸籍謄本を持参するように指示しておく（民事法律扶助（書類作成援助）を利用する場合の必要書類については、第5章Ⅳ4参照）。

(ウ)　離婚原因の確認

性格の不一致など、相手方に非があることが明らかでない場合は、「その他婚姻を継続し難い重大な事由」（民法770条1項5号）にあたるかどうかを確認しておく必要がある。調停の本質は相手方との和解であるから離婚調停の段階では離婚原因は問われないが、離婚訴訟に発展すれば、はっきりした離婚原因が存在しないと裁判を維持できないことになる。

(エ)　別居期間と有責性

裁判離婚において、判例は消極的破綻主義を採用していると考えられるが（最判昭和27・2・19民集6巻2号110頁）、有責配偶者からの離婚請求であっても認められる場合がある（最大判昭和62・9・2民集41巻6号1423頁。本章Ⅱ2(1)参照）。昨今の下級審判決は、別居期間がおおむね7年～10年程度で有責配偶者からの離婚請求を認めている。また、有責性がない場合は、平成8年の民法改正案（民法の一部を改正する法律案要綱（平成8年2月26日付け法制審議会総会決定）において提示された離婚原因である「5年以上継続した別居」という基準が参考になる。

前記(ウ)と同じく、離婚調停の段階では問題とならないが、付随事項について条件闘争となった場合、責任の有無は大きな影響を及ぼすこともあるので、留意して聞取りをしておく必要がある。

有責を立証する資料の確保も指示しておく。不貞行為ならば写真や電子メールのやりとりなど、暴力ならば診断書等、借金ならば契約書等、病気ならば診断書等がそれにあたる。しかし、証拠資料の収集は困難な場合が多い。

相手方が婚姻費用を支払っているかどうかも必ず確認する。別居状態であって、相手方に資力があるのにもかかわらず、十分な婚姻費用が負担されておらず、依頼者の収入がないもしくは少ない場合、生活に支障を来し、時には生死にかかわることともあるため迅速な申立てが必要となる。

(オ) 子の有無、人数、年齢

婚姻費用・養育費の算定に必要な情報である。現時点で父母どちらが子を監護しているかも確認する。

(カ) 依頼者と相手方の財産

積極・消極財産の名義、取得の由来などを確認する。所有名義によらず、潜在的には夫婦共有財産と解せる場合もある。全財産を洗い出し、それを基にして財産分与の意向などの聞取りをしておく。不動産ならば登記事項証明書および固定資産評価証明書、預金ならば通帳等、離婚時年金分割のための情報通知書の取り寄せなどを依頼者に指示しておく。

(キ) 依頼者と相手方の収入

婚姻費用・養育費の算定に必要な情報である。給与明細、源泉徴収票、所得課税証明書などの取り寄せを依頼者に指示しておく。

(3) 調停前置主義

離婚の請求は、人事訴訟法2条に規定される事件である。したがって、本来なら人事訴訟法に基づき離婚訴訟を提起すべきところであるが、家庭の問題である離婚訴訟が、原則、公開の法廷となるため、プライバシーの保護上問題であるし、離婚は本来的に当事者の任意処分に任せるべき事件であることから、まずは家事調停によって事件の解決を図るべきとされる（家事法257条1項）。

なお、相手方の行方不明など、調停を開催することが不可能であるときは、離婚調停の申立てを行わずに離婚訴訟を提起することができる。

(4) 申立人および相手方

夫または妻である。未成年者が婚姻すると成年擬制が働くため、夫または妻が20歳未満の者であっても単独で離婚調停の申立てをすることができる。

(5) 管　轄

　家事調停事件の通則に基づき、相手方の住所地の家庭裁判所または当事者が合意で定める家庭裁判所へ申立てをする（家事法245条）。当事者が合意によって管轄を定めることができるのは、家事調停を行うことができる事件は本来的に当事者の任意処分に任せるべき性質をもつ事件であることから、当事者が定めた管轄の合意を否定する必然性がないためである。

　なお、離婚訴訟の管轄は、原告または被告が普通裁判籍を有する地等を管轄する家庭裁判所に専属するので（人訴法4条1項）、離婚調停の管轄とは異なることになる。

(6) 申立てに必要な書類と留意点

　離婚調停の申立てにあたって必要な書類は、夫婦関係調整（離婚）調停申立書およびその写し（【書式1】）、事情説明書（【書式2】）、子についての事情説明書（【書式3】）、進行に関する照会回答書（【書式4】）、連絡先等の届出書（【書式5】）、非開示の希望に関する申出書（【書式6】）である。

　基本的には、家庭裁判所がウェブサイトで提供する申立書等を利用することになるが、必要な事項が記載されていればどのような形式の申立書でも家庭裁判所は受理するので、いわゆる訴状形式の申立書を作成してもよい。なお、申立書の写しは相手方に送付される（家事法256条1項）。それ以外の提出書類についても、相手方から閲覧・謄写の許可申立てがあれば、家事事件手続法の立法趣旨から、その多くの閲覧・謄写が許可されるものと考えられる（第2章Ⅰ7参照）。よって、申立て時に提出すべき資料かどうかを依頼者と慎重に検討する必要がある。相手方に見られては困る資料については非開示の希望に関する申出書を利用する。

　婚姻費用分担請求については、離婚調停とは独立した事件なので、別に申立てをしなければならないこと、不成立で終了した場合には離婚調停の行方に関係なく審判に移行すること（別表第2に掲げる事項についての事件）に留意する（本章Ⅷ6(1)参照）。

　また、別居が長期間に及ぶ場合、離婚調停申立て前であっても、非監護親

から、子の監護に関する処分（面会交流）調停の申立てがされる場合があることにも注意が必要である。

なお、司法書士は、作成した書類（司法書士法3条1項6号・7号に規定する業務に関するものを除く）の末尾または欄外に記名し、職印を押さなければならない（司法書士法施行規則28条1項）とされている。本書で紹介する調停申立書等の書類作成の際にも、下記の様式を参照されたい。

<ruby>作成者<rt>ふりがな</rt></ruby>	司法書士　〇　〇　〇　〇　　　　㊞
電話番号	03－〇〇〇〇－〇〇〇〇
ＦＡＸ	03－〇〇〇〇－〇〇〇〇
会員番号	東京　〇〇〇〇

第3章 離婚調停の手続と実務

【書式1】 夫婦関係調整（離婚）調停申立書

この申立書の写しは，法律の定めるところにより，申立ての内容を知らせるため，相手方に送付されます。

受付印	夫婦関係等調整調停申立書　事件名（　　離婚　　）
収入印紙　　　円 予納郵便切手　　円	（この欄に申立て1件あたり収入印紙1,200円分を貼ってください。） （貼った印紙に押印しないでください。）

東京　家庭裁判所 　　　　　　御中 平成 27 年 6 月 1 日	申　立　人 （又は法廷代理人など） の 記 名 押 印	四谷花子　　㊞

添付書類	（審理のために必要な場合は，追加書類の提出をお願いすることがあります。） ☑ 戸籍謄本（全部事項証明書）（内縁関係に関する申立ての場合は不要） ☑（年金分割の申立てが含まれている場合）年金分割のための情報通知書 □	準口頭

申立人	本籍 （国籍）	（内縁関係に関する申立ての場合は，記入する必要はありません。） 東京　㊲都　道府県　新宿区本塩町9番	
	住所	〒 160 － 0003 東京都新宿区本塩町9番地3　　（　　　　方）	
	フリガナ 氏　名	ヨツヤ ハナコ 四谷花子	大正・㊽昭和・平成　54 年 7 月28日生 （　　35　　歳）

相手方	本籍 （国籍）	（内縁関係に関する申立ての場合は，記入する必要はありません。） 東京　㊲都　道府県　新宿区本塩町9番	
	住所	〒 160 － 0003 東京都新宿区本塩町9番地3　　（　　　　方）	
	フリガナ 氏　名	ヨツヤ タロウ 四谷太郎	大正・㊽昭和・平成　51 年 4 月24日生 （　　39　　歳）

未成年の子	住所	☑ 申立人と同居　／　□ 相手方と同居 □ その他（　　　　　　　）	平成 15 年11月17日生
	フリガナ 氏　名	ヨツヤ ミサキ 四谷美咲	（　　11　　歳）
	住所	☑ 申立人と同居　／　□ 相手方と同居 □ その他（　　　　　　　）	平成 19 年 5 月 7 日生
	フリガナ 氏　名	ヨツヤ ヒロト 四谷大翔	（　　10　　歳）
	住所	☑ 申立人と同居　／　□ 相手方と同居 □ その他（　　　　　　　）	平成 20 年 3 月27日生
	フリガナ 氏　名	ヨツヤ ハルナ 四谷陽菜	（　　6　　歳）

（注）太枠の中だけ記入してください。未成年の子は，付随申立ての(1)，(2) 又は(3) を選択したときのみ記入してください。□の部分は，該当するものにチェックしてください。

夫婦（1／2）

Ⅰ 総 論

この申立書の写しは，法律の定めるところにより，申立ての内容を知らせるため，相手方に送付されます。

※ 申立ての趣旨は，当てはまる番号（1又は2，付随申立てについては (1)～(7)）を○で囲んでください。
　□の部分は，該当するものにチェックしてください。
☆ 付随申立ての(6)を選択したときは，年金分割のための情報通知書の写しをとり，別紙として添付してください（その写しも相手方に送付されます）。

申　立　て　の　趣　旨	
円　満　調　整	関　係　解　消
※ 1　申立人と相手方間の婚姻関係を円満に調整する。 2　申立人と相手方間の内縁関係を円満に調整する。	※ ① 申立人と相手方は離婚する。 2　申立人と相手方は内縁関係を解消する。 (付随申立て) ① 未成年の子の親権者を次のように定める。 　　　……………………………………………については父。 　　　……**美咲，大翔，陽菜**……については母。 ② （□申立人／☑相手方）と未成年の子が面会交流する時期，方法などにつき定める。 ③ （□申立人／☑相手方）は，未成年の子の養育費として，1人当たり毎月（☑金　○万　円　／　□相当額）を支払う。 ④ 相手方は，申立人に財産分与として，（☑金　○万　円　／　□　　　　　）を支払う。 ⑤ 相手方は，申立人に慰謝料として，（☑金　○万　円　／　□　　　　　）を支払う。 ⑥ 申立人と相手方との間の別紙年金分割のための情報通知書（☆）記載の情報に係る年金分割についての請求すべき按分割合を，（☑0.5　／　□（　　　　　　　　））と定める。 (7)

申　立　て　の　理　由
同居・別居の時期
同居を始めた日……　昭和／㊩平成　14 年 12 月 23 日　　別居をした日……　昭和／㊩平成　27 年 3 月 21 日
申立ての動機
※ 当てはまる番号を○で囲み，そのうち最も重要と思うものに◎を付けてください。 　① 性格があわない　　　　②異性関係　　　　③ 暴力をふるう　　　　4 酒を飲みすぎる 　5 性的不調和　　　　　　6 浪費する　　　　 7 病　気 　8 精神的に虐待する　　　9 家族をすててかえりみない　　⑩ 家族と折合いが悪い 　11 同居に応じない　　　　12 生活費を渡さない　　13 その他

第3章　離婚調停の手続と実務

【書式2】　事情説明書

平成27年（家イ）第　〇〇〇〇　号　（期日通知等に書かれた事件番号を書いてください。）

事情説明書（夫婦関係調整）

この書類は，申立ての内容に関する事項を記載していただくものです。あてはまる事項にチェックを付け（複数可），必要事項を記入の上，申立書とともに提出してください。

なお，この書類は，**相手方には送付しませんが，相手方から申請があれば，閲覧やコピーが許可されることがあります。**

1　この問題でこれまでに家庭裁判所で調停や審判を受けたことがありますか。	□　ある　　平成　年　月頃　　　家裁　　支部・出張所 　　□　今も続いている。　申立人の氏名 　　　　　　　　　　　　　事件番号　平成　年（家）第　　号 　　□　すでに終わった。 ☑　ない	
2　調停で対立すると思われることはどんなことですか。（該当するものに，チェックしてください。複数可。）	□　離婚のこと　　　　　　□　同居または別居のこと □　子どものこと　☑親権　☑養育費　☑面会交流　□その他（　　　） □　財産分与の額　☑　慰謝料の額　　　□　負債のこと □　生活費のこと　　　　　□　その他（　　　　　　　　）	
3　それぞれの同居している家族について記入してください（申立人・相手方本人を含む。）。 ※申立人と相手方が同居中の場合は申立人欄に記入してください。	申立人（あなた） 氏名／年齢／続柄／職業等 四谷花子／39／妻／パート 四谷美咲／11／子／小学生 四谷大翔／10／子／小学生 四谷陽菜／6／子／小学生	相手方 氏名／年齢／続柄／職業等 四谷太郎／35／夫／
4　それぞれの収入はどのくらいですか。	月収（手取り）　約　11　万円 賞与（年　回）計約　　　万円 □実家等の援助を受けている。月　数　万円 □生活保護等を受けている。月　　万円	月収（手取り）　約　36　万円 賞与（年　回）計約　108　万円 □実家等の援助を受けている。月　　万円 □生活保護等を受けている。月　　万円
5　住居の状況について記入してください。	□　自宅 ☑　当事者以外の家族所有 □　賃貸（賃料月額　　　　円） □　その他（　　　　　　　）	☑　自宅 □　当事者以外の家族所有 □　賃貸（賃料月額　　　　円） □　その他（　　　　　　　）
6　財産の状況について記入してください。	・資産 　□　あり 　　□　土地　　□　建物 　　□　預貯金（約　　　万円） 　　□　その他　※具体的にお書きください。 　　　（　　　　　　　　　　　） 　☑　なし ・負債 　□　あり　□住宅ローン（約　　万円） 　　　　　　□その他（約　　万円） 　☑　なし	・資産 　☑　あり 　　☑　土地　　☑　建物 　　☑　預貯金（約　200　万円） 　　□　その他　※具体的にお書きください。 　　　（　　　　　　　　　　　） 　□　なし ・負債 　☑　あり　☑住宅ローン（約　2000　万円） 　　　　　　□その他（約　　万円） 　□　なし
7　夫婦が不和となったきさつや調停を申し立てた理由などを記入してください。	嫁姑が不仲に加え、夫がマザコンであり、がまんを続けたが、夫の不倫の発覚により、がまんの限度を超えたため	

平成27年　6月　1日　　　申立人　　四谷花子　㊞

Ⅰ 総論

【書式3】 子についての事情説明書

平成27年（家イ）第 ○○○○ 号 （期日通知等に書かれた事件番号を書いてください。）

事情説明書（夫婦関係調整）

> この書類は，申立人と相手方との間に未成年のお子さんがいる場合に記載していただくものです。あてはまる事項にチェックを付け，必要事項を記入の上，申立書とともに提出してください。
> なお，この書類は，相手方には送付しませんが，相手方から申請があれば，閲覧やコピーが許可されることがあります。

1	現在，お子さんを主に監護している人は誰ですか。	☑ 申立人 ☐ 相手方 ☐ その他（　　　　　　　　　　　　　　　　　　　　）
2	お子さんと別居している父または母との関係について，記入してください。 ＊ お子さんと申立人及び相手方が同居している場合には記載する必要はありません。	☐ 別居している父または母と会っている。 ☐ 別居している父または母と会っていないが，電話やメールなどで連絡を取っている。 ☑ 別居している父または母と会っていないし，連絡も取っていない。 → 上記のような状況となっていることについて理由などがあれば，記載してください。 　　　　　一方的に出て行ったため
3	お子さんに対して，離婚等について裁判所で話合いを始めることや，今後の生活について説明したことはありますか。	☑ 説明したことはない。 ☐ 説明したことがある。 → 説明した内容やそのときのお子さんの様子について，裁判所に伝えておきたいことがあれば，記載してください。
4	お子さんについて，何か心配していることはありますか。	☑ ない ☐ ある → 心配している内容を具体的に記載してください。
5	お子さんに関することで裁判所に要望があれば記入してください。	

平成27年 6月 1日　　申立人　四谷花子　㊞

第3章　離婚調停の手続と実務

【書式4】　進行に関する照会回答書

平成 27 年（家 イ）第　○○○○　号

進行に関する照会回答書（申立人用）

> この書面は，調停を進めるための参考にするものです。あてはまる事項にチェックを付け（複数可），空欄には具体的な事情等を記入して，申立ての際に提出してください。審判を申し立てた場合にも，調停手続が先行することがありますので提出して下さい。
> この書面は原則として閲覧・コピーの対象とはしない取扱いになっています。

1　この申立てをする前に相手方と話し合ったことがありますか。	□ ある。（そのときの相手方の様子にチェックしてください。） 　□ 感情的で話し合えなかった。　□ 冷静であったが，話合いはまとまらなかった。 　□ 態度がはっきりしなかった。　□ その他（　　　　　　　　　　　　） ☑ ない。（その理由をチェックしてください。） 　□ 全く話合いに応じないから。　☑ 話し合っても無駄だと思ったから。 　□ その他（　　　　　　　　　　　　）
2　相手方は裁判所の呼出しに応じると思いますか。	☑ 応じると思う。　　　　　　（理由等があれば，記載してください。） □ 応じないと思う。 □ 分からない。
3　調停での話合いは円滑に進められると思いますか。	□ 進められると思う。　　　　（理由等があれば，記載してください。） □ 進められないと思う。 ☑ 分からない。
4　この申立てをすることを相手方に伝えていますか。	□ 伝えた。 ☑ 伝えていない。 　□ すぐ知らせる。　☑ 自分からは知らせるつもりはない。　□ 自分からは知らせにくい。
5　相手方の暴力等がある場合には，記入してください。	1　相手方の暴力等はどのような内容ですか。 　☑大声で怒鳴る・暴言をはく。　☑物を投げる。　☑殴る・蹴る。　□凶器を持ち出す。 　(1) それはいつ頃のことですか。 　　　　　　　　　　　　頃　から　　　　　　　　　　　　頃　まで 　(2) 頻度はどのくらいですか。 　　　　　　　　　　　　回 2　相手方の暴力等が原因で治療を受けたことはありますか。 　□ない　☑ある（ケガや症状等の程度　アザが残った　　　　　　　　　　　　） 3　配偶者暴力に関する保護命令について，該当するものをチェックしてください。 　□申し立てる予定はない。　☑申し立てる予定である。 　□申し立てたが，まだ結論は出ていない。　□申し立てたが，認められなかった。 　□認められた。　※保護命令書の写しを提出してください。 4　相手方の調停時の対応について 　□裁判所で暴力を振るう心配はない。 　☑申立人と同席しなければ暴力を振るうおそれはない。 　□裁判所職員や第三者のいる場所でも暴力を振るう心配がある。 　□裁判所への行き帰りの際に暴力を振るうおそれがある。 　□裁判所に刃物を持ってくるおそれがある。 　□裁判所へ薬物，アルコール類を摂取してくるおそれがある。
6　調停期日の差し支え曜日等があれば書いてください。 ※　調停は平日の午前または午後に行われます。	申立人の　□ 希望曜日　　　　　　　　　　　　曜日　午前・午後 　　　　　　　（ご希望に沿えない場合もございます。予めご了承下さい。） 　　　　　　□ 差し支え曜日　　　　　　　　　曜日　午前・午後 　　　　　　（すでに差し支えることがわかっている日→　　　　　　　　　　　　） 相手方の　□ 希望曜日　　　　　　　　　　　　曜日　午前・午後 　　　　　　□ 差し支え曜日　　　　　　　　　曜日　午前・午後 　　　　　　（※分からなければ記載しなくてもかまいません。）
7　裁判所に配慮を求めることがあれば，その内容をお書きください。	

【　平成 27 年　6 月　1 日　　　申立人　四谷花子　㊞　】

【書式5】 連絡先等の届出書

平成27年　☑（家イ）　第　○○○○　号（期日通知等に書かれた事件番号を書いてください。）
　　　　　□（家）

連絡先等の届出書（□　変更届出書）

＊　連絡先等の変更の場合には上記□にチェックを入れて提出してください。

1　送付場所
　　標記の事件について，書類は次の場所に送付してください。
　　□　申立書記載の住所のとおり
　　☑　下記の場所
　　　　場所：＿＿＿東京都渋谷区恵比寿3丁目7-16＿＿＿（〒150-0013　）
　　　　場所と本人との関係：☑住所　□就業場所（勤務先）
　　　　　　　　　　　　　□その他＿＿＿＿＿＿＿＿＿＿＿＿＿＿
　　□　委任状記載の弁護士事務所の住所のとおり

2　平日昼間の連絡先
　　　携帯電話番号：＿＿090-0000-0000＿＿＿
　　　固定電話番号（□自宅／□勤務先）：＿＿＿＿＿＿＿＿＿＿
　　□　どちらに連絡があってもよい。
　　☑　できる限り，☑携帯電話／□固定電話への連絡を希望する。
　　□　委任状記載の弁護士事務所の固定電話への連絡を希望する。

＊　1，2について非開示を希望する場合には，非開示の希望に関する申出書を作成して，その申出書の下に本書面をステープラー（ホチキスなど）などで付けて一体として提出してください。

＊　連絡先等について非開示を希望する場合には，原則として，開示により当事者や第三者の私生活・業務の平穏を害するおそれがあると解し，開示することはしない取り扱いになっておりますので，その他の理由がなければ，非開示の希望に関する申出書の第2項（非開示希望の理由）に記載する必要はありません。

　　平成 27年 6月 1日
　　☑申立人／□相手方／□同手続代理人　氏名：＿＿＿四谷花子＿＿＿㊞

【書式６】 非開示の希望に関する申出書

平成 27 年（家イ）第 ○○○○ 号

非開示の希望に関する申出書

＊ 本書面は，非開示を希望する書面がある場合だけ提出してください。
＊ 提出する場合には，必ず，この書面の下に，ステープラー（ホチキスなど）で非開示を希望する書面を留めて下さい。添付されていない場合，非開示の希望があるものとは扱われません。

1　別添の書面については，非開示とすることを希望します。
　※　非開示を希望する書面ごとにこの申出書を作成し，本申出書の下に当該書面をステープラー（ホチキスなど）などで付けて一体として提出してください（ファクシミリ送信不可）。
　※　資料の一部について非開示を希望する場合は，その部分が分かるようにマーカーで色付けするなどして特定してください。
　※　非開示を希望しても，裁判官の判断により開示される場合もありますので，あらかじめご了承ください。なお，連絡先等の届出書について非開示を希望する場合には，原則として開示することはしない取り扱いになっています。

2　非開示を希望する理由は，以下のとおりです（当てはまる理由にチェックを入れてください。複数でも結構です。）。
　☑　事件の関係人である未成年者の利益を害するおそれがある。
　☑　当事者や第三者の私生活・業務の平穏を害するおそれがある。
　☑　当事者や第三者の私生活についての重大な秘密が明らかにされることにより，その者が社会生活を営むのに著しい支障を生じるおそれがある。
　☐　当事者や第三者の私生活についての重大な秘密が明らかにされることにより，その者の名誉を著しく害するおそれがある。
　☐　その他（具体的な理由を書いてください。）
　　　………………………………………………………………………………
　　　………………………………………………………………………………
　　　………………………………………………………………………………

　平成 27 年　6 月　1 日
　　　　　　氏　　名：　　四谷花子　　㊞

3　離婚調停の手続

(1)　第1回調停期日を迎えるまで

　離婚調停が立件されると、まずは家庭裁判所書記官を中心に第1回調停期日の日程調整が行われる。家庭裁判所あるいは担当裁判官によって、調停を開催する曜日が決まっているので、申立人または相手方の都合で期日を決めることはできないが、通常は複数の候補日が示されるので、その中から都合のよい複数の日を担当書記官に伝える。

　なお、調停が立件された後の手続は原則依頼者本人が行うことになるので、依頼者に対し家庭裁判所から日程調整の連絡が入ることを伝えておく。

(2)　調停期日

　東京家庭裁判所の調停実務をモデルに説明する。

　まず、第1回調停期日開始時に、申立人および相手方同席のもと、男女2名の調停委員から調停の基本的なルールの説明が行われる。説明内容は、調停委員は中立の立場であること、当事者双方から順番に話を聞き、それを繰り返して合意点を見出していくこと、1回の期日は2時間程度であるが時間延長もありうること、1回の調停の終わりには合意点や次回へ宿題の確認をすること、次回期日はおよそ1カ月後に行うこと、次回の冒頭で前回のおさらいと宿題の確認をすることなどである。説明や手続のフローチャートが記載されたカードが用意されている。

　通常は申立人から聞取りを始める。相手方は調停室から退出し相手方控室で待つことになる。聞取りは、およそ30分程度を目安に行われる。依頼者が調停委員に紛争の要点や主張を簡潔に伝えることができるように、家庭裁判所提供の定型の書面にとどまらず、陳述書などを別に作成して提出しておく方法をとってもよい。聞取りが終わると、調停委員から申立人に対し控室で待つように指示される。調停委員は、申立人と相手方が廊下で鉢合わせることのないように配慮しつつ、相手方控室に相手方を呼びにいく。

　相手方の聞取りも30分程度を目安に行われ、聞取りが終了すると再度申立

人が呼び出される。調停委員は適宜争点をまとめ、調停成立に向けて前向きに合意できそうな事項を見出し、申立人に伝える。これを申立人・相手方交互に行い、さらなる合意点を見極めていくのである。続行期日においても同様の手法がとられる。

1回の終わりには当事者同席のもと、調停委員から合意点の確認と次回に向けて主張を補う資料等の提出（宿題）が求められる。次回期日はその際に決められるので、依頼者に対しスケジュール帳等を持参するように指示しておく。

なお、調停委員会は裁判官1名と調停委員2名で構成されるが、裁判官自ら調停手続を行うことは稀であり、原則として2名の調停委員が調停を進行していく。裁判官は、調停委員との評議を通して調停の進行を把握し、調停成立時の確認を行うのがもっぱらである。

ところで、東京家庭裁判所などの大規模庁では、当事者同席のもと冒頭の説明と終了時の確認をするのが一般的となっているが、すべての家庭裁判所でこのような扱いをしているとは限らないので、地元の家庭裁判所の離婚調停実務について日頃から情報を得ておく必要があるだろう。

(3) 次回期日までに行うこと

入念な準備を重ねて次回期日に臨む。具体的には以下の(ア)〜(エ)の後、調停期日というサイクルを繰り返す。

(ア) 記録の閲覧・謄写

家事事件手続法では、記録（調停資料）の閲覧・謄写許可申立てが許可される可能性が高いと考えられる（前記2⑹参照）。相手方が提出した資料については、次回以降の期日に備え、当然知っておくべき情報であるから、司法書士は依頼者に対して、資料の閲覧・謄写をするように指示しておく必要がある。具体的には、調停期日開始前に許可申立てをしておき、期日終了後に資料の謄写をして帰宅するのが望ましい。裁判官の許可が即日にされないようなら、後日、謄写を行うようにしたい。

なお、東京家庭裁判所では、養育費請求等の経済事件および合意に相当す

る審判事件については、申立書だけでなく当事者が提出した資料等の写しについても、当事者からの閲覧・謄写の許可申立てを待たずに原則相手方へ送付する扱いをしている（東京家庭裁判所ウェブサイト「手続案内」参照）。

離婚調停に付随する養育費請求等についてはこのような扱いを受けないが、単独の事件として申立てをした場合は注意が必要である。

　　(イ)　期日終了後の打合せ

調停期日終了後、記憶が鮮明であるうちに早期に依頼者と打合せを行う。調停委員から申し渡された宿題の確認、謄写してきた相手方が提出した資料の確認、依頼者の意向の確認、次回以降の方針決定などを行う。

　　(ウ)　書類作成

前記(イ)で確認した方針に基づき、次回期日に向けて提出すべき書類を作成する。標題は「準備書面」でも「陳述書」でもかまわない。新たな資料が必要であれば取り寄せる。これらの書類を提出する期限が設けられているなら、間に合うように努めなければならない。

　　(エ)　次回期日前の打合せ

前記(ウ)で作成した書類の確認と法的助言をするため依頼者と打合せを行う。

(4) 家庭裁判所調査官の事前調査

当事者が傷病により期日に出頭するのが困難な場合や、虐待など子の監護状況に問題があると思われる場合は、第1回調停期日が開催される前に家庭裁判所調査官による事前調査が行われることがある。このような場合、そのまま調停を実施しても不出頭により調停を行えない可能性が高く、双方当事者が出頭できる環境を整える必要があるからである。

なお、第1回期日以降に家庭裁判所調査官による調査が行われるのは、当事者の精神状態に問題があると思われる場合、子の監護方針をめぐって当事者間に激しい対立がある場合（奪い合い）などが考えられる。

(5) 司法書士による控室での支援

家事調停を行うとわかることであるが、申立人または相手方控室が当事者以外の第三者で賑わっていることがある。当事者の家族である場合が多いが、

友人なども付き添って控室待機を指示された当事者と盛んに打合せを行うのである。当事者は、ただでさえ不安に感じているのに加え、一人で調停を行う依頼者の心理的な負担を減らす目的のほか、司法書士も、調停室で話し合われたことを直後に聞いたほうが確実であるから、控室まで付き添って助言を行うようにしたい。

なお、会話内容が控室で居合わせた他の申立人、代理人等の耳に入ってしまうことがあるので、話す内容については十分に注意するようにしたい。

(6) 調停の成立へ向けて

何回か期日を消化すると、調停成立が見えてくる。支援する司法書士は、依頼者の意向と調停での合意点をよく検討し、たたき台となる調停条項案を積極的に作成すべきである。調停委員も、専門家が関与している場合は専門家による調停条項案の作成を期待している。単なる「話し合い」が、紙ベースで「成果」として示されることにより、早期の調停成立に資する場合もある。

4　離婚調停の終了と諸手続への対応

離婚調停を行った当事者は、調停成立直後、離婚の届出や氏の選択など、身分関係の変動が生じたことによる煩雑な手続を短期間のうちに行う必要に迫られる。ともすると、当事者も支援する司法書士も、調停手続のみにエネルギーを注ぎがちであるが、調停成立後の諸手続を迅速に手際よく行っていかないと得られた権利を失いかねない。離婚調停を支援する司法書士として、依頼者が調停成立後の各種手続を失念したり怠ってしまうことで不利益を被らないよう、確実な助言をしたい。

(1) 離婚意思の確認

離婚調停では、調停成立によって離婚の効果が発生することになるため（家事法268条1項）、夫婦の離婚意思が真意に基づいたものであるかを調停委員が直接確認する必要がある。したがって、調停成立の局面においては当事者の出頭が要請され、調停条項案の書面による受諾やテレビ会議システムを

利用して調停を成立させることはできない。ただし、当事者同席での離婚意思の確認まで求められないから、調停委員が別室に移動し離婚意思を確認するなど、当事者どうしが顔を合わせないようにすることは可能である。

なお、DV被害を受けた夫または妻を支援するときは、家庭裁判所と入念に打合せを行い、期日において相手方と顔を合わせることのないように配慮をする必要がある（本章Ⅲ3(6)(イ)参照）。

(2) 調停条項

一般に、離婚調停の調停条項は、次のようなものになる。

一般的な場合
　申立人と相手方は、本日調停離婚する。

---

(3) 戸籍法に基づく離婚の届出

　㈦　離婚の効力発生と戸籍法

調停離婚は調停成立時（家事法268条1項）に、形成訴訟である離婚の訴えは判決確定日に離婚の効力が発生するから、調停離婚・裁判離婚とも実体上の離婚の効力を得るためにそれ以上の手続を必要としない。

しかし、調停離婚・裁判離婚であっても、離婚の効力発生によって身分関係に変動が生じるため、戸籍法の要請により離婚の届出をしなければならない（戸籍法77条1項・63条）。調停離婚・裁判離婚の場合の離婚の届出は、実体上の効力発生後に届出をすることから「報告的届出」と呼ばれる。

これに対し、協議離婚は戸籍法に従って届出を行うことで離婚の効力が発生する（戸籍法76条）。離婚届の提出に離婚の効力発生を係らしめているため、協議離婚における離婚の届出を「創設的届出」と呼ぶ。

離婚の届出（戸籍への記載）は、以後に行われるすべての手続の端緒となる手続である。離婚調停成立後、速やかに離婚の届出をするよう助言したい。

　㈡　調停条項と離婚の届出

裁判離婚後の離婚の届出は、訴えを提起した者が裁判の謄本をもって裁判確定の日から10日以内にしなければならないとされ（戸籍法77条1項・63条

1項)、相手方は訴えを提起した者が届出をしないときはこれをすることができるものとされている（同条2項）。調停離婚の場合は手続確定の必要がないため、調停成立の日から10日以内に調停の申立人が離婚の届出をする義務を負うことになる。

ところが、婚姻によって氏を改めなかった者（戸籍筆頭者）が離婚調停の申立人である場合、離婚をしても復氏復籍の必要がないため、あえて報告的に離婚の届出をするインセンティブがない。対して、相手方は婚姻によって氏を改めた者であるから、早急に復氏等の手続を行いその後に続く諸手続を円滑・迅速に行いたいのに、申立人の不作為を待ってからでないと離婚の届出をすることができないという事態が生じうるのである。

このような不都合を回避するため、下記のような調停条項を定め、戸籍法63条2項によることなく、調停成立直後から相手方による離婚の届出をすることができるようにしている。

婚姻によって氏を改めている者が相手方の場合
　申立人と相手方は、相手方の申出により、本日調停離婚する。

支援する依頼者が離婚調停の相手方である場合は、調停条項の起案の段階から注意が必要である。

　　(ウ)　届出の実務

協議離婚の際に用いる届出書を利用し、離婚する夫婦の本籍地または届出人の所在地の市区町村に対し、調停調書謄本（裁判離婚の場合は判決書謄本と確定証明書）を添付して届け出る。郵送または第三者による提出もできる。届出人として相手方の署名押印は必要ない。基本的には調停調書記載事項を転記すればよい。

(4)　氏・戸籍の選択

婚姻によって氏を改めた者は、離婚する際に、現在の生活実態、仕事関係、子の将来の利益などを考慮して、復氏、婚氏続称、復籍、新戸籍編製をそれぞれ選択しなければならない。依頼者が離婚後の将来に向けてどのような生

活を望んでいるかを聞き取り、的確な助言をしていく必要がある。

　㈦　復氏（民法767条1項、戸籍法77条1項）

　婚姻によって氏を改めた夫または妻は、離婚によって何らの手続を要せず当然に婚姻前の氏に復する。配偶者が死亡した場合（婚氏続称と復氏を選択することが可能）と異なり、離婚の際は復氏が原則である。調停離婚の場合、調停成立によって離婚の効力が発生するから、調停成立時、当然に復氏することになる。離婚の届出の際には、婚姻前の戸籍に復籍するか新戸籍を編製するかを選択することができる。

　㈑　婚氏続称（民法767条2項、戸籍法77条の2）

　離婚によって婚姻前の氏に復した夫または妻は、離婚の日から3カ月以内に戸籍法に基づき届け出ることによって、婚姻中に称していた氏を称することができる。本届出は、復籍後、新戸籍編製後でもすることができるほか、離婚の届出と同時にすることもできる（昭和62・10・1民二第5000号民事局長通達）。離婚後3カ月という期間は、天変地異などの影響を受けない不変期間と考えられている。3カ月が経過すると婚氏続称の届出は受理されず、家庭裁判所の許可を得て氏を変更する必要がある（戸籍法107条1項）。

　戸籍は筆頭者の氏をもって編製されるため、婚氏続称する場合は復籍した戸籍にとどまることはできず、結局新戸籍を編製しなければならない。たとえば、子の親権者となり子を自らの戸籍に入籍させたいが子の将来を考慮して婚氏を続称する必要がある場合など、依頼者の方針が当初から婚氏続称で固まっている場合は、離婚の届出の際に新戸籍を編製し、婚氏続称の届出も同時に行うのが最も効率よい選択となる。

　なお、婚氏続称はあくまで戸籍法上の呼称にすぎない。婚氏続称を選択した場合、民法上は復氏をしているので、戸籍法上の氏（あくまで呼称）と民法上の氏が相違することになる。

　㈒　戸籍の編製と氏の選択

　以上、氏と戸籍の組合せから、三つのパターンが考えられる。

　①　復氏復籍（戸籍法19条1項本文）

②　婚姻前の氏（復氏）を呼称し新戸籍編製（同項ただし書）
　③　婚氏続称し新戸籍編製（同条３項）
　(5)　**子の氏と戸籍**
　　　(ア)　父母の離婚と子の氏・戸籍
　離婚により復氏し戸籍を改める父または母が子の親権者となっても、当然に子の氏が変更されたり、子が親権者の戸籍に入籍するわけではない。一般に、〔子の親権者＝監護者〕であるが、親権者と監護者を別に定めることも可能であるし、子の戸籍と異なる戸籍であっても父または母が親権者もしくは監護者に指定されていれば、実際に子を監護していくことも可能である。
　しかし、一般的な市民がもつ感覚として、戸籍の記載そのものを擬似家族ととらえ、実際の家族形態と戸籍が合致していることを求める傾向が強いことから、父母の離婚後に子の氏を変更して（後記(イ)参照）、親権者の戸籍に子を入籍させる（後記(ウ)参照）ことが多い。依頼者の関心も強い問題であるから、確実な助言を行う必要がある。
　　　(イ)　子の氏の変更の許可申立て
　同居している父または母と子の氏が異なると、法律上は問題なくても社会生活上さまざまな不都合が生じる場合がある。典型例としては、婚姻によって氏を改めた父または母が子の親権者となり離婚した場合などである。
　子の氏の変更許可申立ては、子の住所地の家庭裁判所に対し、子が申立てを行う。ただし、子が15歳未満の場合は法定代理人（親権者）が子を代理して行う必要があり、親権者の指定のない父または母が申立てを行うには、事前に親権者変更の調停または審判の申立てが必要になる。
　なお、復氏した父または母が婚氏続称している場合、呼称としては当該父または母と子は同じ氏を名乗ることになるが、外観上の呼称が同じであっても子の氏の変更許可申立てが必要になる。子の氏の変更許可申立事件は、家庭裁判所の全審判事件数のうち20％以上を占める事件であり、簡易・迅速に審判が出される手続となっている。

Ⅰ 総論

　㈦　子の戸籍

　子の氏の変更許可審判書謄本を添付して子の入籍の届出をする（戸籍法98条）。

　⑹　離婚時年金分割の請求

　離婚時年金分割における年金分割の按分割合については、当事者間の話し合いがまとまらない場合や話し合いができない場合には、家庭裁判所に対して按分割合を定める審判または調停の申立てをすることができる（家事法別表第2・15項）。しかし、離婚調停とあわせて年金分割の按分割合を定める場合は、付随事項として申立てを行う場合がほとんどであると思われる。

　離婚調停において年金分割の按分割合を定めた場合、注意しなければならない点が2点ある。1点目は、調停ではあくまで年金分割の按分割合を定めたにすぎないため、対象の年金が厚生年金であれば年金事務所に対し、共済年金であれば所属している共済組合に対し、請求手続（標準報酬改定請求手続）を行わなければ年金分割は実現しないということである。2点目は、年金分割の請求手続には期限があることである。年金分割は、原則として、離婚の日から2年以内に請求手続を行わなければならないため（詳しくは日本年金機構ウェブサイト「離婚時の年金分割」参照）、離婚調停成立日から2年以内に請求手続を行う必要がある。

　さらに、離婚の日から2年経過前に年金分割の按分割合を定める調停の申立てを行い、本来の請求期限経過後に調停が成立した場合は、調停成立後1カ月以内に請求をする必要があるなど、要件が厳しくなっている。

　財産分与等については、離婚調停成立と同時に財産権の変動の効力が生じるが、年金分割については調停成立だけで請求手続は完了しない。せっかく調停で按分割合の合意ができたのに請求し忘れで依頼者が権利を失わないようにしなければならない（詳しくは本章Ⅶ参照）。

　⑺　社会保険等に関する手続

　　㈠　年　金

　年金は、加入する者の職業で保険制度が異なる。自営業者やその配偶者、

学生などが加入するのが国民年金で、第1号被保険者と呼称される。これに対し、会社員・公務員が加入するのが厚生年金や共済年金であり、第2号被保険者と呼ばれる。第3号被保険者とは、第2号被保険者に扶養されている被扶養配偶者で、保険料は配偶者の加入している年金制度から支払われる。

　第3号被保険者が離婚した場合、第2号被保険者の被扶養者たる資格を失うため、第3号被保険者であり続けることはできない。その者が会社員・公務員となった場合は、第2号被保険者として就職した会社等を通じて年金制度に加入する。その者が営業を営む場合や無職である場合は、第1号被保険者として市区町村役場で加入手続を行う。

　　(イ)　保険等
　　(A)　医療保険

　医療保険は世帯単位で構成される。そのため、離婚によって被扶養者の資格を失い、あるいは世帯から脱退することになるから、世帯主でなかった離婚当事者は自らを世帯主とする医療保険（国民健康保険、共済組合、健康保険など）に加入する必要がある。

　子については、離婚の相手方の保険に加入していても被保険者としての資格を喪失するわけではないため、医療保険の利用は可能である。しかし、離婚後、世帯主でなかった離婚当事者が子を監護していく場合、子が非監護親の保険に加入したままだと子の保険証は非監護親に送付されるため、非監護親に対し保険証の送付を求める必要がある。これを回避するためには監護親の保険に子を加入する手続をとればよいのだが、新たに保険に加入する際は元の加入先の資格喪失証明書を添付する必要があり、この資格喪失手続を行うのは離婚の相手方が行わなければならない。よって、離婚の相手方の保険に加入させたままにするにしても、自らの保険に子を加入させる手続をとるにしても、離婚調停後に相手方に協力を要請する必要が生じる。

　離婚調停成立後は、相手方とコミュニケーションをとりづらい状況にあると考えられるため、離婚調停中から子の医療保険からの脱退・資格喪失手続についても話し合って協力を取り付けておくことが肝要である。

Ⅰ 総論

(B) 子の生命保険・学資保険等

　離婚に伴い、子の生命保険・学資保険等の受取人などを変更することがある。これには保険契約者の協力が必要であるから、やはり離婚調停中から協力を得られるよう意思疎通を図っておく。

　　(ウ) 児童手当等

　各種手当があるが、所得制限や扶養関係にあるかなどの条件を満たさないと受給できない場合が多い。収入の安定は子の健全な育成の条件の一つといえる。積極的に活用するように助言したい。具体的な手続や条件については市区町村の窓口で問い合わせる。

(8) **調停不成立の場合の考え方と対応**

　離婚は人事訴訟法2条の事件であるから、調停が不成立で終了しても当然には離婚訴訟に移行しない。あらためて離婚調停の申立てをすることもできるし、明白な離婚原因に乏しく調停終了段階では離婚訴訟を維持できないと思料される場合は、何らの手続をとらず別居を継続するという選択もありうる。別居期間が長期になればなるほど、「その他婚姻を継続し難い重大な事由があるとき」（民法770条1項5号）に該当すると判断される可能性が高まるからである。

　　(ア) 離婚訴訟

　離婚訴訟は、原告または被告が、普通裁判籍を有する地等を管轄する家庭裁判所に訴えを提起する（人訴法4条1項）。親権については、離婚訴訟と同時に定められるから何らの申立てを必要としないが（民法819条2項）、子の監護に関する処分、財産分与、離婚時年金分割については、附帯処分等の申立てを行うことで離婚と同時に判断されることになる。これらの事項について、あえて離婚訴訟と別個に審判の申立てをする実益もないので、離婚訴訟提起時に相手方と合意に達していなければ附帯処分等の申立てを行うべきであろう（人訴法32条）。

　　(イ) 婚姻費用分担請求

　婚姻費用分担請求は、離婚調停の成否と関係なく手続が進行する（前記1

(2)、本章Ⅷ参照)。婚姻費用分担請求調停が不成立で終了した場合、当然に審判に移行する。

　(ウ)　慰謝料請求

　慰謝料請求を続ける場合、民事事件としてあらためて調停の申立てをするか訴訟を提起しなければならない。もっとも、多くの離婚調停では、親権や養育費等に関して合意することができても、慰謝料については合意が得られにくいため、慰謝料として調停条項に入れられることは少ないのが実情であるといわれている（本章Ⅵ参照）。

コラム　附帯請求と再調停

　夫婦関係調整調停には、申立ての趣旨として「関係解消」「円満調整」の2種類があり、「関係解消」とはいわゆる離婚調停や内縁関係解消調停、「円満調整」とは夫婦円満調停（関係修復調停）や夫婦間の協力扶助に関する処分を求める調停（同居調停）などのことである。

　離婚調停の申立てに際しては、離婚そのものだけでなく、離婚成立後の子の親権者、養育費、非監護親との面会交流、離婚に際しての財産分与、離婚時年金分割の割合、慰謝料についても附帯請求することができ、まとめて話し合うことができる。

　ただし、あくまで附帯処分ないし関連請求として、離婚調停に付随して申立てができるだけであるため、主である離婚調停が成立した場合、その時点で話し合いがまとまっていない他の請求については、あらためて調停申立てを行うことが必要になる。

　たとえば子が3人いるケースで、一日も早く離婚を成立させたいという希望があり離婚のみを先に成立させた場合、あらためて子1人につき1件として、新規で養育費の調停を申し立てる必要がある。収入印紙等の実費も追加で必要となるため、依頼者に対し事前にその旨説明しておかないと、追加費用を負担しなければならなくなったと不満を感じるケースもありうるので注意が必要である。

コラム　ステップファミリー

　ステップファミリーとは、配偶者の少なくとも一方が結婚前の子を連れて、新たな配偶者といっしょに生活する家族形態のことをいう。
　ステップファミリーという新たな家族になろうとするとき、当事者である夫もしくは妻は、家族として仲良くしていきたい、子にも幸せになってもらいたいと願って、新たな生活をスタートさせていると思う。そのような場面で、気を付けることをいくつかあげてみたい。
　まず、離婚した前配偶者との関係である。前の配偶者から養育費をもらっている場合、再婚して、新たな配偶者と子の養子縁組をすると、養親が実親よりも扶養義務順位は上となるため養育費減額の考慮事由となる。
　また、①相手方が再婚した場合、②相手方が新たな配偶者を扶養することとなる場合、さらに、③新たな配偶者との間に子が出生した場合など、相手方の扶養すべき者が増えることは、養育費減額の考慮事由となる。
　子の気持にも配慮が必要である。子の気持は、親と全く同じとは限らない。子は、実親との別離により、心に衝撃を受けている。その衝撃を子なりに消化しながら新たな生活を送っている。そこにさらに新しい家族が増える。子は、新しい家族を受け入れることができるのか、受け入れようと気持を動かそうとする。時には、実親らが子に対し、継親のことを「お父さん」「お母さん」と呼ばせようとする場合もあるであろう。個人的には、無理に子に強いず、子の気持が近くなることを待つことも必要だと思う。
　ステップファミリーになった後、新しい夫婦の間に新たに子が生まれた時、実親でない親は、配偶者の連れ子も全く同じように扱えるのだろうか。子は敏感である。少しの差も感じ取る。無理をして取り繕うよりも、むしろ、違う「個」として、尊重され、違う親に生まれている他人として尊重されるほうが、子にとっては、生活しやすいのかもしれない。
　また、子に対する躾と称して、虐待をしている継親もみられる。連れ子の実親は、ステップファミリーを壊したくないなどの理由から、その状態に気が付かないようにしているのかもしれない。
　そこまで極端ではないにしても、子は、継親からされたことを実親に言い出せないこともある。子が成長したのち、子から過去あったことを聞かされて、つらかったと言っていた実親もいる。子は親が思っている以上に、親に気を遣っているのではないだろうか。
　ステップファミリーの中には、婚姻関係が破綻し、離婚に至るケースもある。

> 離婚後、再婚し、養子縁組をした後に、離婚をすることもある。このようなときは、養子縁組の離縁もしておいたほうがよいであろう。また、子が成人しているときは、子自身が離縁手続をしないといけないので、注意が必要である。実親とその配偶者が離婚した後も、養子縁組がそのままになっていることがあり、その後、相続が発生した時、複雑化し、感情的に解決が難しくなる。

Ⅱ 離婚原因

1 離婚原因とは

(1) 協議離婚と裁判離婚の違い

　現実の離婚において、最も多い離婚理由が性格の不一致であるといわれる。そもそも、全く異なる友人関係・仕事関係・価値観・家庭環境を背景とした男女が互いの魅力にひかれて婚姻するのであるから、性格が一致していることのほうが稀有であろう。うまくいっているときは些細なこととして寛容のうちに処理される感情が、次第に互いの価値観等の違いからすれ違いが生まれ、軋轢となり、今後の人生を共に送ることに困難を感じるようになる。堪え性がないなどと揶揄されることもあるが、第三者にとっては些末な問題であっても、当事者にとっては婚姻関係解消に至るほどがまんのならない問題なのである。離婚調停を支援する司法書士としては、依頼者が抱いている感情を軽くみてはいけない。むしろ、性格の不一致を理由に離婚を決意することは、人が社会的な存在である以上、自然なことと考えるべきである。

　協議離婚および調停離婚においては、離婚理由は「性格の不一致」でも「何となく」でもかまわない。当事者の合意がある限り離婚する理由は問われない。協議および調停の範疇でまとまる離婚であれば、離婚原因は問題とならない。

　ところが、裁判離婚の場合、民法770条1項に離婚原因が法定されており（①配偶者に不貞な行為があったとき、②配偶者から悪意で遺棄されたとき、③配偶者の生死が3年以上明らかでないとき、④配偶者が強度の精神病にかかり、回復の見込みがないとき、⑤その他婚姻を継続しがたい重大な事由があるとき。後記(2)～(6)参照)、相手方に離婚原因がないと離婚は認められないことになる。さらに、人事訴訟法25条は、身分関係の法的安定を図るため、離婚訴訟の敗訴が確定した場合はその他の離婚原因を請求原因として再度訴えを提起する

ことを禁じているため、すべての離婚原因について検討し主張できる可能性があるのであれば主張しておく必要がある。

　離婚調停を支援する司法書士としては、調停が不成立で終了した場合、離婚訴訟に発展する可能性を常に意識し、相談当初から離婚原因について慎重に聞取りをする必要がある。

(2) 不貞行為（民法770条1項1号）

　離婚原因としての不貞行為とは、配偶者のある者が自己の自由な意思に基づいて配偶者以外の者と性的関係を結ぶことである。不貞行為は、強姦のように相手方に自由な意思がない場合や、性的関係が1回限りでも成立するが、離婚請求がされる事例は継続的な性的関係が存在している場合がほとんどである。売春・買春行為も不貞行為に該当する。同性との性的関係は不貞行為にあたらず、民法770条1項5号の事由（後記(6)参照）となるにとどまるとの裁判例がある（名古屋地判昭和47・2・29判時670号77頁）。

　もっとも、離婚訴訟の相手方が第三者との性的関係を認めている場合を除き、性的関係があったことの証明は困難を伴う。不倫相手と連れ立ってラブホテルへ入館した際の写真や性交の現場に押し入るなど、相応の証拠が確保されている場合でないと、不貞行為のみを離婚原因とした訴訟の維持は困難である。電子メールやソーシャル・ネットワーキング・サービス（SNS）などの利用履歴により密接な交際をしていることが明らかな場合は、「その他婚姻を継続し難い重大な事由があるとき」（民法770条1項5号）を原因として離婚訴訟を提起する。

　不貞行為は、婚姻共同生活の平和維持という法益を害することになるので、損害賠償の対象になる（民法709条）。不貞行為の相手方も損害賠償の対象になる。しかし、すでに婚姻関係が破綻している状態で不貞行為があっても、離婚原因にはなっても損害賠償請求はできない。不貞行為により婚姻生活が破綻したわけではないからである。

　なお、不貞行為を理由に離婚請求をする場合であっても、関係回復の可能性があるときは裁判所の裁量により離婚請求を棄却することができるが（民

法770条2項)、同条1項1号～4号は破綻事由の典型例の列挙であるとの考え方から、同条2項の適用は慎重に考えられていて裁判例も少ない。

  (3) **悪意の遺棄（民法770条1項2号）**

離婚原因としての悪意の遺棄とは、夫婦間の同居・協力・扶助義務および婚姻費用分担義務に違反する行為のことである。悪意とは、義務の不履行によって婚姻関係が破綻するに至るかもしれないことを知り容認することをいうが、判例の中には、社会的倫理的非難に値する要素を含み、積極的に婚姻共同生活を廃絶するという害悪の発生を企図し、これを容認する意思を指すとするものもある（新潟地判昭和36・4・24判タ118号107頁）。

悪意の遺棄の典型的な事例としては、夫が第三者の女と同居を始め妻子に生活費を送らないケースである。生活費の送金がない場合は、特段の事情のない限り悪意の遺棄が認定される場合が多い。もっとも、婚姻関係の破綻について主たる原因が妻にあり夫が妻を扶助しないとしても悪意の遺棄に該当しないとした判例もある（最判昭和39・9・17民集18巻7号1461頁）。

前記(2)と同様、民法770条2項の適用は慎重になされ、裁判例もほとんどない。

  (4) **3年以上の生死不明（民法770条1項3号）**

離婚原因としての3年以上の生死不明とは、最後に生存を確認した時から生死不明の状態が3年以上継続している場合をいう。手紙や電話によって音信がある場合は、生存が確認されているから、生死不明ではない。

なお、不在者の生死が7年間明らかでないときは普通失踪の宣告を受けることができる（民法30条）。失踪宣告を受けた場合、7年間の期間満了時に不在者は死亡したものとみなされる（同法31条）。したがって、相手方配偶者の生死が7年以上不明の場合は、離婚請求と失踪宣告のどちらの制度も利用することができる。

もっとも、失踪宣告を利用する場合、重婚の問題が発生する可能性があることに注意が必要である。すなわち、①一方配偶者に失踪宣告、②他方配偶者が第三者と再婚、③失踪者帰還、④失踪宣告の取消しがされた場合、後婚

の両当事者が失踪者生存について善意であれば前婚は復活しないが、どちらか一方が悪意であると前婚が復活する（民法32条1項後段。通説）。この場合、前婚は離婚原因、後婚は取消原因になると解されている。重婚の問題については、後婚当事者の善意・悪意にかかわらず後婚のみを有効とすべきとする説や身分行為については同項後段の適用はないとする説も有力である。

　どちらの手続を選択するか、離婚と相続それぞれの法的効果を慎重に検討し、助言する必要がある。

(5) 回復の見込みのない強度の精神病の罹患（民法770条1項4号）

「回復の見込みのない」とは不治の病ということであり、「強度の精神病」とは婚姻の本質的効果である夫婦間の同居・協力・扶助義務を果たすことができないほど重症であることをいう。精神病であっても不治であることを必要とするから、入退院を繰り返していても退院のたびに日常生活に支障ない程度に回復している場合は離婚原因に該当しないが、一時的に状態がよくなっても夫婦としての義務を果たすことができない場合には、回復の見込みのない精神病として離婚原因に該当する（最判昭和45・11・24民集24巻12号1943頁）。離婚原因とする際は、専門医の鑑定など客観的な判断材料が必要であることはいうまでもない。

(6) 婚姻を継続しがたい重大な事由（民法770条1項5号）

破綻主義の採用を明らかにした条文といわれる。民法770条1項5号が抽象的な離婚原因を規律しているのに対し、同項1号〜4号は5号の例示であるとされる。「婚姻を継続し難い重大な事由」とは、婚姻の本質に応じた共同生活が回復の見込みがない程度に破綻していることをいう。その判断にあたっては、婚姻中の両当事者の行為および態度、婚姻継続意思の有無、子の有無や状況、双方の年齢・健康状態・性格・職業・資産・収入など、一切の事情が総合的に考慮される。

　民法770条1項5号の離婚原因は破綻主義の原則を採用したものであって、有責配偶者からの離婚請求の問題とは本来関係がない。しかし、婚姻関係が回復の見込みがない程度に破綻しているかどうかは、離婚請求が通常人なら

ば誰でも納得できるものであるとの事情が必要である。社会通念に照らして客観的に離婚請求が正当化されるような事情がなければならないと考えられる。実際、離婚訴訟に発展するような事例は、相手方に何らかの落ち度や責任がある場合がほとんどである。同項3号や4号の事実があれば、回復の見込みがない破綻の立証はほかに不要だろうが、その他の事由の場合は、慎重に検討しなければならない。次の①〜⑩は、判例に現れた具体的な破綻事由である。

① 暴行・虐待
② 重大な侮辱　　数多くの判例がある。常軌を逸した行動・行為に及んでいる場合が多い。
③ 不労・浪費・借財　　夫が妻の収入を頼りにして定職に就かず、遊情な生活に流れ、麻雀により生活資金を得ようとする行為は民法770条1項5号に該当する（東京高判昭和54・3・27判タ384号155頁）。夫が確たる見通しもないまま転々と職を変え、安易に借財に走り、妻らに借財返済の援助を求める行為は同号に該当する（東京高判昭和59・5・30判タ532号249頁）。怠惰で無責任な行為が非難となり同号相当との判断になるようである。収入が少なく、家族の生活を支えるために借財をした場合は、同号に該当するとは考えにくい。
④ 犯罪行為
⑤ 告訴・告発・訴訟提起等　　もはや夫婦として共同生活を維持できないほどに信頼関係が破綻している状態と考えられる。
⑥ 親族との不和　　いわゆる「嫁いびり」など。実際、義母、義父、義理の兄弟姉妹との軋轢は離婚原因の一端となることが多いようである。
⑦ 宗教活動　　信教の自由の範囲を超えた過度な宗教活動、押付けなどにより、相手の生活や気持をまったく無視して頑なな態度をとり、夫婦共同生活の維持が困難になった場合など（東京高判平成2・4・25判時1351号61頁、大阪高判平成2・12・14判時1384号55頁）。
⑧ 性的異常　　性交渉にまったく応じないなど（浦和地判昭和60・9・10

判タ614号104頁、岡山地津山支判平成2・6・14判時1410号100頁)。夫が妻の連れ子に性的虐待（東京地判平成14・5・21判例家事審判法1076の2の1頁）。

⑨　疾病・身体障害　不治とはいえない精神病は同号に該当する場合がある。妻がアルツハイマー病に罹患し、長期間にわたり夫婦間の協力義務をまったく果たせない場合（長野地判平成2・9・17判時1366号111頁）など。

⑩　性格不一致等　性格の不一致のみによって離婚が認められるわけではなく、それによって婚姻生活が破綻に至っていることが必要と考えられる。同居3年、別居5年余りの夫婦で、一方は几帳面・清潔好き、他方はその逆で事務処理能力を欠くなど双方妥協しがたい性格の相違から婚姻生活の継続的不和が生じ破綻した場合（東京地判昭和59・10・17判時1154号107頁）など。

2　有責主義と破綻主義

(1)　有責主義から消極的破綻主義へ

離婚原因の立法論として有責主義と破綻主義がある。前者は離婚に至る原因をつくった者に対しては、責任のない者からの離婚の請求を認めるとするものであり、後者は夫婦として実態を認めることができない程度の事実状態が長期間続いた場合は、有責行為がなくても離婚を認めるとするものである。

かつての明治民法813条には、①配偶者の重婚、②妻の姦通、③姦淫罪によって夫が刑に処せられたとき、④配偶者が窃盗等の罪によって刑に処せられたとき、⑤同居に堪えられない程度の配偶者からの虐待または重大な侮辱、⑥悪意の遺棄、⑦配偶者の直系尊属からの虐待または重体な侮辱、⑧配偶者が自己の直系尊属に対し虐待または重大な侮辱を加えたとき、⑨3年以上の生死不分明、⑩婿養子縁組の離縁または養子が家女と婚姻をした後離縁もしくは縁組の取消しがあったときが離婚原因として規定されていた。前記⑨⑩を除き、総じて有責主義を採用しているといえよう。

他方、現行民法は、日本国憲法が掲げる個人の尊厳と両性の本質的平等を

指導理念とし、不貞行為と悪意の遺棄に有責主義的な離婚原因を残しながら、「その他婚姻を継続し難い重大な事由があるとき」という抽象的な離婚原因を掲げ、破綻主義を採用するに至った。現在では、不貞行為と悪意の遺棄についても、破綻主義の典型的な事例としての例示であると解釈されている（島津一郎＝松川正毅編『基本法コンメンタール親族〔第5版〕』103頁）。破綻主義のうち、婚姻関係が破綻していても有責配偶者からの離婚請求を認めないものを消極的破綻主義といい、有責性に関係なく離婚請求を認めるものを積極的破綻主義という。

判例は、前述のように民法が有責主義的な離婚原因を残していたこともあり、他方配偶者の保護の観点から消極的破綻主義に立っていた（踏んだり蹴ったり判決。最判昭和27・2・19民集6巻2号110頁）。しかし、後述するように、世界各国の民法が積極的破綻主義を採用するに至り、下級審判決では、有責配偶者からの離婚請求であっても別居期間が相当の長期間となり、離婚調停によって和合の試みがされた場合は特段の事情のない限り離婚を容認するとする判断（東京高判昭和55・5・29判時968号62頁）、36年間の夫婦の別居により一方配偶者の有責性は年月の経過によって風化し、子の福祉を害しまたは他方配偶者に経済的苦境をもたらすこともないとして、有責配偶者からの離婚請求を容認する判断（仙台高判昭和59・12・14判時1147号107頁）が出されるようになっていった。

(2) **最高裁判所の判例変更**

昭和62年、最高裁判所は、民法770条1項5号は、有責配偶者からの離婚請求を認めない趣旨まで読み取ることはできず、離婚請求は信義則に照らして判断すべきとして、夫婦の別居が両当事者の年齢および同居期間との対比において相当の長期間に及んだこと、未成熟子の不存在、相手方配偶者が離婚により精神的・社会的・経済的に極めて過酷な状態におかれることがないことの三つの要件が満たされる場合に離婚請求が認容されるとの判断を示し、積極的破綻主義の採用へ大きく舵を切る判決を下した（最大判昭和62・9・2民集41巻6号1423頁）。

その後の判例は、①相当期間の別居、②未成熟子の不存在、③苛酷状態の不存在の存否について検討が加えられていくことになった。現在の判例姿勢としては、消極的破綻主義に立脚しつつ積極的破綻主義の要素が導入されている状態、折衷状態と考えたほうがよい。

　㋐　相当期間の別居

　前掲最判昭和62・9・2によって、「相当期間」が30年間から10年間まで短縮された。その後の判例では、10年間を下回る別居期間での離婚が認められている例もあるが（最判平成2・11・8家月43巻3号72頁、最判平成5・11・2家月46巻9号40頁）、別居期間が8年間、11年間で認められずに請求が棄却された例もある（最判平成元・3・28家月41巻7号67頁、最判平成2・3・6家月42巻6号40頁）。

　実務としては、10年間程度が離婚請求を認容するための別居期間ということができそうである。ただし、別居以降の当事者や子の新たな生活関係の形成など時の経過によって変化が生じる諸事情を考慮し、さらに当該諸事情自体も時の経過によって社会的評価も変容するから、単に別居期間の長さのみで判断をするものではない。

　㋑　未成熟子の不存在

　有責配偶者からの離婚請求において未成熟子が存在する場合でも、その一事をもって請求を排斥すべきではなく、事情を総合的に考慮して信義則に反するといえないときは、離婚請求を認容することができるとした判断（最判平成6・2・8家月46巻9号59頁）、成人しても身体障害により日常生活全般にわたり介護が必要な子がいる場合は、実質的に未成熟子と同視できるから離婚請求を棄却した判断（東京高判平成19・2・27判タ1253号235頁）が出されている。

　㋒　苛酷状態の不存在

　苛酷状態が問題になることは少ない。離婚によって苛酷状態になるわけでないからである。すでに別居によって苛酷状態におかれている場合は、この要件に該当しない。

(3) 各国の離婚原因

参考までに、諸外国の離婚原因について説明しておく（大村敦志ほか編著『比較家族法研究――離婚・親子・親権を中心に』323頁以下、島津＝松川編・前掲書102頁）。

㋐ イギリス

1969年、離婚法改正により破綻主義を導入した。「婚姻が回復不可能な程度に破綻したこと」が唯一の離婚原因である。姦通、遺棄、5年間の別居などの事実があれば、破綻したという立証は不要となる。

㋑ ドイツ

1976年、離婚法改正により有責主義を廃する。「婚姻の失敗」が唯一の離婚原因である。夫婦共同生活が存在せず、かつ夫婦がその共同生活を回復することが期待できないことをいう。3年以上の別居、1年以上の別居かつ離婚の合意などの場合、「婚姻の失敗」が推定される。

㋒ フランス

1975年、離婚法改正により破綻主義を導入した。法改正までは有責主義的離婚原因を強く意識した離婚法であり、法改正によっても、破綻を認める離婚原因は極めて利用者が少なかった。2004年の改正で破綻推定の別居期間が2年に短縮され、当事者の合意に基づいて離婚を認める要件も緩和された。

㋓ 韓　国

民法の大改正が数度行われた。離婚原因は日本とほぼ同様である。同様に協議離婚制度も存在するが、当事者双方が家庭法院に出廷して離婚意思の確認を受けなければならない。

㋔ アメリカ

1966年、ニューヨーク州法が改正された。唯一の有責主義離婚原因として姦通を残し2年別居（後に1年に短縮）の破綻主義的離婚原因を加えた。

1969年、カリフォルニア州法が改正された。調整不能の不和による回復の見込みのない婚姻破綻と不治の精神病を離婚原因とする破綻主義的離婚原因を加えた。

㈹　日　本

　1996年（平成8年）、民法の一部を改正する法律要綱が法制審議会で決定されたが、いまだ民法は改正されていない。婚姻の本旨に反する5年以上の別居を離婚原因としていて、単純に期間だけを比較すると、判例等で容認される別居期間より短い。積極的破綻主義は導入されなかった。

コラム　協議離婚制度がもたらす弊害

　日本の協議離婚制度のように、公的機関の関与なしに夫婦の協議のみによって離婚を成立させる制度を導入している国は珍しい。たとえば、ヨーロッパの主要国であるイギリス・ドイツ・フランスでは離婚はすべて裁判離婚であり、協議離婚制度を擁する韓国においても、日本の家庭裁判所にあたる家庭法院による離婚意思確認の手続を経なければ協議離婚はできない（大村敦志ほか編著『比較家族法研究――離婚・親子・親権を中心に』57頁参照）。

　日本の家族法は、家庭内の問題は家庭内で決めるべきとする考え方が強く支配していて、婚姻や離婚の場面だけでなく、親権や監護といった子の権利に関する事項についても父母の協議のみによって決めることができる。このことは、私的自治の原則を身分関係形成について広く採用しているといえる半面、DVなど家庭内の諸問題が噴出している現代的な視点に立てば、公が家庭内の問題に無関心であるとの見方もできる。

　ところで、未成熟子がいる夫婦が協議離婚をする場合、離婚のみが先行し、養育費や面会交流など子の権利についての事項は後回しになることが多いといわれている。離婚届には、面会交流および養育費の取決めの存否についてチェックする欄は設けられているが、これに回答しなくても離婚届は受理される。協議離婚は、当事者の合意のみによって成立するため、一方当事者が経済的・社会的に不利益を受ける場合も多く、養育費の支払いが十分にされず、監護親世帯が経済的に困窮し子が本来受けられるべき教育を受けられず、子世代へ貧困が連鎖する一因となっているとの指摘もある。そもそも離婚意思がないのに離婚届の提出が強行される場合もあるという。私的自治の原則を離婚制度へ過度に導入した弊害があらわれているといえよう。

　協議離婚制度を今後も維持していくのであれば、弊害に対する何らかの対応策が必要になると考えられる。今後は、子の将来の利益を重視する立場から、

たとえば、離婚届に面会交流や養育費の分担について取り決めた書面の添付を求める、離婚届提出時に行政担当者が夫婦の離婚意思を確認するなど、離婚について公的機関が後見的に関与していくしくみづくりを考えていかなければならないのではないだろうか。

Ⅲ 監護権・親権、面会交流

　離婚は、いうまでもなく夫婦という身分関係を解消し、夫婦であった夫と妻が単なる第三者となることである。ただし、夫婦離婚後も、その夫婦に子がいる場合、その子らにとっては、父であり、母であることは変わらない。これは、当然のことではあるが、その視点を当事者や法律実務家は忘れてはならない。相談等の場面では、目の前にいる夫・妻としての当事者の言動のみにとらわれず、その背後の子の存在、父・母としての当事者をみつめることが必要である。

　夫婦に子がいる場合、夫婦であることを解消した後も、その男女間には、子の父であり、母であるという関係が継続する。夫と妻は、離婚を契機にその関係性を再構築し、それぞれが親としての自覚を再確認することが必要である。そのことが、子の精神的安定につながり、子の成長を助け、子の利益になるのである。

　ここでは、離婚調停（夫婦関係調整（離婚）調停事件）において、離婚についての合意を前提に定める事項のうち、子について定める事項として、監護権・親権、面会交流の基本を押さえつつ、「子の利益」（子の福祉といわれることもある）となる監護権・親権、面会交流とは何かを解説していく。

> **コラム　離婚調停の場をより有効な場とするために**
>
> 　未成熟の子がいる夫婦の離婚調停では、子の福祉を踏まえ、調停の場を夫婦（男女）の関係解消・紛争解決の場ととらえるのみでは、認識として十分とはいえない。
>
> 　夫婦としては関係が破綻してしまったとしても、子の父母として、今後どのような配慮が必要なのか、何をすべきか、何ができるのかなど「子の今後について父母が共に話し合う場」としてとらえることが求められている。
>
> 　両当事者の感情がぶつかりあう離婚調停の進行中、父母として子のために協力していくという関係性へと両者に心情の変化を求めることは、そう簡単なこ

とではない。しかし、調停進行中だけでなく、事務所での相談段階から、子に関する協力関係を当事者が意識できるように、司法書士が働きかけることが大切になってくるのではないだろうか。

1 監護権・親権

監護権について、民法では次のとおり、父母が離婚する際は子の監護に関する事項を定めるとの規定がおかれている（同法766条）。

> （離婚後の子の監護に関する事項の定め等）
> 第766条　父母が協議上の離婚をするときは、子の監護をすべき者、父又は母と子との面会及びその他の交流、子の監護に要する費用の分担その他の子の監護について必要な事項は、その協議で定める。この場合においては、子の利益を最も優先して考慮しなければならない。
> 2　前項の協議が調わないとき、又は協議をすることができないときは、家庭裁判所が、同項の事項を定める。
> 3・4　（略）

一方、親権について、民法では次のとおり、父母が離婚する際は親権者を定めなければならないとの規定がおかれている（同法819条）。

> （離婚又は認知の場合の親権者）
> 第819条　父母が協議上の離婚をするときは、その協議で、その一方を親権者と定めなければならない。
> 2　裁判上の離婚の場合には、裁判所は、父母の一方を親権者と定める。
> 3～6　（略）

以上のように、民法では、離婚後の子の監護者、子の親権者については別の条文で定められている。これは、子が父母どちらのもとで育てられるのかということと、子の法定代理人を誰にするのかということは別次元の問題で

あり、それぞれの視点をもつことを示唆している。

ここでは、監護者と親権者を決める際に、どのような視点が必要とされているのかを検討する。まずは、その前提として、親権の具体的内容をみていく。

(1) 親権とは

㈦ 概　要

親権とは、「父母の地位から生ずる法的な権利義務の総称」とされる。父母が、子を監護・教育することに対し、子の利益に反することが明らかな場合を除き、社会や国家の介入を許さないという意味で権利であり、未成熟の子の保護を実現し、子の福祉を図らなければならないという意味で義務である。

親権の具体的な内容は、身上監護権と財産管理権に大きく分けられる。

身上監護権は、民法では次のとおり規定されている（同法820条〜823条）。

（監護及び教育の権利義務）

第820条　親権を行う者は、子の利益のために子の監護及び教育をする権利を有し、義務を負う。

（居所の指定）

第821条　子は、親権を行う者が指定した場所に、その居所を定めなければならない。

（懲戒）

第822条　親権を行う者は、第820条の規定による監護及び教育に必要な範囲内でその子を懲戒することができる。

（職業の許可）

第823条　子は、親権を行う者の許可を得なければ、職業を営むことができない。

　2　親権を行う者は、第6条第2項の場合には、前項の許可を取り消し、又はこれを制限することができる。

また、財産管理権に関しては、民法では次のとおり規定されている（同法824条）。

> **（財産の管理及び代表）**
> 第824条　親権を行う者は、子の財産を管理し、かつ、その財産に関する法律行為についてその子を代表する。ただし、その子の行為を目的とする債務を生ずべき場合には、本人の同意を得なければならない。

親権には、ほかに身分行為の代理権として、嫡出否認の訴え（民法775条）、認知の訴え（同法787条）、子の氏の変更（同法791条3項）、15歳未満の者を養子にする縁組（同法797条）、養親が未成年者である場合の縁組の取消し（同法804条）、協議上の離縁等（同法811条）、養子が15歳未満である場合の離縁の訴えの当事者（同法815条）、子に代わる親権の行使（同法833条）、相続の承認または放棄（同法917条）があり、また父母としての同意として、未成年者の婚姻についての父母の同意（同法737条）が含まれる。

　（イ）　離婚後の親権

親権は、「親権は、父母の婚姻中は、父母が共同して行う」（民法818条3項）とあり、父母の婚姻中、親権は共同で行使される。父母が離婚した場合は、父母の協議により、もしくは、家庭裁判所における調停手続の当事者の合意による成立（後記(5)参照）、審判における裁判所の指定、裁判離婚による裁判所の決定により単独親権となる（同法819条）。

以上のように、離婚により、すべての親権は父または母の一方に帰属することとなる。その具体的な権能を分解して、父母いずれかにいくつかを割り振って付与することは制度上存在しない。一方、夫婦が離婚をしたからといって、親権をもたない親が、子の親でなくなるわけではないので、親の子に対する養育義務が消えるわけではない。

離婚後、親権者とならなかった一方の親が、親権がないからといって、子の親であることをないがしろにし、親としての役割を十分に果たさない場合も見受けられるが、子の親である自覚はもち続けるべきことは当然のこと

いえる。

(2) **監護権とは**

(ア) 概　要

　離婚後、親権の具体的な内容を分解して、別々に帰属することはできないが（前記(1)(イ)参照）、民法では、父母が離婚するときは、子の監護に必要な事項を定めるとされていることから（同法766条）、夫婦が離婚する際に未成年の子がいる場合、一方の親を親権者と定めるとともに、別の一方の親を現に子を監護・養育する監護者と定めることができると解される。

　監護者を別に定める場合、親権のうち、親権者は、身分行為の代理権（民法775条・787条・791条・797条・804条・811条・815条・833条）、身分行為の同意権（同法737条）、財産管理権（同法824条）をもち、監護者は、監護・教育権（同法820条）、居所指定権（同法821条）、懲戒権（同822条）、職業許可権（同法823条）をもつと解される。すなわち、親権の具体的な内容のうち、親権者はおおむね財産管理権を、監護者はおおむね身上監護権をもつといえる。

　なお、離婚後に親権者の変更ができるように、監護者の変更もできる（後記(6)参照）。

(イ) 監護者を別に定める理由

　父母が離婚する場合、親権者と監護者を別に定めている父母は、全体からみれば少数であり、一般に親権者といわれるときは、監護権を含んだ親権者といわれる場合が多いと思われる。

　しかし、協議離婚の場合は、裁判離婚に比べて、親権者と監護者を別に定めている割合が高い。監護親になろうとする親（現に子を監護・養育する親）の考えとしては、親権を奪い合うことによって、夫婦間の争いを長期化させたくないということがあげられ、一方、非監護親（現に子を監護・養育しない親）の危惧としては、監護親が親権者である場合、監護親が再婚したときに再婚相手と子の養子縁組がされることを阻止したい、子の氏を変えられたくないという要請もあろう。

㈦　監護者と子の生活

　ここで、親権をもたない監護者と子が、父母の離婚後、どのような生活を送るかを述べておく。

　親権者であることは戸籍に記載されるが、監護者ということは戸籍の記載事項ではないため、戸籍のどこにも記載されない。住民票を監護者と子を一つの世帯とする、それだけである。一見、日常生活を営むにあたり困ることもありそうであるが、実は大きく困ることはないようである。

　児童福祉法や少年法の保護者には「現に監護する者」が含まれている。教育に関していえば、小学校や中学校の入学通知書は保護者である監護者に送られている。引っ越しをする際には、監護者と子はいっしょに住民票を異動する。その異動に親権者である非監護親の同意は不要である。

　親権者の役割は、財産管理等であるので、損害賠償請求等の必要性があるときは、親権者が行うことになる。また、パスポートの取得等、親権者の同意が必要な場面は出てくる。

　すなわち、親権者と監護者を別に定めるには、離婚をした夫婦が、その後、父母としての関係性を維持・構築し、相互に協力し合って子の利益のためにそれぞれの監護権・親権を行使することができる状態であることが前提となろう。父母間の連携がとれていなければ、父母の間に挟まれる子の精神的負担は大きくなる。

　親権者と監護者を別に定めることのメリットとしては、離婚後も父母が子の養育に共同で関与することから、父母双方に子に対する養育に関する責任について自覚させることができ、これが、子の利益につながるといえる。

　なお、家庭裁判所においての取扱いであるが、親権者と監護者を別に指定することには、消極のように見受けられる。これは、裁判官や調停委員の中に親権者と監護者を別に指定した場合、子の環境が不安定になるのではないか、離婚後の父母間の紛争の種を残すことになるのではないかとの危惧があるようである。

　子の親権者をどうするか、現に子を監護・養育する者を誰とするのか。当

事者を支援する法律実務家は、個別の事案によって、子の育つ環境をどのようにに整えるか、子の利益とは何かなど当事者である子の親と共に、さまざまな場面を想定して検討していく必要がある。

コラム　親権者と監護者

　未成年の子がいる夫婦の離婚調停（調停に代わる審判を含む）が成立した事件のうち、9割以上が親権者は母となっている（平成25年度司法統計家事編）。
　前記(2)のとおり、親権者と監護者を別に定めるケースもあるがそれほど多くない。親権者と監護者が異なる場合も、親権者を父、監護者を母とする場合より、親権者を母、監護者を父とする場合はさらに少ない。
　どのような家庭環境に生まれた子にも、未来への機会が開かれている社会でなければならない。監護者を母とする理由はさまざまであろうが、経済的困窮が及ぼす悪影響を制度的に防ぐ方策が必要である。

---

(3) 監護者・親権者を考える視点

(ア) 監護者を考える視点

　支援にあたって、親権者を決める視点を検討する前に、監護者を考える視点、すなわち、父・母どちらのもとで子が育つことが、子の利益（子の福祉）になるかを検討する。
　「子の利益のため」の判断基準は、昭和41年2月全国家事審判官会同最高裁判所事務総局家庭局見解（家月19巻10号62頁〜63頁）によると、概要「従来の裁判例をみると、次の三つの事情が考慮されていることが多い。第1は、子の意見である。家事審判規則72条・54条は満15歳以上の子について親権者を変更するときにはその子の意見を聴くべきことを規定するが、その趣旨は、子は親権者変更によって直接影響を受ける実質上の当事者であるから、仮に子が15歳未満であっても、その意見は尊重すべきものと考えられる。第2は、監護状況が子の精神的発育等に及ぼす影響である。物資面で劣っていても精神的発育をより考慮すると判示する裁判例が出ている。第3は、乳幼児につ

いては母の下で養育される必要性が一般的に高いということである。乳幼児については原則として母の下におくのが子の福祉に合致するとする、この考え方は一応納得できるものであろう」とある。また、他の事情が同じであれば、可能な限り兄弟姉妹は分離すべきではないという傾向がある。

> **コラム　兄弟姉妹の不分離**
>
> 　子が複数いるケースでは、離婚に際し、父母がそれぞれ兄弟姉妹を分けて監護することを希望する場合がある。しかし、両親の離婚により負った精神的ダメージを、兄弟姉妹が互いに支え合い乗り切っていくことへの期待、兄弟姉妹の心理的な結びつきなど、離婚後も兄弟姉妹がいっしょに育つことに一定のメリットがあるという見解もあり、兄弟姉妹の分離監護を希望する相談者に対して、どのような事情で分離監護を希望しているのか、分離監護でなければならないと考える理由などを丁寧に聞き取り、不分離のメリットを伝え、ケースによっては再考を促すということも必要になってくるかもしれない。
> 　それだけ子の成長に兄弟姉妹との関係性が重大な意味をもっているということであり、その自覚と兄弟姉妹の関係性への配慮が、支援する司法書士にも求められる。

　親側の検討事項と子側の検討事項について、詳細にみていくと次の事項があげられる。
　(A)　親側の検討事項
　　(a)　監護体制
　まずは、家庭環境を検討する。子が成長するために必要な居住空間・衣食住の提供・教育環境を確保することができるかということである。この場合、親族の援助や監護補助者の協力も考慮される。また、親の職業や勤務先・勤務時間等も考慮し、子と接する時間をどの程度確保できるかを確認する。
　子の養育に必要な費用の負担は、父母双方の義務であるので、現に子を監護・養育しない非監護親であっても、子の成長に必要な費用を負担すべきである。これは非監護親から現に子を監護・養育している監護親へ養育費を支

払うことで解決をすることとなる。収入が少ないからといって監護体制が整っていないということにはならない。ただし、少なくとも最低限の生活が確保できるような手段は把握しておくべきであろう。

　(b)　監護能力

　何よりも、子に対する愛情すなわち監護意欲があるかどうかである。親として個人としての子を尊重しつつ、愛情を注いでいくことができるかに着目したい。

　その際には、これまでの監護の実績も参考にされる。これまでに子とどのようなかかわりをしてきたか、これまで子の親として父子関係・母子関係をどの程度築いてきているのか、子との情緒的結びつきはどうかが検討される。

　親としての適格性は、どうであろうか。親としての心身の健全性、精神疾患も考慮事由となりうる。ただし、不貞等の配偶者としての有責行為が、そのまま親として不適格とされることはない。子に対してどのような親であるかが検討事項になるのである。

　また、監護親となろうとする親が、非監護親と子との面会交流について許容できるかどうかも参考にされる（後記2参照）。

　(B)　子側の検討事項

　　(a)　子の状態

　監護者には、子の年齢が低いほど母親が指定されやすい傾向にある。これは、それまでの監護の継続性を重視していることから導き出されるものである。子の年齢が低いほど、母親が監護している時間やかかわりの程度が大きく、主たる監護者となっているゆえんである。

　性別については、成長過程において身近にいる監護親が同性のほうがよいという意見もある。また、兄弟姉妹についてはできるだけ分離しないほうがよいとする傾向にある。

　子の心身の状況によっては、常に誰かがそばにいないといけないという心身状況の場合もある。この場合は、時間的により長くそばにいることができるかどうかが重要となる。

環境の継続性や適応性も検討事項である。父母の離婚により、子の環境がどのように変わるのか、親が離婚することにより環境や学校・友達が変わることに子がどの程度適応できるかが考慮される。

　(b)　子の意思（子の意向）

　家事事件手続法258条において同法65条を準用し、「家庭裁判所は、親子、親権又は未成年後見に関する家事審判その他未成年者である子……がその結果により影響を受ける家事審判の手続においては、子の陳述の聴取、家庭裁判所調査官による調査その他の適切な方法により、子の意思を把握するように努め、審判をするに当たり、子の年齢及び発達の程度に応じて、その意思を考慮しなければならない」とされている。すなわち、子の福祉の観点から、子の年齢にかかわらず、子の意思の把握に努め、その意思を考慮しなければならないのである。家事審判においては、特に、子の意思の反映の要請が強い事件（子の監護に関する処分、養子縁組の許可、特別養子縁組の離縁、親権喪失・親権停止・管理権喪失、親権者の指定または変更）については、15歳以上の子の陳述が必要とされている。

　家事審判と同様に家事調停においても、子の意思・子の意向は、尊重される。

　家事調停において、子の意思・子の意向の確認は、主に当事者として裁判所に出頭している父母を通して行われる。父母双方から、これまでの監護の状況、子の家庭内や学校等での状況・健康状態、子の考えや思い・望みなどの聞取りがされる。父母の陳述内容に大きな齟齬がないか、齟齬がある場合にはどのようなことが考えられるかが検討される。

　調停期日内において、父母双方が親権（監護権）を主張して譲らず、父母の確執が強い場合で、子の意向の確認、子の養育環境の把握等が必要とされるときは、調停委員会で評議のうえ、裁判官の命により、家庭裁判所調査官による調査が行われることがある。この裁判所職員である家庭裁判所調査官による調査の実施は、子にとっても精神的負担が大きいので、慎重に進められている（家庭裁判所調停官による調査については後記2(3)(エ)参照）。

家事事件手続法258条等に規定されるまでもなく、親が離婚をすると、子の環境は大きく影響を受ける。そのため子の意思の尊重は重要である。
　それでは、子の意思の尊重とは、どのようなことであろうか。やみくもにどちらの親と暮らしたいかと聞けばよいというものではない。子に「お父さんと暮らしたいか、お母さんと暮らしたいか」と尋ねること自体、子にとって重荷である。子にとっては、母も父も大切な存在である。母が子に「お母さんといっしょに暮らそうね」と言って同意を求めた際、子が「お父さんがいい」と言う場合もあろう。母としては大きな衝撃であるが、その言葉どおりの意思を明確に子がもっているとは限らない。子は、「自分がそう言えば、父母は考え直し、離婚をするのをやめるのではないか」「父母を離婚させたくない」との思いからそのような発言をする場合もある。子の性格、成育状況などにより、一概に子の真意は判断できないのである。
　さらには、子の中には、「父母が不仲になり、離婚をすることになったのは、自分が悪かったからではないか」と自身を責め、自己否定に陥ったり、自己肯定感をもつことができなくなる場合もある。逆に、「父母が不仲であるのにもかかわらず離婚をしないのは、自分がいるためではないか」「自分がいないほうが父母の幸せではないか」と思っている子もいる。このように子の親を思う気持は複雑である。
　家事調停において、子が家庭裁判所の中で自己の意思を表明できる場は、まだまだ少ない。いまだ「子は不在」ともいえる。前述のように、父母の陳述を通して、家庭裁判所は子の意思を推測しているのである。
　法律実務家が、当事者の一方の依頼で話を聞く場合、子の意思はどうであるのかを考えながら、話を聞くことになる。その際には、あくまでも、一方の親を通しての子の様子でしかないということを頭に入れておくべきである。話を聞いて、安易に子が引き取れる、引き取れない等について言及すべきでなく、一切の事情が考慮されることを伝えておくべきである。
　当事者の中には、自分の感情に流され、子の処遇についても、自己の感情のままに決めようとする親もいる。子の処遇について、特に子の監護環境に

ついては、親の都合で決めず、子を主役にして考えていく必要がある。夫婦としては、別れたとしても、父母双方が子の親であることは変わらないことを前提として、子の親として子の利益になる子の監護環境とは何か再考するよう促す場面も出てくるかもしれない。

　(C) 小　括

　以上のように、監護者を決める際には、親側の事情並びに子側の事情、一切の事情が考慮される。

　夫婦が紛争状態である離婚調停に際しては、当事者が相手方から攻撃されることもある。たとえば、母親が家を出るときに、子を置いて出たことに対し、父親側から強く非難され、子を育てるのにふさわしくないと主張されることがある。しかし、母親が子を置いて出るときには、やむを得ない状況であった場合もある。そこを考慮せず、監護者として相当ではないと一刀両断することは性急である。

　一方、父親は監護者と認められにくいのではないかという声も多く聞く。もちろん傾向としては、母親が監護者として認められることが多いかもしれない。それは、母親が、それまで子と多くの時間を過ごし、子の養育に携わっている時間も多く、父親と比べて子との親密度がより高いという事情、離婚後も子の監護環境を整えることができることがより多いためであろう。逆にいえば、父親は、それらの条件を備えうるのかということが問われているのではないだろうか。

　監護者を考える場合は、あらゆる事情を総合的に考慮して、子の利益のため、子の健全な育成のためにどのような環境を整えるのがよいのかを、客観的な視点も取り入れながら、当事者といっしょに考えていきたい。

　(イ) 親権者を考える視点

　次に、支援にあたって、財産管理権をもつ親権者を考える視点について検討する。親権者と監護者が同じ者になる場合、監護者を考える視点（前記(ア)参照）もあわせて必要になることは当然であるので、ここでは、財産管理権に限定した視点を述べることとする。

なお、監護者としての資質を備えていても、財産管理権をもつにふさわしくないと判断される場合は、家庭裁判所においても、監護者と財産管理権をもつ親権者を別々に定められる場合があるので留意が必要である。

(A) 財産管理権の法的性質

親権のうち財産管理は、事実行為と法律行為の側面をもつ（民法824条）。法律行為は、さらに同意行為と代理行為に分けられる。子が意思能力を有している場合、子は親権者の同意を得て法律行為をすることが可能であり、親権者自らが子の法定代理人として法律行為をすることも可能である。「代表」（同条）は、代理であり、法人の代表と同様に解され、子の「人格の全面的な同一化」ともいわれるものである（中川善之助『親族法』494頁）。すなわち、親権者の子に対してもつ財産管理権とは、包括的な財産管理権である。

(B) 親権者の財産管理における注意義務

親権者の財産管理における注意義務は、自己のためにするのと同一の注意義務であり（民法827条）、成年後見人に課せられている善良な管理者としての注意義務よりも軽減されている。たとえば、親権者が子に損害を与えた場合の親権者の責任は、不法行為責任ではなく、委任契約上の財産管理義務違反（債務不履行責任）と構成され、親権者が責任を免れるためには、親権者が自己の注意義務を尽くしたことを主張・立証すれば足りるとされている。

なお、これに対して、監護者の身上監護は、善良な管理者としての注意義務と解されている。その性質上、許容された監護権の裁量の範囲を逸脱する場合には、外部からの介入が許容されることとなる。

(C) 小　括

財産管理権としての親権の視点は、包括的な財産管理権を子の利益のために行使することができるか、財産管理をするにふさわしい能力を有しているかどうかということとなる。

自己の金銭の管理も十分にできていない場合、財産管理権を濫用するおそれがある場合、子の財産を減少させるおそれがある場合には、財産管理権をもつ親権者として、ふさわしくないといえるであろう。たとえば、財産管理

権をもつ親権者が、子の名義で携帯電話利用契約をし、自己のために使用し、その通信料金を滞納したという場合には、財産管理権をもつ親権者としてはふさわしくないといえるであろう。

　また、監護者を別に定めた場合の親権者は、身分行為の代理権・同意権をもつ。これらを行使するにあたり、子の利益のために行使しうる十分な判断能力をもつか否かが考慮される。

> **コラム　標語にみる家庭裁判所の役割**
>
> 　現在の家庭裁判所の標語は、「家庭に平和を、少年に希望を」である。家庭裁判所が昭和24年1月1日に創設された当初の標語は、「家庭に光を、少年に愛を」であった。
> 　これらの標語は、第二次世界大戦後の日本国憲法の理念の下、家庭の平和と少年の健全育成を図ることを目的に創設された、まさに家庭裁判所の役割を象徴する言葉である。

(4)　調停条項

親権者と監護者を定める調停条項は、次のとおりとなる。

> **親権者と監護者を一方当事者に定める場合（基本）**
>
> 　当事者間の子Ａ（平成〇〇年〇〇月〇〇日生）及び子Ｂ（平成〇〇年〇〇月〇〇日生）の親権者を ｛いずれも｝【父・母】（【申立人・相手方】）と定め、同人において監護養育する。

> **親権者と監護者を別に定める場合**
>
> 　当事者間の子Ａ（平成○○年○○月○○日生）及び子Ｂ（平成○○年○○月○○日生）の親権者を【父・母】（【申立人・相手方】）と定め、監護者をいずれも【父・母】（【申立人・相手方】）と定め、同人において監護養育する。父母双方は、子の福祉の観点から必要に応じて協議し、お互いに協力する。

> **兄弟姉妹の親権者を別に定める場合**
>
> 　当事者間の子Ａ（平成○○年○○月○○日生）の親権者を【父・母】と定め、子Ｂ（平成○○年○○月○○日生）の親権者を【母・父】と定め、各人において監護養育する。

(5)　調停手続――離婚後の親権者の変更

　㋐　概　要

　父母の離婚後に、子の利益のため必要があると認められるときは、子の親族は家庭裁判所に親権者変更を請求できる（民819条6項）。親権者の変更は、父母の協議だけではできないので、調停または審判によって変更される。

　離婚調停時には、親権者については、離婚に伴う付随事項と処理されるが、親権者の変更は子一人について独立した事件となり、子が二人以上の場合、それぞれ事件番号が付され、これに伴って申立ての収入印紙も子一人につき1200円が必要である。

　なお、親権者の変更は、別表第2事件であり、調停不成立の場合は、審判移行となる。

　㋑　申立手続

　親権者の変更を求める調停の申立権者は、子の親族である。

　管轄は、相手方の住所地を管轄する家庭裁判所または当事者が合意で定める家庭裁判所である。

　手数料、予納郵便切手等の費用は、子一人につき収入印紙1200円、予納郵

便切手（申立てをする家庭裁判所が指示する額）である。

　提出書類は、①親権者の変更の調停申立書およびその写し（【書式7】参照）、②連絡先等の届出書（【書式5】参照）、③非開示の希望に関する申出書（【書式6】参照）、④申立人・相手方・未成年者の戸籍謄本である。

　㈦　書類作成のポイント

　親権者を変更する場合、子にとって大きな影響があるため、離婚時よりもさらに慎重な調停進行がされる。

　すなわち、①親権者を変更するべき必要性、②当事者に合意がある場合は、その合意の相当性、③子の意思の把握、④将来に向けた当事者の協力態勢の構築が、精査される。このため単に変更をしたいという希望だけでは親権者を変更することはできず、変更するにあたり前記(3)にあげた視点を吟味して主張をし、その書類を作成することが必要になってくるであろう。

第3章　離婚調停の手続と実務

【書式7】　親権者の変更の調停申立書

この申立書の写しは，法律の定めるところにより，申立ての内容を知らせるため，相手方に送付されます。

受付印	家事 ☑調停 □審判　申立書　親権者の変更
	（この欄に未成年者1人につき収入印紙1,200円分を貼ってください。）
収入印紙　　　円 予納郵便切手　　円	（貼った印紙に押印しないでください。）

東京　家庭裁判所　御中　　申立人（又は法定代理人など）の記名押印　築地花子　㊞
平成 ○○ 年 ○○ 月 ○○ 日

添付書類	（審理のために必要な場合は，追加書類の提出をお願いすることがあります。） ☑申立人の戸籍謄本（全部事項証明書）　　☑相手方の戸籍謄本（全部事項証明書） ☑未成年者の戸籍謄本（全部事項証明書）　　□	準口頭

申立人	本籍（国籍）	東京 ㊞道府県　渋谷区恵比寿3丁目7番	
	住所	〒150-0013　東京都渋谷区恵比寿3丁目7番16号　（　　　　方）	
	フリガナ 氏名	ツキジ　ハナコ 築地花子	昭和・平成 54 年 7 月28日生 （ 35 歳）

相手方	本籍（国籍）	東京 ㊞道府県　新宿区本塩町9番	
	住所	〒160-0003　東京都新宿区本塩町9番地3　（　　　　方）	
	フリガナ 氏名	ヨツヤ　タロウ 四谷太郎	昭和・平成 51 年 4 月24日生 （ 39 歳）

未成年者	未成年者(ら)の本籍(国籍)	☑申立人と同じ　／　□相手方と同じ □その他（　　　　　　　　　）	
	住所	☑申立人と同居　／　□相手方と同居 □その他（　　　　　　　　　）	平成 15 年 11 月 17 日生
	フリガナ 氏名	ヨツヤ　ミサキ 四谷美咲	（ 11 歳）
	住所	☑申立人と同居　／　□相手方と同居 □その他（　　　　　　　　　）	平成 19 年 5 月 7 日生
	フリガナ 氏名	ヨツヤ　ヒロト 四谷大翔	（ 10 歳）
	住所	☑申立人と同居　／　□相手方と同居 □その他（　　　　　　　　　）	平成 20 年 3 月 27 日生
	フリガナ 氏名	ヨツヤ　ハルナ 四谷陽菜	（ 6 歳）
	住所	□申立人と同居　／　□相手方と同居 □その他（　　　　　　　　　）	平成　年　月　日生
	フリガナ 氏名		（　　歳）

（注）太枠の中だけ記入してください。　□の部分は，該当するものにチェックしてください。

親権者変更（1/2）

Ⅲ　監護権・親権、面会交流

この申立書の写しは，法律の定めるところにより，申立ての内容を知らせるため，相手方に送付されます。

※　申立の趣旨は，当てはまる番号を○で囲んでください。
　　□の部分は，該当するものにチェックしてください。

申　立　て　の　趣　旨

※
1　未成年者の親権を，（ ☑相手方 ／ □申立人 ）から（ ☑申立人 ／ □相手方 ）
　　に変更するとの（ ☑調停 ／ □審判 ）を求めます。

（親権者死亡の場合）
2　未成年者の親権を，（ □亡父 ／ □亡母 ）
　氏名_____
　本籍_____
　　から　申立人　に変更するとの　審判　を求めます。

申　立　て　の　理　由

現　在　の　親　権　者　の　指　定　に　つ　い　て

☑　離婚に伴い指定した。
□　親権者の変更又は指定を行った。

その年月日：平成 27 年 4 月 1 日
（裁判所で手続の場合）
家庭裁判所　　　（□支部／□出張所）
平成____年（家）第_____号

親権者指定後の未成年者の監護養育状況

☑　平成〇〇年〇〇月〇〇日から平成〇〇年〇〇月〇〇日まで
　　　　□申立人 ／ ☑相手方 ／ □その他（_____）のもとで養育
□　平成__年__月__日から平成__年__月__日まで
　　　　□申立人 ／ □相手方 ／ □その他（_____）のもとで養育
□　平成〇〇年〇〇月〇〇日から平成__年__月__日まで
　　　　☑申立人 ／ □相手方 ／ □その他（_____）のもとで養育

親権者の変更についての協議状況

☑　協議ができている。
□　協議を行ったが，まとまらなかった。
□　協議は行っていない。

親権者の変更を必要とする理由

☑　現在，（☑申立人／□相手方）が同居・養育しており，変更しないと不便である。
□　今後，（□申立人／□相手方）が同居・養育する予定である。
☑　（□相手方／☑未成年者）が親権者を変更することを望んでいる。
□　親権者である相手方が行方不明である。（平成____年____月頃から）
□　親権者が死亡した。（平成____年____月____日頃から）
☑　相手方を親権者としておくことが未成年の福祉上好ましくない。
□　その他（_____）

親権者変更（2/2）

(6) 調停手続──離婚後の監護者の変更

(ア) 概　要

　父母の離婚後に、父母の一方を子の監護者と定めたものの、子の監護者として適当でないとし、子の利益のため監護者の変更を請求できる。監護者の変更は、父母の協議によっても可能であるが、父母間で協議ができず、または、協議が調わないときは調停・審判で変更を求めることができる。

　離婚調停時には、監護者については、離婚に伴う付随事項と処理されるが、監護者の変更は子一人について独立した事件となり、子が二人以上の場合、それぞれ事件番号が付され、これに伴って申立ての収入印紙も子一人につき1200円が必要である。

　なお、監護者の変更は、別表第2事件であり、調停不成立の場合は、審判移行となる。

(イ) 申立手続

　監護者の変更を求める調停の申立権者は、父、母または監護者である。

　管轄は、相手方の住所地を管轄する家庭裁判所または当事者が合意で定める家庭裁判所である。

　手数料、予納郵便切手等の費用は、子一人につき収入印紙1200円、予納郵便切手（申立てをする家庭裁判所が指示する額）である。

　提出書類は、①監護者の変更の調停申立書およびその写し（【書式8】参照）、②連絡先等の届出書（【書式5】参照）、③非開示の希望に関する申出書（【書式6】参照）、④未成年者の戸籍謄本である。

(ウ) 書類作成のポイント

　監護者の変更も親権者の変更と同様に子にとって大きく影響があることであり、子の利益を最も優先して考慮しなければならない。

　書類作成においては、前記(3)にあげた視点を確認していただきたい。

Ⅲ　監護権・親権、面会交流

【書式8】　監護者の変更の調停申立書

この申立書の写しは，法律の定めるところにより，申立ての内容を知らせるため，相手方に送付されます。

受付印	家事	☑ 調停 ☐ 審判	申立書	監護者の変更

（この欄に未成年者1人につき収入印紙1,200円分を貼ってください。）

収入印紙　　　　円
予納郵便切手　　　円

（貼った印紙に押印しないでください。）

東京　家庭裁判所　御中 平成　〇〇年〇〇月〇〇日	申立人 （又は法定代理人など） の記名押印	築地花子　㊞

添付書類	（審理のために必要な場合は，追加書類の提出をお願いすることがあります。） ☑ 未成年者の戸籍謄本（全部事項証明書）	準口頭

申立人	本　籍 （国　籍）	（戸籍の添付が必要とされていない申立ての場合は，記入する必要はありません。） 　　　　都　道 　　　　府　県		
	住　所	〒150-0013 東京渋谷区恵比寿3丁目7番16号　　　　（　　　　方）		
	フリガナ 氏　名	ツキジ　ハナコ 築地花子	昭和 平成 54年 7月28日生 （　　35歳）	

相手方	本　籍 （国　籍）	（戸籍の添付が必要とされていない申立ての場合は，記入する必要はありません。） 　　　　都　道 　　　　府　県	
	住　所	〒160-0003 東京新宿区本塩町9番地3　　　　（　　　　方）	
	フリガナ 氏　名	ヨツヤ　タロウ 四谷太郎	昭和 平成 51年 4月24日生 （　　39歳）

未成年者	住　所	☑ 申立人と同居　／　☐ 相手方と同居 ☐ その他（　　　　　　　　）	平成 15年11月17日生
	フリガナ 氏　名	ヨツヤ　ミサキ 四谷美咲	（　11歳）
	住　所	☑ 申立人と同居　／　☐ 相手方と同居 ☐ その他（　　　　　　　　）	平成 19年 5月 7日生
	フリガナ 氏　名	ヨツヤ　ヒロト 四谷大翔	（　10歳）
	住　所	☑ 申立人と同居　／　☐ 相手方と同居 ☐ その他（　　　　　　　　）	平成 20年 3月27日生
	フリガナ 氏　名	ヨツヤ　ハルナ 四谷陽菜	（　 6歳）
	住　所	☐ 申立人と同居　／　☐ 相手方と同居 ☐ その他（　　　　　　　　）	平成　　年　　月　　日生
	フリガナ 氏　名		（　　　歳）

（注）太枠の中だけ記入してください。　　☐の部分は，該当するものにチェックしてください。

監護者変更（1/2）

この申立書の写しは，法律の定めるところにより，申立ての内容を知らせるため，相手方に送付されます。

申 立 て の 趣 旨
未成年者の監護者を相手方から申立人に変更する調停を求めます。

申 立 て の 理 由
１　申立人と相手方とは、相手方の異性関係が原因で、平成27年4月1日、協議婚姻しました。
２　離婚に際し、申立人は未成年者の親権者になることを強く希望しましたが、相手方が親権者にならなければ離婚しないと主張し、相手方において監護養育することを譲りませんでした。申立人としては、離婚をするために、やむを得ず、未成年者の親権及び監護権を相手方とすることを承諾しました。
３　相手方は、離婚後、女性を自宅に入れ、宿泊させるようになり、未成年者はこれに耐え切れず、去る平成27年5月15日、申立人方にやってきて、以後、申立人方にて生活をしております。したがって、未成年者の監護者としては、申立人が適任であると考えますので、この申立てをします。

監護者変更（2/2）

2　面会交流

　面会交流とは、夫婦として離婚後、子と同居している監護親の協力のもと、子と同居していない非監護親が子と実際に会ったり、親子としての交流をもったりすることである（以前は、面接交渉とも呼ばれていたが、平成23年改正民法の頃から面会交流といわれるようになった）。

　ここでは、子の健全な成長のための、子の利益のための面会交流とは何かを考えつつ、面会交流の方法や検討の視点などについて解説をしていく。

(1)　面会交流とは

⑺　概　要

　平成24年4月1日に施行された平成23年改正民法では、離婚後の子の監護に関する事項として、面会交流および養育費の分担、その他子の監護に必要な事項を定めること、および、それらを定めるにあたっては、子の利益を最も優先して考慮しなければならない旨が明文化された（同法766条1項）。ただ、平成23年改正前民法下においても、非監護親と子との面会交流は「子の監護について必要な事項」（平成23年改正前民法766条）に含まれると解釈されており（最判昭和59・7・6家月37巻5号35頁）、また、離婚前の夫婦が別居している際においても、非監護親が子と面会交流することが子の監護の一内容であると明確にされていた（最判平成12・5・1民集54巻5号1607頁）。

　なお、平成23年改正民法に伴って、離婚届の書式も一部改められ、「親子の面会方法」「養育費の分担」の取決めができているかを記す欄が新たに設けられた（ただし、これらが記載されているか否かは、離婚届受理の要件ではないので、記載がなくても、離婚届は受理される）。

　離婚問題を解決しようとするとき、親権以外に、養育費や財産分与等の財産についての取決めはされていることが多いが、面会交流については、積極的に取決めがされていないことも多いようである。

　しかし、親が子を求める気持はもちろん、子が親を求める気持は周りの者が想像するよりも強い。別れる夫婦の一方にとっては、別れたい、会いたく

ない相手であっても、子にとっては親であることに変わりなく、親の愛情を少しでも実感し、親という人間を知ることが子の成長の一助となるのである。

　家庭裁判所では、離婚調停手続において、当事者からの申出がなくても、面会交流について、どのようにするかを確認し、できるだけ取決めをする運用となっている。両親が夫婦として別れることとなり、一方の親と離れて暮らさざるを得なくなる子の利益のための非監護親との面会交流について取決めをすることは、当然のことといえよう。なお、夫婦間にDVがあった場合は、留意する必要がある（後記3参照）。

　面会交流の法的性質をめぐる議論の一つに、面会交流が非監護親の権利か子の権利かという議論があり、これには明確な結論はない。しかし、たとえば、非監護親から、監護親への嫌がらせではないかと思われるような面会交流の主張は、「子の利益のために」との視点を欠くものであり、これについては子の利益を考えて再考していくべきであろう。

　　(イ)　子にとっての面会交流の意義

　面会交流の検討に入る前に、再度、子にとっての面会交流について言及をしておく。

　離婚問題に直面している当事者は、自分の感情にとらわれ、子からみた父母の離婚について考える余裕がないことが多い。場合によっては、子を父母自身と同化し、「子は自分と同じ考えに違いない」「子ももう一方の親を嫌っているに違いない」と思い込んでしまっている当事者もいるかもしれない。当事者とかかわる支援者は、冷静で客観的な目をもつ必要があるであろう。

　繰り返しになるが、夫婦は別れたとしても、子の親であることは変わりない。夫婦が夫婦として破綻している以上、夫婦として別れることはやむを得ないかもしれない。時に「子のために」として、夫婦が破綻しているにもかかわらず、そのまま形式的な夫婦を継続している場合もあるが、それはそれで子の精神状態に影響を与えている。子にとって大切なことは、親の愛情を実感できるかどうかにかかっているのではないだろうか。

　夫婦が離婚すると、子は一方の親と生活を共にするようになり、もう一方

の親と実質的に会う機会が減少する。子は親の不仲を感じてはいるが、どちらか一方とだけ生活することを拒否することはできない。父母双方といっしょにいることはできなくなり、その喪失感をもちつつ新しい生活を始める。そのようなつらい体験をした子が、非監護親からの継続した愛情を実感し、触れ合うことは子の健全な成長に欠かせないことである。たとえ監護親にとっては好ましくない相手であっても、仮に非監護親に何らかの性格上の若干の問題があるとしても、その親をみて子は自己確立を図っていくのである。ただし、非監護親にDVがあった場合においては、細心の注意が必要である。

　㈦　祖父母との面会交流

　父母が離婚した場合の非監護親の両親、すなわち子の祖父母が子（孫）と会えなくなるのではないかという不安から、離婚の当事者ではない祖父母から「孫（子）に会わせてほしい。祖父母との面会交流について定めることができないのか」といわれることもある。民法では、離婚後の父母の子の監護に関する事項を定めており（同法766条）、祖父母について定めた条文は見当たらない。したがって、当然にこの祖父母の主張が認められるものではない。ただ、協議離婚であれ、調停での離婚であれ、離婚する父母（夫婦）の合意により、あらゆる事項は定められるものであるから、その中で仮に当事者である父母双方が合意すれば、祖父母の孫に対する面会を定めることも可能ではあろう。

　しかし、離婚に至る過程で当事者と義父母の関係性が良好ではない場合もあり、当事者の合意が得られないことも予想される。そうなると祖父母としては孫に会うことを請求する根拠・手段がないということとなる。これに対して祖父母の不満は大きくなり、当事者相手方への不満がますます募り、感情的になってしまうことがある。

　このような状態は、離婚後、当事者である夫婦が、子の父母としての関係性を再構築することにより相互の葛藤が弱まり、これに伴って祖父母と孫（子）の面会についても許容されていくことで解消されることが期待される。

ここで、祖父母の当事者である父母の離婚へのかかわり方について、一言補足をしておく。夫婦である父母が婚姻関係を解消しようとするとき、当事者それぞれの父母（祖父母）が、強くかかわろうとすることがある。法律実務家のところにも当事者の父母が同行し、当事者を差し置いて話をする場面や、調停に同行し調停待合室において当事者もしくはその代理人に対し、このように主張したほうがよいと強く訴えている場面も見受けられる。

　このように離婚当事者ではない当事者の父母が離婚問題の前面に出てきたとき、当事者はその思いに翻弄され、本来の自己の思いや考えを変容させ、ますます感情を硬直化させることにより紛争が複雑化することがある。これに伴って、離婚当事者である夫婦が葛藤化していく場合もある。このような場合は、あくまでも離婚問題の当事者は、夫婦であることを説明し理解を求め、時には当事者の父母に席を外してもらい、当事者である夫もしくは妻の真意の聞取りをすることも必要になろう。

　また、このような子にとっての祖父母の存在は、離婚後の面会交流の実施、子（孫）の精神状態にも色濃く影響する。非監護親の父母（祖父母）に子（孫）が会って、祖父母から監護親の悪口を聞いたとき、そこまで明確でないとしても監護親についてよくないと思っている感情を孫に感じさせてしまうとき、孫である子はどのような思いでそこにいるのであろうか。複雑な感情を抱くであろうことは予想される。もしかすると祖父母に対して悪い感情を抱く場合もあるかもしれない。そうすると孫自身が、祖父母に会いに行くことを拒否することになり、非監護親への面会交流についても消極的になることがあるかもしれない。非監護親側の祖父母としては、孫と会うとき、監護親の悪口を言わないことは最低限のルールである。これは、子の健全な成長のためにも重要な事柄である。

　離婚時においても、このような非監護親側の祖父母からの子への影響を予想して、監護親が「面会交流を避けたい」と言うこともある。このような監護親の疑念を払拭し、子の利益にかなった面会交流が実施できるよう祖父母を含め第三者にも協力していただきたい。

Ⅲ　監護権・親権、面会交流

> **コラム　児童の権利に関する条約と面会交流**
>
> 　児童の権利に関する条約は、1989年（平成元年）の第44回国連総会において採択された後、1990年（平成2年）に国際条約として発効し、日本では、1994年（平成6年）4月22日に批准され、同年5月22日に発効した。
> 　児童の権利に関する条約と面会交流との関係については、「児童は、出生の後直ちに登録される。児童は、出生の時から氏名を有する権利及び国籍を取得する権利を有するものとし、また、できる限りその父母を知りかつその父母によって養育される権利を有する」（同条約7条1項）として、できる限り自分の親を知る権利、できる限り自分の親に養育される権利として規定されている。
> 　子にとって、いっしょに暮らしている親（監護親）も離れて暮らしている親（非監護親）も、いずれも大切でかけがえのない存在である。非監護親と交流を継続することは、子が監護親・非監護親のどちらの親からも愛されているという愛情を確認することにつながり、また、父母は一番身近な男性・女性のモデルとして、子が自分の目で見て、自分の生活の中で感じて、子自身が両親の姿を正しく判断し、そういった自身の成長過程におけるものさしとしての役割も両親が果たすことで、安定した成長につながるとも考えられている。また、離婚により関係性が悪化した両親が面会交流を実施するために互いに協力する姿を子に見せることが子へのお詫びになるとも考えられている。
> 　面会交流は、子のために行う、子のための権利として、現在、家庭裁判所でもその取組みが進められている。

(2)　面会交流の方法と検討の順序

　(ア)　面会交流の方法

　面会交流には、実際に非監護親が子に会う直接の面会交流以外に、手紙や写真のやりとりを行う間接の面会交流がある。直接の面会交流ができない場合でも、間接の面会交流が可能な場合がある。もちろん、直接の面会交流に、間接の面会交流を加える場合もあるであろう。

　(イ)　面会交流の検討の順序

　家庭裁判所においては、まずは、直接の面会交流ができるか検討される。直接の面会交流を禁止または制限すべき事由がなければ、直接の面会交流を

前提とし、その頻度・方法等が検討される。直接の面会交流を禁止または制限すべき事由としては、子自身が非監護親より虐待を受けている場合や、非監護親から監護親へのDVを目撃したため子に心的外傷後ストレス障害（PTSD）などがある場合、子を連れ去られる具体的なおそれがある場合などである。

当事者が直接の面会交流を嫌がる場合は、その理由を具体的にあげることが必要になろう。その理由によっては、子と非監護親との直接の面会交流が難しい場合もある。監護親が非監護親に会いたくない、会うことができないという理由であれば、第三者の立会いによる直接の面会交流を検討することもある。

家庭裁判所では、面会交流を実施することが、かえって「子の利益を害するような特段の事情」となることと認められない限り、面会交流を認め円滑な実施のための取決めをすることが基本方針とされているようである。

また、円滑な面会交流のためには、当事者である父母相互の父母としての信頼関係があることが必要であり、この信頼関係が面会交流を継続して行うことの必要条件となる。したがって、手続の中で夫婦関係の清算をしつつ、父母としての信頼関係の再構築をするよう支援する必要がある。これが、子の安心する面会交流につながるのである。

(3) 面会交流を考える視点

(ア) 監護親側の検討事項

(A) 監護親の意思

円滑な面会交流のためには、監護親の協力は必須である。仮に監護親が、面会交流を拒否する場合は、面会交流を拒否する理由をまず、列挙してみることが必要である。そこから、監護親の中で解決できそうなこと、相手方である非監護親との関係で考慮しないといけないことに分類し、一つひとつ検討していく過程が大切である。

まずは、面会交流の意義を再確認しながら検討する。そのほか、たとえば、非監護親との葛藤の度合い、非監護親もしくはその親族から、子に自己に不

利なことを吹き込まれるのではないかとの不安、子を非監護親に取られるのではないかとの不安、これらは夫婦で過ごした時間をかけて生じてきたものであるので、ゆっくり時間をかけていくことも必要になるかもしれない。調停において、疑問点や不安な事項は準備書面に記載し、相手方に投げかけてみることも一つの方法であろう。

このようにして、父母としての信頼関係を一つひとつ再構築することが、円滑な面会交流につながる。

(B) 監護親の心身の状況

監護親の非監護親への不信感、拒否感が強い場合、監護親は面会交流に消極的になりがちである。面会交流について監護親が消極的なまま、面会交流をすることに決まった場合、監護親は、面会交流に真に納得をしているわけではないので、子が非監護親と会いに行くとき、会って帰ったときに、必要以上に精神状態を悪くし、それが子に伝わり、子が監護親に遠慮し、子が「面会交流をすることは悪いことではないか」と思うようになり、その結果、子も精神状態が不安定になることもある。

監護親の精神の安定は、子の精神の安定につながる。面会交流により、監護親が不安定になることなく、安心して子を面会交流に送り出すことができ、子が安心して面会交流ができるような支援も必要となるであろう。

(C) 監護親の生活状況

監護親は、離婚後、子との生活を安定させようと必死である。このため無理な面会交流方法を取り決めると、生活がいつまでも安定しないこともある。離婚後の安定したリズムがつくれるよう、離婚後の生活状況に思いをめぐらせておくことも必要である。

なお、離婚後に監護親が再婚し、その再婚相手と子が養子縁組をした場合に、監護親が面会交流を拒否する場合があるが、子が養子縁組をしたとしても、非監護親が実親であることには変わりなく、基本的には面会交流を禁止または制限すべき事由とはならない。

(イ)　非監護親側の検討事項
　(A)　非監護親の意思

　非監護親の強い思いで面会交流を実現させようとすることもある。逆に、離婚後は、子と積極的に会おうとしない非監護親も見受けられる。口頭では、子との面会交流を望み、監護親からもいつでも連絡してもらってよいと言われているのにもかかわらず、連絡をとらずに面会交流に至らないケースもある。仮にこのような場合に、子が親に会えることを期待して待っていると、連絡がないことに子は落胆をする。場合によっては、自分は非監護親から捨てられたのではないかと感じる子もいる。実際には、子に会いたいと思っているにもかかわらず、何らかの事情で会えないのであれば、会いたい気持、会えない事情をきちんと子に伝えるべきである。「子はわかっているはず」という考えは親のエゴである。伝えないとわからないこともある。

　ここでいう非監護親の意思とは、子を個として尊重した面会交流を希望する意思があるかどうかということである。面会交流が真意なのか、面会交流の名をかたり復縁を求めるなど不当な目的をもっている場合は、面会交流の意思があるとはいえない。

　(B)　非監護親の心身の状況

　非監護親に酒乱・暴力等、子を傷つける可能性がないかは、検討しておく必要がある。万一、そのようなことが危惧される場合は、閉鎖的な空間での面会交流ではなく、外で会う方法、第三者が立会いをする等の検討が必要である。

　また、非監護親が精神的に不安定な場合、面会交流時に子を傷つけるのではないかと監護親が不安になることも考えられる。この不安感・不信感をどのように払拭するかを考える必要もあろう。

　(C)　非監護親の生活状況

　面会交流の方法として、宿泊付きの面会交流ということもあるであろう。この場合、非監護親の自宅が、子が宿泊することに適しているかどうかも確認しておきたい。不適当な場合には、非監護親の自宅ではなく、別の場所で、

宿泊することも検討したい。

また、非監護親の父母、すなわち、子の祖父母のところに宿泊することも考えられるが、この場合は、監護親にあらかじめ了承を得ておく。これは、父母としての信頼関係を崩さないよう、その後の継続的面会交流のためにも必要である。

　㈦　子側の検討事項

　⒜　子の意思

面会交流を取り決めるにあたっては、子の意思の把握は重要事項である。しかし、子自身の意思を確認することが不可能な場合もある。この場合には、当事者である親を通して、子の様子を聞きながら、子の意思を推測していくしかない。子が低年齢だから、子の意思がないというわけではない。子の親を求める気持、子の親に対する感情は、子の表情や行動をよく観察をしているとみえてくるものである。

問題となるのは、当事者である親が子の意思を決めつけている場合である。父母である当事者は、子は自分と同じ気持に違いない、そうであってほしいと強く思うため、また、相手方に子を取られたくないという思いが強いため、「子は非監護親に会いたくないと言っている」と主張していることもある。このような場合には、当事者の言葉を鵜呑みにせず、子の様子を聞きながら、それを客観的に当事者にみせながら、親が子を客観的にみることができるよう支援していくべきである。

子が面会交流を拒否しているという場合は、その具体的事情や、これまでの非監護親と子との関係性についても聞いてみるとよいかもしれない。

　⒝　子の心身の状況

子の年齢および発達状態により、面会交流の方法・頻度はさまざまである。

また、一度面会交流の方法について定めたとしても、子の成長に従って変化する可能性もある。場合によっては、当初は面会交流が難しいとしても、年齢を重ねるにつれて面会交流を子自身が受け入れることができるようになる場合もある。

Ⓒ　子の生活状況

　子は、当然、独立した個人である。子は成長するにつれて子自身の世界をもつようになる。子の学校や部活動などに配慮した面会交流の方法を当事者といっしょに検討してもらいたい。

　　㈡　家庭裁判所調査官による調査

　親権や監護権、面会交流など子に関する調停手続において、当事者である父母の対立が激しく、調停委員会で必要と判断された場合は、裁判官の命により家庭裁判所調査官により期日間に調査が行われることがある。この調査には、子の監護状況の調査と子の意向調査がある。場合によっては、家庭裁判所調査官による試行的面会交流がされることもある。

　　(A)　子の監護状況の調査

　子の監護状況の調査方法は事例によってさまざまである。実施されている例としては、子の出生からこれまでの子の監護状況の実情を記載した書面を父母双方から提出させる方法、家庭裁判所調査官が家庭訪問を行い、自宅内での監護親と子の様子を見たり、子と話をしたり、住環境を観察したりする方法、祖父母などの監護補助者との面接を行う方法、子の通っている学校に赴き学校での子の様子の聞取りをする方法などである。

　　(B)　子の意向調査

　子の意向調査は、前記の調査の中でも行われ、また、場合によっては、家庭裁判所において、家庭裁判所調査官が子と面談することもある。

　　(C)　試行的面会交流

　試行的面会交流は、期日間に、家庭裁判所内の科学調査室等において、家庭裁判所調査官の関与のもとに設定される親子の交流である。科学調査室には、マジックミラー越しに室内の様子を見ることができる観察室があり、非監護親が子と接している間、監護親は観察室からその様子を見ることができる。科学調査室内では、家庭裁判所調査官が同席のうえ、監護親と子の交流、非監護親と子の交流が交替で行われることが多い。

(D) 期日への同席

　家庭裁判所調査官の調停への関与は、これ以外に、期日に同席することがある。これは、当事者間の紛争が激しく、心理学、社会学、教育学等の行動科学に関する知識や技法をもつ家庭裁判所調査官の関与が相当とされる場合であり、調停期日内には当事者への助言等がされている。

(E) 家庭裁判所調査官による調査の活用

　前記(A)～(D)の調査の結果は、家庭裁判所調査官より意見を付して報告書としてまとめられ、調停の記録となる。報告書は、次の期日に、家庭裁判所調査官から、当事者にその内容が伝えられる。報告書は閲覧・謄写が可能であるので、このような調査がされた場合は必ず謄写をして内容を確認し、当事者と共に今後どのように考えていくのかを検討するとよい。

　このような家庭裁判所調査官の関与の目的は、主に子の利益（子の福祉）にかなった方策を探るためである。当事者および子にとっては、心理的負担もあるかと思われるが、子の利益のために活用をしていただきたい。

(4) **面会交流の取決め**

　面会交流は、子の年齢などさまざまな一切の事情を考慮して決められていく。ここでは、面会交流について取り決める事項ごとに検討する。

　なお、いずれの項目も必ず定めなければならないというものではない。子の状況、非監護親の状況、監護親の状況、監護親と非監護親の関係性により、個々に検討して、それぞれに合った取決めをする必要があろう。

　㋐　直接的面会交流

　(A) 回　数

　回数については、たとえば、「○カ月に○回程度」という取決めがされる。仮に「1カ月に1回程度」という取決めがされた場合、1カ月の間に1回しか面会交流することができない、もしくは、1カ月の間に1回は必ず面会交流をしなければならないという意味ではなく、月によっては1回かもしれないし、2回かもしれないし、0回かもしれない。その時々に応じて、1カ月に1回程度を目安にして面会交流をしましょうという意味である。

(B) 日　時

　日時については、たとえば、「毎月第○曜日」という取決めがされる場合もある。この場合は、前記(A)の「○カ月に○回程度」よりも、面会交流の機会が限定的になる。「毎月第○曜日の午前○時より○時間」という取決めをするとさらに限定的になる。あまりにも限定的に取決めをすると、非監護親および子が取決めに縛られることになり、子の成長につれて守ることができなくなる側面があるであろう。ただし、監護親および非監護親のお互いへの猜疑心が払拭できていない場合に確実に面会交流を行っていくためには有効であろう。

(C) 場　所

　どの場所で面会交流を行うのかを決めておく場合もある。非監護親の自宅、監護親もしくは非監護親の自宅近くのショッピングセンター、あるいは、非監護親の親すなわち子の祖父母の自宅という場合もあろう。監護親と非監護親が他の都道府県に居住している場合には、「○○県にて」という取決めも考えられる。面会交流の場所を特定する必要があるかどうか、場所を特定する必要があるのであれば、どのような範囲で特定するのかについて、監護親および非監護親の合意によって取決めをしていくこととなる。

(D) 方　法

　方法については、監護親が非監護親と会って子の受渡しができるのであれば、特に定める必要はないが、監護親が面会交流に消極の場合、「○○時○○分、○○（場所）で、申立人は相手方に対し、子を引き渡し、○○時○○分、○○（場所）で相手方は申立人に対し、子を引き渡す」という定め方をする。監護親が非監護親に会うことが感情的に難しい場合、第三者や公益社団法人家庭問題情報センター（以下、「FPIC」という。本章Ⅳの《コラム　公益社団法人家庭問題情報センター（FPIC）とは》参照）などの第三者機関を介して、面会交流をすることもある。

　また、面会交流をする場合、面会交流の時間を数時間にするのか、日帰りにするのか、宿泊付きにするのかなどの取決めをしておく場合もある。

(イ)　間接的面会交流

　子の年齢が低い場合や、監護親と非監護親の葛藤が強い場合などは、直接の面会交流ができないことがある。このようなときに検討されるのが間接的面会交流である。間接的面会交流は、監護親から非監護親に対して、子の写真や動画を送ったり、絵画や工作などの作品を送ったり、学習の経過や成果がわかるものを送ったりすることである。直接会うことは難しいが、子が非監護親へ手紙やメールをすることが可能であれば、そのような取決めをすることがある。

　ただ、間接的面会交流については、そこまでしなくてもよいのではないかと思う監護親もいるかもしれない。しかし、間接的面会交流により、非監護親が親としての自覚をしっかりもち続けることになれば、そのことが子の福祉につながるのではないだろうか。

　(ウ)　面会交流の履行確保（間接強制）

　非監護親の中には、子と面会交流をすることは、非監護親の権利であるから当然認められるべきだと声高に主張し、監護親の言い分を全く聞こうとしない場合もある。そもそも面会交流は、非監護親に当然に認められる権利というわけではなく、監護親および非監護親双方で話し合い、合意して初めて行使できるものとなるのである。

　調停では、まずは双方の言い分を話し、伝え合い、そのうえで面会交流についての取決めを調整していく。場合によっては、家庭裁判所調査官の調査、試行的面会交流が行われることもある（前記(3)(エ)参照）。そのように試行錯誤しながら、面会交流の取決めをしていくのであるが、はたして面会交流の履行確保は、どのようにして行われるのであろうか。調停条項において「面会交流させる」と決められただけでは、監護親が子との面会交流をさせないときに必ずしも、強制執行等ができるというわけではない。

　面会交流の回数・日時・場所などを具体的に定めておくと、万一、相手方が取決めを守らなかったときに、間接強制ができることとなる。すなわち、面会交流の履行確保のためには、具体的に定めておくことが必要であるとい

うことになる。

　面会交流の間接強制について、最高裁判所は、「監護親に対し非監護親が子と面会交流をすることを許さなければならないと命ずる審判において、面会交流の日時又は頻度、各回の面会交流時間の長さ、子の引渡しの方法等が具体的に定められているなど監護親がすべき給付の特定に欠けるところがないといえる場合は、上記審判に基づき監護親に対し間接強制決定をすることができる」と審判主文または調停条項について、間接強制を認めるために監護親がすべき給付の特定に必要な要素とその程度について判示した（最決平成25・3・28民集67巻3号864頁）。

　前掲最決平成25・3・28においては、子と非監護親の面会交流を定める場合には、「子の利益が最も優先して考慮されるべきであり、面会交流は、柔軟に対応することができる条項に基づき、監護親と非監護親の協力の下で実施されることが望ましい」とも述べている。

　すなわち面会交流の取決めをする際には、原則的には、子の成長に合った面会交流の実施のため柔軟な取決めをすることとし、監護親と非監護親の葛藤の度合い、協力の可能性によって詳細な取決めを行い、場合によっては間接強制を認めうる監護親がすべき給付の特定をする取決めを行うことになる。

　いずれにしても子の福祉にかなった面会交流を模索し、調停条項を検討していただきたい。

(5) 面会交流と養育費との関係

　面会交流と養育費との関係は、子の福祉にとって、精神的支えと財産的支えであり車の両輪である。面会交流と養育費は、独立した権利・観念であるが、実質的には相互に関連している。片方のみを主張し、片方を拒否することは、子の利益ではない。また、面会交流が実施されている場合のほうが、養育費の取決めに従ってきちんと支払っている傾向がある（面会交流と養育費の支払率の統計は、本章Ⅳ1(5)参照）。

　当事者からも、「面会交流ができないのならば養育費は支払わない」「養育費を支払ってもらえないのであれば面会交流をさせない」と主張されること

も多い。この主張は、「私が、子と面会交流ができないのならば養育費は支払わない」「私が、養育費を支払ってもらえないのであれば面会交流をさせない」というふうに、父母を主語とした発言である。

　支援者としては、子の福祉のための面会交流はどのようなものか、子の利益のための養育費とはどのようなものか、当事者には子の父母として子を主役にして考えてもらえるようにしたい。

(6) 面会交流の実施に関する留意点

(ア) 具体的な取決め

　面会交流の取決めをするにあたり、当事者に実際に面会交流の場面を思い浮かべて、具体的なイメージをもっていただくとよい。

　監護親は何月何日何時にどのような表情で子を送り出し、どこで引渡しをし、何時にどこで受渡しをして、どのような表情で子を迎えるのか、非監護親はどこで引渡しをされ、どのような表情で子を迎え、どのように子との時間を過ごし、どこで引渡しをし、どのような表情で送るのかを想像していただきたい。

　面会交流をする際は、監護親・非監護親双方で、いつどこでどのように面会交流をするかについて具体的に取決めをして面会交流に臨む。そのことが監護親・非監護親双方の安心につながる。この安心が、子の福祉にとってよりよい面会交流を実現するのである。

(イ) 監護親・非監護親への助言

　監護親および非監護親の双方の安心、子の福祉につながる面会交流の実現のために、監護親および非監護親に次のようなことに気をつけるよう、助言するとよい。

① 監護親への助言
・過去の夫婦の争いや、相手の悪口や相手に対する悪感情を子に言わない。
・子の様子や健康状態、学校の行事予定や部活動の様子などを非監護親に伝えるようにする。
・子が非監護親に会いたくないというときは、その理由をよく聞き、これ

までの面会交流における監護親自身の態度も振り返る。
・子を送り出すときは笑顔で送り出し、帰ってきたら笑顔で温かく迎える。
・非監護親とどのように過ごしたか、非監護親の様子を子から聞き出そうとしない。
・非監護親とした面会交流における約束をむやみに破らない。
・面会交流について不都合が生じた場合などは、非監護親と話し合って検討する。

② 非監護親への助言
・過去の夫婦の争いや、相手の悪口や相手に対する悪感情を子に言わない。
・面会交流の日時・場所などは、子の体調、生活のペース、スケジュールに合わせる。
・子に高価な贈り物や行き過ぎたサービスはしない。贈り物をするときは、監護親に了承をとっておく。
・子に会うときは笑顔で温かく迎え、帰すときは笑顔で見送る。
・監護親とどのように生活をしているか、監護親の様子を子から聞き出そうとしない。
・監護親とした面会交流における約束をむやみに破らない。
・面会交流について不都合が生じた場合等は、監護親と話し合って検討する。

　夫婦離婚後は、夫婦という関係から、子の父母という立場に気持を切り替えて、相手の父母としての立場を尊重し、子のためにお互いが補い合い、協力することが大切である。子にとって、どちらも大切な親である。その父母どちらもが子と安定した気持で子と接することが、子の利益、子の幸せにつながるのである。

　離婚後の面会交流実施の当初は、順調にいっていないと思える場合もあるかもしれない。そのような場合もあせらず、ゆとりをもって少しずつ父母としての関係性を再構築していくことができれば、面会交流も順調に実施できるようになるのではないだろうか。

(7) 調停条項

面会交流についての調停条項は、次のとおりとなる。

おおよその回数の取決めをする場合

　【父・母】は、【母・父】に対し、【父・母】が第○項記載の子｛ら｝と月○回程度、面会交流することを認め、その｛回数、｝日時、場所及び方法等の具体的な内容については、子の福祉に慎重に配慮し、当事者双方が協議の上これを定める。

宿泊付きの面会交流の取決めをする場合

　【父・母】は、【母・父】に対し、【父・母】が第○項記載の子｛ら｝と次のとおり宿泊を伴う面会交流をすることを認め、その日時、場所及び方法等の具体的な内容については、子の福祉に慎重に配慮し、当事者双方が協議の上これを定める。

(1)　原則として2カ月に1回程度

(2)　上記以外に夏休みや冬休み、春休み等の長期休業期間中は、2泊以上の宿泊を可能とする。

面会交流の時期や回数などを詳細に決める場合

　【父・母】は、【母・父】に対し、【父・母】が第○項記載の子｛ら｝と次のとおり面会交流をすることを認める。

(1)　毎月1回、第○日曜日の午前10時から午後1時まで

(2)　【父・母】は、【母・父】に対し、午前10時に○○駅南口改札口において、子を引き渡し、【母・父】は、【父・母】に対し、上記改札口において子を引き渡す。

(3)　子ないし相手方の病気により、前項の方法で面会交流ができない場合は、代替日を設けることとし、子の福祉に慎重に配慮し、当事者双方が協議の上これを定める。

> **間接の面会交流を取り決める場合(1)**
>
> 　【父・母】は、【母・父】に対し、【父・母】が第〇項記載の子｛ら｝の写真及び子｛ら｝の近況を記した文書を送付することを約束する。

> **間接の面会交流を取り決める場合(2)**
>
> 　【父・母】は、【母・父】に対し、【父・母】が第〇項記載の子｛ら｝とが相互に、メール、郵便及びファックス等で節度をもって自由に交信することを認める。但し、電話については、子から【父・母】へ発信する場合に限り認める。

> **間接の面会交流を取り決める場合(3)**
>
> 　【父・母】は、【母・父】に対し、【父・母】が第〇項記載の子｛ら｝宛に手紙を送付すること、子の誕生日、クリスマス及び正月に子あてに贈り物をすることを認め、【父・母】から子あての手紙及び贈り物を受領した場合は、これらを長女に渡さなければならない。

(8) 調停手続——離婚後の面会交流

(ア) 概　要

　離婚後、非監護親と子との面会交流が行われていない場合、十分ではない場合等に面会交流の実施およびその方法について、調停を申し立てることができる。

　離婚調停時には、面会交流についても、離婚に伴う付随事項と処理されるが、離婚後は子一人について独立した事件となり、子が二人以上の場合、それぞれ事件番号が付され、これに伴って申立ての収入印紙も子一人につき1200円が必要である。

　なお、子の監護に関する処分である面会交流についての事件は、別表第2事件であり、調停不成立の場合は、審判移行となる。

Ⅲ　監護権・親権、面会交流

　㈃　申立手続

　子の監護に関する処分（面会交流）調停の申立権者は、父または母である。

　管轄は、相手方の住所地を管轄する家庭裁判所または当事者が合意で定める家庭裁判所である。

　手数料、予納郵便切手等の費用は、子一人につき収入印紙1200円、予納郵便切手（申立てをする家庭裁判所が指示する額）である。

　提出書類は、①子の監護に関する処分（面会交流）調停申立書およびその写し（【書式9】参照）、②連絡先等の届出書（【書式5】参照）、③非開示の希望に関する申出書（【書式6】参照）、④未成年者の戸籍謄本である。

　㈄　書類作成のポイント

　離婚時と同様に、これまでの記述を参照していただきたい。

第3章 離婚調停の手続と実務

【書式9】 子の監護に関する処分（面会交流）調停申立書

この申立書の写しは、法律の定めるところにより、申立ての内容を知らせるため、相手方に送付されます。

受付印			
	家事 ☑調停 □審判	申立書	子の監護に関する処分 （面会交流）
	(この欄に未成年者1人につき収入印紙1,200円分を貼ってください。)		
収入印紙　　　円 予納郵便切手　　円	(貼った印紙に押印しないでください。)		

東京　家庭裁判所　　御中 平成　〇〇年〇〇月〇〇日	申　立　人 （又は法定代理人など） の記名押印	四谷太郎　　㊞

添付書類	(審理のために必要な場合は、追加書類の提出をお願いすることがあります。) ☑未成年者の戸籍謄本（全部事項証明書） □	準口頭

申立人	住所	〒160-0003 東京都新宿区本塩町9番地3　　（　　　方）
	フリガナ 氏名	ヨツヤ タロウ 四谷太郎	昭和 平成 51年 4月 24日生 （ 39 歳）
相手方	住所	〒150-0013 東京都渋谷区恵比寿3丁目7番16号　（　　方）
	フリガナ 氏名	ツキジ ハナコ 築地花子	昭和 平成 54年 7月 28日生 （ 35 歳）
未成年者	住所	□申立人と同居／☑相手方と同居 □その他（　　　　　　）	平成 15年 11月 17日生 （ 11 歳）
	フリガナ 氏名	ツキジ ミサキ 築地美咲	
	住所	□申立人と同居／☑相手方と同居 □その他（　　　　　　）	平成 19年 5月 7日生 （ 10 歳）
	フリガナ 氏名	ツキジ ヒロト 築地大翔	
	住所	□申立人と同居／☑相手方と同居 □その他（　　　　　　）	平成 20年 3月 27日生 （ 6 歳）
	フリガナ 氏名	ツキジ ハルナ 築地陽菜	
	住所	□申立人と同居／□相手方と同居 □その他（　　　　　　）	平成　年　月　日生 （　　歳）
	フリガナ 氏名		

(注) 太枠の中だけ記入してください。　□の部分は、該当するものにチェックしてください。

面会交流（1/2）

Ⅲ　監護権・親権、面会交流

この申立書の写しは、法律の定めるところにより、申立ての内容を知らせるため、相手方に送付されます。

(注) □の部分は，該当するものにチェックしてください。

申　立　て　の　趣　旨

（ ☑申立人 ／ □相手方 ）と未成年者が面会交流する時期，方法などにつき
（ ☑調停 ／ □審判 ）を求めます。

申　立　て　の　理　由

申　立　人　と　相　手　方　の　関　係

□ 離婚した。　　　　　　　　　　　　　　　その年月日：平成　　年　　月　　日
□ 父が未成年者　　　　　　　を認知した。
☑ 婚姻中→監護者の指定の有無　□あり（□申立人　／　□相手方）　／　☑なし

未成年者の親権者（離婚等により親権者が定められている場合）

□ 申立人　／　□相手方

未　成　年　者　の　監　護　養　育　状　況

☑ 平成 27 年 3 月 21 日から平成　　年　　月　　日まで
　　□申立人　／　☑相手方　／　□その他（　　　　）のもとで養育
□ 平成　　年　　月　　日から平成　　年　　月　　日まで
　　□申立人　／　□相手方　／　□その他（　　　　）のもとで養育
□ 平成　　年　　月　　日から平成　　年　　月　　日まで
　　□申立人　／　□相手方　／　□その他（　　　　）のもとで養育

面　会　交　流　の　取　決　め　に　つ　い　て

1　当事者間の面会交流に関する取決めの有無
　　□あり（取り決めた年月日：平成　　年　　月　　日）　☑なし
2　1で「あり」の場合
　(1) 取決めの方法
　　　□口頭　□念書　□公正証書　　　　　　　　家庭裁判所　　　（□支部／□出張所）
　　　□調停　□審判　□和解　□判決　→　平成　　　　年（家　）第　　　　　号
　(2) 取決めの内容
　　　（　　　　　　　　　　　　　　　　　　　　　　　　　　　　　　）

面　会　交　流　の　実　施　状　況

□ 実施されている。
□ 実施されていたが，実施されなくなった。（平成　　年　　月　　日から）
☑ これまで実施されたことはない。

本　申　立　て　を　必　要　と　す　る　理　由

☑ 相手方が面会交流の協力等に応じないため
□ 相手方と面会交流の協議を行っているがまとまらないため
□ 相手方が面会交流の取決めのとおり実行しないため
□ その他（　　　　　　　　　　　　　　　　　　　　　　　　　　　　　　　　　　）

3　DVと監護権・親権、面会交流

これまで、離婚に際しての監護権・親権、面会交流について述べてきた。離婚手続に関する相談の中には、ドメスティック・バイオレンス（Domestic Violence。以下、「DV」という）がある場合、その疑いがある場合もある。DV事案には、さらに細心の注意を払って対応していく必要がある。

(1)　DVとは

(ア)　DVの定義

DVとは、直訳すると、家庭内暴力であり、成人または思春期にある個人が親密な関係にあるパートナーに対して、身体的・性的・心理的攻撃を含む暴力を繰り返しふるうことである。近年では、いわゆるデートDVの問題も知られるようになり、高等学校などでもその教育や啓発がされているところである。

DVというと、一般に身体に対する暴力のみを想像しがちであり、それ以外の暴力については、十分に認識されていないかもしれない。まず、ここでは、DVの態様や本質について解説をしていく。

なお、配偶者からの暴力の防止及び被害者の保護等に関する法律（以下、「DV防止法」という）では、配偶者からの暴力を「身体に対する不法な攻撃であって生命又は身体に危害を及ぼすもの……又はこれに準ずる心身に有害な影響を及ぼす言動」（同法1条1項）と規定しているが、ここで扱う「暴力」とは、この法律に規定されているものに限定されないことを付言しておく。

(イ)　DVの種類

前記(ア)のとおり、DVとは、決して身体に対する暴力だけではない。大きく分けて、次の①～⑤の五つに分類される。

①　身体的暴力　　殴る、蹴る、首を絞める、髪をつかんでひきずる、たばこ等で火傷をさせる等

②　精神的暴力　　怒鳴る、罵る、脅迫する、無視する、馬鹿にする等の

ほか、壁に物を投げつける、物を壊す、殴る真似をする、ペットを虐待する等の威嚇も含まれる
③　性的暴力　　望まない性行為の強要、避妊に協力しない、ポルノビデオやポルノ雑誌等を無理に見せる等
④　経済的暴力　　生活費を渡さない、限られた金銭しかもたせない、被害者名義で借金をさせる等
⑤　社会的暴力　　外出の制限や許可制、行き先などを問いただす等の行動の監視、仕事を辞めさせる、友人や近所との付き合いを禁止する等の社会的孤立

　㈢　DVのしくみ

　DVの行為は、前記㈣の一種類のみが行われているというわけではなく、さまざまな暴力が繰り返し行われている。被害者はこれらの暴力により、加害者に対する恐怖心を抱き、その過程の中で自信を喪失していく。繰り返し行われる暴力の中で、被害者は次第に「自分はだめな人間だ」「自分が悪いから相手がこのようなことをするのだ」と自信をなくし、無力化していく。特に精神的暴力の場合、周りの人たちも気づかないことが多く、また、被害者も、DVを受けているという自覚をもっていない場合もある。

　加害者の行為は、被害者に「NO」と言わせない、支配しやすい構造をつくっていく。こうして、加害者は被害者に対する「権利と支配」を手に入れ、加害者・被害者の関係性が構築されていくのである。

　DVサイクルといわれるように、DVには一般的に特有の心理サイクルがある。そのサイクルとは、緊張期、爆発期、安定期（ハネムーン期）、そして、再び緊張期、爆発期、安定期と繰り返していくことである。緊張期は、加害者の苛立ちが募り、小さな暴力が続き、被害者は加害者が怒らないよう気を遣っている時期である。そして、ある時、得てして些細なきっかけで、大きな暴力行為が起こる。これが爆発期である。激しい暴力は、被害者からの謝罪や、泣いたりすることでも防ぎようがなく、加害者のエネルギーが放出されるまで続き、時には命の危険がある場合もある。爆発期の直後から加害者

の態度は一変する。加害者は、謝罪し、二度としないと約束し、被害者に対して優しさをみせる。これが安定期である。この安定期も長くは続かず、やがて、緊張期に入る、さらに爆発期、安定期とDVサイクルが繰り返され、回転するたびにエスカレートし、深刻な被害を繰り返すこととなる。場合によっては、緊張期と爆発期を繰り返し、安定期がない場合もある。

　当然ながら暴力は許されるものではない。DVの暴力は、直接の身体的暴力のみを指すのではなく、加害者が被害者を支配下においていく過程すべてを指す。加害者と被害者との関係性において、被害者が自己評価を下げ、自己否定をしていくことにその根幹があるのである。

　　㈋　DVの加害者

　DVは、男性から女性への暴力だけではなく、女性から男性への暴力も含まれる。しかし、統計上、相談件数や刑事事件の認知件数は圧倒的に男性から女性への暴力が多い。現実に女性の被害者が多いという側面もあるが、女性から男性への暴力は、男性が相談しにくいということもあり、見えにくい側面があるともいわれている。

　DVは、「DV」という言葉が一般的になった現在でも、その被害は見えにくく、理解されにくい。DV加害者に一定のタイプがあるというわけではない。DV加害者は、見るからに暴力をふるいそうで粗暴な人だけではなく、「あの優しそうな人が」と言われるように外面がよかったり、社会的地位、高収入であったりするため、まさかあの人がDV加害者であるとは考えにくい人である場合もあり、これもDV被害を見えにくくしている要因といわれている。

　典型的なDV加害者の言動としては、「大したことではない」「大げさに言いすぎだ」という過小評価、「お前が俺を怒らせるから悪いんだ」という正当化、「そんなことをやった覚えがない」「お前の妄想だ」という否認・責任転嫁があげられる。

　なお、DV加害者更正プログラムもあるが、加害者が更正することは難しいともいわれている。

コラム　離婚調停とDV被害

　平成23年11月から12月にかけて、内閣府男女共同参画局が全国の20歳以上の男女5000人を対象に「配偶者等からの暴力に関する調査」（回答者数3293人、有効回収率65.9％）を実施し、配偶者（事実婚や別居中の夫婦、元配偶者も含む）から「身体的暴行」「心理的攻撃」「性的強要」のいずれかを一度でも受けたことのある人は、女性32.9％、男性18.3％で、女性の約3人に1人は配偶者から被害を受けたことがあり、約10人に1人は何度も受けたことがあるという事実が明らかになった。DV被害は決して稀に起きている問題ではなく、身近で深刻な問題であることを調査結果が示している。

　また、同調査では、過去5年以内に配偶者から被害を受けた人（257人）に、DV被害について誰かに打ち明けたり、相談したことはあるかとの質問に対し、137人がどこにも誰にも相談しなかったと回答している。その理由は「相談するほどのことではないと思ったから」（62.8％）、「自分にも悪いところがあると思ったから」（39.4％）、「自分さえがまんすれば、なんとかこのままやっていけると思ったから」（24.8％）、「相談してもむだだと思ったから」（19.7％）であり、自分ががまんすればよい、自分が悪いからだと思っている、暴力の被害者なのに被害者であるという意識がもてないという被害者の思いがあり、そのためにさまざまな支援策にたどり着くことが難しい被害者が多いという現状がある。「逃げたら殺されるかもしれない」という恐怖感、「助けてくれる人はいない」「助からない」という無力感、「暴力をふるうのは愛しているからだ」「私が変われば変わってくれる」という複雑な心理、「夫の収入がないと生活できない」という経済的問題、「子に暴力をふるわれるかもしれない」「転校はかわいそう」という子の問題、「逃げるなら仕事を辞めなくてはならない」「住み慣れた土地から引っ越さなければならない」という問題もある。さまざま感情が揺れ動き、悩み、離婚を決意し、司法書士に相談予約の電話をし、司法書士事務所に出向いて相談と打合せを重ね、離婚調停の申立てに至る。この過程が、いかにDV被害を受けている相談者にとって長く険しく道のりであるかといった部分に、思いを馳せることができるであろうか。ここに共感できるか否かによって、相談者との打合せにおける事情や心情の聞取り内容、そして今後の調停の進行、さらには調停の結果にも、大きく影響してくるのではないだろうか。

(2) DVへの対応を考える視点

㋐ DV被害者への対応

(A) DV被害者の状況

DVがある場合、DVが疑われる場合の離婚問題においては、被害者の心理状況を把握しておく必要がある。安易に別れたほうがよい、もしくは、やり直せるのではないかと考えるのではなく、DV被害者の自己決定権を尊重し、ゆっくり寄り添って、被害者が自尊心を取り戻すために支援（エンパワーメント）していく必要がある。

DV被害者は、「なぜ逃げないのか」「なぜ別れないのか」と言われる。それには、いくつか要因がある。

まずは、DV被害者特有の自尊心の低下・無力感、逃げたら殺されるかもしれないという加害者に対する恐怖がある。その心理状態も複雑で、「暴力をふるうのは私のことを愛しているからだ」「自分は夫から離れることができない」という思いも抱えている。離婚をしようと手続を進めていても、やはり、もう一度やり直すことができるのではないかという思いと、相手が怖いという思いで揺れ動いているということを頭においておく必要がある。

また、経済的な問題もある。婚姻時もしくは出産時に仕事を辞め、再就職・転職が難しい方もいる。経済的に困窮すれば子の就学にも影響があるのではないか考える場合もあるし、自己名義の貯蓄もないため新たな生活を始めることに躊躇することもある。

社会的にも、世間や親の価値観を気にし、「『離婚は世間体が悪い』『子には父親が必要』と言われるのではないか、非難されるのではないか」と思うと、一歩が踏み出せないこともあるであろう。婚姻時に加害者によりそれまでの友人関係を断ち切られていることもあり、離婚後、誰にも頼れない、相談できないということもある。

(B) DV被害が疑われる場合、DV被害の自覚がない場合の考え方

相談に来られた方が、「DVを受けているんです」と訴えることがある。相談を受けた者としては、相談者の声に耳を傾けつつも、必ずしも鵜呑みに

しない姿勢も必要である。DV だからといって性急に DV 被害対応をすべく、保護命令の申立てを勧めたりするのではなく、まず、何があったのか、何があるのかを聞いていく。緊急性の有無の見極めが大切である。

DV 被害とそうでない場合の線引きが明確にあるわけではないが、当事者が、相手のことを怖いと感じ自己否定が強い場合は、DV 被害といえるであろう。この場合は、身体の危険性等を含めて対応を検討する。

DV とまではいえないが DV を受けていると感じている当事者に対しては、どのような事実があり、どのように当事者が感じているのかをしっかり受け止めていくようにする。そのうえで手続を提示し、当事者が選択できるよう援助していくべきである。

逆に DV 被害を受けていると思われるのに当事者に自覚がない場合もある。相談者の状況を客観的にみれるよう、聞き取った事実を相談者に再度認識してもらい、相談者のおかれている状況を把握し、今後どのようにしていくかを相談者自身で決定できるよう支援していくよう努めたい。

また、DV 被害者が DV 被害から脱出することは容易ではない。被害者の親族を含め多くの支援者が必要となろう。当事者の親族や DV 被害相談の専門家と連携をとり、相談を受けた法律実務家が一人で抱え込まないようにしていただきたい。

(C) DV 被害者が相談者である場合の対応の留意点

(a) 聞取りの姿勢

DV がない場合と同様であるが、当事者は、配偶者との葛藤による精神的ダメージで、心療内科やカウンセリングに通っているケースもある。特に熟年離婚の場合には、長年の配偶者の言動を延々と訴えてくる場合もあるなど、法律だけで解決できるものではなく、心情的な手当ても必要である。そのため、相談を受ける側の何気ない一言により、傷つけ、相談者の信頼を失う可能性も高い。離婚の問題は、その当事者のそれまでの人生の振り返りであり、これまでを清算し、これからに向かって踏み出す一歩であることを忘れてはならない。

相談を受ける際には、相談者の話を遮らず、じっくり聞く姿勢を要する。特に離婚意思の確認は重要である。離婚の決意はしたものの手続をためらったり、離婚そのものに迷いが生じる場合もある。そのような場合は、情報提供、今できることとして、資料や証拠収集についてのアドバイスのみも有効である。

特にDV被害者である場合は、二次被害を与えないよう注意する。DV被害を受けている場合には、感情が麻痺し一定期間記憶がない、フラッシュバックが起こる、意識的にせよ無意識にせよ自分の受けたことから避けようとする、過剰反応をする、必要がないのに自分を恥じる、自責の念をもつなどのケースがあることを頭において対応していただきたい。

当事者から事情の聞取りをする際には、DVは犯罪であるとの認識を明確にもち、犯罪被害を受けた方の気持や感情を受け止めることが大切となる。すなわち、まずは相談者の気持を聞くことが必要で、手続に必要な事項のみを聞き取るのではなく、相談者の感情も聞いていく。相談者の感情を理解し、まず信頼を得て動くことにより、その後の法的手続のための事情聴取等がスムーズに進むことになる。このためには相談を受ける側にも時間的・精神的余裕が求められる。

相談を受ける際の好ましくない態度としては、自分の聞きたいことだけを聞こうとする、専門家に任せておけという態度をとる、短時間に相談を終えようとする、相談者の落ち度を聞き出し、客観的立場から配慮なく指摘する等があげられる。このような態度により、相談者は傷つき、相談者の自己決定を阻害し、相談者の本当の意味での解決にはつながらないことになる。もちろん事実関係を把握することは避けて通れない。聞取り不足から、さらに大きな二次被害を起こす可能性もある。相談者への配慮と情報収集・情報提供のバランスをとりながら相談を受けることが望まれる。

(b) 身の安全確保、秘密の確保

DV被害者が相談者の場合、相談者の身の安全確保と秘密の確保が最重要となる。相談者の現状を把握し、「まずどうしたらよいのか」について的確

な指示をする必要がある。また、パンフレット、名刺等の扱い、相談者への連絡方法等を入念に打合せする必要がある。これは、相談に行ったことが配偶者にわかり、さらに被害が深刻になる場合があるからである。

　身の安全の確保としては、家を出て公的・民間シェルターへ身を隠す方法がある。各地域には配偶者暴力相談支援センター等の支援機関があるので相談者に連絡先を伝え、場合によっては、相談を受けた者から支援機関へ連絡し、連携をしていくことも必要となろう（後記(7)参照）。友人・知人宅への避難は、危険性があることを説明し、避けるよう伝える。もしもの時の対応依頼、保護命令申立てのため、警察への事前相談も有用である。DV被害者が希望すれば、警察にDV被害者の携帯電話番号や住所、相談内容を登録してもらうことができ、次回、その登録した電話番号から110番通報をするだけで警察官に迅速に対応をしてもらうことができる「110番緊急通報登録システム」もあるので利用したい。

　秘密の確保のためには、被害者の居場所を加害者にわからないようにすることが課題となる。仮に行政サービスを受けるために住民票を異動せざるを得ないとしてもDV被害者であることを行政窓口に伝え、住民票の写しの交付や閲覧ができないよう申し出ておくことが必要である。ただし、この申出をしていても、加害者に秘匿にしていた住所が知られてしまうという事件も起きており、できるだけ住民票は異動しないほうがよいのではないかと思われる。住民票がなくても行政サービスを受けられる場合も多いので、行政窓口とも相談をする。

　保護命令や裁判所での離婚手続のためにも、暴力についての証拠の保全も忘れないようにする。暴力の日時・場所・内容・経緯等の詳しいメモ、留守番電話のテープ・録音などの資料の準備・保存、受傷箇所の写真撮影、診断書の取得等を行ってもらう。

　当事者が、避難の際に持ち出す物は、必要最小限にとどめるよう伝える。持ち出すものとして考えられる物は、①当面の生活に必要な現金（手持ちのお金が少なくなったときには生活保護受給手続、児童手当・児童扶養手当を検討

する）、②実印・通帳・印鑑証明カード等、③パスポート、運転免許証、健康保険証（ただし、配偶者名義のものを使用する際には注意が必要となる。健康保険に配偶者と別世帯として加入する手続をとることが可能なので、行政等と相談をする）、④生命保険等の保険証書、⑤母子手帳、⑥配偶者の財産関係の資料（通帳の写し・給与明細の写し等）、⑦裁判所に提出する証拠品（けがをしたときの写真、診断書、相談をした際のメモ等）、⑧相談機関や友人の電話番号リスト、⑨常備薬、⑩着替え、⑪本人や子の大切なもの、⑫そのほか、相手が本人の居場所を探す手がかりとなるようなもの等である。

配偶者名義のものは、絶対に持ち出してはならない。これは、後々紛争を大きくし、避難している場所を見つけられる原因になる可能性があるからである。

コラム　DV被害者の話を聞くときの注意点

DV被害者の話を聞く際には、次のような点に配慮して、まずは、傾聴をすることが肝要である。

- 人に助けを求めることの大切さを伝える（「よく私に話してくれましたね」）
- 被害者が話をしてくれたことに敬意を表する（「そんなつらい経験を打ち明けてくださってありがとうございます」）
- 共感する（「つらかったでしょうね」）
- 自責感を和らげる。DVに関する正しい情報を伝える（「あなたは悪くありません。悪いのは暴力をふるう相手です」）
- たくさんの女性が夫や恋人からの暴力に苦しんでいることを伝える（「あなたは一人ではありません」）
- 被害者の意思を確認する（「どのようにすれば、この状況がよくなると思いますか」）

一方、次のようなコミュニケーションは、うまくいかない。

- 指示、命令する（「そんな男とは別れなさい」「仕事に出なさい」）⇒ 支援者が「正しい人」で、被害者が「間違っている人」という構図になる。
- 批判、否定、非難する（「なぜ逃げなかったのですか」「あなたが○○しな

いから暴力をふるわれたのではないですか」「あなたにも悪いところがあったのではないですか」）⇒ 被害者にもDVの責任があるかのような印象を与えてしまう。被害者の自責感を助長する。
- 安易な気休めを言う（「心配しなくても大丈夫です」「嫌なことは忘れて元気を出してください」）⇒ 自分は全然大丈夫ではないのに、この人は全くわかってくれてない。相談しても無駄だと思わせてしまう。
- 他の人と比較する（「もっとひどい暴力を受けている人に比べたら、あなたの場合はたいしたことありません」）

―コラム　保護命令――――――――――――――――――――

　DV防止法により規定されている制度で、被害者と加害者との間に距離を確保することによって、さらなる暴力を防止しようとするのが目的である。

　保護命令の発令件数は、平成13年の法制定後、増加していたが、平成20年以降は、ほぼ横ばいで推移しており、全国で年間約2500件である。

　保護命令は、被害者からの申立てにより、地方裁判所の裁判官により発令要件が審査され、要件を満たす場合に発令される（命令違反には1年以下の懲役または100万円以下の罰金が科される）。多くの加害者は命令に従う（保護命令違反率は発令された保護命令の約3％）。

　保護命令の申立人は被害者本人に限られ、当事者は「配偶者」である（事実上婚姻関係と同様の事情（民法上、社会保障法上婚姻関係に準ずる関係）にあるものを含む（DV防止法1条3項）。元配偶者も含まれる）。

　平成25年の改正により、「生活の本拠を共にする交際（婚姻関係における共同生活に類する共同生活を営んでいないものを除く。）をする関係にある相手からの暴力」も準用されることになり、今後、事実婚やこれに至らない同棲関係にある交際相手からの暴力について利用が拡大されることが期待される（DV防止法28条の2）。

　土地管轄は、①被告（加害者）の住所地または居所（DV防止法11条1項）、②申立人（被害者）の住所地または居所（同条2項1号）、③暴力が行われた地（同項2号）である。

　保護命令の種類には、①接近禁止命令（DV防止法10条1項1号。6カ月間

被害者の住居やその他の場所で被害者の身辺につきまとい、被害者の住居、勤務先その他その通常所在する場所の近辺を徘徊することを禁止する。被害者の子、被害者の親族等への接近禁止をあわせて申し立てることもできる。電話や電子メール等を禁止する命令も可能)、②退去命令（同項2号。2カ月間、被害者と共に生活の本拠としている住居から退去することを命ずる）の二つがある。

(イ) DV加害者への対応

相談者が加害者である場合、相談者は暴力をしたことを認めるものの相当の理由があるとして自己を正当化し、相手を非難し、相談をする傾向がある。理由はどうであれ、DVは暴力であり、暴力は犯罪である。

そのような加害者の相談を受ける際、相談を受ける者としては、相談者を諭したい気持になるが、そうであっても相談者を非難せず、加害者のとらえ方をそのまま受け入れるよう注意する。加害者が悪者だと決めつけるのではなく、加害者も苦しんでいることがあると理解したうえで、聞取りをしていくよう心がける。そのうえで、DV加害者としての今後の見通し、離婚の手続について説明をする。

(3) **DVがある場合、DVが疑われる場合の監護権・親権の考え方**

DVがある場合、DVが疑われる場合であっても、親権者・監護者の指定は、通常の場合と同様、父母双方の事情および子の事情等により総合的に判断される。ただし、DVを子が目撃している場合は、子への虐待とされるので、加害者が監護者・親権者となる場合は少ないであろう。DV被害者である当事者の支援をする場合は、DV被害の状況、子への影響などを申立書や準備書面に明記していくこととなる。

なお、父親から母親への暴力が認定された場合でも、母親の監護体制に不安があるとして、母親からの子の引渡しの申立てが却下された事案もあるので、注意が必要である（広島高決平成19・1・22家月59巻8号39頁）。

(4) **DVがある場合、DVが疑われる場合の面会交流の考え方**

面会交流は、「子の利益を最も優先」して行う（民法766条）。面会交流を

行うかどうかの判断基準は「子の利益」にかなっているかどうかにある。その実施にあたっては「子の福祉」に配慮しなければならない。

　DVがある場合において、子への接近禁止命令が出ているときは、加害者との面会交流については、慎重に検討される。家庭裁判所での面会交流実施に対する考え方は、面会交流を禁止または制限する事由がある場合のみに直接の面会交流を実施せず、それ以外の場合は何らかの面会交流を実施する方向である。明らかな禁止または制限事由がある場合は、将来的な直接的面会交流の可能性を検討するとともに、間接的面会交流の方法が検討されている。禁止または制限事由があるかどうかに争いがある場合は、子の福祉に十分配慮したうえで、第三者（親族、弁護士、FPIC等の第三者機関等）の関与や条件を工夫することで、直接的面会交流の実施について検討がされている。

　直接的面会交流の禁止または制限事由は、子自身が虐待を受けた、DVを目撃したため子に心的外傷（PTSD等）がある、子が連れ去られる具体的なおそれがあるなど限定的である。すなわち、家庭裁判所では、子にとっての親の存在を重視し、子の利益のための面会交流を実施することを原則とし、検討が重ねられるのである。

　DV被害者にとって、加害者に子を会わせるなど考えられない、考えるだけで恐怖が蘇るなど心情的拒否感は大きいものである。その気持に寄り添いつつ、子の立場に立って、子に必要なことは何かを冷静に判断してもらうよういっしょに悩んでいってもらいたい。

　もちろん面会交流をすることにより、監護親が精神的不安定になることは、子の利益とはならないので、監護親の精神的安定をめざしつつ、無理のない面会交流とは何かを検討していくべきであろう。

　DVがある場合、DVが疑われる場合の面会交流については、一義的に面会交流をする・しないではなく、子の利益のためにより慎重に考えていく必要があるのである。

(5) 調停条項

DVがある場合、DVが疑われる場合の面会交流についての調停条項は、次のとおりとなる。

> **第三者機関の関与により面会交流をする場合**
> 1　申立人と相手方は、申立人と当事者間の長男○○との面会交流にあたり、第三者機関などによる子の受渡し等についての援助を受けることを確認する。
> 2　当事者双方は、面会交流の実施にあたっては、第三者機関の指導に従う。
> 3　当事者双方は、上記第三者機関の利用に関する費用は、申立人○割、相手方○割を負担するものとする。

(6) 調停手続

(ア) 書類作成のポイント

平成25年1月1日の家事事件手続法施行後、申立書の写しは相手方に送付され、提出書類は原則開示の運用がされている。したがって、申立書・準備書面作成にあたっては、相手方が読むことを意識し、DVがある場合、DVが疑われる場合であるからといって、相手を非難するような記載は慎むべきである。あくまでも事実に基づき、当事者の主張を的確に表現し、必要な資料を提出していく。

当事者が避難をしているなど、住所を秘匿する必要があるときは申立書には住民票上の住所等を記載し、別途、書類の送付場所についての上申書を提出する。提出書類の一部の記載事項についての非開示を希望する場合や提出書類全体の非開示を希望する場合は、非開示の希望に関する申出書（【書式6】参照）を提出する（本章Ⅰ2(6)参照）。一部の記載事項を非開示にする場合は、該当部分をマスキング処理したうえで写しを提出する。いったん資料を提出すると撤回はできないし、また非開示希望をした書類等も裁判官の判断によっては相手方からの開示希望により、開示される可能性が全くないわ

けではないので、資料を提出する場合は慎重に行う。

　　(イ)　調停期日における留意点

　DVがある場合、DVが疑われる場合には、被害者を加害者に会わせないよう細心の注意をする。申立て時にその旨を明記し、調停期日に加害者と顔を合わさないよう家庭裁判所においても対応してもらえるようにしておく。家庭裁判所では、初回期日導入時に行われる調停手続の説明や期日終了時の進行状況や次回までの課題の確認のため、申立人および相手方同席での説明が行われている裁判所があるので、このような場合は、同席ではなく別席でこれらを行ってもらうよう強く要請しておくことが必要である。

　調停室も別室が準備できる裁判所もあるが、部屋数により同室で入れ替わりによる調停が行われる場合もある。少なくとも期日には、当事者と同行して、相手方と遭遇することがないよう、当事者の安心・安全の確保に助力する。あらかじめ家庭裁判所と打合せをしておくことも一つであろう。

　　(7)　DVに関する支援機関等

　DV被害者に対する支援情報は、内閣府のウェブサイトにまとめられている（〈表7〉および内閣府ウェブサイト「配偶者からの暴力被害者支援情報」参照）。

　　(ア)　配偶者暴力相談支援センター

　都道府県が設置する婦人相談所その他の適切な施設、または、市町村が自ら設置する適切な施設において、配偶者暴力相談支援センターの機能が果たされている（内閣府ウェブサイト「配偶者暴力相談支援センターの機能を果たす施設一覧」参照）。

　配偶者暴力相談支援センターでは、配偶者からの暴力の防止および被害者の保護を図るため、①相談や相談機関の紹介、②カウンセリング、③被害者・同伴者の緊急時における安全の確保および一時保護（婦人相談所が自ら行うか、婦人相談所から一定の基準を満たす者に委託して行う）、④自立して生活することを促進するための情報提供その他の援助、⑤被害者を居住させ保護する施設の利用についての情報提供その他の援助、⑥保護命令制度の利用

〈表7〉　DV被害者に対する支援内容と相談機関

支援内容	相談機関
配偶者からの暴力全般に関する相談	配偶者暴力相談支援センター（婦人相談所その他の適切な施設。関連施設として、婦人保護施設、母子生活支援施設）
女性問題に関する相談	女性センター
生活支援の相談	福祉事務所
児童に関する相談	児童相談所
心のケアに関する相談	保健所、精神保健福祉センター
その他の相談	民間シェルター
安全対策・緊急時の相談	警察
人権相談・離婚・法律の相談	法務省の人権擁護機関（法務局・地方法務局、女性の人権ホットライン、外国人のための人権相談所）、検察庁（被害者ホットライン）、入国管理局（外国人在留総合インフォメーションセンター）、裁判所、公証人、弁護士（犯罪被害者支援窓口、法律相談センター）、日本司法支援センター（法テラス）
就業支援	就業支援機関（ハローワークその他）

についての情報提供その他の援助を行う。

　都道府県によっては婦人相談所のほかに女性センター（後記(イ)参照）、福祉事務所などを配偶者暴力相談支援センターに指定しているところもあるので、事前に電話で連絡したうえで、利用されたい。

　　(イ)　女性センター

　都道府県、市町村等が自主的に設置している女性のための総合施設で、「女性センター」「男女共同参画センター」など名称はさまざまである（内閣府ウェブサイト「女性センター一覧」参照）。

　女性センターでは、「女性問題の解決」「女性の地位向上」「女性の社会参画」を目的とし、女性が抱える問題全般の情報提供、相談、研究などを実施している。前記(ア)の配偶者暴力相談支援センターに指定されている施設や配偶者からの暴力専門の相談窓口を設置している施設もある。

Ⅲ　監護権・親権、面会交流

　㈦　DV 相談ナビ

　DV に悩んでいる方に支援に関する情報等を提供する相談機関につなぐため、全国共通ダイヤル（0570-0-55210）から、自動音声により、最寄りの相談窓口を案内する DV 相談ナビも活用されたい（内閣府ウェブサイト「『DV 相談ナビ』について」参照）。希望をすれば、案内された相談窓口に電話を転送してもらい、直接相談をすることもできる。

　㈣　女性のための DV 相談室

　NPO 法人全国女性シェルターネットのウェブサイトでは、DV 危険度チェックテストがあり、「不審なアザがある」「学校や職場を休みがちになった」などの項目があげられている（NPO 法人全国女性シェルターネットウェブサイト「女性のための DV 相談室」参照）。

　また、DV に遭った被害者を加害者等から隔離し保護するための施設 DV シェルターも各地にある。その性質上、場所は公開されていない。まずは、相談窓口に相談することが一番である。

Ⅳ　養育費

1　養育費とは

(1)　概　要

　養育費とは、子が親と同程度の生活水準を保持して生活するに必要な費用であり、食費、衣料費、住居費、教育費等も含まれる。未成熟子が独立の社会人として成長・自立するまでに要するすべての費用のことである。なお、未成熟子＝未成年者ではないことに注意する（後記3参照）。

　子の養育について、離婚しても親が責任を負う（民法766条1項）。一般的には親のどちらかが、子を引き取り、養育することになるが、養育に関する費用は、両親の収入、財産により判断され、分担することになる（養育費の取決め状況については〈表8〉〈表9〉〈表10〉参照）。なお、離婚後も子に対する扶養義務があることを自覚していない親も多い。

　具体的にどのようなものが養育費に含まれるかについては、その費用が親の生活水準と同等の生活水準を維持するために必要なものかどうかで判断される。たとえば、ピアノのレッスン費（広島地決平成5・8・27家月47巻9号82頁）、日本舞踊の稽古代（大阪高決昭和37・1・31家月14巻5号150頁）は養育費に含まれないという裁判例がある。

　子の監護について必要な事項である養育費を定めるにあたっても、子の利益を最も優先して考慮しなければならず（民法766条）、どのような家庭環境に生まれた子にも未来への機会が開かれている社会であるべきなのは当然のことである。相談を受けた際は、単に金銭の交付という短期的視点ではなく、子の将来まで見据えた長期的視点によるアドバイスが必要である。

〈表8〉 母子世帯・父子世帯の父の養育費の取決め状況等

	取決めあり			取決めなし	不　詳
		文書あり	文書なし		
母子世帯	37.7%	70.7%	27.7%	60.1%	2.2%
父子世帯	17.5%	60.3%	38.4%	79.1%	3.4%

出典：厚生労働省「平成23年度全国母子世帯等調査結果」

〈表9〉 母子世帯の母の世帯の養育費の取決めの有無（離婚の方法別）

	総　数	協議離婚	その他の離婚
総　数	1332件（100.0%）	1106件（100.0%）	226件（100.0%）
取決めあり	502件（37.7%）	333件（30.1%）	169件（74.8%）
取決めなし	801件（60.1%）	747件（67.5%）	54件（23.9%）
不　詳	29件（2.2%）	26件（2.4%）	3件（1.3%）

出典：厚生労働省「平成23年度全国母子世帯等調査結果」

〈表10〉 父子世帯の父の養育費の取決めの有無（離婚の方法別）

	総　数	協議離婚	その他の離婚
総　数	417件（100.0%）	355件（100.0%）	62件（100.0%）
取決めあり	73件（17.5%）	53件（14.9%）	20件（32.3%）
取決めなし	330件（79.1%）	292件（82.3%）	38件（61.3%）
不　詳	14件（3.4%）	10件（2.8%）	4件（6.5%）

出典：厚生労働省「平成23年度全国母子世帯等調査結果」

(2) 養育費の考え方

　平成23年改正民法により民法766条が改正され、平成24年4月1日から施行された。改正後は、父母が協議離婚をするときに協議で定める子の監護について必要な事項の具体例として「父又は母と子との面会及びその他の交流」（面会交流）および「子の監護に要する費用の分担」（養育費の分担）が明示されるとともに、子の監護について必要な事項を定めるにあたっては子の利益を最も優先して考慮しなければならない旨が明記された。子の利益の観点から、相当額の養育費が継続して支払われることが重要であり、離婚をす

るときに、これらについてあらかじめ取決めをしておくことが重要となる。

　子の養育は、両親が離婚しても責任を負わなければならない性質のものであり、養育に関する費用は、両親の収入や資産の状況により判断することになる。第一次的には当事者の協議で定めることになるが、協議が整わないときは、家庭裁判所で定めることができる（民法766条2項）。養育費の支払義務は、親の未成熟子の生活保持義務の一つであり、この生活保持義務は離婚によって影響を受けてはならない。

　協議離婚をした後でも、養育費について取決めをしていなかった場合、取決めをしたがその後の事情の変更により増額・減額したい場合にも申立てをすることができる。

―― コラム　公益社団法人家庭問題情報センター（FPIC）とは ――

　公益社団法人家庭問題情報センター（Family Problems Information Center：FPIC）は、家庭紛争の調整や非行少年の指導に長年携わってきた元家庭裁判所調査官が、その豊富な経験と人間関係の専門知識、技法を広く活用し、健全な家庭生活の実現に貢献することを目的として設立された公益法人である。

　各地に相談室を設置して、夫婦仲の調整や離婚などの夫婦の問題、離婚後の子をめぐる問題、いじめなど子育ての悩み、ひきこもりなど成人した子の悩み、老親をめぐる兄弟間の悩み、職場の人間関係や男女関係のトラブルあるいは生き方や性格の悩みなど、人間関係、子育てやこころの問題についての相談に応じている。

　FPICは、平成19年10月以降、毎年、厚生労働省「養育費相談支援センター」事業の委託を受けている（後記《コラム　母子及び寡婦福祉法の改正と養育費相談支援センター》参照）。養育費相談支援センターは、全国の養育費専門相談員、母子自立支援員、自治体職員等のための相談支援事業、研修事業、情報提供事業を行っている。また、本人などからの直接電話やメールによる相談も行っている。

　FPICは、特に離婚後の面会交流においては、離婚した夫婦の当事者どうしの葛藤が高い場合、面会交流を援助する第三者機関として利用されている。援助の形態には、付添い、受渡し、連絡調整、短期援助があるが、離婚の際に取り決める条項の作成前に相談が必要である。

Ⅳ　養育費

―― コラム　母子及び父子並びに寡婦福祉法の改正と養育費相談支援センター ――

　平成14年法律第119号により「母子及び寡婦福祉法」が一部改正され（平成15年4月1日施行）、非監護親については、その児童の養育に必要な費用の負担など児童の扶養義務の履行を確保するように努めるよう明確に求められ、そのうえで、監護親についても、非監護親に対し、扶養義務の履行の確保に努めるよう求める、養育費支払いの責務等の規定が設けられた（同法5条）。なお、その後、平成26年法律第28号により、法律の題名が、「母子及び父子並びに寡婦福祉法」と改められ、支援の強化が図られるとともに、父子福祉資金制度が創設されるなど、父子家庭への支援が拡充されている。

　平成14年改正を受け、厚生労働省では、平成19年度に公益社団法人家庭問題情報センターに委託し「養育費相談支援センター」を創設した。同センターでは、母子家庭等の養育費の取得率の向上等を図るため、養育費に関する情報提供、地方自治体が実施・委託する母子家庭等就業・自立支援センターで受け付けた困難事例への支援、養育費相談に応じる人材の養成のための研修等を行っている（本章Ⅸ1も参照）。

　さらに、母子家庭等就業・自立支援センターに養育費専門相談員を新たに設置し、平成22年度からは、養育費専門相談員の業務に、母子家庭の母が養育費の取決め等のために家庭裁判所等へ訪れる際の同行支援が追加されるなど、養育費の取決め率並びに養育費の受給率の増加によって、ひとり親家庭の生活の安定およびひとり親家庭で育つ子の健やかな成長を目標とした、養育費確保支援に関する取組みが進んでいる。

(3)　扶養料との違い

　子が20歳未満であれば、自らを権利者として親に対し扶養料（民法877条～880条）を請求することができる。これも養育費と同じ生活保持義務（生活費）の一つであるが、養育費は未成熟子を監護・養育する親が請求権者となる。それぞれの法的性質が違うことにより請求権者が異なる。

　民法による養育費の請求根拠としては民法766条と877条とが並存しているが、一般的には民法766条に基づく子の監護に関する処分（家事法39条、別表2・3項）として取り扱われている。これは子どもの法定代理人の処理が煩

(4) 養育費の額

　調停手続の中で養育費を決定するプロセスは、まず双方の希望額を提示してもらうことからスタートする。調停の基本は話し合いであるから、まずは申立人・相手方双方が提示した額についてそれぞれに検討してもらう。
　双方が提示した額に隔たりがある場合や、話し合いが膠着した場合には、最終的に個別の事情（父母の収入、資産、子どもの数、生活状況その他の事情等）を考慮しつつ、裁判官と調停委員が評議したうえで、算定表をベースに提示されることもあるが、調停委員会が機械的に金額を算定し、提示するものではない（子の人数ごとの養育費の額については〈表11〉参照）。

〈表11〉　子の人数ごとの養育費（1世帯平均月額）の額（平成23年）

	総数	1人	2人	3人	4人
母子世帯	4万3482円	3万5438円	5万331円	5万4357円	9万6111円
父子世帯	3万2238円	2万8125円	3万1200円	4万6667円	―

※養育費を現在も受けているまたは受けたことがある世帯で、額が決まっているものに限る。
※表中のかっこ内の数値は集計世帯数。
出典：厚生労働省「平成23年度全国母子世帯等調査結果報告」

　なお、算定表では基礎収入の把握が困難な事案や特別の事情がある事案について、当事者に不満が存在することが指摘されている（日本弁護士連合会両性の平等委員会「〈シンポジウム〉子ども中心の婚姻費用・養育費への転換──簡易算定表の仕組みと問題点を検証する」（2012年3月3日開催））。
　また、家庭裁判所で養育費を決めると低額になるとの俗説に惑わされ、十分な話し合いをしないまま相手方が要求する金額で合意してしまうケースや、常識では考えられない高額な金額で合意したことにより、支払いが滞ったり、不払いとなるケースもある。結果として金額よりも継続的で安定した履行の確保を維持することが最も大切となる。

(5) 養育費と面会交流の関係

　養育費と面会交流とはあくまで別のもので、同時履行の関係にあるもので

はなく、面会交流を条件に養育費の支払いを求めることはできないが、生活保持義務は自身の生活と同程度の生活を保障する義務であるから、自身の生活費を確保して、余力があれば負担するという性質のものではない。別居した親との面会交流に支障がないほど養育費の支払率が高いというデータもあるが（日本弁護士連合会「養育費支払確保及び面会交流支援に関する意見書」（平成25年11月21日）参照）、養育費と引き換えに面会交流をするのは論外として、面会交流は離婚後の子の心の支えであり、養育費は離婚後の子の経済的な支えであることから、両者は、車の両輪のように密接不可分な関係にあるともいえる。子と親との関係を良好に保つことが養育費の支払いを確実なものにする方法の一つである。

(6) 離婚に伴う慰謝料・養育費と生活保護との関係

離婚、婚約不履行等に伴う慰謝料の支払いがあった場合、生活保護法63条に基づく返還額決定の対象となる資力の発生は、調停、審判、訴訟等の結果、慰謝料請求権自体が客観的に確実性を有するに至った時点でとらえる必要がある。したがって、保護開始時において調停、審判、訴訟等が係属中の場合は、慰謝料請求権が確定した時点から発生することとなるため、その時点以降、収入認定すれば足りるとされている（『生活保護手帳別冊問答集2014』問13-6(6)参照）。

よって、養育費については生活保護費の返還は不要となるが、収入認定はされることになる。

2 養育費の算定方法

(1) 養育費算定表とは

裁判官等から構成される東京・大阪養育費等研究会が、「簡易迅速な養育費の算定を目指して——養育費・婚姻費用の算定方式と算定表の提案」（判タ1111号）という研究結果を発表している。家庭裁判所の実務では、この研究結果として提示された養育費算定表（標準算定方式。(資料2)参照）の使用が定着している。

養育費算定表は、子の人数（1人～3人）と年齢（0歳～14歳、15歳～19歳の2区分）に応じ九つの表に分かれており、東京・大阪家庭裁判所のウェブサイトからダウンロードできる（東京家庭裁判所ウェブサイト「養育費・婚姻費用算定表」、（資料2）参照）。

養育費算定表のうち、子の人数が3人までとなっているのは、実際の調停の場面で母が監護者になった場合の未成年の子の数は1人が最も多く全体の約5割、2人が約4割、3人は1割にも満たないことが原因と思われる（平成25年度司法統計年報家事編）。

(2) 養育費算定表における計算式

家庭裁判所実務の考え方と養育費算定表において用いられている計算式は、次の(ア)～(ウ)のとおりである（東京弁護士会弁護士研修センター運営委員会編『離婚事件の実務』169頁参照）。

子が0歳から14歳までと15歳以上ではそれぞれ生活指数が違う（0歳から14歳までは55、15歳以上は90）。子が比較的小さい頃に離婚時の養育費を決定する場合、その金額は申立て時を基準とすることから、子が年齢を重ねても、養育費の額は固定したままであり増額することはないのが実務上の取扱いである。

(ア) 義務者・権利者の基礎収入の認定

まず、義務者・権利者の税込み総収入から、公租公課（所得税・住民税・社会保険料等）、職業費、住居関係費・保健医療費等の特別経費（家計費の中でも弾力性、伸縮性に乏しく、自己の意思で変更することが容易ではなく、生活様式を相当変更させなければその額を変えることができないもの）を差し引いて、「基礎収入」（婚姻費用・養育費を念出するための基礎となる収入）を認定する。

基礎収入＝総収入×0.34～0.42（給与取得者の場合）

基礎収入＝総収入×0.47～0.52（自営業者の場合）

　※いずれの場合も高額所得者のほうが割合が小さくなる。

(イ)　子の生活費の算定

　次に、子が義務者と同居していると仮定した場合に、子のために費消されていたはずの生活費を算定する（義務者の基礎収入を義務者と子の各最低生活費等の割合により按分）。

$$\text{子の生活費} = \text{義務者の基礎収入} \times \frac{55 \text{ or } 90\text{（子の指数）}}{100 + 55 \text{ or } 90\text{（義務者の指数＋子の指数）}}$$

　※義務者の指数（親の生活費の指数）を100とすると、14歳までの子の指数は55、15歳以上の子の指数は90とする。
　※子が増える場合、分子・分母にそれぞれの指数を加算する。

　(ウ)　義務者が負担すべき養育費の算定

　そして、子の生活費を、支払義務者と権利者の基礎収入の割合で按分し、義務者が分担すべき養育費の額を算定する。

$$\text{義務者の養育費分担額} = \text{子の生活費} \times \frac{\text{義務者の基礎収入}}{\text{義務者の基礎収入＋権利者の基礎収入}}$$

(3)　**算定表の使用手順**

　(ア)　算定表の読み方

　算定表の縦軸は養育費を支払う側（義務者）の年収、横軸は支払いを受ける側（権利者）の年収を示している。縦軸の左欄と横軸の下欄の年収は給与所得者を示し、縦軸の右欄と横軸の上欄の年収は自営業者を示している。

　(イ)　年収の求め方

給与所得者と自営業者でそれぞれ年収の求め方が違う。

　(A)　給与所得者の場合

　源泉徴収票の「支払金額」（控除されていない金額）を年収とする。なお、給与明細書による場合は金額が月額であることが一般的であること、歩合給が多い場合などには金額の変動があること、賞与・一時金が含まれていないことに留意する。また、副業等で他に確定申告していない収入がある場合は

収入額を支払金額に加算して給与所得として計算する。

　㈐　自営業者の場合

　確定申告書の「課税される所得金額」を年収とする。なお、課税される所得金額は、税法上、種々の観点から控除がされた結果であり、実際に支出されていない費用（基礎控除、青色申告控除、支払いがされていない専従者給与等）を課税される所得金額に加算して年収を定めることになる。

　㈑　権利者・義務者が無収入の場合

　ケースによっては権利者・義務者が病気やけが、失業中で働けない場合もありうる。また、稼働環境にあるのに働いていない場合もある。これらは同じ無収入でも分けて考える必要がある。稼働環境にあるにもかかわらず、働いていない場合（潜在的稼働能力がある場合）、資料を提出しないなどの非協力がある場合は算定根拠として賃金センサスによって平均収入から推計した額をもって給与所得者の収入とみなして算定するというのが、実務では一般的な取扱いとなっている（判タ1111号291頁）。

　㈦　子の人数・年齢による選択

　義務者の年収と権利者の年収が交差する部分の金額が、義務者が負担すべき養育費の標準的な月額を示している。なお、養育費の額を養育費を支払う親の年収額が少ない場合は1万円、それ以外の場合は2万円の幅をもたせてある。

Ⅳ 養育費

（資料２） 養育費算定表

表1　養育費・子1人表（子0～14歳）

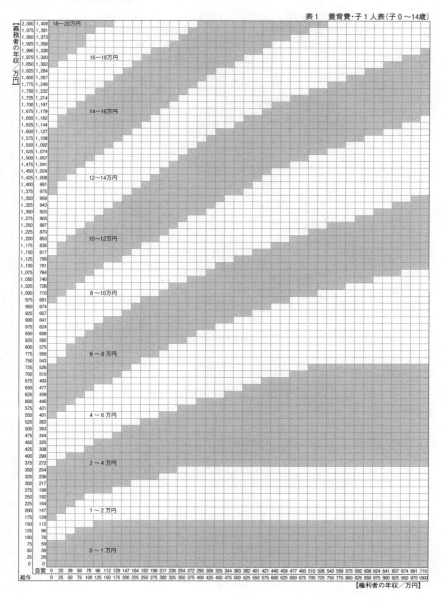

第3章　離婚調停の手続と実務

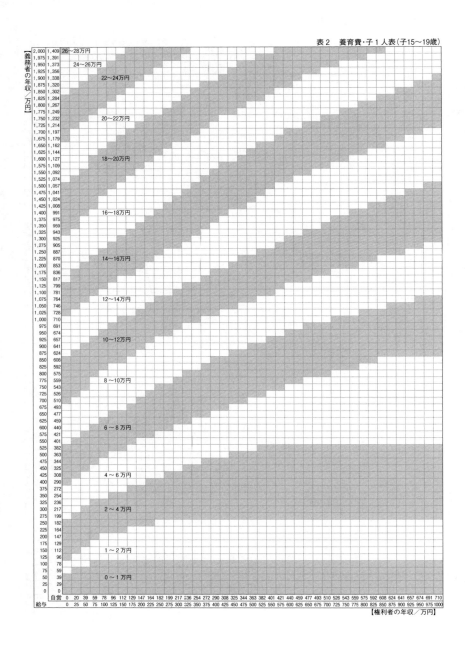

Ⅳ 養育費

表3 養育費・子2人表(第1子及び第2子0〜14歳)

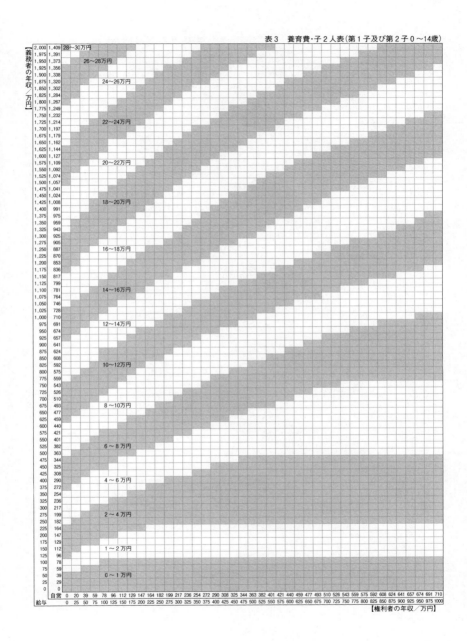

【権利者の年収／万円】

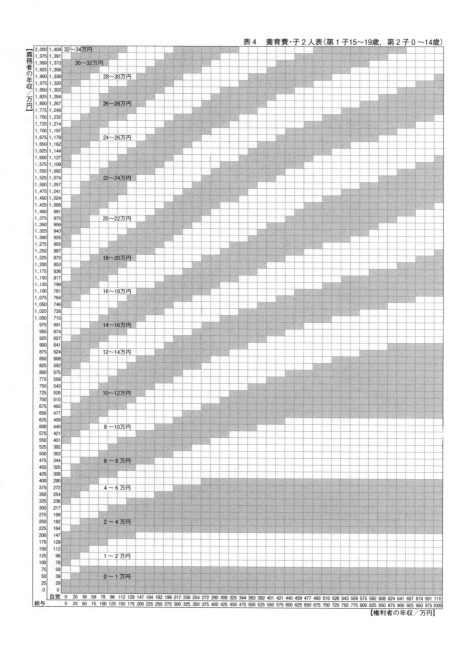

表4 養育費・子2人表(第1子15〜19歳，第2子0〜14歳)

Ⅳ 養育費

表5 養育費・子2人表(第1子及び第2子15～19歳)

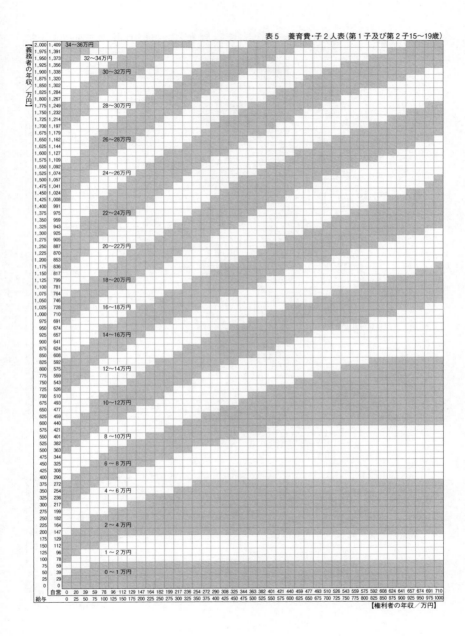

193

第3章 離婚調停の手続と実務

表6 養育費・子3人表(第1子, 第2子及び第3子0～14歳)

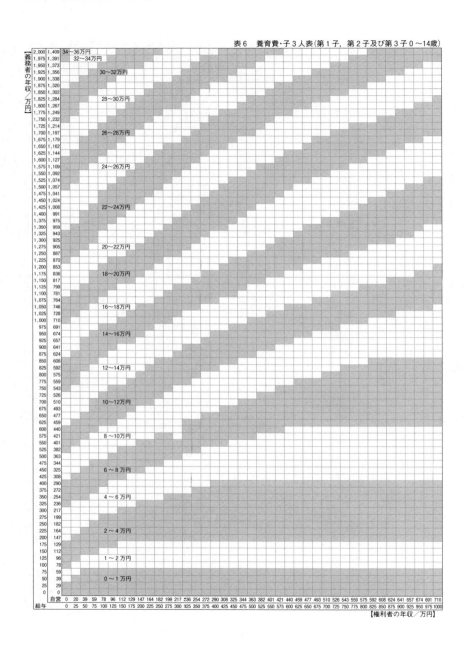

Ⅳ 養育費

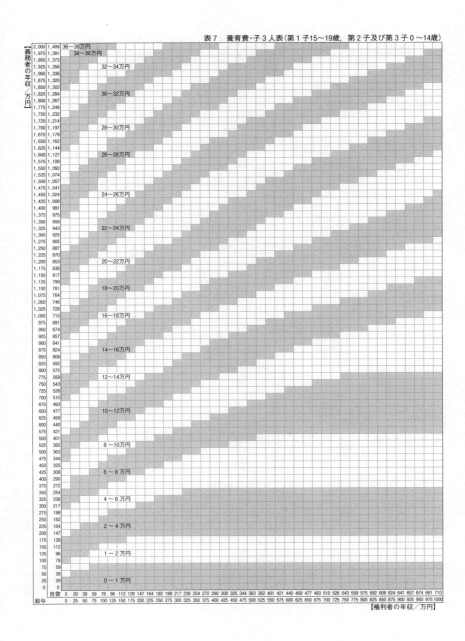

表7 養育費・子3人表(第1子15～19歳, 第2子及び第3子0～14歳)

第3章 離婚調停の手続と実務

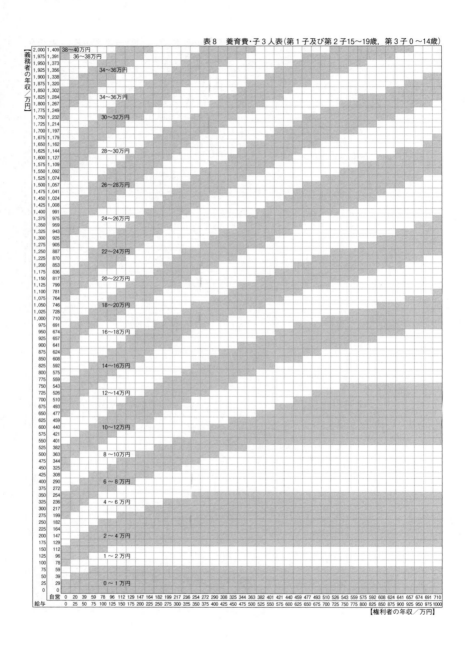

表8 養育費・子3人表(第1子及び第2子15〜19歳, 第3子0〜14歳)

Ⅳ 養育費

表9 養育費・子3人表(第1子，第2子及び第3子15〜19歳)

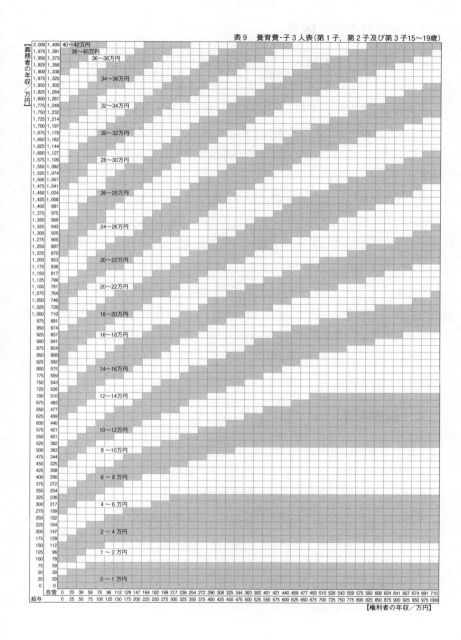

3　養育費の支払期間

　養育費の支払開始時期は、一般的には離婚した月からとなるが、すでに別居しているときは、別居開始時とすることもある。

　養育費の支払いの終期は、「子が高等学校を卒業するまで」「子が成人するまで」「子が大学を卒業するまで」など、それぞれの当事者の事情に応じて決めることができる。一般的には子が20歳に達する月とすることが多いようである。

　未成熟子というのは未成年者という意味ではなく、独立して生活する経済的能力のない子のことをいう。ただし、たとえば「子が高等学校を卒業するまで」と定めた場合は、不確定期限の定めと解されることから、期限の到来が予測に反し遅れる（早まる可能性もある）こともありうる。よって、解釈に疑義が生じさせないために、不確定期限を定める場合には、予定期限より遅れた場合の処置も定めておくことも検討する。また、「子が大学の卒業まで」と定めたが、実際には大学に行かなかった場合は20歳までとなる（東京地判平成17・2・25判タ1232号299頁。岡口基一『要件事実マニュアル第5巻——家事事件・人事訴訟・DV〔第4版〕』118頁）。

4　調停条項

(1)　基本的な考え方

　養育費とは、日常における生活費という性質のものであり、その支払方法は毎月払いが原則であるが、その期間が長期に及ぶことや当事者間でこれ以上の接点をもちたくない場合などもあり、それぞれ事情があることから、調停条項についても将来を見据えた内容にすべきであり、また解釈の違いなど疑義が生じないようにする必要がある。

(2)　調停条項と留意点

　養育費についての調停条項と留意点は、次のとおりとなる。

Ⅳ 養育費

> **子が成人するまで毎月一定額を支払う場合**
>
> 　相手方は、申立人に対し、当事者間の子Ｃ（平成〇〇年〇〇月〇〇日生）の養育費として、平成〇〇年〇〇月からＣが20歳に達する日の属する月まで、毎月金〇〇円の支払義務のあることを認め、これを毎月末日限り申立人名義の〇〇銀行〇〇支店普通預金口座（口座番号〇〇〇〇〇〇）に振り込む方法により支払う。

　養育費の始期は、調停条項に定めがなければ調停成立日以降となるが、疑義がないようにその始期を定め、明らかにするべきである。また、養育費の終期は、「子が高等学校を卒業するまで」「子が成人するまで」など、それぞれの実情に応じて定めることになるが、子の生年月日を調停条項中に記載することが一般的である。

> **子が２人いて、それぞれ成人するまで毎月一定額を支払う場合**
>
> 　相手方は、申立人に対し、当事者間の長男Ｃ（平成〇〇年〇〇月〇〇日生）及び長女Ｄ（平成〇〇年〇〇月〇〇日生）の養育費として、平成〇〇年〇〇月から同人らがそれぞれ20歳に達する日の属する月までの間、１人につき１カ月金〇〇円の支払義務のあることを認め、これを毎月末日限り、申立人名義の〇〇銀行〇〇支店普通預金口座（口座番号〇〇〇〇〇〇〇）に振り込む方法により支払う。

　子が２人以上いる場合、それぞれの終期を定めるか、生年月日を記載しておく。

> **ボーナス支払いを加算した場合**
>
> 　相手方は、申立人に対し、当事者間の子Ｃ（平成〇〇年〇〇月〇〇日生）の養育費として、平成〇〇年〇〇月から同人が成人に達する月まで、１カ月金〇〇円並びに７月及び12月には同金額に各金〇〇円を加算した額を毎月末日限り、申立人名義の〇〇銀行〇〇支店普通預金口座（口座

番号〇〇〇〇〇〇〇）に振り込む方法により支払う。

　将来のボーナスの増減に対応した条項をつくることは難しく、現状を前提に金額を決めるのが一般的である（宇田川濱江ほか『ケース別離婚協議・調停条項作成マニュアル』92頁）。

> **過去の養育費も含めて支払う場合**
> 1　相手方は、申立人に対し、当事者間の子Ｃ（平成〇〇年〇〇月〇〇日生）の過去の養育費（平成〇〇年〇〇月から平成〇〇年〇〇月まで）として、金〇〇円の支払義務のあることを認め、これを平成〇〇年〇〇月〇〇日限り申立人名義の〇〇銀行〇〇支店普通預金口座（口座番号〇〇〇〇〇〇〇）に振り込む方法により支払う。
> 2　相手方は、申立人に対し、Ｃの養育費として、平成〇〇年〇〇月からＣが20歳に達する日の属する月まで、毎月金〇〇円の支払義務のあることを認め、これを毎月末日限り前項の預金口座に振り込む方法により支払う。

　義務者の予測可能性を確保するため、過去の養育費を請求しないのが一般的とされているが、当事者の合意がある場合や、裁判所がその裁量により相当と認める範囲で過去にさかのぼった分の扶養料の支払いを命じることができるというのが相当であるという裁判例（東京高決昭和58・4・28判時1079号48頁）もある。

> **一括支払いの取決めをして調停の席上で受領した場合**
> 　相手方は、申立人に対し、当事者間の子Ｃ（平成〇〇年〇〇月〇〇日生）が成年に達するまでの養育費として、金〇〇円を支払うこととし、本調停の席上で全額を支払い、申立人はこれを受領した。

　養育費は、子の養育に関する費用をそのつど補填するという性質のものであるから、将来に及ぶ養育費をあらかじめ一括で支払うのは相当でないとい

う考え方もあるが、実務上、申立人や相手方が互いに接触をもちたくないということも多く、その場合は一括支払いを定めることもある。一括支払いを受けたにもかかわらず、さらに請求することは、事情の変更のない限り認められない（東京高決平成10・4・6家月50巻10号130頁、岡口・前掲書119頁）。

調停成立後に基礎とされた事情に後日変更が生じ、一括支払いによって支払いを受けた養育費によってまかないきれない要扶養状態が生じたときは、あらためて養育費を請求することは妨げられないと解されることから、調停条項案を作成するときには、その旨を説明しておくべきである。

支払方法を信託方式とした場合

1　相手方は、申立人に対し、当事者間の子C（平成〇〇年〇〇月〇〇日生）の養育費として、平成〇〇年〇〇月からCが20歳に達する日の属する月までの養育費として金〇〇円を支払うこととし、この支払いのために、平成〇〇年〇〇月〇〇日までに金〇〇円を、預託者相手方、受託者〇〇信託銀行〇〇支店、受益者申立人として預託し、次の内容の信託を設定する。
　(1)　受託者をして、平成〇〇年〇〇月から平成〇〇年〇〇月までの間、毎月金〇〇万円を申立人に給付させる。
　(2)　信託は、平成〇〇年〇〇月〇〇日に終了するものとし、残余財産があるときは申立人に帰属させる。
2　相手方は、申立人に対し、相手方が前項の内容の信託を、前項の期限までに設定しないときは、前項の金〇〇万円を、平成〇〇年〇〇月〇〇日までに、相手方に持参又は送金して支払う。

養育費を一括支払いとした場合、権利者の浪費等により費消されてしまう可能性がある。また、調停の場においても義務者がそれまでの婚姻生活における生活態度等の事情をよく知ることから心配することも多い。そのような場合に信託契約を利用し、一括支払いされた養育費を信託銀行に預け、子または申立人を受益者として毎月一定額を受給させることも可能である。

信託は、当事者間の合意のみによって設定することができないので、調停条項としては道義的ないわゆる道義条項とされることから、前記のように2項において義務者が信託を設定しない場合の条項を定めておく。

> **子の進学費用・学費等を支払う場合**
> 1　相手方は、申立人に対し、当事者間の子C（平成〇〇年〇〇月〇〇日生）の養育費として、平成〇〇年〇〇月からCが20歳に達する日の属する月まで、毎月金〇〇円の支払義務のあることを認め、これを毎月末日限り申立人名義の〇〇銀行〇〇支店普通預金口座（口座番号〇〇〇〇〇〇〇）に振り込む方法により支払う。
> 2　相手方は、申立人に対し、前項に定める金員のほか、Cの通学する高等学校の学費として金〇〇円の支払義務のあることを認め、これを平成〇〇年〇〇月〇〇日限り、前項記載の申立人名義の口座に振り込む方法により支払う。
> 3　相手方は、申立人に対し、Cの大学進学時に要する入学金、授業料を第1項記載の申立人名義の口座に振り込む方法により支払う。

養育費は、子を監護養育するための費用であり、教育費も養育費に含まれると解されていることから義務教育にかかる費用は、当然にこの中に含まれる。子が私立学校に通学していたり、大学に進学するような場合など、高額な学費を負担しなければならないような場合がある。したがって、調停では、高等学校や大学進学に伴う学費の負担条項を設ける例が少なくない（岡口・前掲書119頁）。

また、進学するかどうかわからない場合や学費等の額が確定しない場合もありうるので、その場合調停条項には、後日あらためて協議するという文言や費用の範囲などを定めておく必要がある。

なお、養育費算定表では公立中学校・高等学校の学校教育費相当額を考慮しており、私立学校では、義務者の同意性や負担能力、学歴・社会的地位から負担の有無が判断され（神戸家審平成元・11・14家月42巻3号94頁）、両親が

Ⅳ 養育費

大学を卒業している場合には、その子も大学を卒業するまでは養育費負担の必要がある（大阪高決平成2・8・7家月43巻1号119頁）とする例もある。

コラム　子の貧困の現状──就学援助

　学校教育法では、「経済的理由により就学困難と認められる学齢児童生徒の保護者に対しては、市町村は、必要な援助を与えなければならない」（同法19条）とされており、生活保護法6条2項に規定する要保護者とそれに準ずる程度に困窮していると市町村教育委員会が認めた者（準要保護者）に対しては、就学援助が行われている。

　就学援助は、経済的な理由により就学が困難な児童生徒の保護者に対して、学用品費・通学費・就学旅行費・給食費等を補助することで、児童生徒が等しく義務教育を受けることができるように支援する制度である。

　就学援助を受けている小中学生は年々増加傾向にあり、平成22年には約155万人、就学援助率（公立小中学校児童生徒の総数に占める就学援助受給者（要保護児童生徒数と純要保護児童生徒数の合計）の割合）は15.3％と過去最高になっている。

　就学援助を受給している子の増加傾向の背景には、子がいる現役世帯（世帯主が18歳以上65歳未満の世帯）の相対的貧困率（OECDの作成基準に基づき、等価可処分所得（世帯の可処分所得を世帯人員の平方根で割って調整した所得）の中央値の半分に満たない世帯員の割合）が14.6％、大人が2人以上いる世帯の12.7％であるのに対し、大人が1人の世帯（ひとり親家庭）の相対的貧困率は50.8％と非常に高い水準となっており、特に母子世帯の総所得が年間250.1万円と、全世帯の46％、児童のいる世帯の36％にとどまるなど、母子世帯が極めて経済的に困窮しているという厳しい現実がある（〈表12〉もあわせて参照）。

　厚生労働省雇用均等・児童家庭局家庭福祉課が発表した「ひとり親家庭の支援について」（平成26年3月）の中で、ひとり親家庭等の自立支援策の体系として四つの柱が設けられている。その一つに「養育費確保支援」があげられており、離婚によってひとり親家庭となった後の経済的困窮を改善することは、子の貧困問題、貧困の連鎖の問題とも密接につながっており、何とか改善しなければならない喫緊の課題であるととらえられている。

　10年後の市民社会を見据えたとき、今以上に市民の権利意識も高まり、超高

齢社会の真っ只中にあって、遺産分割事件や成年後見事件が増加することは容易に想像でき、今まで以上に司法書士の関与が期待されている。しかし、ひとり親家庭になった理由の約8割が離婚であるという現状に加え、経済的格差がさらに拡大し、深刻な社会問題となっていることが予想される市民社会の中で、司法書士が離婚調停に積極的に関与し支援することが当たり前になれば、ひとり親家庭の経済的困窮を改善し、教育や就労の機会を確保し、結果として貧困の連鎖を断つことに深く寄与できるはずである。ひとり親家庭のまさにホームドクターとして長い支援を続けることもできるであろう。地域に根ざし市民に寄り添ってきた司法書士としては、この社会的要請にぜひ応えたいと考える。

〈表12〉 母子世帯・父子世帯の就業状況と平均年間収入等

		母子世帯	父子世帯
1	世帯数（推計値）	（115.1） 123.8万世帯	（24.1） 22.3万世帯
2	ひとり親世帯になった理由	離婚 80.8%（79.7） 死別 7.5%（9.7）	離婚 74.3%（74.4） 死別 16.8%（22.1）
3	就業状況	（84.5） 80.6%	（97.5） 91.3%
	正規の職員・従業員	（42.5） 39.4%	（72.2） 67.2%
	自営業	（4.0） 2.6%	（16.5） 15.6%
	パート・アルバイト等	（43.6） 47.4%	（3.6） 8.0%
4	平均年間収入（世帯の収入）	（213） 291万円	（421） 455万円
5	平均年間就労収入 （母又は父の就労収入）	（171） 181万円	（398） 360万円

出典：厚生労働省平成23年度全国母子世帯等調査結果

(3) 調停条項として避けるべき事項

調停条項として避けるべき事項として、過怠約款があげられる（東京家審平成18・6・29家月59巻1号103頁、裁判所職員総合研修所『家事審判法実務講義

案』285頁、岡口・前掲書119頁)。

また、養育費支払いに連帯保証人を付ける条項も、生活保持義務を第三者に負わせることはできないから避けるべきである（秋武憲一『離婚調停』236頁、岡口・前掲書119頁）。

5 調停手続──離婚後の養育費請求

(1) 概　要

養育費とは、未成熟子の養育に関し、社会人として自立するまで必要となる費用のことである（前記1(1)参照）。協議離婚をする際に養育費の支払いについても合意ができていれば、公正証書等によって書面化しておくことが望ましいが、離婚の合意ができても養育費の支払いについて合意できない場合は、子の監護に関する処分（養育費請求）調停の申立てを検討する（民法766条2項参照）。なお、離婚前に申し立てる場合には、夫婦関係調整調停の中で養育費について協議をすることになる。

(2) 申立手続

管轄は、相手方の住所地を管轄する家庭裁判所または当事者が合意で定める家庭裁判所である（家事法245条1項）。なお、家事審判を選択した場合は、子の住所地を管轄する家庭裁判所または当事者が合意で定める家庭裁判所である（同法150条4号）。いずれも管轄の合意は書面で行う。

手数料、予納郵便切手等の費用は、子一人について1200円、予納郵便切手（申立てをする家庭裁判所が指示する額であるが、1000円程度が多い）。

提出書類は、申立て時に、①子の監護に関する処分（養育費請求）調停申立書およびその写し【書式10】参照）、②事情説明書【書式2】参照）、③連絡先の届出書【書式5】参照）、④進行に関する照会回答書【書式4】参照）、⑤未成年者の戸籍謄本（全部事項）（発行後3カ月以内のもの）、⑥申立人の収入に関する書類等（源泉徴収票、直近の給与明細3カ月分の写し、非課税証明書等）である。なお、進行に応じて追加書類の提出を求められることがある。

(3) 書類作成のポイント

　基本的にはセンシティブな部分につき、非開示の希望に関する申出書（【書式6】参照）を活用するのは他の申立手続と変わらない。

　子の監護に関する処分の審判事件の管轄は子の住所地を管轄する家庭裁判所または当事者が合意で定める家庭裁判所である（家事法150条4号）ところ、調停事件の場合は、相手方の住所地を管轄する家庭裁判所となっており（同法245条1項）、相手方が遠方に居住している場合、調停から手続を始めると、遠方にある家庭裁判所まで出向かなければならないことになる。子どもを抱えている親の場合、日々の生活にも事欠いていることが多く、遠方の裁判所に出向く時間も経済的な余裕もないことがほとんどであろう。

　このような場合には、申立人が抱えている子の住所地を管轄する家庭裁判所に審判を申し立てる方法を検討してみる価値がある。家庭裁判所に家事審判を申し立てた場合、一般的にはこの申立てを調停に付する（付調停）ことになる。家庭裁判所は家事審判について、いつでもこれを調停に付することができるからである（家事法274条1項）。

　しかし、当事者が審判と同時に審判前の保全処分の申立てをしておけば、家庭裁判所は迅速処理の要請に応えて保全処分については速やかに処理しなければならないので、保全処分の審理を行うことになる（小島妙子『Q&A離婚実務と家事事件手続法』184頁参照）。

Ⅳ 養育費

【書式10】 子の監護に関する処分（養育費請求）調停申立書

この申立書の写しは，法律の定めるところにより，申立ての内容を知らせるため，相手方に送付されます。

受付印	家事	☑ 調停 ☐ 審判	申立書	事件名	子の監護に関する処分 ☑ 養育費請求 ☐ 養育費増額請求 ☐ 養育費減額請求

（この欄に未成年者1人につき収入印紙1,200円分を貼ってください。）

収入印紙　　　　　円
予納郵便切手　　　円

（貼った印紙に押印しないでください。）

東京 家庭裁判所 御中 平成 ○○ 年 ○○ 月 ○○ 日	申立人 （又は法定代理人など） の記名押印	築地花子 ㊞

添付書類	（審理のために必要な場合は，追加書類の提出をお願いすることがあります。） ☑ 未成年者の戸籍謄本（全部事項証明書） ☑ 申立人の収入に関する資料（源泉徴収票，給与明細，確定申告書，非課税証明書の各写し等） ☐	準口頭

申立人	住所	〒150－0013 東京都渋谷区恵比寿3丁目7番16号　（　　　　方）	
	フリガナ 氏名	ツキジ ハナコ 築地花子	昭和・平成 54年 7月28日生 （　35歳）

相手方	住所	〒160－0003 東京都新宿区本塩町9番地3　（　　　　方）	
	フリガナ 氏名	ヨツヤ タロウ 四谷太郎	昭和・平成 51年 4月24日生 （　39歳）

未成年者	住所	☑ 申立人と同居　/　☐ 相手方と同居 ☐ その他（　　　　　　　　　　）	平成 15年11月17日生 （　11歳）
	フリガナ 氏名	ツキジ ミサキ 築地美咲	
	住所	☑ 申立人と同居　/　☐ 相手方と同居 ☐ その他（　　　　　　　　　　）	平成 19年 5月 7日生 （　10歳）
	フリガナ 氏名	ツキジ ヒロト 築地大翔	
	住所	☑ 申立人と同居　/　☐ 相手方と同居 ☐ その他（　　　　　　　　　　）	平成 20年 3月27日生 （　6歳）
	フリガナ 氏名	ツキジ ハルナ 築地陽菜	
	住所	☐ 申立人と同居　/　☐ 相手方と同居 ☐ その他（　　　　　　　　　　）	平成　年　月　日生 （　歳）
	フリガナ 氏名		

（注）太枠の中だけ記入してください。　☐の部分は，該当するものにチェックしてください。

養育費（1/2）

この申立書の写しは、法律の定めるところにより、申立ての内容を知らせるため、相手方に送付されます。

※ 申立ての趣旨は、当てはまる番号を○で囲んでください。□の部分は、該当するものにチェックしてください。

申　立　て　の　趣　旨

（ ☑相手方 ／ □申立人 ）は（ ☑申立人 ／ □相手方 ）に対し、未成年者の養育費として、次のとおり支払うとの（ ☑調停 ／ □審判 ）を求めます。
※ ① １人当たり毎月（☑ 金___○___万___円 ／ □ 相当額 ）を支払う。
　　２ １人当たり毎月金_____円に増額して支払う。
　　３ １人当たり毎月金_____円に減額して支払う。

申　立　て　の　理　由

同　居　・　別　居　の　時　期

同居を始めた日… 昭和 　14 年　12 月　23 日　別居をした日… 昭和 　27 年　3 月　21 日
　　　　　　　　(平成)　　　　　　　　　　　　　　　　　　　(平成)

養　育　費　の　取　決　め　に　つ　い　て

1　当事者間の養育費に関する取決めの有無
　　□あり（取り決めた年月日：平成___年___月___日）　☑なし
2　１で「あり」の場合
　(1) 取決めの方法
　　　□口頭　□念書　□公正証書　　　_____家庭裁判所_____（□支部／□出張所）
　　　□調停　□審判　□和解　□判決 →　平成___年（家　）第___号
　(2) 取決めの内容
　　　（□相手方／□申立人）は（□申立人／□相手方）に対し、平成___年___月から___まで、未成年者１人当たり毎月___円を支払う。

養　育　費　の　実　施　状　況

□　現在，１人当たり１か月___円が支払われている（支払っている）。
□　平成___年___月まで１人当たり１か月___円が支払われて（支払って）いたが
　　その後（□___円に減額された（減額した）。／□ 支払がない（支払っていない）。）
□　支払はあるが一定しない。
☑　これまで支払はない。

養育費の増額又は減額を必要とする事情（増額・減額の場合のみ記載してください。）

□　申立人の収入が減少した。　　　　□　相手方の収入が増加した。
□　申立人が仕事を失った。
□　再婚や新たに子ができたことにより申立人の扶養家族に変動があった。
□　申立人自身・未成年者にかかる費用（□学費　□医療費　□その他）が増加した。
□　未成年者が相手方の再婚相手等と養子縁組した。
□　その他（_____）

6 事情の変更への対応

(1) 基本的な考え方

特に離婚時に子の年齢が低く、養育費の支払いが長期に及ぶ場合は、将来的に何らかの事情の変更が起こりうる可能性が高い。調停等で家庭裁判所が関与した離婚であっても、養育費が全部履行される可能性はそれほど高くはないことから（養育費相談センター「養育費確保の推進に関する制度的諸問題」資料1参照）、次のように調停条項案として、将来、再協議する事情の変更がある場合の条項を記載しておき、双方が弾力的に協議ができる条項を設けることで、養育費の継続的な履行が確保できる可能性が高まる。

将来再協議する事情の変更がある場合

1 相手方は、申立人に対し、当事者間の子Ｃ（平成○○年○○月○○日生）の養育費として、平成○○年○○月からＣが20歳に達する日の属する月まで、毎月金○○円の支払義務のあることを認め、これを毎月末日限り申立人名義の○○銀行○○支店普通預金口座（口座番号○○○○○○○）に振り込む方法により支払う。振込手数料は相手方の負担とする。

2 申立人と相手方は、申立人、相手方双方の経済状態、物価の変動、その他の事情の変更があった場合には、前項の養育費の額についてあらためて協議する。

---

(2) 再調停による養育費の減額・増額請求

調停成立後、物価の変動や父母の再婚、養子縁組等の事情が変更したことに伴い、これらの事情変更を理由として、あらためて養育費についての調停申立てをすることができる。

要件事実は、①従来の額の決定の際の基準とした事情に、顕著かつ重要な変更が生じたこと、②前記①が従前の協議等の際に予測し得なかったものであること、③従来の額が実情に適合せずに不合理であること、④変更すべき

額である（岡口・前掲書128頁）。

　たとえば、実務では、子を母が引き取って離婚をしたケースで、父が定期的に養育費を支払っていたが、数年後に母が再婚した場合に養育費を支払わなければならないのかという相談を受けることがある。このケースでも、母が再婚をしたというだけでは、父の子に対する生活保持義務は免れないことから、一方的に養育費の支払いを止めることはできない。ただし、再婚相手と子が養子縁組をした場合は、再婚相手である子の養親にも子の生活費を負担する義務が発生することで権利者側の経済力が増すような場合、養育費減額の申入れをすることは可能である。

　養育費の増額・減額についての調停条項は、次のとおりとなる。

調停で定められた養育費の額を変更した場合

1　当事者双方は、○○家庭裁判所平成○○年（家イ）第○○号夫婦関係調整調停事件について、平成○○年○○月○○日に成立した調停条項第○項を次のとおり変更する。

2　相手方は、申立人に対し、当事者間の長男Ｃ（平成○○年○○月○○日生）の養育費として、次のとおり毎月末日限り、○○銀行○○支店の申立人名義の普通預金口座（口座番号○○○○○○○）に振り込む方法により支払う。

(1)　平成○○年○○月から平成○○年○○月までの間、毎月金○○円

(2)　平成○○年○○月から平成○○年○○月までの間、毎月金○○円

(3)　平成○○年○○月から満20歳に達する月の間、毎月金○○円

―― コラム　養育費の減額・増額 ――――――――――――――――――――
　離婚調停で養育費を定めたが、その後に予想外の事態が起こり、養育費の額を変更しなければならない場合もある。
　養育費の額は、離婚時点の夫婦の経済力を基準に考えることになるが、調停委員経験者によると、減額調停に立ち会うことは多いが、増額調停はあまりないようである。これは受け取る側（権利者）の事情が悪化した場合であっても、支払う側（義務者）の収入が変わらなければ増額が認められないことが原因と考えられる。

7　養育費の不払いへの対応

　養育費の取決めの中に、一定額を給付する旨の文言があるのが通常であることから、養育費の不払いがあった場合、履行勧告や強制執行等をすることができる（履行の確保については、本章Ⅸ参照）。

V　財産分与

1　財産分与とは

(1)　法定財産制度

　婚姻して同居生活を営む夫婦の財産関係については、居住用住宅を購入もしくは賃借して、これを維持管理するほか、日常的な食品や衣料品などを購入して共同生活を営んでいかなければならない。また、働いて得た収入などで貯蓄をしたり、不動産を購入したりすることになる。

　民法では、夫婦の財産関係について、次の(ア)〜(エ)のように定めている。

　　(ア)　婚姻費用の分担

　夫婦は、その資産、収入その他一切の事情を考慮して、婚姻生活を維持するための費用を分担する（民法760条）。なお、婚姻費用には金銭のみならず、家事や育児等の労働による分担も含むと解されている。つまり、夫婦の一方が家事や育児を担当し、働いて収入を得ている側が他方に金銭を渡すことも婚姻費用の分担となる。

　　(イ)　日常家事債務の連帯債務

　夫婦の一方が、食品や衣料品などの購入等の日常の家事に関して、第三者と法律行為をしたときは、他の一方は、これによって生じた債務について、連帯してその責任を負う（民法761条）。ただし、第三者に対し責任を負わない旨を予告した場合は、この限りではない（同条ただし書）。

　　(ウ)　夫婦別産制

　夫婦の一方が、婚姻前から有する財産および婚姻中に自己の名で得た財産は、その特有財産となる（民法762条1項）。夫婦といえども、それぞれが独立した個人として婚姻前から有していた財産や、婚姻中であっても自己の名前で取得した財産については、それぞれが単独で所有する財産（特有財産）となる。もっとも、夫婦のいずれに属するか明らかでない財産は、その共有

に属するものと推定される（同条2項）。

　　(エ)　夫婦財産契約

　夫婦が、婚姻前に、その財産について別段の契約をしなかったときは、その財産関係は、民法の定めるところによる（民法755条）。夫婦財産契約は、婚姻の届出前に契約をしておく必要があって、届出後の変更はできない。

(2) 夫婦の共有財産

　民法は夫婦別産制を原則とするので、夫婦の一方が、婚姻前から有する財産および婚姻中に自己の名で得た財産は特有財産となるが、他方で婚姻後の共同生活の中で得た財産については、夫婦のいずれに属するかが明らかでない場合がある。この場合には、財産は夫婦の共有に属するものと推定される。

　たとえば、夫婦のうち一方のみが働いて収入を得、一方が家事を負担し、収入を得ていない、もしくは、パート等の収入で収入が少ない場合、夫婦間には経済的格差が生じる。このような場合、不動産を購入する際の登記名義は、収入を多く得ているほうになり、また、貯蓄も収入が多いほうの名義で貯蓄されることが多くなるかもしれない。しかし、これらを形式的名義の者の特有財産とすることは不公平といえる。そこで、共同生活を営む夫婦が婚姻中に得た財産は、原則として夫婦の協力によって形成したものであるのであるから、名義のいかんにかかわらず、その財産形成に対する寄与の割合は2分の1ずつであるとする考え方が、実務では一般的である。

(3) 財産分与請求

　協議上の離婚をした者の一方は、他方に対して財産の分与を請求することができる（民法768条1項）。当事者間に協議が調わないとき、または協議をすることができないときは、当事者は、離婚の時から2年以内であれば、家庭裁判所に対して協議に代わる処分を請求することができる（同条3項）。家庭裁判所は、当事者双方がその協力によって得た財産の額その他一切の事情を考慮して、分与をさせるべきかどうか並びに分与の額および方法を定める。

　このように、夫婦が協力して形成した財産を離婚に際して分与することを財産分与といい、夫婦の一方が財産分与として財産を請求できる権利を財産

分与請求権という。

　(4) 婚姻費用・養育費との関係

　別居中の夫婦の間で、夫婦や子の生活費などの婚姻生活を維持するために必要な生活費を婚姻費用という（本章Ⅷ参照）。婚姻費用については、夫婦がその負担能力に応じて分担する義務を負っている。婚姻費用の負担義務は、夫婦である限り負わなければならないので、夫婦が別居した場合には、婚姻費用の分担請求をすることができる。別居後の未払い婚姻費用がある場合、財産分与において、未払いの婚姻費用を考慮することができる。

　一方、養育費は、婚姻費用と異なり、離婚後であっても分担義務があるので、子を監護・養育している親は、他方の親に対し、離婚後でも将来のみならず過去の養育費の支払いを求める調停の申立てをすることができる（本章Ⅳ参照）。ただし、別居して子の監護・養育をしているほうの親が、他方の親に婚姻費用の分担を求めた場合には、養育費は婚姻費用に含まれるので、別途未払いの養育費のみを請求することができなくなる。

2　財産分与の種類

　財産分与の請求には、①夫婦が婚姻中に形成した共有財産の清算としての性質（清算的財産分与）、②離婚後の扶養としての性質（扶養的財産分与）、③離婚に至った原因によって発生する離婚慰謝料としての性質（慰謝料的財産分与）の三つの種類がある。

　(1) 清算的財産分与

　　(ア)　概　要

　財産分与のうちで、最も中心的な考え方となるのが清算的財産分与である。清算的財産分与とは、婚姻中に夫婦が協力して形成した財産は、夫または妻のみの名義となっていたとしても、これを夫婦の共有財産と考えて、離婚に際してそれぞれの貢献度に応じて清算するという考え方である（後記3以下において、単に「財産分与」というときには清算的財産分与を指すものとする）。

　なお、清算的財産分与は共有財産の清算なので、離婚原因の有無には影響

されず、離婚原因をつくった有責配偶者からも請求することができる。

　㈦　2分の1ルール

　現在の家庭裁判所の実務では、清算的財産分与における夫婦の財産形成に対する寄与の程度は平等であるとしている。つまり、夫婦が婚姻中に形成した財産は、名義が夫または妻のものであっても、2分の1ずつの共有となるとしている。これに関し、「夫婦が婚姻期間中に取得した財産は、夫婦の一方の所得活動のみによるものではなく、他方の家計管理や家事・育児等を含む夫婦共同生活のための活動の成果として得られたものというべきであるから、妻が専業主婦の場合の財産分与の判断においても、家事従事による寄与を正当に評価する必要があ」り、専業主婦として家事や育児に従事し、夫婦の共同生活の維持や夫の所得活動による財産形成に寄与してきた事情のほか、「扶養的要素も考慮すれば、財産分与割合は2分の1とするのが相当である」とする裁判例（広島高判平成19・4・17家月59巻11号162頁）がある。

　しかし、民法では夫婦の財産関係は別産制を原則としているので（同法762条）、財産が特有財産なのか共有財産なのかを判断する必要がある。つまり、夫婦の財産には、夫または妻が婚姻前から有する預貯金や、婚姻前や婚姻後に相続や贈与などによって取得した特有財産と、婚姻中に夫婦が協力して取得した家財道具などの共有財産のほか、夫または妻の名義で取得した不動産などの実質的共有財産があることになる。

　なお、実質的に夫婦の共有財産であるとはいっても登記名義が夫または妻の単独である以上、第三者との関係では登記名義人が単独で所有する特有財産となる。

　(2)　**扶養的財産分与**

　扶養的財産分与とは、専業主婦であった妻のように、離婚によって同居扶養義務や婚姻費用分担義務がなくなることで、直ちに生活に困窮してしまうという事情がある場合に、経済的に自立できるまでの期間の生計を財産分与として負担するという扶養的な目的による財産分与をいう。離婚時に障害者・高齢者であったり、病気である場合や、経済力のない専業主婦である場

合などに認められることがある。ただし、清算的財産分与や離婚に伴う慰謝料が十分に得られる場合には、離婚後の生計が維持できるので、扶養的財産分与を認める必要はないと考えられる。

　また、扶養的財産分与の場合、清算的財産分与と異なり、夫婦で形成した共有財産がなくても、一方の特有財産から分与を受けることができる。

　なお、扶養的財産分与は、経済的に弱い立場の配偶者に対して数年間にわたって一定額を定期的に支払うという方法が一般的にとられる。

　(3)　慰謝料的財産分与

　婚姻関係を破綻させた原因をつくった当事者は、慰謝料の支払義務を負うことになるが、実務では離婚による慰謝料を財産分与に含めることができる（調停条項は、後記4参照）。慰謝料としての支払いに抵抗感があるような場合には、このような方法によって解決することがある。なお、慰謝料は不法行為に基づく損害賠償であって、財産分与請求権とは本来切り離して考えるべきものなので、当事者が慰謝料を含めて財産分与を請求していることを明示する必要がある。

　ただし、財産分与に含めることができるのは、離婚慰謝料のみなので、婚姻中の暴力や傷害等に基づく慰謝料については、これが離婚原因となる場合以外は財産分与に含めることはできず、別個の手続によることになる。財産分与に慰謝料が含まれており、精神的苦痛に対して塡補がされている場合には、配偶者の不貞行為などを理由として、慰謝料を別に請求することはできなくなる。なお、離婚に伴う慰謝料は不法行為に基づく損害賠償なので、離婚後3年以内であれば請求することができる。

3　財産分与の方法

　(1)　財産分与の対象となる財産

　　(ア)　対象となりうる財産

　　(A)　協力して形成した財産

　財産分与の対象となるのは、夫婦が婚姻後、離婚するまでに協力して形成

した財産である。

　名義が夫婦どちらになっているかを問わず、夫婦が婚姻の共同生活の中で協力してその財産の取得に貢献がある財産が分与の対象だが、婚姻による共同生活解消の時点で存在する財産のみが対象となる。別居後に取得した財産は、夫婦の協力によって取得された財産とは考えないので、財産分与の対象は別居時に存在している財産となる。

　つまり、共同生活を解消した時点で財産分与の対象となる財産が存在しなければ、財産分与請求権は生じないことになる。

　　(B)　会社の資産

　当事者が経営する会社の資産については、財産分与の対象とはならないのが原則であるが、保有する株式は財産として財産分与の対象となる。ただし、法人格が形骸化しており、実質的に配偶者の財産と同視できると考えられる場合には分与の対象となるとした裁判例（大阪地判昭和48・1・30判時722号84頁）がある。

　　(C)　子の名義の預貯金

　子の名義の預貯金については、子の進学や結婚資金のために子の名義の口座に親が貯金しているような場合には、親の財産として財産分与の対象となる。ただし、子が祖父母などから贈与を受けたものは、子の財産であって財産分与の対象とはならないので、子の名義の預貯金については、その性質について個別に判断する必要がある。

　　(D)　退職金

　退職金は一般的に事後的な労働の対価とされているため、清算的財産分与の対象となるが、寄与があるのは婚姻期間中だけなので、勤続年数のうち婚姻期間に相当する部分についてのみ分与の対象となる計算になる。

　また、経済状況の変化や会社の倒産などによって、将来の退職金の給付の有無や支給額を正確に把握することは困難なので、実務では数年の間に退職することがはっきりしていて、その退職金の支給額が判明している場合などには財産分与の対象とするという扱いをしている。

(イ)　対象とならない財産

　これに対して、夫婦それぞれの特有財産は財産分与の対象とはならない。特有財産としては、婚姻前から有していた財産、婚姻後に取得した財産であっても夫婦の協力によって取得したのではなく、親族などからの相続や贈与によって取得した財産などが典型である。

　(ウ)　検討を要する財産

　　(A)　債　　務

　財産分与の対象となる積極財産がない場合や、消極財産が積極財産を上回るような場合には財産分与請求権は発生しないが、債務の取扱いをどうするかについて検討する必要がある。

　財産分与請求権がない場合であっても、当事者間の合意または調停で債務の負担割合を合意することはできるので、離婚後に債務が残る場合には合意しておくことが望ましい。なお、債務が日常家事債務に該当する場合には、債権者に対して連帯して債務を負うことになる（民法761条）。

　夫婦が婚姻中に購入した居住用不動産には、まだ返済中のローンが残っている場合がある。この場合、名義がどちらのものになっていようと実質的共有財産と考えて財産分与の対象となるべきであるが、対外的には夫のみが債務者となる債務であっても夫婦の内部的には平等に負担すべきであるということになる。そこで、ローンの債務残高が不動産の価額を下回る場合には、その差額について財産分与の対象となるが、ローンが上回る場合には財産分与の対象とはならないことになる。

　また、夫の名義で借り入れた住宅ローンについて、妻が連帯保証人となっているケースは多いと思われるが、いうまでもなく夫婦が離婚したとしても保証債務が免責されることはない（調停条項は、後記4参照）。金融機関との協議で保証人から脱退させてもらうためには、別の連帯保証人を求められるなど困難が予想される。また、保証人は不動産の登記事項ではないので、自宅不動産の登記事項証明書を確認しても、妻が連帯保証人になっているかどうかの判断がつかないので金銭消費貸借契約書等を確認する必要がある。

⒝　共有不動産

　婚姻中に居住用不動産を取得する際に、夫婦の収入を合算して住宅ローンの申込みを行うことがある。この場合、不動産の名義は夫婦の共有とされ、住宅ローン債務は夫婦が連帯してこれを負担することになる。財産分与に際して不動産を売却する場合には、売却代金から債務を返済した残金を財産分与の対象財産とすればよいことになる。

　しかし、夫婦の一方が不動産を財産分与として取得する場合には、不動産の取得者のみが住宅ローンを返済して、他方の連帯債務を免責的に引き受けるために金融機関と交渉を行う必要がある。

　ところが、ローン申込み時には収入があった妻が不動産を取得したい場合に、すでに仕事を辞めているなどして収入がない場合には、金融機関としても収入のない妻が債務を引き受けて夫を連帯債務者から脱退させることは容認できない場合が多いと思われる。この場合は、不動産を売却しての清算を選択するか、金融機関と粘り強く交渉をするしかないであろう。合意や調停で連帯債務者から脱退させるように、離婚後に交渉することを約束するにとどめるのであれば、金融機関が承諾しない場合もあるということを当事者に十分理解してもらう必要があるであろう。

⑵　**財産分与の基準時**

　財産分与の対象となる財産について、いつの時点の財産を基準として財産分与をするのかが問題となる。夫婦が婚姻生活中に共同で形成した財産が対象となるので、対象財産の基準時は原則として共同の婚姻生活が消滅した時点ということになる。別居してそれぞれ独自の生活を営んでいる場合には、夫婦の共同財産の形成に寄与するということはないので、別居時に存在した財産のみが分与の対象となり、別居していない場合には離婚時に存在した財産が対象となる。なお、預貯金、生命保険等の解約返戻金、住宅ローン残高等については評価に変動がないので、別居時の残高が財産分与の対象となり、不動産や株式については評価が変動するので、訴訟の場合には口頭弁論終結時となるが、調停の場合には、当事者において評価の基準時を決定すること

になり、別居時や調停内での和解案の提案時となることが多い。

　(3)　**寄与度**

　財産分与は、婚姻中に形成した夫婦の財産を清算することなので、共有財産の形成や維持管理に対する寄与・貢献の程度によって清算の割合が決まることになる。

　実務では、婚姻中の財産形成に対する寄与の程度は平等であるとして、夫婦が婚姻中に形成した財産は名義が一方のものであっても、2分の1ずつの共有となるという考え方が一般的である（前記2(1)(イ)参照）。ただし、これと異なる特段の事情がある場合には、異なる割合での財産分与となる。

　医師や弁護士等の資格者については、資格取得をした者自身の才能や努力が財産形成の主な要因であるとして、寄与割合の基準を2分の1とすることが妥当でないとする裁判例（福岡高判昭和44・12・24判時595号69頁等）がある。前掲福岡高判昭和44・12・24は、病院経営者である医師（夫）の事案であるが、妻の医業への協力の程度等が考慮されたものの、夫の「医師ないし病院経営者としての手腕、能力に負うところが大きいものと認められ……財産分与の額の決定につき……財産の2分の1を基準とすることは妥当性を欠く」とした。

　(4)　**財産分与の方法**

　基準時における対象となる財産全体のうち、積極財産から消極財産を差し引いたものが財産分与の対象となる財産額となるので、ここから寄与度に応じた財産分与額を算出する。

　これに対して、不動産等の財産が多数あって、それそれの財産ごとに固有財産から返済がされているなど寄与度が異なるような場合には、個々の財産ごとに寄与度を考慮して計算する方法を採用する場合もある。財産分与の対象となる積極財産がない場合や、積極財産よりも消極財産のほうが多い場合には、清算する必要がないので、財産分与は請求できない。

4 調停条項

財産分与についての調停条項と留意点は、次のとおりとなる。

慰謝料および財産分与として金銭支払いを定めた場合

1 申立人と相手方は、本日調停離婚する。
2 相手方は、申立人に対し、本件離婚に伴う慰謝料及び財産分与として、金〇〇円の支払義務があることを認め、これを平成〇〇年〇〇月から平成〇〇年〇〇月まで、毎月末日限り、金〇〇円あて分割して、申立人名義の〇〇銀行〇〇支店普通預金口座（口座番号〇〇〇〇〇〇〇）に振り込む方法により支払う。

住宅ローンの連帯債務を定めた場合

1 申立人は、相手方に対し、申立人及び相手方が、平成〇〇年〇〇月〇〇日付け金銭消費貸借契約に基づいて〇〇銀行から連帯して借り入れた債務について、相手方が連帯債務者から速やかに脱退する手続をするよう協力することを約束する。
2 申立人は、相手方に対し、前項記載のローンの支払いを、平成〇〇年〇〇月の支払分から申立人が責任をもって支払っていくことを約束する。

---

5 調停手続──離婚後の財産の分与に関する処分

(1) 概　要

離婚後、財産分与について当事者間の協議が調わない場合や協議ができない場合には、離婚時から2年以内に家庭裁判所に調停または審判の申立てをして財産分与を求めることができる。調停手続を利用する場合には、財産の分与に関する処分調停事件として申立てをする。なお、離婚前に申し立てる場合には、夫婦関係調整調停の中で財産分与について協議をすることになる。

調停手続では、夫婦が協力して得た財産がどれくらいあるのか、財産の取得や維持に対する夫婦双方の貢献の度合いはどれくらいかなど一切の事情について当事者双方から事情を聞いたり必要に応じて資料等を提出してもらうなどして事情をよく把握して解決案を提示したり、解決のために必要な助言をし、合意をめざした話し合いが進められる。

なお、財産分与に関する処分調停は、別表第2事件であり、調停不成立になった場合には、自動的に審判手続に移行する。

(2) **申立手続**

財産の分与に関する処分調停申立ての申立手続は、次のとおりである。

管轄は、相手方の住所地の家庭裁判所または当事者が合意で定める家庭裁判所となる。なお、合意は書面でしなければならない。

手数料は、1200円。連絡用の郵便切手については、申立てをする家庭裁判所へ確認して予納する。

提出書類は、財産の分与に関する処分調停申立書およびその写し(【書式11】参照)、標準的な添付書類としては、離婚時の夫婦の戸籍謄本(離婚により夫婦の一方が除籍された記載のあるもの)、夫婦の財産に関する資料(不動産登記事項証明書、固定資産評価証明書、預貯金通帳の写しまたは残高証明書等)である。

(3) **書類作成のポイント**

前記のほか、婚姻から破綻に至った経緯や、その間の財産取得の経過などの事情説明書等を添付することで、個別の財産の数量や価額、特有財産なのか共有財産なのかを判断する資料となるので添付することが望ましい。

Ⅴ 財産分与

【書式11】 財産の分与に関する処分調停申立書

この申立書の写しは，法律の定めるところにより，申立ての内容を知らせるため，相手方に送付されます。

	受付印	財産分与	☑ 調停 □ 審判	申立書

（この欄に申立て1件あたり収入印紙1,200円分を貼ってください。）

収入印紙　　　　円
予納郵便切手　　円

（貼った印紙に押印しないでください。）

東京　家庭裁判所 御中 平成　〇〇年〇〇月〇〇日	申　立　人 （又は法定代理人など） の記名押印	築地花子　　㊞

添付書類	（審理のために必要な場合は，追加書類の提出をお願いすることがあります。） ☑ 離婚時の夫婦の戸籍謄本（全部事項証明書）　1通 ☑ 不動産登記事項証明書　1通	準口頭

申立人	住　所	〒150-0013 東京都渋谷区恵比寿3丁目7番16号　　（　　　方）
	フリガナ 氏　名	ツキジ　ハナコ 築地花子	大正 ㊊昭和㊋ 54年 7月 28日生 平成　（　　35　歳）

相手方	住　所	〒160-0003 東京都新宿区本塩町9番地3　　（　　　方）
	フリガナ 氏　名	ヨツヤ　タロウ 四谷太郎	大正 ㊊昭和㊋ 51年 4月 24日生 平成　（　　39　歳）

（注）太枠の中だけ記入してください。

財産分与（1/2）

<u>この申立書の写しは，法律の定めるところにより，申立ての内容を知らせるため，相手方に送付されます。</u>

申　立　て　の　趣　旨
相手方は，申立人に対し，財産分与として
1　（金　　　　　万円　／　☑ 相当額　　）を支払う
2
旨の（☑調停／□審判）を求めます。

申　立　て　の　理　由
婚姻・離婚及び同居・別居の時期等

婚姻の日… 昭和／㊗平成 15 年 1 月 12 日　　同居をした日… 昭和／㊗平成 14 年 12 月 23 日

離婚の日… 昭和／平成 　年　月　日　　別居をした日… 昭和／㊗平成 27 年 3 月 21 日

夫婦が婚姻中に有した財産について

相手方の財産
☑ 別紙財産目録記載の相手方名義の財産のとおり
□ 別紙財産目録記載の相手方名義の財産以外にも存在する。
□ 不明

申立人の財産
☑ なし
□ 別紙財産目録記載の申立人名義の財産のとおり
□

申立て趣旨記載の財産分与を求める理由

□ 相手方が財産分与の話合いに応じない。
□ 夫婦で婚姻中に有した財産の範囲に争いがある。
□ 話合いを行ったが，合意できなかった。
□ 当事者間で定めた財産分与の約束を守らない。
□ その他（　　　　　　　　　　　　　　　　　　　　　　　）

財産分与（2/2）

Ⅴ　財産分与

財産目録（自宅）

（土地）

番号	所在	地番，地目，地積	名義	備考
1	東京都新宿区本塩町	☑不動産登記事項証明書のとおり	相手方	

（建物）

番号	所在	（マンションの場合）マンション名	家屋番号・種類・構造・床面積	名義	備考
1	東京都新宿区本塩町	レジデンス司法	☑不動産登記事項証明書のとおり	相手方	
			□不動産登記事項証明書のとおり		

（住宅ローン）

番号	債権者	借入日 借入金額	別居又は離婚の日 借入残高	主債権者 （連帯）保証人	備考
1	住宅金融支援機構	平成15年〇月〇日 〇〇万円	平成27年3月21日 不明	相手方	

225

財　産　目　録　（現金，預貯金，株式等）

(注)　預貯金は銀行名，支店名　種類，口座番号を，株式は銘柄を，投資信託は種類を品目及び細目欄に記載してください。別居時または離婚時のいずれか早い時点の数量または金額を数量（金額）欄に記載してください。
　　　当該財産の名義（現金・登録等のない動産の場合は保管者）を名義欄に記載してください。

番号	品　　目	細　　目	数量（金額）	名　義	備　考
1	現金		○万円	相手方保管	
2	□□銀行新宿支店	定期預金	○万円	相手方	
3	同上	普通預金	○万円	相手方	

6 財産分与における課税への対応

　財産分与として不動産その他の資産を譲渡した者は、資産の譲渡として譲渡所得税が課せられる。財産分与によって財産を取得した者について贈与税の課税はないが、その額が過当であると認められる場合には過当部分について贈与税の課税対象となる場合がある。

　また、離婚を手段として贈与税や相続税などを免れようとしたと認められる場合にも贈与税の課税対象とされることがある。

Ⅵ　慰謝料

1　慰謝料とは

(1)　不法行為に基づく慰謝料

　故意または過失によって他人の権利または法律上保護される利益を侵害した者は、これによって生じた損害を賠償する責任を負う（民法709条）。これが不法行為に基づく損害賠償請求であるが、他人の身体、自由もしくは名誉を侵害した場合または他人の財産権を侵害した場合のいずれであるかを問わず、同条の規定により損害賠償責任を負う者は、財産以外の損害に対しても、その賠償をしなければならない（同法710条）。

　このように、不法行為によって被害者が受けた財産以外の精神的損害を賠償するために支払われる金銭を慰謝料という。

(2)　離婚に伴う慰謝料

　離婚に伴う慰謝料は、①不貞行為、悪意の遺棄、暴力行為などの有責行為による精神的苦痛に対する損害賠償請求権、②離婚そのものによる精神的苦痛に対する損害賠償請求権に分かれるが、実務上はこれらを明確には区別しないことが多い。ただし、長期にわたる同居生活の中で、どちらかに明白な離婚原因がなく徐々に別居に至って離婚したような場合には、不法行為が成立しないので慰謝料が発生することはない。

　実務上は、慰謝料の支払いに応じることで離婚原因が自らにあることを認めることに抵抗感がある場合には、慰謝料という言葉を使わずに解決金という名目で金銭を支払うことがある。解決金とは、慰謝料のみならず、養育費、財産分与、未払いの婚姻費用、夫婦間の債務などについて、このような法的性格を特定せずに、紛争の早期解決のために金銭の支払いに合意することである。ただし、法的性格を特定しないことで、同じ原因で後日再び慰謝料を請求するなどの紛争が考えられるので、清算条項を工夫するなどして紛争防

止に注意を払う必要がある。なお、慰謝料を解決金名目で合意した場合であっても、内容が確定してれば債務名義となるので強制執行をすることもできる。

(3) **婚姻中の不法行為に基づく慰謝料**

婚姻中の暴力などによって不法行為が成立する場合には、精神的苦痛に対する慰謝料を請求することができる。これは離婚原因を生じさせたことによる慰謝料とは別のものなので、婚姻中の不法行為に基づく慰謝料という。

(4) **不貞行為に基づく慰謝料**

民法には夫婦が貞操を守る義務について定めはない。しかし、配偶者の不貞行為が離婚原因となる（同法770条1項1号）ことや、重婚を禁止している（同法732条・744条）ことなどからも、貞操義務は法律上の義務であると考えられている。したがって、婚姻中に夫または妻が不貞行為を行えば、その精神的苦痛に対して慰謝料が発生する。ただし、別居して夫婦としての実体が失われているなど、すでに婚姻生活が破たんしている場合には、相互に貞操義務を負っているとはいえないので不法行為は成立せず、慰謝料の支払義務は発生しない。

なお、不貞行為は離婚原因となるので、不貞行為の結果として婚姻関係が破綻して離婚することとなった場合には、不貞行為をした夫または妻は、離婚自体による精神的苦痛を慰謝する責任があることになるが、不貞行為による精神的苦痛による慰謝料はこれに含まれることになる。

(5) **不貞行為の相手方に対する慰謝料**

夫または妻の不貞行為の相手方は、共同不法行為として、不貞行為を行った夫または妻とともに損害賠償義務を負うことになる（民法719条1項）。ただし、婚姻関係がすでに他の原因によって破たんしている場合は侵害される法益が存在せず、責任が否定される。

また、夫が女性に暴行・脅迫を加えて関係を強要した事案で相手方女性に対する慰謝料請求を否定した裁判例（横浜地判平元・8・30判時1347号78頁）がある。

なお、不法行為の相手方に対して調停を申し立てることもできるが（調停条項は、後記3参照）、この調停が不成立となった場合には、家庭裁判所に離婚訴訟が係属していない限りは、あらためて地方裁判所に訴えを提起しなければならない。

(6) 慰謝料と財産分与の関係

離婚に伴う慰謝料を財産分与に含めることができる。名目上、慰謝料として支払うことに抵抗があるような場合に利用されている。ただし、本来、慰謝料は不法行為に基づく損害賠償なので、財産分与請求権とは切り離して考えるべきもので、当事者が慰謝料を含めて財産分与を請求していることを明示する必要がある（調停条項は、後記3参照）。

財産分与に含めることができるのは離婚に伴う慰謝料のみで、婚姻中の暴力や傷害等に基づく慰謝料については、これが離婚原因となる場合でなければ財産分与に含めることはできず、別の手続によることになる。財産分与に慰謝料が含まれている場合には、別途慰謝料を請求することはできない。

(7) 慰謝料の時効

離婚に伴う慰謝料は、不法行為に基づく損害賠償請求なので、損害および加害者を知った時から3年間請求権を行使しないと時効によって消滅することになる。これに対して、財産分与請求権は、離婚後2年以内に請求する必要がある。

2　慰謝料の額

(1) 概　要

慰謝料の額について客観的な基準を一律に定めることは困難であるが、①離婚の有責性の程度、②背信性の程度、③精神的苦痛の程度、④婚姻期間、⑤当事者の社会的地位、⑥支払能力、⑦未成熟子の存在、⑧離婚後の要扶養などを考慮して定めることになる。

東京家庭裁判所において、平成16年4月から平成22年3月までに既済となった離婚訴訟事件のうち、慰謝料を認める旨の判断がなされた事件の認容額

は、100万円以下が28.2％、200万円以下が54.8％、300万円以下が79.6％であり、全体の86.4％が500万円以下である（小島妙子『Q&A離婚実務と家事事件手続法』265頁）。

(2) **配偶者に対する請求**

(ア) 不貞行為

不貞行為の事案として、①16年間の婚姻生活中、度重なる不貞行為を繰り返していた夫について300万円の慰謝料請求を認めた裁判例（東京高判昭和55・9・29判時981号72頁）、②夫の無責任な態度や暴力行為にも婚姻の破綻について相当の原因があるが、妻の不貞行為が破綻を決定的にしたとして、有責配偶者である妻からの離婚請求を認めたが、妻に対して200万円の慰謝料の支払いを命じた裁判例（東京高判平成3・7・16判時1399号43頁）がある。

(イ) 暴力、悪意の遺棄

暴力の事案として、夫の度重なる暴力によって、妻が右鎖骨骨折、腰椎椎間板ヘルニアの傷害を負い後遺症が残った事例で、夫に対して、離婚による慰謝料350万円のほか、入通院慰謝料、後遺障害慰謝料、逸失利益として合計1714万円の支払いを命じた裁判例（大阪高判平成12・3・8判時1744号91頁）がある。

悪意の遺棄の事案として、破綻の主たる原因が、突然家出した夫にあり、妻において夫を拒否する態度があったことは否定できないが、それにも増して、夫の言動が真に自己の所為を反省し、円満な夫婦生活の回復を願う者のとるべき行動とはほど遠かったとして、慰謝料500万円を認めた裁判例（東京地判昭和60・3・19判時1189号69頁）がある。

(ウ) 性交渉拒否

性交渉拒否の事案として、①夫がポルノ雑誌に異常な関心を示して自慰行為に耽り、妻が正常な性生活を哀願したのに拒否したことなどについて、夫に対し慰謝料500万円の支払いを命じた裁判例（浦和地判昭和60・9・10判タ614号104頁）、②妻が婚姻当初から性交渉を拒み続けたことによって、婚姻から9カ月で離婚した事例で、妻に対し慰謝料150万円の支払いを命じた裁

判例（岡山地津山支判平成3・3・29判時1410号100頁）がある。

(3) 不貞行為の相手方に対する請求

不貞行為の相手方に対する請求の事案として、①妻が女性に1000万円を請求したのに対して、この関係は夫が主導したものであること、夫がこの女性に走ったことにつき妻に落ち度や帰責事由がないかどうかに疑義もあることなどから150万円を相当とした裁判例（横浜地判昭和61・12・25判タ637号159頁）、②男性が夫のいる女性と関係をもち再三の交際を止める旨の話し合いと懇請にもかかわらず、なおも交際を続け、男性は執拗にこの女性の家庭に電話をかけたり、庭先で女性の名前を呼ぶなどし、さらには女性の夫の勤務先に、女性との淫らな関係を書いたはがきを8通送るなどしており、現在二人は同棲中であるという事例において500万円の慰謝料を認めた裁判例（浦和地判昭和60・12・25判タ617号104頁）がある。

3 調停条項

慰謝料についての調停条項は、次のとおりとなる。

慰謝料を即日授受する場合

申立人は、相手方に対し、本件離婚に伴う慰謝料として、金○○円の支払義務があることを認め、本調停の席上で支払い、相手方はこれを受領した。

不貞行為の相手方に対する慰謝料請求調停を併合し、離婚調停の相手方と連帯して慰謝料を支払うこととした場合

○○号事件相手方と○○事件相手方は、申立人に対し、連帯して、慰謝料として金○○円の支払義務があることを認める。

不貞行為の相手方に対して慰謝料請求をしないことを約した場合

申立人は、相手方に対し、申立外○○に対して慰謝料を請求しないこ

とを約束する。

慰謝料および財産分与として金銭の支払いを定めた場合
　相手方は、申立人に対し、本件離婚に伴う慰謝料及び財産分与として金300万円の支払義務があることを認め、これを平成○○年○○月から平成○○年○○月まで、毎月末日限り、金○○円あて分割して、申立人名義の○○銀行○○支店普通預金口座（口座番号○○○○○○○）に振り込む方法により支払う。

4　調停手続——離婚後の慰謝料請求

(1)　概　要

　慰謝料は、相手方の不法行為によって被った精神的苦痛を慰謝するための損害賠償であり、相手方の行為によって離婚せざるを得なくなったような場合などに請求することができる。離婚後に、慰謝料について当事者間の協議がまとまらない場合や協議ができない場合には、家庭裁判所の調停手続を利用することができる（不法行為による損害賠償請求として地方裁判所に訴えを提起することもできる）。なお、離婚前の場合は、夫婦関係調整調停の中で慰謝料について話し合いをすることができる。
　調停手続では、当事者双方から離婚に至った経緯や離婚の原因がどこにあったかなどの事情を聞いたり、必要に応じて資料等を提出してもらうなどして事情をよく把握し、解決案を提示したり、解決のために必要な助言をする形で話し合いが進められる。

(2)　申立手続

　慰謝料請求調停申立ての申立手続は、次のとおりである。
　管轄は、相手方の住所地の家庭裁判所または当事者が合意で定める家庭裁判所となる。なお、合意は書面でしなければならない。
　手数料は、1200円。連絡用の郵便切手については、申立てをする家庭裁判

所へ確認して予納する。

　提出書類は、慰謝料請求調停申立書およびその写し（【書式12】参照）であり、申立て時には特に決まった添付書類は要求されない。

(3) **書類作成のポイント**

　申立て時には特に添付書類は要求されないが、円滑な調停の進行のために、暴力があったのであれば、けがの写真等、暴言等の電子メールの写し等の事情説明書を添付することが望ましい。ただし、家庭裁判所によっては、このような事情説明書を申立書の一部として相手方に送達する取扱いになっている場合があるので注意が必要である。

Ⅵ 慰謝料

【書式12】 慰謝料請求調停申立書

この申立書の写しは、法律の定めるところにより、申立ての内容を知らせるため、相手方に送付されます。

受付印	家事 ☑調停 □審判 申立書 事件名（ 慰謝料 ）
	（この欄に申立て1件あたり収入印紙1,200円分を貼ってください。）
収入印紙　　円 予納郵便切手　　円	（貼った印紙に押印しないでください。）

東京　家庭裁判所 　　　　　　　御中 平成　〇〇年〇〇月〇〇日	申　立　人 （又は法定代理人など） の記名押印	築地花子　㊞

添付書類	（審理のために必要な場合は、追加書類の提出をお願いすることがあります。）	準口頭

申立人	本　籍 （国　籍）	（戸籍の添付が必要とされていない申立ての場合は、記入する必要はありません。） 東京 ㊞都 道／府 県　渋谷区恵比寿3丁目7番	
	住　所	〒150-0013　東京都渋谷区恵比寿3丁目7番16号　（　　方）	
	フリガナ 氏　名	ツキジ　ハナコ 築地花子	大正 ㊞昭和 平成　54年 7月 28日生 （ 35 歳）

相手方	本　籍 （国　籍）	（戸籍の添付が必要とされていない申立ての場合は、記入する必要はありません。） 東京 ㊞都 道／府 県　新宿区本塩町9番	
	住　所	〒160-0003　東京都新宿区本塩町9番地3　（　　方）	
	フリガナ 氏　名	ヨツヤ　タロウ 四谷太郎	大正 ㊞昭和 平成　51年 4月 24日生 （ 39 歳）

（注）太枠の中だけ記入してください。

別表第二，調停（1/2）

この申立書の写しは，法律の定めるところにより，申立ての内容を知らせるため，相手方に送付されます。

申　立　て　の　趣　旨
相手方は申立人に対し、慰謝料として相当額を支払うとの調停を求めます。

申　立　て　の　理　由
1　申立人と相手方は平成15年1月12日に婚姻しました。
2　長女が生まれてから、姑がやたらと自宅にやってきて子育てに口を出すようになり、口論が絶えなくなりました。
3　夫は多少母親愛が強い人だとは認識していましたが、嫁姑問題が発生してから、その傾向が強くなっていきました。その結果、夫婦げんかになることもありましたが、その際、しばしば夫からは暴力をふるわれました。
4　子供たちのためを思いがまんしてきましたが、今年になって夫の不倫が発覚し、申立人が家を出て、平成〇〇年〇〇月〇〇日、離婚をしました。
5　相手方の一連の言動により、このような事態になったものですので、慰謝料を請求するためこの申立てをします。

Ⅶ　離婚時年金分割

1　離婚時年金分割とは

(1)　日本の年金制度

　日本国内に住所を有する20歳以上60歳未満のすべての者が、公的年金への加入を義務づけられている。公的年金には、次の①～③の３種類があり、働き方によって加入する年金の制度が決まる（〔図８〕参照）。

　①　国民年金　　日本国内に住所を有する20歳以上60歳未満のすべての者が加入するもので、老齢・障害・死亡によって基礎年金を受け取ることができる。

　②　厚生年金　　厚生年金保険の適用を受ける会社に勤務するすべての者が加入する。

　③　共済年金　　国家公務員、地方公務員、私立学校教職員などが組合員となる。

　公的年金は、国民年金を基礎としていて、その上に厚生年金保険や共済年金を重ねる２階建ての構造になっている。老齢基礎年金（国民年金）は、夫および妻に対してそれぞれ支給されるもので、老齢厚生年金等（厚生年金保険、共済年金）については、被保険者だけが受給権者となる。したがって、夫婦の一方のみが働いて厚生年金保険や共済年金の被保険者となっている場合には、老齢厚生年金等の受給権者は被保険者である夫婦の一方のみということになる。なお、平成27年10月１日からは、公務員等も厚生年金に加入することとなり、２階部分の年金は厚生年金に統一されることとなる。

　なお、国民年金の被保険者は、次の３種類に分類される。

　①　第１号被保険者　　日本国内に住所を有する20歳以上60歳未満の者であって、第２号被保険者、第３号被保険者でない者

　②　第２号被保険者　　民間会社員や公務員など厚生年金、共済年金の加

〔図8〕　公的年金制度のしくみ

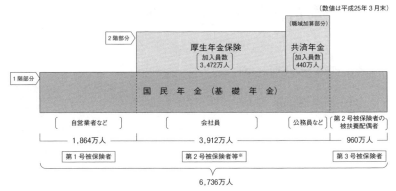

出典：厚生労働省ホームページ「公的年金制度の概要」

入者

③　第3号被保険者　厚生年金、共済組合に加入している第2号被保険者に扶養されている20歳以上60歳未満の配偶者

(2)　離婚時年金分割制度

　近年、婚姻期間の長い中高齢者の離婚件数が増加している。このような場合、夫婦それぞれの現役時代の働き方によって受給できる年金が異なることになるので、離婚後の年金受給額には夫婦間で大きな格差が生じることになる。このような不公平を解決するために、裁判実務では扶養的財産分与として定期金を給付するなどの工夫が行われてきたが、定期給付金は給付する元配偶者が死亡してしまえば終了するという問題があった。

　そこで、厚生年金保険等の年金額算定の基礎となる標準報酬額等（標準報酬月額、標準賞与額）を夫婦の合意または裁判によって分割することができることになった。標準報酬額等の分割を受けると、分割を受けた標準報酬額等が自分自身が受給者となるものとなるので、これに応じた厚生年金等の支給を受けられることになる。つまり、離婚時年金分割とは、受給している年金額の一部を分割するというものではなく、年金額算定の基礎となる標準報酬額等を分割するものである。これによって、分割を受けた妻または夫は、分割後の標準報酬額等に基づいて自分自身の年金としてこれを受給すること

ができるようになる。

　なお、離婚時年金分割の対象となる年金は、厚生年金、国家公務員共済年金、地方公務員等共済年金および私立学校教職員共済組合の4種類で、国民年金は分割の対象とはならない。

(3) 離婚時年金分割の種類

㋐ 合意分割

　平成19年4月1日以後に離婚、婚姻の取消しまたは事実上の婚姻関係の解消（以下、「離婚等」という）がされた場合に、夫婦であった者の一方の請求によって、婚姻期間中の標準報酬額等を当事者間で分割することができる。この場合、分割対象となる婚姻期間中における当事者双方の標準報酬額等の合計額のうち、分割を受けることによって増額される側の分割後の持ち分割合（按分割合）を定める必要がある。この分割は2分の1が上限となっている。按分割合が合意できなかった場合には、家庭裁判所が夫婦であった者の一方からの申立てによって、按分割合を定めることになる。なお、平成19年4月1日以後に離婚等がされていれば、同日以降の婚姻期間だけでなく婚姻期間全体が分割の対象になる。

　この分割によって、標準報酬額等を当事者間で分割した場合には、当事者それぞれの老齢厚生年金等の年金額は、分割後の記録に基づいて計算される。なお、分割後の標準報酬額等に基づく老齢厚生年金を受けるには、自分自身の厚生年金の加入期間や国民年金の保険料を納付した期間等によって受給資格期間を満たしていることや、生年月日に応じて定められている支給開始年齢に到達していることが必要である。また、離婚時年金分割の効果は、厚生年金の報酬比例部分（ただし、厚生年金基金が国に代行して支給する部分を含む）に限られるので、国民年金の老齢基礎年金等には影響しない。現に老齢厚生年金を受けている場合には、離婚時年金分割の請求をした月の翌月から年金額が変更される。

㋑ 3号分割

　平成20年5月1日以後に離婚等をした場合、国民年金の第3号被保険者で

あった者からの請求により、平成20年4月1日以後の婚姻期間中の第3号被保険者期間における相手方の標準報酬額等を2分の1ずつ、当事者間で分割することができる。3号分割は、分割請求をすることによって、当然に標準報酬額等を2分の1の割合で分割するので、按分割合を当事者間で協議する必要はない。

なお、合意分割の請求が行われた場合、婚姻期間中に3号分割の対象となる期間が含まれる場合には、合意分割と同時に3号分割の請求があったとみなされるので、3号分割の対象となる期間については、3号分割による標準報酬額等の分割に加え、合意分割による標準報酬額等の分割も行われる。

2　離婚時年金分割の方法

(1)　分割請求の方法

按分割合について当事者間で合意または家庭裁判所が定めたときは、厚生労働大臣に対して対象期間の被保険者期間の標準報酬額を2分の1以下の範囲内で改定または決定の請求をすることができる。また、離婚訴訟においても、申立てがあれば、裁判所は、夫婦の一方が他の一方に対して提起した婚姻の取消しまたは離婚の訴えに係る請求を認容する判決において、標準報酬額等の按分割合に関する処分についての裁判をしなければならないとされている。

なお、家庭裁判所の審判・調停で按分割合が定められた場合であっても、実際に離婚時年金分割制度を利用するためには、当事者のいずれか一方から各年金制度の窓口（厚生年金は年金事務所、国家公務員共済年金は現在勤務している各省庁の共済組合（ただし、退職後は国家公務員共済組合連合会年金相談室）、地方公務員共済年金は現在所属している共済組合または過去に所属していた共済組合、私立学校教職員共済年金は日本私立学校振興・共済事業団共済事業本部広報相談センター相談室）において、分割請求手続を行う必要がある。分割請求にあたっては、審判書謄本および確定証明書（調停の場合は調停調書謄本）のほか、戸籍謄本などの提出を求められる。分割請求をすると、按分割合に

基づいた改定が行われ、改定後の保険料納付記録が各当事者に通知される。

　分割請求は、離婚等をした日の翌日から起算して2年以内に行わなければならないが、2年を経過する前に裁判所に対して、標準報酬額等の按分割合に関する処分等についての申立てをすれば、2年の経過によって請求権を失うことはない。ただし、その場合には、請求すべき按分割合を定めた審判の確定、調停や和解の成立から1カ月以内に分割請求をしなければならない。

　なお、離婚時年金分割の対象期間とは次の①～③の期間をいう。

① 　離婚をした場合には、婚姻が成立した日から離婚が成立した日までの期間

② 　婚姻の取消しの場合には、婚姻が成立した日から婚姻が取り消された日までの期間

③ 　事実上婚姻関係と同様の事情にあった当事者が、被扶養配偶者として第3号被保険者であった期間

(2)　情報提供の請求

　請求する按分割合を定めるために、当事者は分割の対象となる期間やその期間における当事者それぞれの標準報酬月額・標準賞与額、按分割合を定めることができる範囲などの情報を正確に把握する必要がある。このため、当事者双方または一方からの請求により、合意分割を行うために必要な情報を厚生労働大臣が提供する制度がある。この情報提供は、年金分割のための情報通知書によって行われる。なお、情報提供の請求は合意分割の請求期限内に行う必要がある。情報提供の請求は、当事者双方が共同で請求することも、一方から請求することもでき、当事者双方が共同で請求した場合は、当事者それぞれに対して年金分割のための情報通知書を交付される。当事者のうち一方が請求した場合には、離婚等をしているときは、請求者と元配偶者のそれぞれに対して交付され、離婚等をしていないときは、請求者のみに交付される。

　情報提供の請求手続には、①年金分割のための情報提供請求書（【書式13】参照）、②請求者本人の国民年金手帳、年金手帳または基礎年金番号通知書、

③婚姻期間等を明らかにすることができる市町村長の証明書または戸籍の謄本もしくは抄本、④事実婚関係にある期間に係る情報提供を請求する場合は、世帯全員の住民票の写し等の事実婚関係を明らかにすることができる書類が必要となる。

3　調停条項

離婚時年金分割についての調停条項は、次のとおりとなる。

> 　申立人と相手方との間の別紙情報通知書記載にかかる年金分割についての請求すべき按分割合を、0.5と定める。

4　調停手続──離婚後の分割請求

(1)　概　要

請求すべき按分割合については、合意によって定めるのが原則だが、合意のための協議が調わなかったり協議ができない場合には、家庭裁判所が請求すべき按分割合を定めることになる。請求すべき按分割合に関する処分審判事件は、申立人または相手方の住所地を管轄する家庭裁判所の管轄に属することとなり、別表第2に掲げる事項についての事件となるので調停を行うことができる。なお、離婚前に申し立てる場合には、夫婦関係調整調停の中で請求すべき按分割合について協議をすることになる。

(2)　申立手続

請求すべき按分割合に関する処分調停申立ての申立手続は、次のとおりである。

管轄は、相手方の住所地の家庭裁判所または当事者が合意で定める家庭裁判所となる。なお、合意は書面でしなければならない。

手数料は、1200円。連絡用の郵便切手については、申立てをする家庭裁判所へ確認して予納する。

提出書類は、①請求すべき按分割合に関する処分調停申立書およびその写

し（【書式14】参照）、標準的な申立添付書類としては、年金分割のための情報通知書を添付する。

(3) **書類作成のポイント**

　年金分割の割合は、特別な事情がない限り「0.5」とされることが多い。婚姻期間と比べて同居の期間が短い場合や、夫婦としての実体がなく相互扶助が少ない等の特別な事情がある場合のみ、この割合が0.5を下回って定められることがある。したがって、割合を0.5より下回って定めたい場合は、これらの特別な主張することが必要となってくる。

第3章　離婚調停の手続と実務

【書式13】　年金分割のための情報提供請求書（請求者が単独で請求する場合）

年金分割のための情報提供請求書　様式650号

届書コード 7811　処理区分 届書

● 太枠　の中に必要事項を記入してください。ただし、◆印がついている欄は、記入不要です。
● 記入にあたっては、「年金分割のための情報提供請求書の記入方法等について」を参照してください。

⑤ 年金事務所等受取年月日

①　請求者（甲）

① 基礎年金番号　0000-000000
② 生年月日　昭和54年7月28日
⑦ 氏名　（フリガナ）ツキジ ハナコ　築地 花子
④ 住所の郵便番号　150-0013
⑦ 住所　（フリガナ）シブヤ エビス　渋谷区　恵比寿3丁目7-16

過去に加入していた年金制度の年金手帳の記号番号で基礎年金番号と異なる記号番号があるときは、その番号を記入してください。
厚生年金保険／船員保険／国民年金

②　請求者（乙）または配偶者

③ 基礎年金番号　0000-000000
④ 生年月日　昭和51年4月24日
⑦ 氏名　（フリガナ）ヨツヤ タロウ　四谷 太郎
④ 住所の郵便番号　160-0003
⑦ 住所　（フリガナ）シンジュク ホンシオチョウ　新宿区　本塩町9番地3

過去に加入していた年金制度の年金手帳の記号番号で基礎年金番号と異なる記号番号があるときは、その番号を記入してください。
厚生年金保険／船員保険／国民年金

③　婚姻期間等

1. 情報の提供を受けようとする婚姻期間等について、該当する項目を○で囲み、それぞれの項目に応じて定められた欄を記入してください。
   ア．婚姻の届出をした期間（法律婚期間）のみを有する。⇒「2」欄
   イ．婚姻の届出はしていないが事実上婚姻関係と同様の事情にあった期間（事実婚期間）のみを有する。⇒「3・5」欄
   ウ．事実婚期間から引き続く法律婚期間を有する。⇒「4・5」欄

2. 現在、引き続き法律婚関係にありますか。（　ある　・　(ない)　）
   「ある」に○をつけた方は⑥欄を、「ない」に○をつけた方は⑥欄と⑦欄を記入してください。
   ⑥ 婚姻した日　平成15年1月12日　⑦ 離婚した日、または婚姻が取り消された日　平成000000日

3. 現在、引き続き事実婚関係にありますか。（　ある　・　ない　）
   「ある」に○をつけた方は⑥欄を、「ない」に○をつけた方は⑥欄と⑦欄を記入してください。
   ⑥ 婚姻した日　大・昭・平　　⑦ 離婚した日、または婚姻が取り消された日　平

4. 現在、引き続き法律婚関係にありますか。（　ある　・　ない　）
   「ある」に○をつけた方は⑥欄を、「ない」に○をつけた方は⑥欄と⑦欄を記入してください。
   ⑥ 事実婚第3号被保険者期間の初日　昭・平
   　　婚姻した日　昭・平　　⑦ 離婚した日、または婚姻が取り消された日　平

5. 事実婚期間にある間に、当事者二人のうち、その一方が他方の被扶養配偶者として第3号被保険者であった期間を全て記入してください。
   ⊕ 事実婚第3号被保険者期間　昭和・平成　年月日　から　昭和・平成　年月日　まで　昭和・平成　から　昭和・平成　まで

Ⅶ 離婚時年金分割

④ 対象期間に含めない期間

1. 情報の提供を受けようとする婚姻期間において、
   ア．①欄に記入した方が、「②欄に記入した方以外の方」の被扶養配偶者としての第3号被保険者であった期間がありますか。（ はい ・ (いいえ) ）
   イ．①欄に記入した方が「②欄に記入した方以外の方」を被扶養配偶者とし、その方が第3号被保険者であった期間がありますか。（ はい ・ (いいえ) ）
   ウ．「ア」または「イ」について、「はい」を○で囲んだ場合は、その「②欄に記入した方以外の方」の氏名、生年月日及び基礎年金番号を記入してください。

氏名 (フリガナ)	氏	名	生年月日 明治・大正・昭和・平成	年	月	日	基礎年金番号

2. 情報の提供を受けようとする婚姻期間において、
   ア．②欄に記入した方が、「①欄に記入した方以外の方」の被扶養配偶者としての第3号被保険者であった期間がありますか。（ はい ・ (いいえ) ）
   イ．②欄に記入した方が「①欄に記入した方以外の方」を被扶養配偶者とし、その方が第3号被保険者であった期間がありますか。（ はい ・ (いいえ) ）
   ウ．「ア」または「イ」について、「はい」を○で囲んだ場合は、その「①欄に記入した方以外の方」の氏名、生年月日及び基礎年金番号を記入してください。

氏名 (フリガナ)	氏	名	生年月日 明治・大正・昭和・平成	年	月	日	基礎年金番号

⑤ 再請求理由

情報の提供を受けようとする婚姻期間等について、過去に、情報提供を受けたことがある方のみご記入ください。
1. 前回の請求から3か月を経過していますか。（ はい ・ いいえ ）
2. 「いいえ」を○で囲んだ場合は、再請求の理由について次のいずれか該当する項目に○をつけてください。
   ア．請求者（甲）または（乙）の被保険者の種別の変更があったため。
   イ．請求者（甲）または（乙）が養育期間に係る申出を行ったため。
   ウ．請求者（甲）または（乙）が第3号被保険者に係る届出を行ったため。
   エ．按分割合を定めるための裁判手続に必要なため。
   オ．その他（　　　　　　　　　　　　　　　　　　　　　　　　　）

⑥ 請求者（甲）の署名等

日本年金機構理事長 殿
　厚生年金保険法第78条の4の規定に基づき、標準報酬改定請求を行うために必要な情報の提供を請求します。なお、年金分割のための情報通知書については、（ア．年金事務所窓口での交付・イ 郵送による交付）を希望します。
　　　　　　　　　　　　　　　　　　　　平成○○年○○月○○日
⑩氏　名　築地花子　㊞（※請求者（甲）が自ら署名する場合は、押印は不要です。）
電話番号　090（0000）0000
送付先住所
⑧郵便番号 150-0013　⑨住所（フリガナ シブヤ　エビス）渋谷 市(区)町村 恵比寿3丁目7-16

⑦ 請求者（乙）の署名等

日本年金機構理事長 殿
　厚生年金保険法第78条の4の規定に基づき、標準報酬改定請求を行うために必要な情報の提供を請求します。なお、年金分割のための情報通知書については、（ア．年金事務所窓口での交付・イ．郵送による交付）を希望します。
　　　　　　　　　　　　　　　　　　　　平成　年　月　日
⑩氏　名　　　　　㊞（※請求者（乙）が自ら署名する場合は、押印は不要です。）
電話番号　　（　　　）
送付先住所
⑧郵便番号　⑨住所（フリガナ）市区町村

⑧ ◆対象期間

職員が記入するため、請求者は記入不要です。

	大・昭・平					昭・平		
⑪	3・5・7 年 月 日		5・7 年 月 日		⑭	5・7 年 月 日		5・7 年 月 日
⑫	昭・平 5・7 年 月 日		昭・平 5・7 年 月 日		⑮	昭・平 5・7 年 月 日		昭・平 5・7 年 月 日
⑬	昭・平 5・7		昭・平 5・7		⑯	昭・平 5・7		昭・平 5・7

9 請求者（甲）の婚姻期間等に係る資格記録

※ 欄外の注意事項を確認のうえ、できるだけ詳しく、正確に記入してください。

	事業所（船舶所有者）の名称および船員であったときはその船舶名（国民年金に加入していた場合は国民年金と記入して下さい。）	事業所（船舶所有者）の所在地または国民年金加入時の住所	勤務期間または国民年金の加入期間	加入していた年金制度の種類（○で囲んでください）	備考
1	（株）○○食品	渋谷区○-○	○○・○○・○○から ○○・○○・○○まで	1 国民年金 ② 厚生年金保険 3 厚生年金保険（船舶） 4 共済組合等	
2	国民年金	新宿区○-○	○○・○○・○○から ○○・○○・○○まで	① 国民年金 2 厚生年金保険 3 厚生年金保険（船舶） 4 共済組合等	
3	（株）○○フーズ	渋谷区○-○	○○・○○・○○から 継続中 ~~まで~~	1 国民年金 ② 厚生年金保険 3 厚生年金保険（船舶） 4 共済組合等	
4			・　　・　　から ・　　・　　まで	1 国民年金 2 厚生年金保険 3 厚生年金保険（船舶） 4 共済組合等	
5			・　　・　　から ・　　・　　まで	1 国民年金 2 厚生年金保険 3 厚生年金保険（船舶） 4 共済組合等	
6			・　　・　　から ・　　・　　まで	1 国民年金 2 厚生年金保険 3 厚生年金保険（船舶） 4 共済組合等	
7			・　　・　　から ・　　・　　まで	1 国民年金 2 厚生年金保険 3 厚生年金保険（船舶） 4 共済組合等	
備考欄					

(注1) 本請求書を提出する日において、厚生年金保険の被保険者である状態が続いている場合には、勤務期間欄は「○○．○○．○○から、継続中」と記入してください。
(注2) 記入欄が足りない場合には、備考欄に記入してください。
(注3) 加入していた年金制度が農林共済組合の場合、事業所名称欄には「農林漁業団体等の名称」を、事業所所在地欄には「農林漁業団体等の住所地」を記入してください。
(注4) 米軍等の施設関係に勤めていたことがある方は、事業所名称欄に部隊名、施設名、職種をできるかぎり記入してください。

個人で保険料を納める第四種被保険者、船員保険の年金任意継続被保険者となったことがありますか。	1 はい ・ ② いいえ				
「はい」と答えたときはその保険料を納めた年金事務所（社会保険事務所）の名称を記入してください。					
その保険料を納めた期間を記入してください。	昭和・平成　　年　　月　　日から昭和・平成　　年　　月　　日				
第四種被保険者(船員年金任意継続被保険者)の整理記号番号を記入してください。	記号　　　　　番号				

10 請求者（甲）の年金見込額照会

　　５０歳以上の方又は障害厚生年金の支給を受けている方で希望される方に対しては、年金分割をした場合の年金見込額をお知らせします。該当する項目に○をつけてください。
　１．年金見込額照会を希望しますか。　（　希望する　・　希望しない　）
　２．「希望する」を○で囲んだ場合は、希望する年金の種類と按分割合（上限５０％）を記入してください。
　　ア．希望する年金の種類　（　老齢厚生年金　・　障害厚生年金　）
　　イ．希望する按分割合　　（　　　　　％　）

Ⅶ 離婚時年金分割

11 請求者（乙）または配偶者の婚姻期間等に係る資格記録
※ 欄外の注意事項を確認のうえ、できるだけ詳しく、正確に記入してください。

	事業所（船舶所有者）の名称および船員であったときはその船舶名（国民年金に加入していた場合は国民年金と記入して下さい。）	事業所（船舶所有者）の所在地または国民年金加入時の住所	勤務期間または国民年金の加入期間	加入していた年金制度の種類（○で囲んでください）	備　考
1			・ ・ から ・ ・ まで	1 国民年金 2 厚生年金保険 3 厚生年金保険(船舶) 4 共済組合等	
2			・ ・ から ・ ・ まで	1 国民年金 2 厚生年金保険 3 厚生年金保険(船舶) 4 共済組合等	
3			・ ・ から ・ ・ まで	1 国民年金 2 厚生年金保険 3 厚生年金保険(船舶) 4 共済組合等	
4			・ ・ から ・ ・ まで	1 国民年金 2 厚生年金保険 3 厚生年金保険(船舶) 4 共済組合等	
5			・ ・ から ・ ・ まで	1 国民年金 2 厚生年金保険 3 厚生年金保険(船舶) 4 共済組合等	
6			・ ・ から ・ ・ まで	1 国民年金 2 厚生年金保険 3 厚生年金保険(船舶) 4 共済組合等	

配偶者の住所歴	・ ・ から ・ ・ まで
	・ ・ から ・ ・ まで
	・ ・ から ・ ・ まで
	・ ・ から ・ ・ まで

(注1) 本請求書を提出する日において、厚生年金保険の被保険者である状態が続いている場合には、勤務期間欄は「○○．○○．○○から、継続中」と記入してください。
(注2) 記入欄が足りない場合には、備考欄に記入してください。
(注3) 加入していた年金制度が農林共済組合の場合、事業所名称欄には「農林漁業団体等の名称」を、事業所所在地欄には「農林漁業団体等の住所地」を記入してください。
(注4) 米軍等の施設関係に勤めていたことがある方は、事業所名称欄に部隊名、施設名、職種をできるかぎり記入してください。
(注5) 当事者の一方のみによる請求の場合であって、現住所が不明な場合は「⑰住所」に不明と記入し、「配偶者の住所歴」に住所をわかる範囲で記入してください。

個人で保険料を納める第四種被保険者、船員保険の年金任意継続被保険者となったことがありますか。	1　はい　・　2　いいえ
「はい」と答えたときはその保険料を納めた年金事務所（社会保険事務所）の名称を記入してください。	
その保険料を納めた期間を記入してください。	昭和・平成　　年　　月　　日から昭和・平成　　年　　月　　日
第四種被保険者(船員年金任意継続被保険者)の整理記号番号を記入してください。	記号　　　　　　　番号

12 請求者（乙）の年金見込額照会

　５０歳以上の方又は障害厚生年金の支給を受けている方で希望する方に対しては、年金分割をした場合の年金見込額をお知らせします。該当するものに○をつけてください。
　1．年金見込額照会を希望しますか。　（　希望する　・　希望しない　）
　2．「希望する」を○で囲んだ場合は、希望する年金の種類と按分割合（上限５０％）を記入してください。
　　ア．希望する年金の種類　（　老齢厚生年金　・　障害厚生年金　）
　　イ．希望する按分割合　　（　　　　％　）

第3章　離婚調停の手続と実務

【書式14】　請求すべき按分割合に関する処分調停申立書

この申立書の写しは，法律の定めるところにより，申立ての内容を知らせるため，相手方に送付されます。

受付印	家事	☑ 調停 □ 審判	申　立　書　（請求すべき按分割合）

（この欄に申立て1件あたり収入印紙1,200円分を貼ってください。）

収入印紙　　　　円
予納郵便切手　　円

（貼った印紙に押印しないでください。）

東京　家庭裁判所　御中 平成　〇〇年〇〇月〇〇日	申　立　人 （又は法定代理人など） の記名押印	築地花子　㊞

添付書類	（審理のために必要な場合は，追加書類の提出をお願いすることがあります。） ☑ 年金分割のための情報通知書　1通　（各年金制度ごとに必要）	準口頭

申立人	住　所	〒150-0013 東京都渋谷区恵比寿3丁目7番16号　　（　　　　方）	
	フリガナ 氏　名	ツキジ　ハナコ 築地花子	大正 ☑昭和 54年 7月 28日生 平成　　（　35　歳）
相手方	住　所	〒160-0003 東京都新宿区本塩町9番地3　　（　　　　方）	
	フリガナ 氏　名	ヨツヤ　タロウ 四谷太郎	大正 ☑昭和 51年　月 24日生 平成　　（　39　歳）

申　立　て　の　趣　旨

申立人と相手方との間の別紙（☆）　　　1　　　記載の情報に係る年金分割についての請求すべき按分割合を，（☑ 0.5 ／ □（　　　　　　　））と定めるとの（☑調停 ／ □審判）を求めます。

申　立　て　の　理　由

1　申立人と相手方は，共同して婚姻生活を営み夫婦として生活していたが，
　（☑　離婚　／　□　事実婚関係を解消）した。
2　申立人と相手方との間の（☑　離婚成立日　／　□　事実婚関係が解消したと認められる日），離婚時年金分割制度に係る第一号改定者及び第二号改定者の別，対象期間及び按分割合の範囲は，別紙のとおりである。

（注）太枠の中だけ記入してください。□の部分は，該当するものにチェックしてください。
☆　年金分割のための情報通知書の写しをとり，別紙として添付してください（その写しも相手方に送付されます）。

年金分割（1/1）

Ⅶ 離婚時年金分割

(注) 審判の場合，下記の審判確定証明申請書（太枠の中だけ）に記載をし，収入印紙150円分を貼ってください。

審 判 確 定 証 明 申 請 書

（この欄に収入印紙150円分を貼ってください。）

（貼った印紙に押印しないでください。）

本件に係る請求すべき按分割合を定める審判が確定したことを証明してください。

平成　　年　　月　　日

申請人　　　　　　　　　　　㊞

上記確定証明書を受領した。	上記確定証明書を郵送した。
平成　　年　　月　　日	平成　　年　　月　　日
申請人　　　　　　㊞	裁判所書記官　　　　　　㊞

5　分割請求権の放棄

　離婚調停等に清算条項が設けられていても、分割請求権は、厚生労働大臣に対する公法上の権利なので、請求すべき按分割合に関する処分の調停または審判の申立て、分割請求ができる。ただし、調停条項で、公法上の権利である年金分割請求権を行使しないと特に定めた場合には、不起訴の合意として家庭裁判所に対して調停の申立てができないこととなるという考え方がある。なお、3号分割は厚生労働大臣に対する請求によって当然に分割されるので、分割請求権の放棄を合意した場合であっても、分割請求をすることができる。

Ⅷ　婚姻費用

1　婚姻費用とは

(1)　概　要

　夫婦はその資産、収入その他一切の事情を考慮して婚姻から生ずる費用を分担する（民法760条）。夫婦は互いに同居義務、扶助義務を負っているが、婚姻関係が破綻して離婚に至る場合、離婚が成立するまでの間の居住や生活費の工面などについて問題が生じることがある（別居したパートタイム勤務の妻が正規雇用されている夫に対して子の養育費を請求するようなケースが典型的であろう）。離婚するまでは婚姻中であり、その費用は婚姻から生ずる費用であるので、互いにその資産、収入その他一切の事情を考慮して分担しなければならないが、これは養育費の考え方と同じく生活保持義務であり、扶助者と被扶助者は同程度の生活水準を保持して生活するための必要な費用である（本章Ⅳ参照）。自身の生活費を確保して、余力があれば負担するという性質のものではない。

　また、婚姻費用の分担に関する処分調停事件は、いわゆる生活費の紛争そのものであり、毎月の生活費をどうするか、請求する者が今後どのようにして生きていくかという、特に緊急を要するものであるので、審判前の保全処分についても検討する必要がある（後記7参照）。

(2)　別居中の生活費の請求

㈠　概　要

　婚姻から生ずる費用は、夫婦で分担しなければならない。婚姻費用の分担の基準と分担額の算定の仕方は、夫婦の収入や資産その他一切の事情を考慮して決めるが、これは別居中であっても請求することができる。しかし、この「一切の事情」の中には別居に至った事情も含まれるから、請求者のほうが有責性が強い場合などは請求できないこともある。

(イ) 別居が長期に及んでいる場合

別居期間が長期に及んでいる場合など、すでに婚姻関係が破綻していると思われる場合であっても生活保持義務としての婚姻費用分担義務を免れることはできない。

(ウ) 権利者側に有責性がある場合

離婚する局面において、一方にのみに原因があるというケースはあまりないようであるが、権利者側に有責性が強い場合、自ら婚姻関係を破綻に向わせた者が生活を保持するための費用を義務者に負担させることはできないのが原則である。家庭裁判所の実務においては、有責性の判断をするために、日々の生活費の問題である婚姻費用の判断が遅れることは問題であるという観点から、権利者に婚姻関係破綻の主たる責任がある場合を除き、有責性につき明確に判断できない場合は双方の有責性はほぼ等しいと考え、裁判所で利用される標準算定方式に基づく婚姻費用算定表のとおりに婚姻費用の分担が算定され、当事者双方の有責性は考慮されない（菱山泰男＝太田寅彦「婚姻費用の算定を巡る実務上の諸問題」判タ1208号24頁）。

なお、有責配偶者からの分担請求を権利濫用とした裁判例（東京高決昭和58・12・16家月37巻3号69頁）がある。そのほか、別居の原因が妻の不貞行為にあるという事案で「別居の原因は主として申立人である妻の不貞行為にあるというべきであるところ、申立人は別居を強行し別居生活が継続しているのであって、このような場合にあっては、申立人は、自身の生活費に当たる部分の婚姻費用の分担請求は権利の濫用として許されず、ただ同居の未成年の子の実質的監護費用を婚姻費用の分担として請求しうるにとどまるものと解するのが相当であ」り、妻からの婚姻費用の分担請求を権利の濫用であるとして認めなかった審判例（東京家審平成20・7・31家月61巻2号257頁）もある。

2　婚姻費用分担の始期と終期

(1)　始　期

　実務上の取扱いでは、特段の事情がない限り、請求時（調停の申立て時、最初から審判を申し立てたときは審判の申立て時）とされるのが一般的である。たとえば、別居してから婚姻費用が支払われていない場合（このケースが一般的ではないだろうか）、調停でも合意に至らなければ審判で決定がされることになるが、どの時点から婚姻費用の支払いが認められるかといえば、申立て時からの婚姻費用が認められるという取扱いとなるのが通常である。

　権利者としては納得がいかない部分ではあるが、別居時または要扶養状態に陥ったときにさかのぼってすべての婚姻費用が認められるということになると、義務者に過大な負担を強いることになってしまうのも酷である、請求時以前の未払分は、最終的に離婚の際の財産分与における清算ができないわけではないから、請求時を始期としても権利者に酷ではないとされている（岡口・前掲書103頁）。

　よって、権利者としては早期に申立てをするということを常に念頭におかなければならない。

(2)　終　期

　別居の解消時または婚姻の解消時とするのが一般的である。

3　婚姻費用の算定方法

(1)　婚姻費用算定表とは

　婚姻費用の算定については、養育費と同様に、東京・大阪養育費等研究会「簡易迅速な養育費の算定を目指して——養育費・婚姻費用の算定方式と算定表の提案」（判タ1111号）による算定方式（標準算定方式）が実務に定着している（本章Ⅳ2(1)参照）。

　婚姻費用算定表は、養育費算定表と同様に、東京・大阪家庭裁判所のホームページからダウンロードできる（東京家庭裁判所ウェブサイト「養育費・婚

姻費用算定表」、(資料3)参照)。

(2) **婚姻費用算定表における計算式**

婚姻費用とは夫婦や未成熟子の生活費などの婚姻生活を維持するために必要な一切の費用であるから、算定にあたっては義務者・権利者・子が全員同居していると仮定し、義務者・権利者双方の基礎収入の合計額を世帯収入とみなし、これをいわゆる権利者のグループの生活費の指数で按分し、義務者が支払うべき婚姻費用分担額を算定する。

婚姻費用算定表の横軸には権利者の総収入、縦軸には義務者の総収入が記載されているから、①子の人数と年齢に従って使用する算定表を選択し、②当該表の権利者および義務者の収入欄を給与所得者か自営業者かの区別により選び出し、③義務者の収入と権利者の収入の該当欄を交差させた額が標準的な婚姻費用の額となる。

　(ア)　義務者・権利者の基礎収入の認定

義務者・権利者の基礎収入の具体的な計算式は、次のとおりである(本章Ⅳ2(1)と同じ)。

基礎収入＝総収入×0.34〜0.42（給与取得者の場合）

基礎収入＝総収入×0.47〜0.52（自営業者の場合）

　(イ)　権利者および同居の子の生活費の算定

権利者および同居の子の生活費の具体的な計算式は、次のとおりである。

権利者に割り振られる婚姻費用 ＝ 世帯収入 × $\dfrac{権利者グループの生活指数}{世帯全員の生活指数}$

※世帯収入＝権利者の基礎収入と義務者の基礎収入の合計額

※権利者グループの生活指数＝権利者と子の生活指数の合計

※世帯全員の生活指数＝権利者グループおよび義務者の生活指数の合計

たとえば、権利者・義務者が別居し、権利者が二人の子（いずれも15歳未

満）と同居し、義務者が単身で生活をしており、義務者の基礎収入（X）のほうが権利者の基礎収入（Y）よりも大きいという場合、義務者が権利者に支払うべき婚姻費用の分担額は、次の計算式となる（大阪家庭裁判所ウェブサイト「養育費・婚姻費用算定表についての解説」参照）。

権利者世帯に割り振られる婚姻費用　（Z）＝（X＋Y）× $\dfrac{100+55+55}{100+55+55+55}$

義務者から権利者に支払うべき婚姻費用の分担額＝Z－Y

　(ウ)　義務者が負担すべき婚姻費用の算定

義務者から権利者に支払われるべき婚姻費用の具体的な計算式は、次のとおりである。

婚姻費用の分担額＝権利者に割り振られる婚姻費用－権利者の基礎収入

(3) 算定表の使用手順

　(ア)　算定表の読み方

算定表の縦軸は婚姻費用を支払う側（義務者）の年収、横軸は支払いを受ける側（権利者）の年収を示している。縦軸の左欄と横軸の下欄の年収は給与所得者を示し、縦軸の右欄と横軸の上欄の年収は自営業者を示している（本章Ⅳ2(1)と同じ）。

　(イ)　年収の求め方

給与所得者と自営業者でそれぞれ年収の求め方が違う（本章Ⅳ2(1)と同じ）。

　(A)　給与所得者の場合

源泉徴収票の「支払金額」（控除されていない金額）を年収とする。なお、給与明細書による場合は金額が月額であることが一般的であること、歩合給が多い場合などには金額の変動があること、賞与・一時金が含まれていないことに留意する。また、副業等で他に確定申告していない収入がある場合は収入額を支払金額に加算して給与所得として計算する。

(B) 自営業者の場合

確定申告書の「課税される所得金額」を年収とする。なお、課税される所得金額は、税法上、種々の観点から控除がされた結果であり、実際に支出されていない費用（基礎控除、青色申告控除、支払いがされていない専従者給与等の非現金支出）を課税される所得金額に加算して年収を定めることになる。なお、確定申告書の控えに税務署の押印がないものは、当該確定申告書を税務署に提出していない可能性がある（岡口・前掲書107頁）。

Ⅷ　婚姻費用

（資料３）　婚姻費用算定表

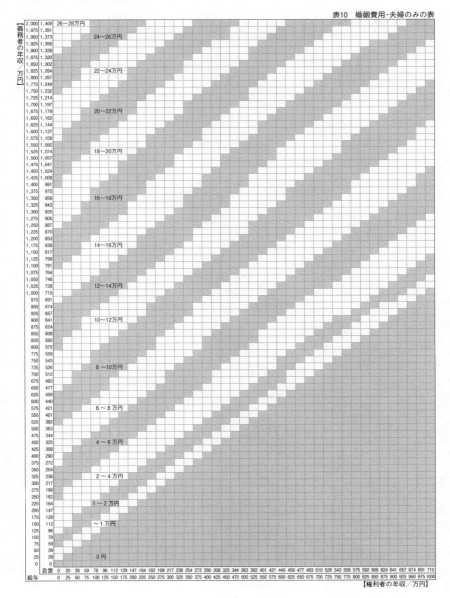

表10　婚姻費用・夫婦のみの表

第3章 離婚調停の手続と実務

表11 婚姻費用・子1人表(子0～14歳)

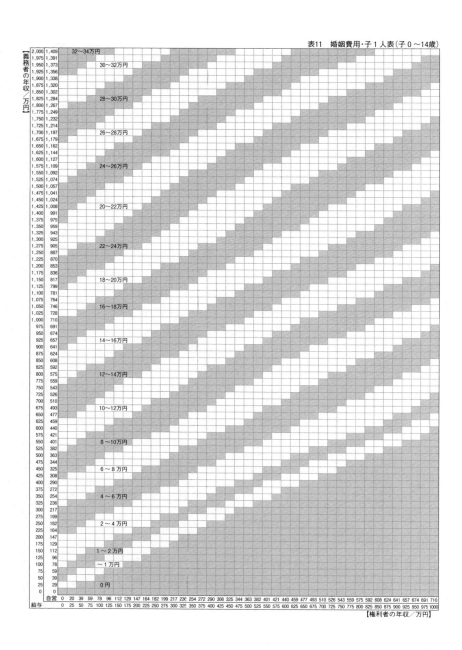

Ⅷ 婚姻費用

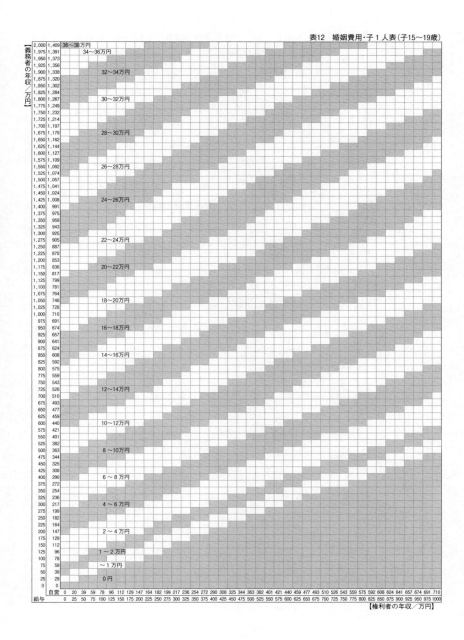

表12 婚姻費用・子1人表（子15～19歳）

第3章 離婚調停の手続と実務

表13　婚姻費用・子2人表（第1子及び第2子0～14歳）

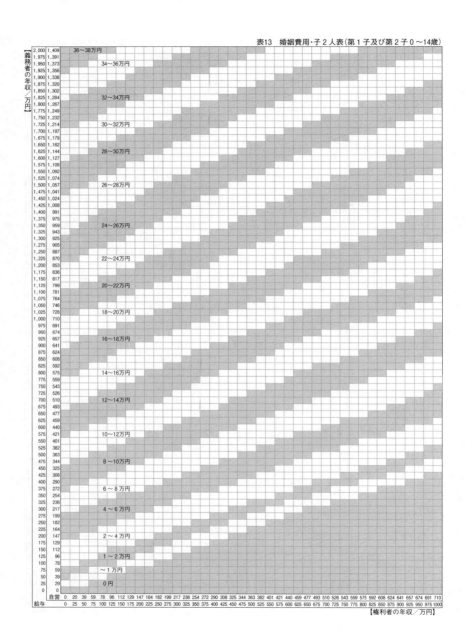

Ⅷ 婚姻費用

表14 婚姻費用・子2人表(第1子15〜19歳，第2子0〜14歳)

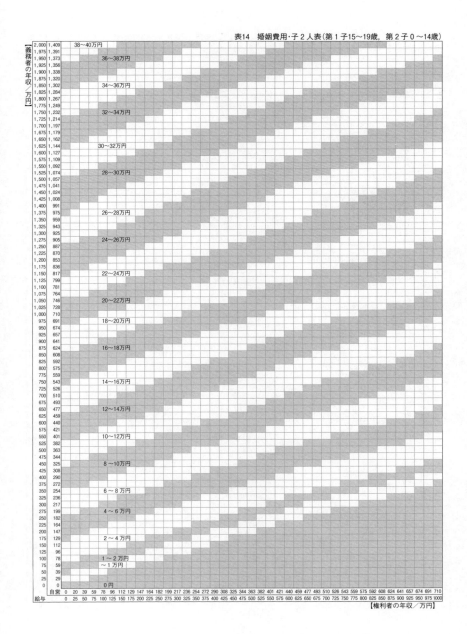

第3章 離婚調停の手続と実務

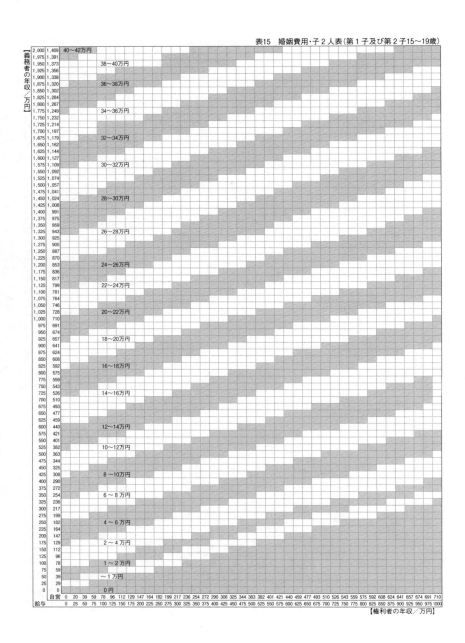

表15 婚姻費用・子2人表（第1子及び第2子15〜19歳）

262

Ⅷ 婚姻費用

表16 婚姻費用・子3人表(第1子，第2子及び第3子0〜14歳)

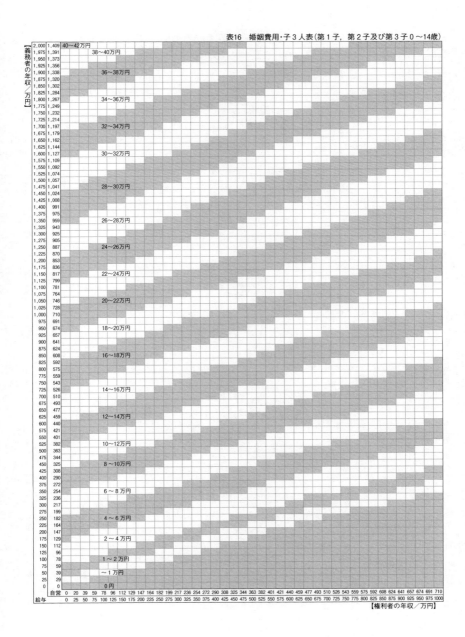

第 3 章　離婚調停の手続と実務

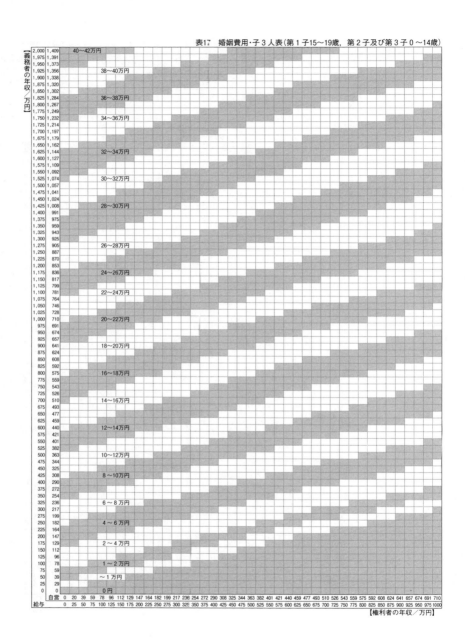

表17　婚姻費用・子 3 人表（第 1 子15〜19歳，第 2 子及び第 3 子 0 〜14歳）

Ⅷ 婚姻費用

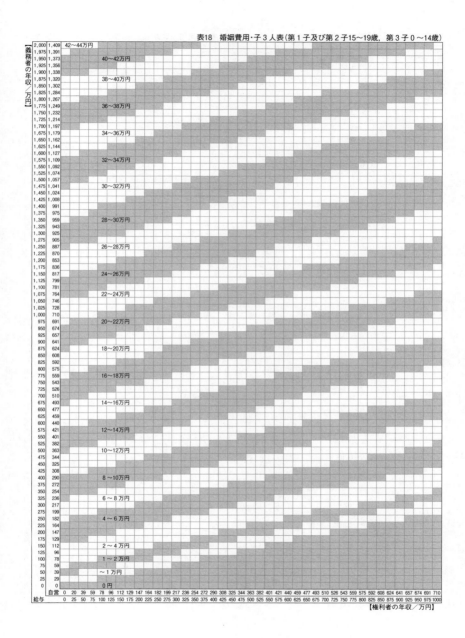

表18 婚姻費用・子3人表(第1子及び第2子15～19歳, 第3子0～14歳)

第3章 離婚調停の手続と実務

表19 婚姻費用・子3人表(第1子, 第2子及び第3子15〜19歳)

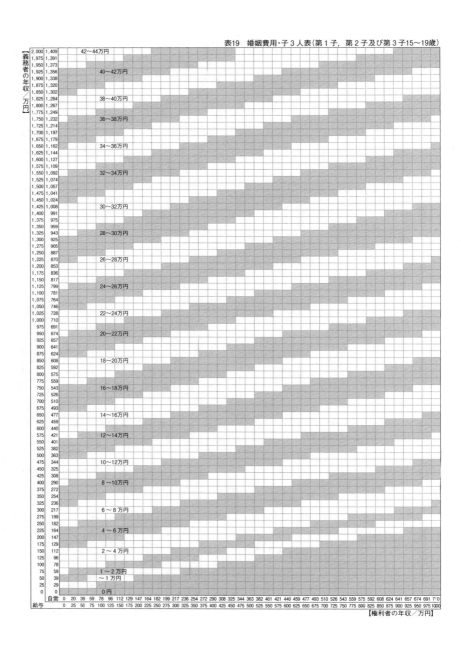

4　婚姻費用の立証のポイント

　婚姻費用は、前記3のとおり、双方の収入・支出に基づいて算出されることから、正確かつ客観的な資料の収集が成否の鍵となる（〈表13〉参照）。

〈表13〉　婚姻費用の証拠・取得方法

立証の対象	証　　拠	取得方法
収　入	家計簿	依頼者
	給与明細書	
	源泉徴収票	
	所得証明書	市区町村
	確定申告書	依頼者・関与税理士
	預金通帳（給与、年金等の振込み）	依頼者・金融機関
支　出	家計簿	依頼者
	子の教育費に関する資料 （授業料、受験料、塾・習い事）	
	税金に関する資料	
	住居費に関する資料 （別に居住費を支出している場合）	
	医療費に関する資料	
	健康保険料に関する資料	
	住宅ローン明細・残高証明書	依頼者・金融機関
	預金通帳（生活費引き落とし）	

出典：群馬弁護士会編『立証の実務──証拠収集とその活用の手引』156頁

5　調停条項

　婚姻費用についての調停条項と留意点は、次のとおりとなる。

> **一般的な場合**
> 1　相手方は、申立人に対し、婚姻費用の分担金として、平成○○年○

> ○月から当事者双方が別居解消または離婚するまでの間、月額金○○万円を、毎月末日限り、申立人名義の○○銀行○○支店の普通口座（口座番号○○○○○○○）に振り込む方法により支払う。なお、振込手数料は、相手方の負担とする。
> 2　相手方は、申立人に対し、平成○○年○○月から平成○○年○○月までの未払分として、金○○万円の支払い義務があることを認め、これを平成○○年○○月○○日限り、前項と同様の方法により支払う。

　前記条項の2項の起算月は、調停の申立月となる。未払分については分割払いとなることも多く、この場合、懈怠約款および1項と2項の充当順位の条項も入る。

> **過去の婚姻費用を求める場合**
> 1　申立人と相手方は、本日、調停離婚する。
> 2　相手方は、申立人に対し、婚姻費用の未払分として、金○○円の支払義務があることを認め、これを平成○○年○○月○○日限り、申立人名義の○○銀行○○支店普通預金口座（口座番号○○○○○○○）に振り込む方法により支払う。
> 3　当事者双方は、本件に関し、本条項に定めるほか、何らの債権債務のないことを相互に確認し、今後、名義のいかんを問わず、互いに金銭その他一切の請求をしない。

　過去の婚姻費用の清算給付を含め、財産分与の額を定めることを認めた判例（最判昭和53・11・14民集32巻8号1529頁）がある。

> **居住しているアパートの更新料を含める場合**
> 1　申立人と相手方は、本日、調停離婚する。
> 2　相手方は、申立人に対し、婚姻費用の未払分として、金○○円の支払義務があることを認め、これを、平成○○年○○月○○日限り、申

立人名義の○○銀行○○支店普通預金口座（口座番号○○○○○○○）に振り込む方法により支払う。
3　相手方は、申立人に対し、申立人肩書地のアパートの更新料として金○○円の支払義務があることを認め、これを平成○○年○○月○○日限り、前項と同様の方法により支払う。
4　当事者双方は、本件に関し、本条項に定めるほか、何らの債権債務のないことを相互に確認し、今後、名義のいかんを問わず、互いに金銭その他一切の請求をしない。

別居期間中における婚姻費用分担金以外の支払いを求める場合
1　申立人は、相手方に対し、平成○○年○○月から当事者双方が同居又は離婚するまでの間、申立人が経営する不動産賃貸業の賃料収入に応じ、当月分の収入の2分の1に相当する金額を、翌月○○日までに、相手方名義の○○銀行本店の普通預金口座（口座番号○○○○○○○）に振り込む方法により支払う。
2　相手方は、申立人に対し、平成○○年○○月までの未払婚姻費用分担金の請求をしない。

この調停条項は、たとえば、申立人である夫が不動産賃貸業を営んでいる場合などに使われる。

6　調停手続

(1)　概　要

別居中の夫婦の間で、夫婦や未成熟子の生活費などの婚姻生活を維持するために必要な一切の費用（婚姻費用）の分担につき、当事者間の話し合いがまとまらない場合や話し合いができない場合には家庭裁判所にこれを定める調停または審判の申立てをすることができる。調停手続を利用する場合には、婚姻費用の分担に関する処分調停事件として申立てをする。

夫婦関係調整調停が婚姻費用の分担に関する処分調停とともに申し立てられた場合、婚姻費用分担調停を先行させ、早期に決着すべきである（秋武・前掲書88頁）。

調停手続では、夫婦の資産、収入、支出など一切の事情について当事者双方から事情を聞き、必要に応じて資料等を提出してもらうなどして事情をよく把握して解決案を提示したり、解決のために必要な助言をし合意をめざして話し合いを進める。話し合いがまとまらず調停が不成立になった場合、自動的に審判手続が開始され、裁判官が必要な審理を行ったうえ、一切の事情を考慮して審判をすることになる。

また、一度決まった婚姻費用であっても、その後に事情の変更があった場合（たとえば、当事者のどちらかの収入が増減した場合や子が進学した場合など）には婚姻費用の額の変更を求める調停（審判）を申し立てることができる。

そのほか、未払いの婚姻費用がある場合、財産分与の中で清算することも認められる（前掲最判昭和53・11・14）。

婚姻費用の分担は、親権者の変更、養育料の請求、遺産分割などと同様に、当事者間に争いのある事件であることから、第一次的には当事者間の話し合いによる自主的な解決が期待され、審判によるほか調停でも扱われる。これらの事件は、通常最初に調停として申し立てられ、話し合いがつかずに調停が成立しなかった場合には、審判手続に移り審判によって結論が示されることになる。また、当事者が審判を申し立てても、裁判官がまず話し合いによって解決を図るほうがよいと判断した場合には、調停による解決を試みることもできる。

婚姻費用分担・遺産分割・財産分与など別表2に掲げる事項についての事件は、調停不成立の場合には当然に審判手続に移行する（家事法272条4項）。

(2) **申立手続**

婚姻費用の分担に関する処分調停申立ての申立手続は次のとおりである。

管轄は、相手方の住所地を管轄する家庭裁判所（調停）、夫または妻の住所地を管轄する家庭裁判所（審判）である。ただし、合意管轄もある（管轄

合意書を提出する)。

　手数料、予納郵便切手等の費用は、収入印紙1200円、予納郵便切手(申立てをする家庭裁判所が指示する額)である。

　提出書類は、調停申立て時に、①婚姻費用の分担に関する処分調停申立書およびその写し(【書式15】参照)、②事情説明書(【書式2】参照)、③連絡先等の届出書1通(【書式5】参照)、④進行に関する照会回答書(【書式4】参照)、⑤夫婦の戸籍謄本(全部事項)(発行後3カ月以内のもの)、調停進行中に、⑥収入に関する書類等(源泉徴収票、直近の給与明細3カ月分の写し、非課税証明書等)、⑦過去の婚姻費用に関する取決めや支払状況に関する書類等であり、そのほか必要に応じて求められる。

(3) 書類作成のポイント

　調停(審判)事件について書類等を提出する場合、裁判所用および相手方用のコピーを2通提出するとともに、調停(審判)期日には申立人用の控えを持参する。提出する書類の中には相手方に知られたくない情報がある場合もあるが、原則として相手方も内容を見ることができるため、相手方や家庭裁判所が見る必要がないと思われる部分(たとえば、住所を秘匿する必要がある場合の源泉徴収票上の住所など)にはマスキング(黒塗り)をして提出する。

　また、マスキングができないような書類についても非開示の希望に関する申出書(【書式6】参照)に必要事項を記載し、その申出書の下に当該書面を付けて一体として提出する(本章Ⅰ2(6)参照)。

　婚姻費用の請求をする場合、すでに別居中であることが多く、申立人が現在の住所を知られたくないという要望がある。このような場合、実務上の取扱いでは申立人は別居前の住所を記載することも認められる(ただし、あらかじめ家庭裁判所に確認する必要がある)。

　特に家事事件の場合、相手方に知られたくないセンシティブな情報が多く、非開示の希望に関する申出書の活用は必須である。しかし、相手方にその書面等を交付するか、開示非開示の相当性については裁判官が判断することになることから、申出書には具体的な理由や事情などを記載し、裁判官に理解

してもらう工夫が必要である。

(4) 調停期日における留意点

調停の時間は約2時間程度、交互または同時に調停室に入って調停委員が話を聞くことになるが、原則各調停期日の開始時と終了時に双方当事者が同時に調停室に呼ばれ、調停の手続、進行予定、次回までの課題等に関する説明を行うという運用になりつつある。これに対し、支障がある場合には進行に関する照会回答書（【書式4】参照）に具体的な事情を記載する。手続代理人が選任されている場合も同様である。

Ⅷ 婚姻費用

【書式15】 婚姻費用の分担に関する処分調停申立書

この申立書の写しは，法律の定めるところにより，申立ての内容を知らせるため，相手方に送付されます。

受付印	家事	☑ 調停 ☐ 審判	申立書 事件名	☑ 婚姻費用分担請求 ☐ 婚姻費用増額請求 ☐ 婚姻費用弦楽請求
	（この欄に未成年者1人につき収入印紙1,200円分を貼ってください。）			
収入印紙　　　円 予納郵便切手　円	（貼った印紙に押印しないでください。）			

	東京　家庭裁判所 　　　　　御中 平成 27年 6月 1日	申　立　人 （又は法定代理人など） の記名押印	四谷花子　㊞

添付書類	（審理のために必要な場合は，追加書類の提出をお願いすることがあります。） ☑ 戸籍謄本（全部事項証明書）（内縁関係に関する申立ての場合は不要） ☑ 申立人の収入に関する資料（源泉徴収票，給与明細，確定申告書，非課税証明書等の各写し） ☐	準口頭

申立人	住　所	〒160－0003 東京都新宿区本塩町9番地3　（　　　　方）	
	フリガナ 氏　名	ヨツヤ　ハナコ 四谷 花子	大正 ㊵昭和㊵ 54年 7月28日生 平成 （　35　歳）

相手方	住　所	〒160－0003 東京都新宿区本塩町9番地3　（　　　　方）	
	フリガナ 氏　名	ヨツヤ　タロウ 四谷 太郎	大正 ㊵昭和㊵ 51年 4月24日生 平成 （　39　歳）

未成年の子	住　所	☑ 申立人と同居　／　☐ 相手方と同居 ☐ その他（　　　　　　　）	平成 15年11月17日生 （　11　歳）
	フリガナ 氏　名	ヨツヤ　ミサキ 四谷 美咲	
	住　所	☑ 申立人と同居　／　☐ 相手方と同居 ☐ その他（　　　　　　　）	平成 19年 5月 7日生 （　10　歳）
	フリガナ 氏　名	ヨツヤ　ヒロト 四谷 大翔	
	住　所	☑ 申立人と同居　／　☐ 相手方と同居 ☐ その他（　　　　　　　）	平成 20年 3月27日生 （　6　歳）
	フリガナ 氏　名	ヨツヤ　ハルナ 四谷 陽菜	

（注）太枠の中だけ記入してください。　☐の部分は，該当するものにチェックしてください。

婚姻費用（1/2）

この申立書の写しは，法律の定めるところにより，申立ての内容を知らせるため，相手方に送付されます。

※ 申立ての趣旨は，当てはまる番号を○で囲んでください。
　□の部分は，該当するものにチェックしてください。

申　立　て　の　趣　旨

（ ☑相手方 ／ □申立人 ）は（ ☑申立人 ／ □相手方 ）に対し，婚姻期間中の生活費として，次のとおり支払うとの（ □調停 ／ □審判 ）を求めます。

※　1　毎月（ ☑ 金＿＿○＿＿円 ／ □ 相当額）を支払う。
　　2　毎月金＿＿＿＿＿＿円に増額して支払う。
　　3　毎月金＿＿＿＿＿＿円に減額して支払う。

申　立　て　の　理　由

同　居・別　居　の　時　期

　　　　　　　　　　昭和　　　　　　　　　　　　　　昭和
同居を始めた日…　14 年　12 月　23 日　別居をした日…　27 年　3 月　21 日
　　　　　　　(平成)　　　　　　　　　　　　　　　　(平成)

婚　姻　費　用　の　取　決　め　に　つ　い　て

1　当事者間の婚姻期間中の生活費に関する取決めの有無
　　□あり（取り決めた年月日：平成＿＿年＿＿月＿＿日）　☑なし
2　1で「あり」の場合
　(1) 取決めの方法
　　　□口頭　□念書　□公正証書　　┌＿＿＿＿家庭裁判所＿＿＿（□支部／□出張所）┐
　　　□調停　□審判　□和解　→　　└平成＿＿年（家）第＿＿＿号＿＿＿＿＿＿＿＿┘
　(2) 取決めの内容
　　　（□相手方 ／ □申立人）は，（□申立人 ／ □相手方）に対し，平成＿＿年＿＿月から，
　　　＿＿＿＿まで，毎月＿＿＿＿円を支払う。

婚　姻　費　用　の　実　施　状　況

□　現在，1月＿＿＿＿円が支払われている（支払っている）。
☑　平成 27 年 3 月ころまで，毎月＿○＿円が支払われて（支払って）いたが
　　その後 (□減額された（減額した）． ／ ☑支払がない（支払っていない)。)
□　支払はあるが一定しない。
□　これまで支払はない。

婚姻費用の分担の増額又は減額を必要とする事情（増額・減額の場合のみ記載してください。）

□　申立人の収入が減少した。　　□　相手方の収入が増加した。
□　申立人が仕事を失った。
□　申立人自身・未成年者にかかる費用（□学費　□医療費　□その他）が増加した。
□　その他（＿＿＿＿＿＿＿＿＿＿＿＿＿＿＿＿＿＿＿＿＿＿）

婚姻費用（2/2）

7　審判前の保全処分の検討

　家庭裁判所は、婚姻費用の分担に関する処分についての審判または調停の申立てがあった場合において、強制執行を保全し、または子その他の利害関係人の急迫の危険を防止するため必要があるときは、当該申立てをした者の申立てにより、当該事項についての審判を本案とする仮差押え、仮処分その他の必要な保全処分を命ずることができる（家事法157条1項2号）。

　権利者としては、婚姻費用が生活の糧であり、緊急性を要する場面が考えられる。この場合、審判前の保全処分としての仮払い仮処分の申立てを検討するべきである。婚姻費用の保全処分として最も活用され、重要なのは仮払い仮処分である（石田敏明「婚姻費用分担請求手続と審判・調停前の保全処分」判タ747号58頁、岡口・前掲書104頁）。保全の必要性としては、申立人の収入が最低生活費を下回っていることの疎明があれば十分であろう（石田・前掲論文同頁、岡口・前掲書同頁）。

Ⅸ　履行の確保

1　履行の確保とは

　養育費や婚姻費用の取決めをしたにもかかわらず、その履行がされない場合には強制執行その他の手段を利用して、履行の確保を図ることができる。
　裁判所が関与して養育費の額や支払方法が決定しても、長期間に及び支払いをしている途中には環境の変化など、さまざまな事情があることが多く、その期間が長ければ長いほどその可能性が高い。また、養育費の支払いが滞る原因は、失業・借金・再婚・病気など、さまざまであるが、収入の減少や元の配偶者が再婚するなどして不払いになることが多く、不払いの期間が長期になるほど履行が困難になる傾向があるのは養育費に限らず、他の債務の履行と根本的には変わらない。
　強制執行は支払期限が到来したもの以外できないのが原則であるが、養育費（養育費と婚姻費用）に関しては、月払いの定期金債権とされることから、一度不履行があれば、その全部について給料等の継続的給付に係る債権につき強制執行することができる（民執法151条の2）。たとえば、離婚した元の夫が会社員である場合、一度でも義務の不履行があれば地方裁判所に対し将来にわたる給料債権の差押えをすることができる。これは実質的に養育費相当額を給料天引きで受け取ることであり、義務者の属性によっては履行の確保が相当期待ができることになる。また、その差押えの範囲についても通常の差押禁止債権の範囲よりも広く、給料等の2分の1までとされる（同法152条3項）。
　なお、養育費の支払いの実情として、養育費相談支援センターが平成23年に実施した電話相談者に対するアンケート調査の結果によると、養育費の取決めがあるのに一部でも支払われない割合は70.3％、全部履行の割合は29.7％となっている。また、一部履行のうち支払われなくなるまでの期間は

1年未満が34.6％と最も多く、3年未満と合わせると66.7％が3年以内に支払われなくなっている。このような状況であるから、ここでは主に養育費の履行の確保を中心にみていくことにする。

2　養育費の請求手続

婚姻関係が解消しても、長期間にわたり養育費の支払いをしなければならない以上、履行の確保についても民事執行法とは違った方法で、義務者による自主的な履行の機会が与えられるべきという趣旨から、家事事件手続法および人事訴訟法には特有の制度がある。

(1) 履行勧告（家事法289条1項・7項、人訴法38条）

(ア) 概　要

家事事件手続法では、審判（審判前の保全処分）や調停、調停に代わる審判で定められた義務についての履行状況の調査および履行の勧告についての規定が定められている（同法289条）。家庭裁判所は、調査および勧告に関し、事件の関係人の家庭環境その他の環境の調整を行うために必要があると認めるときは、家庭裁判所調査官に社会福祉機関との連絡その他の措置をとらせることができる。また、家庭裁判所は、調査および勧告に必要な調査を官庁、公署その他適当と認める者に嘱託し、または銀行、信託会社、関係人の使用者その他の者に対し関係人の預金、信託財産、収入その他の事項に関して必要な報告を求めることができる。

履行勧告の申立手続による調査の結果、これを契機に権利者と義務者の間で養育費の額や支払方法について再調整がなされ、強制執行をするまでもなく任意に支払いが継続することもあり、使い方によっては家庭裁判所の機能が発揮できる可能性が高い。養育費相談支援センターの相談員からのヒアリング結果（平成23年度養育費の確保に関する制度問題研究会報告）によれば、平成13年に最高裁判所が履行状況の実情調査をした結果によると、履行勧告により38％が支払っており（同報告における研究員の発言（家月54巻5号102頁参照）、一定程度の効果は期待できる。

〈表14〉 履行勧告の事件数

総　数	金銭債務・その他			人間関係調整			
	総　数	一部履行	履行状況不詳・その他	総　数	一部の目的を達した	目的を達しない	履行状況不詳・その他
1万1599件	1万127件	3132件	6995件	1472件	249件	848件	375件

出典：平成25年度司法統計家事事件

〈表15〉 履行勧告・履行命令・間接強制の手続上の相違点

	履行勧告	履行命令	間接強制
方　法	債権者の申出	債権者の申立て	債権者の申立て
非金銭債権	○ 財産上の給付義務に限られない	× 金銭の支払いその他財産上の給付に限られる	○ 婦・親子その他の親族関係から生ずる扶養に関する権利（民執法151条の2第1項）
調査・陳述・審問等	調査あり （家事法289条）	陳述の機会（家事法290条2項・3項）	審尋（民執法172条3項）
管　轄	債務名義の別に従う ①調停調書 　原則：調停が成立した裁判所（家事法289条7項） ②審判書 　原則：審判をした家庭裁判所（家事法289条1項）	当該義務を定める調停・審判等をした家庭裁判所（家事法290条1項・3項）	債務名義の別に従う ①和解・調停調書 　原則：調停が成立した裁判所 ②審判書 　第1審の家庭裁判所 ③公正証書（民執法22条5号に定める執行証書に限る） 債務者の普通裁判籍の所在地を管轄する裁判所
手続費用	かからない	500円・予納郵券	2000円・予納郵券
添付書類	①申出書副本 ②債務名義の正本 ③送達証明書	不要	①申立書副本 ②執行力ある債務名義正本 ③送達証明書 ④審判の確定証明書 ⑤申述書
罰則等	なし	過料 （家事法290条5項）	なし

履行勧告は、金銭の支払い等の財産上の給付義務に限られないことから、履行命令に比べ件数が多いが（平成25年度の履行命令の申立件数は100件に満たない。なお、履行勧告の申立件数は〈表14〉参照）、履行勧告に実効性がないことや、そもそも調停離婚をした当事者が履行勧告という制度を知らないという問題がある。履行勧告制度を当事者に周知するとともに、履行勧告が実効性をもった制度として信頼されるようにしなければならない。なお、履行勧告に関する費用（通知、嘱託等）はすべて国庫から負担することとされている。

　(イ)　履行勧告の対象となる義務

　金銭の支払い等の義務に限らず、子の引渡し義務や夫婦間の同居義務等、強制執行になじまない義務も含まれる。なお、履行勧告の手続に費用はかからないが、義務者が勧告に応じない場合、履行を強制することはできない。

　(ウ)　履行勧告の申出

　権利者からの申出により、家庭裁判所は履行状況の調査および履行を勧告することができる（【書式16】参照）。

　権利者の申出はあくまでも裁判所の職権を促すものにすぎない（後記(2)の履行命令が権利者からの「申立て」であることに注意されたい）。

【書式16】 履行勧告申出書

履 行 勧 告 申 出 書

受付印		
	添付書類	調停調書の写し、預金通帳の写し

	申 出 人（権利者）	相 手 方（義務者）
氏 名	築地花子 ㊞ （旧姓　　　）	四谷太郎 （旧姓　　　）
住所等	住　所 東京都渋谷区恵比寿3丁目7番16号 電　話 （携帯）○○○-○○○○-○○○○	住　所 東京都新宿区本塩町9番地3 電　話 （携帯）○○○-○○○○-○○○○

申　出　の　趣　旨

下記事件につき定められた義務の履行を相手方に勧告してください。

履行義務を定めた 審判・⦅調停事件⦆	平成○○年（家イ）第○○○○号　夫婦関係調整事件
審　判　日 調⦅停⦆成　立	平成○○年○○月○○日

申　出　の　実　情

【申出までの履行状況】

　調停調書（略）記載の調停条項第○項によって、相手方は申出人に対し、○○の養育費として平成○○年○○月○○日から1ヵ月金○万円を支払うことになっているが、相手方は平成○○年○○月○○日まで合計金○○円の支払いをしない。よって申出をします。

(2) 履行命令（家事法290条1項・3項、人訴法39条）

　㋐　概　要

　審判、調停または調停に代わる審判で定められた金銭の支払いその他の財産上の給付を目的とする義務の履行を怠った者に対してする義務の履行を命ずる審判である。家事事件における債務は、強制執行になじまない性質のものが多く、不履行があった場合、債権者から履行勧告の申出をし、家庭裁判所による不履行とその理由を調査し、調査の結果、義務者が正当な理由がないのに履行を怠っている場合には、履行勧告によって任意の支払いを促すことになる（前記(1)参照）。それでもなお正当な理由なく履行を怠った場合には、履行命令を申し立て、命令を発する流れとなる。

　㋑　履行命令の対象となる義務

　履行勧告と違い、子の引渡しや夫婦間の同居等の身分関係に基づく義務は履行命令の対象とならない（前記(1)㋑参照）。これは過料の制裁があることによって心理的に圧迫させるのに適さないことによる。

　㋒　履行命令の申立て

　義務者が養育費の履行を怠った場合、家庭裁判所は相当と認めるときは、権利者の申立てにより義務者に対し相当の期限を定め、履行を怠った義務の全部または一部についての履行をすべきことを命ずる審判をすることができる（【書式17】参照）。なお、義務の履行を命ずるには、義務者の陳述を聴かなければならない（家事法290条2項）。申立ては原則として義務を定める審判事項等を審判した家庭裁判所に対してする。家庭裁判所は、義務の履行を命じる審判をする場合には、同時に義務者に対し、その違反に対する法律上の制裁を告知しなければならず、義務者が正当な理由なく命令に従わないときは、家庭裁判所は10万円以下の過料に処することになる。この過料は履行命令に対する違反の制裁であるので国庫が収受する。

　管轄裁判所は、前記のとおり調停・審判等をした家庭裁判所（家事法290条1項・3項）である。手数料、予納郵便切手等の費用は、収入印紙500円、予納郵便切手（申立てをする家庭裁判所が指示する額）、添付書類は不要である。

第3章 離婚調停の手続と実務

【書式17】 履行をすべきことを命じる審判申立書

受付印	家事審判申立書　事件名（　履行命令　）
	（この欄に申立て1件あたり収入印紙500円分を貼ってください。）
収入印紙　　　円 予納郵便切手　　　円	（貼った印紙に押印しないでください。）

	東京　家庭裁判所 　　　　　　御中 平成 ○○ 年○○月 ○○ 日	申　立　人 （又は法定代理人など） の 記 名 押 印	築 地 花 子　　㊞

添付書類	（審理のために必要な場合は、追加書類の提出をお願いすることがあります。）	準口頭

申立人	本　籍 （国　籍）	（戸籍の添付が必要とされていない申立ての場合は、記入する必要はありません。） 　　　　都　道 　　　　府　県	
	住　所	〒 150 - 0013 東京都渋谷区恵比寿3丁目7番16号　（　　　　方）	
	フリガナ 氏　名	ツキジ　ハナコ 築 地 花 子	大正 昭和 54年　7月28日生 平成　（　35　歳）

相手方	本　籍 （国　籍）	（戸籍の添付が必要とされていない申立ての場合は、記入する必要はありません。） 　　　　都　道 　　　　府　県	
	住　所	〒 160 - 0003 東京都新宿区本塩町9番地3　（　　　　方）	
	フリガナ 氏　名	ヨツヤ　タロウ 四 谷 太 郎	大正 昭和 51年　4月24日生 平成　（　39　歳）

（注）　太枠の中だけ記入してください。

申　立　て　の　趣　旨

　相手方に対し、相手方が申立人に対して負担している平成〇〇年〇〇月〇〇日（家イ）第〇〇〇〇号　養育費請求調停申立事件の調停条項第〇項の履行を命ずる、との審判を求める。

申　立　て　の　理　由

　相手方は、前記申立ての趣旨に記載した平成〇〇年〇〇月〇〇日（家イ）第〇〇〇号　調停調書の条項第〇項に記載のとおり、〇〇の養育費として月〇万円を支払うことになっているが、平成〇〇年〇〇月以降支払いをしないばかりか、申立人に対し何ら連絡をせず、また御庁からの履行勧告にも従わない。

　よって、申立人の趣旨に記載のとおり、相手方に対し履行命令をしていただきたく本申立てをする。

(3) 強制執行

㋐ 直接強制

(A) 概　要

　履行命令によっても養育費や婚姻費用について任意の支払いがされない場合は、扶養義務等に係る定期金債権に対する強制執行（直接強制。民執法151条の2）を検討する。

　強制執行は相手方（債務者）の住所地を管轄する地方裁判所へ申し立てるが、①債務名義（判決、和解調書、調停調書、公正証書等）をもっている、②債務名義の中に養育費や婚姻費用分担金の定めがあり、毎月定期的に金銭の支払いを受けることになっている、③決められたとおりの支払いがなされていない、④債務者が第三債務者に対して有している債権は、給料や家賃収入などの毎月定期的に支払われるものであるの四つの要件を満たしている必要がある（東京地方裁判所民事第21部（民事執行センター・インフォメーション21）のウェブサイト「執行手続のご案内・書式例」参照）。

　強制執行をするためには、債務名義の正本が必要となる（謄本ではなく正本である）。また、執行文が必要なものについては、執行文の付与を受けていることが必要となる。執行文の付与は債務名義を作成した裁判所が行う。

(B) 差押えの範囲

　養育費の未払いによる給料の差押えについては、給料（税金等を控除した残額）の2分の1までが対象になる（民執法152条3項）。

　たとえば、未払いの養育費が100万円、税金等を控除した後の給料の金額が24万円である場合、1カ月に差押えができる金額は12万円となり、100万円に満つるまで、毎月、債務者に給料を支払っている会社等の第三債務者から債権者に支払われる。

(C) 将来発生する養育費の差押え

　支払期限が到来した未払いの養育費とあわせ、支払期限の到来していない将来分の養育費についても一括して申立てをすることができる。よって、支払期限が到来している未払いの養育費について差押えをする際に、あわせて

支払期限が到来していない将来分の養育費についても差押えの申立てをしておくことにより（【書式18】参照）、毎月申立てをする必要はなく、強制的に養育費の差押えをすることができる。

　(D)　執行文の要否

執行文が必要なものは、公正証書正本、判決正本、和解調書正本である。

執行文が不要なものは、家事調停調書正本である（ただし、養育費や婚姻費用だけでなく、解決金や慰謝料分もあわせて請求するときは、執行文が必要になる）。また、家事審判書正本については、執行文は不要だが、確定証明書が必要となる。

　(ｲ)　間接強制
　(A)　概　要

債務を履行しない者に対し、一定の期間内に履行しなければその債務とは別に間接強制金を課すことを警告した内容の決定をすることで、義務者に対し心理的な圧迫を加え、自発的な支払いを促すことが期待できる。

金銭の支払いを目的とする債権については、原則として間接強制の手続をとることができないが、養育費や婚姻費用の分担金など、夫婦・親子その他の親族関係から生ずる扶養に関する権利（扶養義務等に係る金銭債権）については、強制執行の特則として間接強制の方法によることができる（民執法167条の15）。ここにいう扶養義務等に係る金銭債権とは、①夫婦間の協力および扶助の義務、②婚姻費用分担義務、③離婚後の子の監護に関する義務、④直系血族および兄弟姉妹等の間の扶養義務のうち確定期限の定めのある定期金債権である（民執法151条の2第1項）。

また、この間接強制は、確定期限の定めのある定期債権であって、その一部に不履行がある場合には、6カ月以内に期限が到来するものについても執行を開始することができる（民執法167条の16）。

　(B)　間接強制をするメリット・デメリット

義務者の勤務先がわからない場合や資産の把握ができない場合、または直接強制によって給与債権の差押えをしてしまうと、義務者が勤務先を退職し

てしまうおそれがある場合など、義務者の属性によっては有効な手段となりうる。間接強制は当事者への審問が必要であり、相手方の事情を知ることになる場合があることから、その機会に当事者間で任意に履行する機運が高まる可能性もある。

　しかし、間接強制はあくまでも心理的な圧迫による自発的な履行を促すものであることから、直接強制との違いを理解したうえで、当事者の経済状況等の実情を考慮して実行しなければならない。また、義務者に支払能力がないことが明らかな場合や義務者に弁済させることによって生活が著しく窮迫するときは間接強制の決定がされないこともある（民執法167条の15第1項ただし書）。

　　(C)　管　轄

　間接強制の申立ては、債務名義によって執行裁判所が異なる。債務名義が、①和解・調停調書であるときは和解・調停が成立した裁判所、②金銭の支払いを命じる審判であるときは第1審の家庭裁判所、③公正証書であるときは債務者の普通裁判籍の所在地を管轄する地方裁判所となる（【書式19】は③の例）。

　　(D)　書類作成のポイント

　間接強制の申立書の「申立ての趣旨」においては、「債務者が債務の履行をしないときには、1日金○○円の割合による金員を支払え」などの主張をしなければならないが、金員支払いの根拠をできるだけ具体的に主張し、これを理由づけする資料（申述書ほか）を提出する必要がある。

　　㈦　直接強制と間接強制の使い分け

　直接強制を選択するか間接強制を選択するかの判断材料として、債務者の勤務先や財産が把握できているかという問題がある。たとえば、債務者が公務員や大企業に勤務している者であれば、直接強制も間接強制も可能性があるから、実効性のある方法を選択すればよい。債務者が自営業者や無職等の場合や預金口座等の財産の把握も困難であれば、間接強制を選択するほうが効果的な場合が多い。また、間接強制の場合、申立ての相手方である債務者

を審尋する（民執法172条3項）ので、その点でも心理的な圧力となることも考えられる。ただし、債務者が支払能力を欠いているため、弁済することができない場合や債務者の生活が著しく窮迫すると認められるときは、間接強制の方法によることができない（同法167条の15第1項ただし書）ことに注意する必要がある。

【書式18】 債権差押命令申立書

債 権 差 押 命 令 申 立 書
（扶養義務等に係る定期金債権による差押え）

東京地方裁判所民事第21部　御中

　　　平成〇〇年〇〇月〇〇日

　　　　　　　　　　　　　　　　　　申立債権者　　築　地　花　子　㊞
　　　　　　　　　　　　　　　　　　電　話　00－0000－0000
　　　　　　　　　　　　　　　　　　FAX　同　上

　　　　　　当　事　者 ｝
　　　　　　請求債権　　　　別紙目録のとおり
　　　　　　差押債権 ｝

　債権者は，債務者に対し，別紙請求債権目録記載の執行力ある債務名義の正本に記載された請求債権を有しているが，債務者がその支払をしないので，債務者が第三債務者に対して有する別紙差押債権目録記載の債権の差押命令を求める。

　☑　第三債務者に対し，陳述催告の申立て（民事執行法第147条1項）をする。
　☐

　添付書類
　1　執行力ある債務名義の正本　　1　通
　2　同送達証明書　　　　　　　　1　通
　3　資格証明書　　　　　　　　　1　通
　4　戸籍謄本　　　　　　　　　　1　通
　5　住民票　　　　　　　　　　　2　通

(別紙)

請 求 債 権 目 録
(扶養義務等に係る定期金債権等)

東京　家庭裁判所(□　　　支部) 平成○○年(家イ)第○○○○号事件の
- ☑ 調停調書
- □ 審　判　　　　正本に表示された下記金員及び執行費用
- □ 執行力ある判決

記

1　確定期限が到来している債権及び執行費用　　金 108,648円

(1) 金100,000円

　　ただし, 債権者, 債務者間の○○についての平成23年9月から平成24年1月まで1か月金20,000円の養育費の未払分(支払期毎月末日)

(2) 金8,648円

　　ただし, 執行費用

	(内訳)	本申立手数料	金	4,000円
		本申立書作成及び提出費用	金	1,000円
		差押命令正本送達費用	金	2,898円
		資格証明書交付手数料	金	600円
		送達証明書申請手数料	金	150円
		確定証明書申請手数料	金	円

2　確定期限が到来していない各定期金債権

　平成24年2月から平成34年5月(債権者, 債務者間の○○が満20歳に達する日の属する月)まで, 毎月末日限り金20,000円ずつの養育費

【書式19】 間接強制申立書

平成○○年○○月○○日

○○地方裁判所御中

間接強制申立書

債権者　　○○○○　　㊞

当事者の表示　　別紙当事者目録（略）記載のとおり

申立ての趣旨

1　（債務名義表示の義務の内容）
　　債務者は，債権者に対し，次の(1)及び(2)の各金員を支払わなければならない。
　(1)　金○○円
　(2)　平成○○年○○月○○日から同年○○月末日まで毎月末日限り金○○円
2　債務者が本決定送達の日から○日以内に前項(1)の金員の全額を支払わないときは，債務者は債権者に対し，金○○万弔を支払え。
3　債務者が第１項(2)の各月ごとの金員の全額を同項の期限内に支払わないときは，債務者は債権者に対し，各月分全額の支払がされないごとに各金○○円を支払え。

申立ての理由

　債務者は，債権者に対し，法務局所属公証人○○○○作成の平成○○年第○○○○号○○契約公正証書正本）に基づく扶養義務に係る支払義務があるところ，債務者は平成○○年○○月分から平成○○年○○月分までの支払を怠り，未払額が合計金○○万円となっている。
　債務者は借家住まいであり，現在の勤務先も申立人に明かさないことから，債権者は，本件債権について直接強制によらず，間接強制の申立てをする。
　なお，債権者は，債務者の履行遅滞によって，住居の家賃滞納を招いてしまい，転居せざるを得なくなった結果，少なくとも金○○万円の損害を受けている。
　よって，民事執行法167条の15及び167条の16に基づき申立ての趣旨記載の裁判を求める。

添付書類

1　執行力のある調停調書正本　　　1通
2　上記送達証明書　　　　　　　　1通
3　申述書　　　　　　　　　　　　1通

【書式20】 扶養義務等に係る金銭債権の間接強制申立ての申述書（債権者提出用）

平成〇〇年（ヲ）第〇〇〇〇号　間接強制申立事件

申　　述　　書　（債権者用）

平成〇〇年〇〇月〇〇日

債権者　　〇〇〇〇　　㊞

　間接強制の申立てに関し，債権者（私）の言い分は，次のとおりです。

1　全体に関する言い分
 (1)　債権者（相手方）のこれまでの支払状況
　　□　まったく支払われたことがない。
　　□　特に催促したことはない。
　　□　催促したが支払われなかった。
　　□　一部支払われた。
　　　　□　支払われた部分は，　□　任意で支払われた。
　　　　　　　　　　　　　　　　□　私が催促して支払われた。
　　　　□　未払分について　　　□　特に催促したことはない。
　　　　　　　　　　　　　　　　□　催促したが支払われなかった。

 (2)　債務者は，未払分について
　　□　支払うことができるかどうか不明。
　　□　全額を支払うことは可能だと思う。
　　□　全額を支払うことは難しいかもしれないが，一部を支払うことは可能だと思う
　　□　一部であっても支払うことは難しいかもしれない。

 (3)　債務者の財産，収入，支出の状況は，公正証書を作成した時点と比較して
　　□　大幅な変化があるかどうか不明。
　　□　大幅な変化はないと思う。
　　□　大幅な変化があると思う。
　　　　□　財産が（□　増加，□　減少）した。
　　　　□　収入が（□　増加，□　減少）した。
　　　　□　支出が（□　増加，□　減少）した。

2 債務者の財産（ただし，不動産を除く。）
　□　債務者には財産があるかどうか不明。
　□　債務者には財産はまったくないと思う。
　□　債務者には財産はあると思う。
　　　種類：　□　現金　□　預貯金　□　外貨預金　□　株式　□　投資信託
　□　その他（　　　　　　　　　　　　　　　　　　　　）
　　　また，私が知っている債務者の財産は，以下の表のとおり
　　　　※　例にならい，知っている範囲で記入してください。

	取引先	取引の種類	金額	備考
例	△銀行　△支店	外貨預金	US＄10,000	
例	△証券	○会社株式	約　　　円相当	

3　債務者の収入
(1)　債務者の収入状況について
　　□　債務者の収入は不明。
　　□　債務者は次の収入により生活していると思う。
　　□　給与・役員報酬
　　□　自営業収入
　　□　不動産収入
　　□　年金
　　□　その他（　　　　　　　　　　　　　　　）

(2)　（証明資料がある場合）次の□にレを付した資料の写しを添付する。
　　□　給与支払明細書又は賞与支払明細書　□　所得税の源泉徴収票
　　□　確定申告書控え　□　年金証書等　□　収入の振込口座の預貯金通帳

(3)　債務者の収入金額は
　　□　不明
　　□　税込みで　（□　月額　□　年額）　　　　　万円くらいだと思う。

4　債務者の支出
　　債務者の支出について，私が知っている点は次のとおりである。

(   )

5 債務者に対する強制執行の状況について
　□　私は，現在，未払分について給料その他の財産に対する強制執行の手続中である
　　□　差押えの事件の事件番号
　　　　　　地方裁判所　　　支部
　　　　　平成　　年（　）第　　　号　　　事件
　　この手続の進行状況は現在，次のとおり。
　　　（　　　　　　　　　　　　　　　　　　　　　）

　□　私は，債務者に対し，今後，未払分について直接，給料その他の財産に対する強制執行を申し立てる予定はない。
　　理由は，□　債務者に差し押さえるべき財産がない。
　　　　　　□　債務者に差し押さえるべき不動産はあるが，担保権がついているなどの事情から差押えをしても回収の見込みがない。
　　　　　　□　差押えの手続をとったが，回収できなかった。
　　　　　　　　　地方裁判所　　　支部
　　　　　　　　　平成　　年（　）第　　　号　　　事件
　　　　　　□　その他（　　　　　　　　　　　　　　　　）
　□　私は，債務者に対して，現在のところ，未払分について給料その他の財産に対する強制執行を申し立てていないが，間接強制をしても支払ってもらえなかった場合は，直接の強制執行を申し立てるつもりがある。

3 債務者の資産を調査する方法

(1) 調査嘱託の申立て

養育費を負担させる必要があっても任意に履行しない場合は、履行勧告の申出、履行命令の申立てのほか、強制執行の申立てが必要となる場合もある（前記2参照）。

しかし、夫婦間であっても相手方の銀行口座を知らないケースも多く、そのような場合には強制執行も不奏功に終わる可能性がある。もちろん相手方の勤務先が判明していれば、このような問題で悩むことはないのであるが、昨今は男女を問わず非正規雇用など不安定な雇用形態が多いことから、先行きが不透明なケースでは、調査嘱託の申立てをして財産関係の全貌を明らかにする必要がある（民訴法186条）。

(2) 関係者への聞取り

共通の友人、知人や義務者の親族などから情報を得る。

義務者の実親や友人などに連絡をとったところで、口止めをされているなどの理由から簡単には教えてもらえないケースもあり難航する場合が多い。

しかし、最近ではSNS（ソーシャル・ネットワーキング・サービス）など、思わぬところから判明するケースがあるので、権利者もネットリテラシー（自らが欲する情報を入手できる能力、その情報が正しい情報かどうかの判断力）を高める必要がある。これは家事事件に限らず、債権回収ひいては民事に関する訴訟手続全般にいえることでもある。

第4章
遺産分割調停の手続と実務

I 総論

　本章の目的は、遺産分割調停の概要と、司法書士による本人支援の肝要なところを説明することにある。遺産分割という司法書士にとって馴染み深く、かつ、時に困難を伴う法律紛争について、司法書士が当事者に近い立場で寄り添い、より深く貢献できるとするならば、それには、遺産分割の制度はもとより、これを具現化している家事事件手続法および家事事件手続規則の精緻な理解は必須であろうと思われる。

　そこで、本章においては、遺産分割の実体法（民法）上の制度はもとより、家事事件手続法、家事事件手続規則を横断的に解説するとともに、調停の進行に沿った本人支援の実務を検討していくものとする。

1　遺産分割とは

(1)　遺産分割制度の意義

　相続人が数人ある場合には、被相続人が相続開始の時に有していた財産は、すべて相続人の共有となるのが原則である（民法898条）。しかし、財産の共有状態は、使用・収益・処分のいずれの場合であっても不便を伴うことがあるから、被相続人は、生前に贈与をしたり、遺贈や遺産分割の方法の指定あるいは遺産分割の禁止をする遺言をすることにより、特定の財産を共有状態にさせないことができる。ただし、被相続人が特段の意思表示をしなかった場合には、相続開始と同時に相続人の共有状態になる。

　そこで、相続財産を共有状態から脱し、相続人のうち誰がどのような割合で取得をするのかを決定する手続が遺産分割である。

(2)　遺産分割の基準

　民法は906条から914条に遺産分割に関する規定をおいているが、その冒頭は、「遺産の分割は、遺産に属する物又は権利の種類及び性質、各相続人の年齢、職業、心身の状態及び生活の状況その他一切の事情を考慮してこれを

する」（民法906条）と規定し、遺産分割の基準（あるいは理念ともいうべきもの）を宣言している。一方で、身分関係によって均一に定められている法定相続分が分割の基準となることはいうまでもないが、他方で、このように相続人の個々の事情も遺産分割の基準と定められていることは興味深い。もちろん、このような基準にかかわらず協議により自由に分割し、または、調停をすることも可能であるが（その限りで相続人の意思が最大限尊重されている）、裁判所による審判にまで進んだ場合には、この規定が裁判規範となることに留意しておく必要がある。

(3) 遺産分割の手続

共同相続人は、遺言により5年を超えない期間、遺産分割を禁じられている場合を除いて、いつでも、協議により、遺産を分割することができる（民法907条1項）。相続人間の協議が調う場合においては、相続人の自由な意思が最大限に尊重され、特別受益、寄与分や法定の相続分に反する分割も可能である。さらに、この分割の効力は、相続の開始の時にさかのぼるが、相続人以外の第三者の権利（たとえば、第三取得者、受遺者）を害することができないのは当然である（同法909条）。

遺産分割の協議が調わない場合には、各相続人は家庭裁判所にその分割を請求することができる（民法907条2項）。いわゆる審判分割である。遺産分割は、協議により開始され、それが調わないときには調停手続（本章Ⅱ参照）においてさらに話し合いが進められるため、実際には相続人の「話し合いが強制されている」ものの、民法は各相続人に遺産分割審判という形式の裁判を求める権利を付与しており、その趣旨にも留意しておく必要があるだろう。

家事事件手続法は、遺産分割審判事件について、調停を行うことができると定めている（家事法244条）。また、家庭裁判所は、調停を行うことができる審判事件については、いつでも事件を家事調停に付することができる（同法247条）。実際には、相続人の意思を最大限に尊重する趣旨から、ほとんどすべての案件でいったん家事調停に付されており、事実上の調停前置主義がとられている。

コラム　遺留分減殺請求事件との相違

　遺留分とは、被相続人が有していた相続財産について、その一定割合の承継を一定の相続人に保障する制度（民1028条以下）であり、被相続人による財産処分の自由（遺言による処分）と相続人の保護の調整である。

　遺留分減殺請求事件も、遺産分割事件と同じように遺産をめぐる紛争についての事件であるので、その調停の流れも、ほぼ遺産分割調停事件と同じである。

　まず、遺留分減殺請求事件の前提問題として、相続人の範囲・遺産の範囲を確定する。そして、当事者の主張の整理・調整がされ、当事者間の合意が模索される。

　遺留分減殺請求では、特別受益の主張は考慮されるが、寄与分の主張は考慮されない。遺留分算定の基礎となる財産の計算においては、相続債務が控除される。遺産分割においては、相続人全員の合意がない限り、相続債務は考慮されない。

　そして、遺産分割調停事件は、別表第2調停事件なので、調停が不成立になった場合には審判移行する。これに対し、遺留分減殺請求調停事件は、一般調停であり審判移行しないので、留意が必要である。

I 総論

2 遺産分割調停の申立て

遺産分割調停の手続の流れは、〔図9〕のとおりである。

〔図9〕 遺産分割調停の手続の流れ

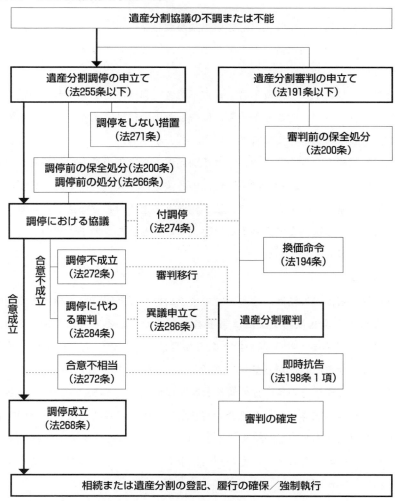

※法＝家事事件手続法

(1) 申立人および相手方

　遺産分割調停の申立人となるのは、共同相続人の一人または一部である。すなわち、一人で申し立ててもよいし、数人が連名で申立人となることもできる。他方、相手方となるのは、その他の共同相続人の全員である。共同相続人には、遺産分割前の相続分の譲受人（民法905条）、包括受遺者（同法990条）を含む。

　一部の者のみが遺産分割に応じず協議が調わない場合にも、遺産分割調停には、すべての共同相続人が当事者となり、関与が必要であることに注意を要する。

　なお、相続人中に、未成年者、行方不明者、判断能力を欠く者、相続人不存在となった者がいることが明らかになった場合には、調停申立ての前提として、未成年者については特別代理人、行方不明者については不在者財産管理人、判断能力を欠く者については特別代理人や成年後見人、相続人不存在となった者については相続財産管理人の各法定代理人の選任手続が必要となる。遺産分割調停の申立て後に、法定代理人の選任が必要なことが判明した場合には、その選任まで調停手続は停止することになるので注意が必要である。

(2) 管　轄

　遺産分割調停の管轄は、他の一般の家事調停事件と同様に、相手方の住所地を管轄する家庭裁判所または当事者が合意で定める家庭裁判所（家事法245条1項）である。相手方が数人ある場合には、その一人の住所地の管轄があれば足りる。したがって、当事者間に管轄に関する合意がない限り、最も争いのある相手方の住所地の管轄裁判所に申立てをするのが通常である。ただし、調停不成立となった場合の審判事件の管轄裁判所は「相続が開始した地」（家事法191条、民法883条）となるので、この点も踏まえて管轄権のある家庭裁判所のうちのどの家庭裁判所に申立てをすべきか検討することを要する。

(3) 申立てに必要な書類と留意点

遺産分割調停の申立てにあたって、準備する必要のある書類は、次のとおりである。

(ア) 遺産分割調停申立書

遺産分割調停の申立ては、遺産分割調停申立書を作成して家庭裁判所に提出しなければならない（家事法255条1項。【書式21】参照）。なお、裁判所のウェブサイトからも遺産分割調停申立書の書式をダウンロードできる（裁判所ウェブサイト「遺産分割調停の申立書」参照）。

遺産分割調停申立書の別紙として、当事者目録、遺産目録（特別受益がある場合には特別受益の目録を含む）を添付する。遺産分割調停申立書は、その写しを相手方の人数分準備して提出する。

申立手数料として、1件（被相続人1名）につき、1200円分の収入印紙を遺産分割調停申立書に貼付する（民訴費3条別表第1・15の2項、8条）。

遺産分割調停申立書の記載事項は、次の(A)〜(D)である。

(A) 当事者および法定代理人

当事者（申立人および相手方全員）の氏名および住所、当事者に法定代理人がいる場合には、その者の氏名および住所を記載する（家事法255条2項1号、家事規1条1項1号）。一般に、当事者の特定のため、これらの者の本籍、生年月日、被相続人との続柄（相続関係）をも記載する。

(B) 申立ての趣旨

家庭裁判所に対して、どのような内容の調停事項を求めるかを端的に記載する（家事法255条2項2号）。遺産分割調停事件の場合には、「被相続人の遺産の分割の調停を求める」となる。

(C) 申立ての理由

申立ての理由は、申立ての趣旨と相まって求める調停事項を特定するのに必要な事項を記載する（家事法255条2項2号）。具体的には、①未分割の遺産があること、②これについて協議が調わないことまたは協議をすることができないこと（民法907条2項）を記載すれば足りる。さらに、特別受益の主

張や紛争の原因となる実情がある場合には、それらも申立ての動機として記載することができる。

　家庭裁判所は、原則として、申立書の写しを相手方に送付しなければならないから（家事法256条1項。後記(イ)参照）、申立書に記載のある申立ての理由は、すべて相手方に事前に知らされることになる。その点を踏まえて、申立ての動機については、端的に記載する必要がある。なお、具体的な事情や経緯は、事情説明書（これは、相手方に送付されない。後記(ウ)参照）に記載していくことになる。

　　(ロ)　事件の表示、附属書類の表示、年月日、裁判所の表示

　事件（遺産分割調停申立て）、附属書類（遺産目録や証書書類等）、申立ての年月日、管轄家庭裁判所を記載する（家事規1条1項2号～5号）。

　　(イ)　遺産分割調停申立書の写し

　前記(ア)の遺産分割調停申立書を相手方の人数分提出する。

　　(ウ)　事情説明書（各家庭裁判所の定める書式）

　遺産分割調停申立て用の事情説明書（ひな型）が各家庭裁判所に置かれている（【書式22】参照）。遺産分割に関する申立人の意見、紛争の要点などを具体的に記載する。なお、事情説明書は、相手方から請求がある場合、家庭裁判所の許可により、相手方に読まれることがあることに注意を要する。

　　(エ)　進行に関する照会回答書（各家庭裁判所の定める書式）

　進行に関する照会回答書は、家庭裁判所が、当事者の希望を聞いて、心身の状態や安全の確保等に配慮した調停を進行するために、あらかじめ提出を求めるものである（【書式23】参照）。

　　(オ)　連絡先等の届出書（各家庭裁判所の定める書式）

　各家庭裁判所の定める当事者目録には、当事者の氏名および住所を記載する欄しかない。これは、原則として申立書の写しが相手方全員に送付される扱いとなっていることから、プライバシーを保護するために現実の居所や携帯電話や勤務先などの連絡先は当事者目録に記載しない扱いとなっているためである。そこで、家庭裁判所が平日の日中に連絡をすることができる連絡

先（現実の居所、自宅や勤務先の電話番号、携帯電話等）を当事者目録とは別にこの届出書に記載する扱いとなっている（【書式24】参照）。

(カ)　非開示の希望に関する申出書（各家庭裁判所の定める書式）

家庭裁判所において、事件記録の閲覧・謄写請求に対する相当性の判断（家事法254第1項）の資料として提出するものである（裁判所提出用に1通）。申立て時に限らず、非開示を希望する書面を提出するたびに、この申出書を提出する必要がある（【書式25】参照）。

(キ)　相続関係を証する戸籍謄本等

戸籍謄本、戸籍の附票等を提出する。なお、事件終結時に、これらの戸籍謄本等の原本還付を請求する場合には、これらの写しもあわせて提出する必要がある。

(ク)　遺産または特別受益の内容に関する証拠書類等

遺産または特別受益の内容に関する証拠書類等として、①不動産登記事項証明書、②固定資産税評価証明書、③被相続人名義の預貯金残高証明書、④株式・国債・有価証券等の残高証明書、⑤相続税申告書の写し、⑥その他遺産目録記載の遺産があることを証する資料を提出する。

(ケ)　相続債務の内容に関する証拠書類等

相続債務の内容に関する証拠書類等として、①金銭消費貸借契約書の写し等、②返済予定表の写し等を提出する。

なお、相続債務については、遺産分割の対象とならない（したがって、遺産分割審判事件の対象とはならない）が、調停においては相続人間の話し合いの前提としての資料として提出しておく必要がある。

(コ)　経緯に関する資料

経緯に関する資料として、①遺言書がある場合には、遺言書の写し、②これまでになされた遺産分割協議書の写し、③協議が不成立に終わった遺産分割協議案の写しを提出する。

第4章 遺産分割調停の手続と実務

【書式21】 遺産分割調停申立書

この申立書の写しは，法律の定めるところにより，申立ての内容を知らせるため，相手方に送付されます。

受付印	遺 産 分 割	☑ 調停 □ 審判	申 立 書

（この欄に申立て1件あたり収入印紙1,200円分を貼ってください。）

収 入 印 紙　　　　円
予納郵便切手　　　　円

（貼った印紙に押印しないでください。）

○○ 家庭裁判所 御中 平成 ○○ 年 ○○ 月 ○○ 日	申 立 人 （又は法定代理人など） の記名押印	乙野花子　㊞

添付書類　　（審理のために必要な場合は，追加書類の提出をお願いすることがあります。）
☑ 戸籍（除籍・改製原戸籍）謄本（全部事項証明書）　合計　○　通
☑ 住民票又は戸籍附票　合計　　通　　☑ 不動産登記事項証明書　合計　○　通
☑ 固定資産評価証明書　合計　　通　　☑ 預貯金通帳写し又は残高証明書　合計　○　通
□ 有価証券写し　合計　　通

準 口 頭

当　事　者	別紙当事者目録記載のとおり		
被相続人	本　籍 （国籍）	○○ 都道府県	○○市○○町○○番地
	最後の住所	○○ 都道府県	○○市○○町○○番○○号
	フリガナ 氏　名	コウノ　タロウ 甲野　太郎	平成○○年○○月○○日死亡

申　立　て　の　趣　旨

被相続人の遺産の分割の（ ☑ 調停　/　□ 審判 ）を求める。

申　立　て　の　理　由

遺産の種類及び内容	別紙遺産目録記載のとおり
被相続人の債務	□ 有　/　□ 無　/　☑ 不明
☆　特　別　受　益	☑ 有　/　□ 無　/　□ 不明
遺　　言	□ 有　/　☑ 無　/　□ 不明
遺産分割協議書	□ 有　/　☑ 無　/　□ 不明
申立ての動機	☑ 分割の方法が決まらない。 □ 相続人の資格に争いがある。 □ 遺産の範囲に争いがある。 □ その他（　　　　　　　　　　　　　　　）

（注）太枠の中だけ記入してください。
　　　□の部分は該当するものにチェックしてください。
　　　☆の部分は，被相続人から生前に贈与を受けている等特別な利益を受けている者の有無を選択してください。
　　　「有」を選択した場合には，遺産目録のほかに，特別受益目録を作成の上，別紙として添付してください。

遺産（　/　）

Ⅰ　総　論

【書式22】　事情説明書

○○家庭裁判所　　　　　　御中　　　　　　平成○○年（家イ）第○○○○号

事情説明書（遺産分割）

平成○○年○○月○○日　　申立人　　乙野花子　㊞
（ふりがな　おつ　の　はな　こ）

> この書類は，申立ての内容に関する事項を記載していただくものです。あてはまる事項にチェックを付け（複数可），必要事項を記入の上，申立書とともに提出してください。
>
> なお，調停手続では，この書類は相手方には送付しませんが，相手方から申請があれば，閲覧やコピーが許可されることがあります。審判手続きでは，相手方に送付しますので，審判を申し立てる方は，相手方人数分のコピーも併せて提出してください。
>
> （代理人弁護士の方へ）本書面は，申立人本人作成，代理人作成のいずれでもかまいません。申立書と重複した内容があっても，お手数ですが記載ください。

第1　遺産分割の前提となる問題についてお聞きします。

1【遺言書】 被相続人の遺言書はありましたか？	☑　遺言書はなかった。 ☐　公正証書による遺言があった。 ☐　自筆証明による遺言があった。⇒下記 ※へ ☐　分からない。 ※　裁判所による遺言書の検認は受けましたか？ 　　☐　検認を受けた。 　　（　　　家庭裁判所　　支部　平成　　年家第　　号） 　　☐　まだ検認を受けていない。
2【遺産分割協議】 相続人間で遺産分割協議の話がまとまりましたか？	☐　遺産分割の話合いがまとまった。⇒下記 ※へ ☑　遺産分割を話し合ったがまとまらなかった。 ☐　遺産分割について話し合っていない。 ※　遺産分割協議書を作りましたか？ 　　☐　はい　　　☐　いいえ
3【相続人の範囲】 誰が相続人なのか明らかですか？	☑　明らかである（申立書の当事者目録のとおりである。）。 ☐　明らかでない。 　　（その人の氏名　　　　　　　　　　　　　　） 　　（その人と被相続人との関係　　　　　　　　） 　　（明らかでない理由　　　　　　　　　　　　）
4【相続人の判断能力】 相続人の中に，認知症や精神障害などがあって，ご自身で物事を判断することが困難な方はいますか？	☑　いない。分からない。 ☐　いる。（相続人名　　　　　　　　　）⇒下記 ※へ ※　家庭裁判所で後見人等を選任しましたか？ 　　☐　選任した。 　　☐（　　　家庭裁判所　　支部　平成　　年家第　　号） 　　☐　選任していない。

305

第4章　遺産分割調停の手続と実務

5【相続人の行方不明】 相続人の中に，行方不明の方はいますか？	☑ いない。 □ いる。（相続人名　　　　　　　　　　　　）⇒下記※へ
	※　家庭裁判所で不在者財産管理人を選任しましたか？ 　　□ 選任した。 　　（　　　　家庭裁判所　　　支部　平成　　年家第　　号） 　　□ 選任していない。
6【遺産の範囲】 遺産かどうかはっきりしないものがありますか？	☑ 遺産目録のとおりである。 □ 概ね遺産目録のとおりだが，他に遺産かもしれないものがある。 　　それは，次のものです。 [　　　　　　　　　　　　　　　　　　　　　　　　　　]

遺言書又は遺産分割協議書をお持ちの方は，初めての期日の1週間前までに，その写しを家庭裁判所に郵送またはFAXして下さい。

第2　被相続人についてお聞きします。	
1　被相続人の死亡原因と死亡までの状態（入院していたとか寝たきりであったなど）をお書きください。	死亡原因（　　　病死（悪性腫瘍）　　　　　　　　　） ○○年○○月まで（　自宅療養　　　　　　　　　　　） ○○年○○月まで（　○○病院に入院　　　　　　　　） □ 分からない。
2　被相続人と同居していた相続人はいますか？	□ いない。　分からない。 ☑ いる。（相続人　甲野幸子　　　期間　3年　2か月）
3　被相続人の身の回りの面倒を見ていた相続人はいますか？	□ いない。　分からない。 ☑ いる。（相続人　甲野幸子　　　期間　3年　2か月）
4　被相続人はどのように生計をたてていましたか？	☑ 自己の収入で生計を立てていた。 □ 相続人（　　　　　　　　　　　）が扶養していた。 □ その他（　　　　　　　　　　　　　　　　　　　） □ 分からない。
5　被相続人の生前，同人から不動産や多額の金銭の贈与を受けた相続人はいますか？	□ いない。　分からない。 ☑ いる。（相続人　甲野二郎　内容　○○年に○○市 ○○町○○番地の土地の贈与を受けた　　　　　　　）
6　被相続人に債務がありますか？	☑ ない。　分からない。 □ ある。（内容　　　　　　　　残債務額　　　　　　）

I 総論

第3	今回の申立についてお聞きします。	
1 調停・審判を申し立てるまでのいきさつを教えてください。（該当するもの全てにチェックしてください。）	☑ 遺産分割の話合いをした。⇒下記 ※へ ☐ 遺産分割の話合いをしなかった。 　（理由　　　　　　　　　　　　　　　　　　　　　　　） ※ なぜ話合いがまとまらなかったと思いますか？　＊複数回答可 　☐ 【遺言書の有効性】を巡って争いになってしまったから。 　☐ 【遺産分割協議書の有効性】を巡って争いになってしまったから。 　☐ 【相続人の範囲】を巡って争いになってしまったから。 　☐ 【遺産の範囲】を巡って争いになってしまったから。 　☑ 感情的に対立してしまい，話にならなかったから。 　☐ 話合いに応じなかったり，避けたりしている相続人がいるから。 　☐ 被相続人の債務や税金・葬儀費用等の分担を巡って争いになってしまったから。 　☑ 使途不明金など過去の管理状況を巡って争いになってしまったから。 　☐ 遺産を独占しようとしたり，法定相続分を超える遺産を取得しようとしたりする相続人がいたから。 　☐ 代償金をいくら払うかで揉めたから。 　☑ 誰が何を取得するかで揉めたから。 　☐ その他（　　　　　　　　　　　　　　　　　　　　　） 　☐ 分からない。	
2 主に争いがあるのは，どの相続人（もしくはグループ）の間ですか？	☐ 分からない。 ☑ （　甲野幸子　）VS（　甲野二郎　）VS（　　　　　　）	

第4	分割方法についてお聞きします。
あなたの希望する分割方法についてお書きください。	☐ 現物の取得を希望する。（遺産目録の番号をお書きください。） 【土地】番号　　　　【建物】番号　　　　【　　　】番号 取得を希望する理由： ☐ 金銭で欲しい。 ☑ まだ決めていない。

第4章 遺産分割調停の手続と実務

【書式23】 進行に関する照会回答書

平成○○年（家○）第　　○○　号

進行に関する照会回答書（申立人用）

この書面は，調停を進めるための参考にするものです。あてはまる事項にチェックを付け（複数可），空欄には具体的な事情等を記入して，申立ての際に提出してください。審判を申し立てた場合にも，調停手続が先行することがありますので提出してください。
この書面は原則として閲覧・コピーの対象とはしない取扱いになっています。

1　相続人の中に，裁判所に出頭しないと思われる方はいますか。	□ いない。 □ いる。（相続人名　　　　　　　　） ※「（出頭しないと思われる方が）いる。」という方にお聞きします。それはなぜですか。 □ 話合いを拒否しているから。 □ 遠方に住んでいるから。 □ 健康上の問題があるから。 □ 相続分を放棄したいと希望しているから。 □ その他（　　　　　　　　　　） ☑ わからない。
2　相続人の中に代理人弁護士が就いている方はいますか。	□ いない □ いる　（相続人名　　　　　　　弁護士名　　　　　　　電話　　　　　　　） ☑ わからない
3　相続人の中に，裁判所で暴力を振るうおそれがある方はいますか。	□ いない。 □ いる。（相続人名　　　　　　　　） ※「（暴力を振るうおそれがある方が）いる。」という方にお聞きします。裁判所に配慮してほしいことがありますか。 □ 特にない。 □ 同席はしたくない。 □ 調停の待合室に配慮してほしい。 □ 調停の日時に配慮してほしい。 ☑ わからない。
4　調停期日のご希望等についてお聞きします。 ※調停は平日の午前または午後に行われます。 ※必ずしもご希望に添え	□　いつでもよい ☑　ご希望日　　　　　　　　金　曜日　午前・午後 □　ご都合の悪い日　　　　　　曜日　午前・午後 （現時点で出席できないことが判明している日→　　　　　　）
5　裁判所に配慮を求めることがあればその内容をお書きく	

【平成○○年○○月○○日　　　申立人　乙野花子　㊞】

【書式24】 連絡先等の届出書

```
                ☑ （家イ）
平成〇〇年     第   〇〇〇〇 号（期日通知等に書かれた事件番号を書いてください。）
                □ （家）
```

連絡先等の届出書（□　変更届出書）

＊ 連絡先等の変更の場合には上記□にチェックを入れて提出してください。

1 送付場所
　標記の事件について，書類は次の場所に送付してください。
　☑ 申立書記載の住所のとおり
　□ 下記の場所
　　　場所：＿＿＿＿＿＿＿＿＿＿＿＿＿＿＿（〒　　　　　　）
　　　場所と本人との関係：□住所　□就業場所（勤務先）
　　　　　　　　　　　　　□その他 ＿＿＿＿＿＿＿＿＿＿＿＿＿＿＿＿
　□ 委任状記載の弁護士事務所の住所のとおり

2 平日昼間の連絡先
　　┌ 携帯電話番号：＿090-0000-0000＿＿＿＿＿
　　└ 固定電話番号（□自宅／□勤務先）：＿＿＿＿＿＿＿＿＿＿＿＿＿

　↓
　□ どちらに連絡があってもよい。
　☑ できる限り，☑携帯電話／□固定電話への連絡を希望する。
　□ 委任状記載の弁護士事務所の固定電話への連絡を希望する。

＊ <u>1，2について非開示を希望する場合には，非開示の希望に関する申出書を作成して，その申出書の下に本書面をステープラー（ホチキスなど）などで付けて一体として提出してください。</u>

＊ 連絡先等について非開示を希望する場合には，原則として，開示により当事者や第三者の私生活・業務の平穏を害するおそれがあると解し，開示することはしない取り扱いになっておりますので，その他の理由がなければ，非開示の希望に関する申出書の第2項（非開示希望の理由）に記載する必要はありません。

　　平成〇〇年〇〇月〇〇日
　　　☑申立人／□相手方／□同手続代理人　　氏名：　　乙野花子　　㊞

【書式25】 非開示の希望に関する申出書

平成○○年（家イ）第○○○○号

非開示の希望に関する申出書

<u>＊ 本書面は，非開示を希望する書面がある場合だけ提出してください。</u>
<u>＊ 提出する場合には，必ず，この書面の下に，ステープラー（ホチキスなど）で非開示を希望する書面を留めて下さい。添付されていない場合，非開示の希望があるものとは扱われません。</u>

1 別添の書面については，非開示とすることを希望します。
  ※ <u>非開示を希望する書面ごとにこの申出書を作成し，本申出書の下に当該書面をステープラー（ホチキスなど）などで付けて一体として提出してください（ファクシミリ送信不可）。</u>
  ※ 資料の一部について非開示を希望する場合は，その部分が分かるようにマーカーで色付けするなどして特定してください。
  ※ 非開示を希望しても，裁判官の判断により開示される場合もありますので，あらかじめご了承ください。なお，連絡先等の届出書について非開示を希望する場合には，原則として開示することはしない取り扱いになっています。

2 非開示を希望する理由は，以下のとおりです（当てはまる理由にチェックを入れてください。複数でも結構です。）。
  □ 事件の関係人である未成年者の利益を害するおそれがある。
  ☑ 当事者や第三者の私生活・業務の平穏を害するおそれがある。
  □ 当事者や第三者の私生活についての重大な秘密が明らかにされることにより，その者が社会生活を営むのに著しい支障を生じるおそれがある。
  □ 当事者や第三者の私生活についての重大な秘密が明らかにされることにより，その者の名誉を著しく害するおそれがある。
  □ その他（具体的な理由を書いてください。）

平成○○年○○月○○日
　　　　　氏　　名：　　乙野花子　㊞

<u>＊ 本書面は，非開示を希望する書面がある場合だけ提出してください。</u>

I　総　論

3　司法書士による本人支援

(1)　調停・審判の展開を見据えた長期的な支援

　遺産分割調停手続における司法書士による本人支援は、遺産分割調停申立書およびその附属書類の作成と収集に始まるものであるが、それだけに尽きるものではない。時に私的な感情のもつれも絡んで長期間（場合によっては1年〜2年以上）を要することとなる遺産分割調停手続において、本人が途中でくじけることのないよう、真の解決に至るまで、調停・審判の展開を見据えた長期的な支援をしていくことが肝要となる（後記4参照）。

　具体的には、調停の進行状況に応じて、適切な書類の作成や証拠書類の収集を行い、また、当事者の主張の法律的な整序等を行って、本人が調停手続の中で後悔しないよう継続的に支援を行っていくことが必要であろう。そのために、司法書士の側では、遺産分割調停申立書の作成を受託する最初の段階で、調停開始後の長期的な支援の計画について、概略を述べておくことも有用であろう。

　司法書士は、依頼者とともに室内に同席することはできないため、できるだけ客観的資料を添付して、本人の主張を整理して書面に反映させていくことが重要である。そのためには、遺産分割調停申立て前の相談の段階から、依頼者の主張を最大限踏まえながらも、論点を整理して、遺産分割調停の申立てから審判までを見越したアドバイスをしていく必要がある。

(2)　調停の円滑な進行のための留意点

　遺産分割調停事件においては、前提問題（相続人の範囲、遺言の有効性。本章Ⅱ参照）、遺産分割の対象（本章Ⅲ参照）、遺産の評価（本章Ⅳ参照）、特別受益（本章Ⅴ参照）や寄与分（本章Ⅵ参照）に関する主張など、さまざまな争点があり、調停が長期化する原因となっている。

　そこで、遺産分割調停を円滑に進めるには、次の(ア)〜(オ)の点に留意することが必要である。

(ア)　早期の資料の収集・提出

　遺産に関する客観的な資料を早期に収集・提出することにより、当事者間で認識を共有し、争点を明確化することができる。

　(イ)　主張の整理

　当事者の主張を、整理して提出させることが必要である。たとえば、遺産分割の方法に関する主張なのか、遺産の評価に関する主張なのか、特別受益や寄与分に関する主張なのか、それとも前提問題に関する主張なのかを明確化させることにより、争点を明確化することができる。

　(ウ)　争点の明確化・共有化

　争点を明確化し、当事者に共有させることにより、調停期日における話し合いが散漫としたものとなることを避けることができる。

　(エ)　分割案の提示

　前記(ア)(イ)を前提として、時期に後れずに具体的な分割案を提示して、当事者に検討させることが必要である。

　(オ)　期日への同行

　遺産分割調停の期日には、当事者または代理人以外の者は調停室に入室することができない。したがって、司法書士が書類作成者として入室することはできないが、当事者に対する即時の情報提供や助言活動（ただし、鑑定に至らないものに限る）を行うため、あるいは、当事者の気持を整理するため、あるいは、次回期日の準備のために当事者がすべきことを確実に聴取するため、調停の期日には当事者（依頼者）に同行することが望ましい。ただし、通常、１期日あたり２時間～３時間を要するため、毎回の同行が難しい場合には、調停の進行状況に応じて、重要な期日において同行するという方法も考えられる。

4　長期化対策

(1)　概　要

　遺産分割調停事件または審判事件は、遺産分割協議が不調または不能とな

ったときに行われるものであるため、もとより、何らかの紛争または問題（財産管理人の不存在などの手続上の問題を含む）を抱えている場合が多い。それにより、遺産分割調停事件または審判事件は、長期化することが頻繁にあり、調停申立てから２年あるいはそれ以上を要することもしばしばである。

司法書士としては、依頼者の依頼に応えて、できる限り迅速かつ適切に調停事件または審判事件を進行させるため、当該事案について、何が紛争の主要因となっているのか、あるいは、何が合意を不能ならしめているのかを早い段階で認識し、整理して、対策を講じていくことが必要である。

コラム　遺産を取得したいだけの遺産分割でないときもある

必ずしも、遺産がほしいからという理由だけで遺産分割調停となるものばかりではない。中には、遺産がほしくないという理由で遺産分割調停となることもある。たとえば、資産価値がない不動産のみが遺産である場合、固定資産税の負担が大きいので、何とか取得したくないといったケースである。このように、相続人の誰も取得したくないとなると、その遺産分割はどのようになるのだろうか。

そこで、よく「市町村に寄付したい」という要望が相続人から出てくることがある。しかし、寄付することは、そう簡単ではない。市町村では、原則、何らかの必要性がないと寄付を受けてもらえないからである。対応してもらえる場合もあるようだが、問合せが必要である。

---

(2) **長期化の要因と対策**

　(ア) 当事者の問題

　(A) 不在者財産管理人

当事者のうち、行方不明者がいる場合、遺産分割事件の前提として、不在者財産管理人をおくことを要する。不在者財産管理人の選任には、管轄を異にする家庭裁判所（管轄は、最後の住所地を管轄する家庭裁判所である）による手続が必要であるため、遺産分割事件は、選任がなされるまで、保留せざるを得ない。したがって、当事者より行方不明者に関する情報を得た場合に

は、速やかに、相続人を申立人（利害関係人）として選任手続を行うべきである。

　　(B)　相続財産管理人

　たとえば、亡甲の共同相続人の一人である乙が、亡甲の相続を受けた後に死亡し、かつ、亡乙の相続人の全員が亡乙の相続に関して相続放棄をした場合、亡乙について相続財産管理人の選任を要することとなる。このような事案については、前記(A)と同様に、管轄を異にする家庭裁判所（前記の例でいえば、亡乙の相続開始地を管轄する家庭裁判所）による選任手続を要するため、速やかに、相続人を申立人（利害関係人）として選任手続を行うべきである。

　　㈰　前提問題

　遺産分割事件の前提問題とは、遺産分割をするに際して、前提として確定しておかなければならない事項に関する問題であり、具体的には、①相続人の範囲、②遺言書の存否および有効性、③遺産分割協議の存否および有効性、④遺産の範囲（遺産帰属性の問題）などがある（本章Ⅱ参照）。これらは、いずれも民事訴訟または人事訴訟の対象事項であるため、合意の調う見込みのない場合には、遺産分割手続を保留して（場合によっては、すでに開始された調停手続を取り下げる必要がある場合もありうる）、前提となる訴訟を提起して解決を図るほかない。

　　㈱　付随問題

　遺産分割事件の付随問題とは、遺産分割手続の過程において、当事者たる相続人から持ち込まれることのある、遺産分割以外の相続人間のさまざまな紛争をいう。たとえば、葬儀費用の負担、祭祀承継者の指定、祭祀財産の承継に係る費用の負担、使途不明金の問題などがある。中でも、祭祀承継者が、将来的に祭祀財産の承継・管理に係る費用を負担しなければならないことを理由に、他の相続人より多く相続すべきだと主張することがある（他の相続人が、それに応じればよいが、そうでない場合は遺産分割時に考慮できない）。これらは、本来の遺産分割の審理対象ではないため、当事者の要求のとおり協議の対象として広げていくと、収集がつかなくなるおそれがある。

そこで、付随問題に関する争いについては、当事者の主張を整理して、合意の調う見込みのない場合には、遺産分割事件とは別個の事件として解決を図るよう助言すべきである。

(エ) 不動産が多数ある場合

不動産が多数ある場合には、分割に際して、各相続人から、それらの損得に関するさまざまな主張がされ、調停が長引くおそれがある。そこで、各不動産についての認識を共有するという観点から、不動産登記事項証明書、公図、建物配置図、建物図面、固定資産評価証明書、路線価資料、公課証明書などの客観的な資料を遺産分割調停申立て時に提出することのほか、現況、占有者（賃借人、小作人）、賃貸をしている場合の当該不動産に関する収益の状況（地代、家賃等および諸経費）などの情報をできる限り収集して、調停の早い段階で、現況報告書などの形で提出しておくとよい。

(オ) 特別受益・寄与分に関する主張

特別受益や寄与分に関する主張がある場合、遺産分割審判に至った場合には、これらの主張・立証の責任は、特別受益や寄与分を主張する当事者の側にある。当事者が主張・立証できない場合には、それらがなかったものとして審判がなされる。それゆえに、特別受益や寄与分の主張を行う場合には、裏づけとなる証拠資料があるか否かを十分に精査してから行う必要がある（本章Ⅴ・Ⅵ参照）。

(カ) 感情的対立

遺産分割手続の過程においては、当事者間で激しい非難の応酬が繰り広げられることがしばしばである。司法書士としては、当事者の気持を汲み取り、整理するとともに、本来の審理事項についての議論に集中できるよう、継続的にサポートしていくことが必要である。

―コラム　無理難題をいう当事者―

　法律では、法定相続分が定められており、寄与分・特別受益で調整がされないと、訴訟になったとしても法定相続分に沿った審判が下される。遺産の分割

方法は、これまでの使用状況を基に分割方法が指定される。

　たとえば、法定相続人のうちの一人が、遺産のうちの一つの不動産に長年居住していたとき、その不動産の価値が法定相続分の範囲内であれば、基本的には、その居住していた相続人がその不動産を取得することが多いであろう。しかし、他の相続人から、あれこれと理屈をつけられて、それを阻止しようと主張されることがある。「自己が被相続人からもらったものである」「相続させると言っていた」と根拠のないまま声高に主張するのである。

　このような相続人が相手方にいる場合、調停はすんなりと進行しない。書類作成においては、依頼者が取得できるようにその根拠を示すとともに、調停委員や裁判官から相手方へ、裁判所としての見解を示してもらえるよう上申することも一つの方法であろう。

Ⅱ 遺産分割の前提問題

　遺産分割の前提問題とは、遺産分割を行うにあたり、分割方法を定める前に解決しておかなければならない問題である。たとえば、相続人の範囲、遺言書の存否および有効性、すでになされた遺産分割協議の有効性、遺産の帰属の問題などがある。

1　相続人の範囲

　相続人の範囲は、通常は、戸籍謄本等によって一義的に明らかになる。しかし、戸籍の記載と相続人の範囲が一致しない場合として、①身分関係に関する争いがある場合（婚姻取消し、離婚取消し、縁組取消し、認知、認知の取消し、嫡出否認）、②相続人たる地位の形成に関する争いがある場合（推定相続人の廃除およびその取消し）、③相続人の死亡に関する手続が進行している場合（失踪宣告およびその取消し）、④身分関係の確認に関する争いがある場合（婚姻無効、離婚無効、縁組無効、離縁無効、親子関係不存在）があげられる。

　このうち、前記①～③については、審判あるいは判決が確定してはじめてその法律関係が形成されるから、調停において合意の対象とする余地はない。他方、④については、遺産分割の前提として争われた場合には、家庭裁判所としては、人事訴訟による解決を促すほか、調停を進めずに、合意に相当する審判（家事法277条）を行う方法も考えられる。

コラム　内縁関係にあった者

　長期間にわたり、被相続人と同居していた内縁関係にあった者は、相続人ではない。

　したがって、法定相続人がある場合は、遺産については、内縁関係にあった者には取得する権利が全くないこととなる。仮に、被相続人名義の不動産に被相続人が亡くなる直前までいっしょに住んでいたとしても、最終的にはその不

動産からは退去せざるを得ない。

　とはいえ、たとえば、婚姻届を明日出そうとしていたとき、その前日に内縁の夫が死亡した場合、その内縁の妻の立場はどうなるのだろうか。遺産を取得するためには、法定相続人に対し、遺産を取得したいと請求をし、法定相続人に任意で譲渡してもらうしかない。法定相続人が拒否すれば、現在の法律では、いっさい取得できないこととなる。

　内縁関係に至る経緯は、さまざまである。法律婚をすることができない、すなわち前婚の解消がされていないために内縁関係にある場合や、法律婚をすることができる状態であるが、子に遠慮して、もしくは子に反対されて、内縁関係のままになっている場合もある。

　想像をしていただきたい。内縁関係にあった者が亡くなったことの喪失感、その喪失感をかかえたまま居住場所から退去を求められる。人の支え、居住の支えを一度になくしてしまうことにより、精神的に不安定になることも容易に想像できるであろう。

　そのようなとき、個別の事情を汲み取り、何らかの方策をとることができないだろうか。せめて居住の確保ができないだろうか。

　まずは、当事者には遺言の活用を勧めつつ、相続法の改正動向にも注視したい。

2　遺言書の存否および有効性

　遺言書の有効性に争いがあり、当事者の合意が成立しない場合には、遺言無効確認の訴えを提起し、民事訴訟において有効性を確定させる必要がある。

> **最判昭和47・2・15民集26巻1号30頁**
>
> 　いわゆる遺言無効確認の訴は、遺言が無効であることを確認するとの請求の趣旨のもとに提起されるから、形式上過去の法律行為の確認を求めることとなるが、請求の趣旨がかかる形式をとつていても、遺言が有効であるとすれば、それから生ずべき現在の特定の法律関係が存在しないことの確認を求

めるものと解される場合で、原告がかかる確認を求めるにつき法律上の利益を有するときは、適法として許容されうるものと解するのが相当である。けだし、……請求の趣旨を、あえて遺言から生ずべき現在の個別的法律関係に還元して表現するまでもなく、いかなる権利関係につき審理判断するかについて明確さを欠くことはなく、また、判決において、端的に、当事者間の紛争の直接的な対象である基本的法律行為たる遺言の無効の当否を判示することによって、確認訴訟のもつ紛争解決機能が果たされることが明らかだからである。

3　遺産分割協議の有効性

(1)　相続人の範囲の瑕疵

遺産分割は、共同相続人全員が参加して協議または手続（調停または審判）をしなければならず、一人でも共同相続人を除外してなされた遺産分割は無効となる。

(2)　遺産の範囲の瑕疵

遺産の一部が脱漏されていた場合、脱漏した遺産が重要なものであり、相続人がその遺産の存在を知っていたならば分割協議をしていなかったという場合には、共同相続人間の公平の理念に照らし、分割協議は無効とすべきであると解されている（高松高決昭和48・11・7家月26巻5号75頁、福岡家小倉支審昭和56・6・18家月34巻12号63頁）。

(3)　遺産の瑕疵

遺産分割協議後に、分割対象となった財産の一部が、たとえば他人物であって遺産ではなかったことが判明した場合、当該財産が重要なものであり、相続人がそのことを知っていたならば遺産分割協議をしなかったという場合には、共同相続人間の公平の理念に照らし、当該分割協議は無効と解される。この点、遺産分割の審判の事件について、判例（名古屋高決平成10・10・13判時1674号80頁）がある。

> **名古屋高決平成10・10・13判時1674号80頁**
>
> 　前の遺産分割の審判において、その対象となった物件の一部が、その後の判決によって遺産でないとされたときには、その遺産でないとされた物件が前の審判で遺産の大部分または重要な部分であると扱われていたなどの特段の事情のない限り、遺産でないとされた物件についての前の審判による分割の効力のみが否定され、その余の物件についての分割は有効であると解するのが相当である。
>
> 　けだし、……特段の事情のある場合には前の審判による遺産分割の意味が失われるので、前の審判を無効とすべきであるか、そうでない限り、前の審判そのものを無効とすべき理由はないからである。そして、このように解したとしても、遺産でないとされた物件を取得するとされた相続人は、民法911条に基づき、他の相続人に対し、その相続分に応じた担保責任を求めることができると解するのが相当であるから、格別不当な結果が生じるものではない。

(4) 意思表示の瑕疵

　遺産分割協議は、財産上の処分行為であり、相続人のそれぞれの意思が合致した結果成立するものである。したがって、民法総則の瑕疵ある意思表示に関する規定（民法93条～96条）が適用されることになる。また、遺産分割協議は相続人全員の意思の合致が必要であるから、相続人のうち一人について瑕疵のある意思表示（たとえば、詐欺または強迫による意思表示）をしていたことが判明した場合には、遺産分割協議は全体が取り消されることとなる。

4　遺産の帰属——使途不明金

　使途不明金の問題は、①相続人の一部が、無断で、被相続人の死亡直前に被相続人名義の預貯金を引き出してしまう場合、②被相続人の死亡後に、被相続人名義の預貯金口座から金員を引き出してしまう場合などに生ずる。被相続人の預貯金が無断で払い戻された場合には、これは不法行為または不当

利得の問題となり、民事訴訟で取り上げるべき問題となる。したがって、遺産分割調停においては、当事者に合意が調わない限り、使途不明金について審理の対象とすることはできない。

　使途不明金が問題となる場合には、事前に、銀行取引の記録を調査するなどして、客観的な資料を準備しておく必要がある。ただし、使途不明金について、当事者全員により遺産に含めるなどの合意が調わない限り、遺産分割調停の審理の対象とすることができないことに留意する必要がある。このような合意が調わない場合には、調停委員会から、調停の取下げや民事訴訟の提起を促されることとなる。

最判平成21・1・22家月61巻5号41頁

　預金契約は、預金者が金融機関に金銭の保管を委託し、金融機関は預金者に同種、同額の金銭を返還する義務を負うことを内容とするものであるから、消費寄託の性質を有するものである。しかし、預金契約に基づいて金融機関の処理すべき事務には、預金の返還だけでなく、振込入金の受入れ、各種料金の自動支払、利息の入金、定期預金の自動継続処理等、委任事務ないし準委任事務（以下「委任事務等」という。）の性質を有するものも多く含まれている。委任契約や準委任契約においては、受任者は委任者の求めに応じて委任事務等の処理の状況を報告すべき義務を負うが（民法645条、656条）、これは、委任者にとって、委任事務等の処理状況を正確に把握するとともに、受任者の事務処理の適切さについて判断するためには、受任者から適宜上記報告を受けることが必要不可欠であるためと解される。このことは預金契約において金融機関が処理すべき事務についても同様であり、預金口座の取引経過は、預金契約に基づく金融機関の事務処理を反映したものであるから、預金者にとって、その開示を受けることが、預金の増減とその原因等について正確に把握するとともに、金融機関の事務処理の適切さについて判断するために必要不可欠であるということができる。したがって、金融機関は、預金契約に基づき、預金者の求めに応じて預金口座の取引経過を開示すべき義務を負うと解するのが相当である。

そして、預金者が死亡した場合、その共同相続人の一人は、預金債権の一部を相続により取得するにとどまるが、これとは別に、共同相続人全員に帰属する預金契約上の地位に基づき、被相続人名義の預金口座についてその取引経過の開示を求める権利を単独で行使することができる（同法264条、252条ただし書）というべきであり、他の共同相続人全員の同意がないことは上記権利行使を妨げる理由となるものではない。
　上告人は、共同相続人の一人に被相続人名義の預金口座の取引経過を開示することが預金者のプライバシーを侵害し、金融機関の守秘義務に違反すると主張するが、開示の相手方が共同相続人にとどまる限り、そのような問題が生ずる余地はないというべきである。

Ⅲ 遺産分割の対象となる遺産

1 遺産の範囲を定める基準時

被相続人が相続開始時に有していた財産的権利義務のうち被相続人の一身に専属するものを除くすべてが相続の対象となり（民法896条）、遺産を構成する。ただし、相続開始時から遺産分割の時までに時間を要することも少なくなく、この間に遺産の一部が滅失したり、果実が生じたり、処分されて代償金が取得されていることもある。

そこで、遺産分割の対象となる遺産の範囲を定める基準時が問題となるが、実務においては遺産分割時説が採用されている。

> **東京家審昭和44・2・24家月21巻8号107頁**
>
> 相続開始当時存在した遺産たる物件であっても、遺産分割の審判時に現存しないものは、分割審判の対象とすることはできない。

したがって、遺産分割の対象となる遺産は、相続開始時に存在し、かつ、分割時にも存在する未分割の遺産である。

2 遺産の範囲

相続の対象となる遺産のうち、遺産共有の法的性質により遺産分割の対象とならないもの（金銭債権、相続債務等）がある。また、上記の遺産の定義には該当しないものの、遺産分割の対象としてよいかどうか問題となるもの（代償財産、遺産から生じた果実等）がある。したがって、遺産の範囲と遺産分割の対象財産とは必ずしも一致しない。以下、個別に検討する。

(1) 不動産

　土地や建物が遺産分割の対象となることについては異論がない。ただし、遺産分割時説を前提とする限り、相続開始時において被相続人に帰属しており、かつ、遺産分割時において未分割のまま存在する不動産のみが対象となることに注意を要する。

(2) 不動産賃借権

　不動産賃借権は、借主の死亡によって消滅する使用借権（民法599条）とは異なり、相続の対象となる。また、不動産賃借権は、不可分債権であり、相続開始により共同相続人による準共有の状態となるから、遺産分割の対象となると解釈されている（居住用不動産の借家権について、大判大正13・3・13新聞2247号21頁）。ただし、公営住宅を使用する権利については、公営住宅法の趣旨により否定されている（最判平成2・10・18民集44巻7号1021頁）。

(3) 金銭債権その他の可分債権（預貯金等）

　㋐　可分債権の原則

　判例（最判昭和29・4・8民集8巻4号819頁、判タ40号20頁）は、預貯金等の金銭債権は、遺産分割協議を待つまでもなく、相続開始とともに当然に分割され、各相続人に法定相続分に応じて帰属すると判示している。したがって、遺産分割の対象とはならないのが原則である。

最判昭和29・4・8民集8巻4号819頁、判タ40号20頁

　相続人数人ある場合において、その相続財産中に金銭その他の可分債権あるときは、その債権は法律上当然分割され各共同相続人がその相続分に応じて権利を承継するものと解するを相当とする。

　㋑　金融機関の実務

　前掲最判昭和29・4・8にもかかわらず、預貯金等の債務者たる金融機関

の実務においては、多くの場合、相続人全員の署名押印および印鑑証明書の提出がなければ、解約や払戻しに応じない。これは、金融機関が、遺言書の有無や特別受益、寄与分などの具体的な相続分が明らかでない段階により払戻しに応じることにより、後日、相続人間のトラブルに巻き込まれるおそれがあるためである。

なお、金融機関は、共同相続人間において債権を遺産分割協議の対象に含めさせる合意が成立する余地がある間は、相続人からの払戻しを拒否することにつき正当な理由があり、履行遅滞責任を負わないとする判例(東京地判平成9・10・20判タ999号283頁)がある。

(ウ) 調停実務および審判実務

このように、預貯金については、金融機関により事実上の不可分債権として取り扱われているから、可分債権たる預貯金等が常に遺産分割の対象とならないとの判例(東京高決平成14・2・15家月54巻8号36頁)の趣旨を徹底すると、当事者の期待に全く応えられないこととなる。

> **東京高決平成14・2・15家月54巻8号36頁**
>
> 預貯金は、当然には遺産分割の対象になるものではなく、相続人間においてこれを遺産分割の対象とする旨の合意があって初めて遺産分割の対象とすることができると解される。

そこで、遺産分割調停においては、相続人から預貯金債権を分割の対象としないとの積極的な申出がない限り、預貯金債権を含めて調停を進めているのが実務の扱いである。

また、遺産分割審判においても、相続人間において、預貯金債権を分割対象に含める旨の合意が成立すれば、合意に従い、預貯金債権を分割対象に含めて審理する取扱いとなっている。

コラム　預貯金（金銭債権）のみの遺産分割

　遺産が預貯金のみのとき、遺産はどのように分けられるのであろうか。

　預貯金は可分債権であり、法定相続分に応じて当然に分割承継される。したがって、預貯金の自己の相続分を取得しようとするとき、金融機関で法定相続分を受け取る手続をすれば、自己の相続分を取得できるはずである（前掲・最判昭和29・4・8）。

　しかし、金融実務においては、相続人全員の協力がないと手続ができないことが多々ある。すなわち、遺言がない場合、相続人全員が手続を行うか、遺産分割協議書を提示しなければ手続をすることができない。それでは、相続人全員が相続手続に協力しないとき、その取得割合でもめるなど何らかの事情で遺産分割協議をすることができないときは、どのように手続を進めればよいのであろうか。

　そこで、調停を利用することを検討してみよう。預貯金のみの遺産分割をするためには、相続人全員の同意が必要である。仮に、遺産分割調停を申し立てても、相手方である他の相続人が応じなければ、遺産分割調停を継続することはできない。遺産分割調停が不成立になった場合は、審判手続に移行するが、遺産が当然に可分債権となる預貯金のみの場合は、審判事項となる分割しなければならない遺産が存しないことになり、申立ては却下される。

　このようなケースにおいて、法定相続分以上の遺産の取得を希望している場合で特別の寄与にあたる事由があるときは、寄与分を定める処分調停の申立てをすることも一つの方法である（本章Ⅵ6参照）。寄与分を定める処分調停の申立ては、単独でも申し立てることができるが、遺産分割調停の申立てをするほうが望ましい。寄与分を定める処分調停と遺産分割調停は一括処理され、併合して行われる。

　なお、寄与分を定める調停のみが係属して、その調停が不成立となった場合は、審判移行される。しかし、民法904条の2第4項の規定に照らし、遺産分割の審判の申立てを追完しない限り、寄与分を定める審判手続は不適法として申立ては却下される。

(4) 現　金

遺産たる現金については、当然に分割されず、遺産分割の対象となるとするのが判例（最判平成4・4・10家月44巻8号16頁）である。

> **最判平成4・4・10家月44巻8号16頁**
>
> 相続人は、遺産の分割までの間は、相続開始時に存した金銭を相続財産として保管している他の相続人に対して、自己の相続分に相当する金銭の支払を求めることはできないと解するのが相当である。

(5) 旧郵便局の定額郵便貯金債権

平成19年10月1日より前に預け入れた定額郵便貯金債権は、郵便貯金法7条1項3号の規定により分割払戻しができないという契約上の制限が付されているため、相続人は分割払戻請求をすることができない。そのため、一般の可分債権（通帳の預貯金債権等）とは異なり、当然に分割されることはなく、遺産分割の対象となる（最判平成22・10・8家月63巻4号122頁）。

(6) 生命保険金

　㋐　保険契約者が自己を被保険者として、相続人中の特定の者を保険金受取人と指定した場合

保険金受取人として指定を受けた者は、固有の権利として保険金請求権を取得するので、遺産分割の対象とはならない。

> **最判昭和40・2・2民集19巻1号1頁**
>
> 保険金受取人としてその請求権発生当時の相続人たるべき個人を特に指定した場合には、……請求権は、保険契約の効力発生と同時に……相続人の固有財産となり、被保険者（兼保険契約者）の遺産より離脱しているものといわねばならない。

(イ)　保険契約者が自己を被保険者として、保険金受取人を単に「被保険者又はその死亡の場合はその相続人」と約定し、被保険者死亡の場合の受取人を特定人の氏名をあげることなく抽象的に指定している場合

　保険金請求権は、保険契約の効力発生と同時に相続人の固有財産となり、被保険者兼保険契約者の遺産から離脱する。

> **最判昭和40・2・2民集19巻1号1頁**
>
> 　……養老保険契約において保険金受取人を単に「被保険者またはその死亡の場合はその相続人」と約定し、被保険者死亡の場合の受取人を特定人の氏名を挙げることなく抽象的に指定している場合でも、保険契約者の意思を合理的に推測して、保険事故発生の時において被指定者を特定し得る以上、……有効であり、特段の事情のないかぎり、……被保険者死亡の時における、すなわち保険金請求権発生当時の相続人たるべき者個人を受取人として特に指定したいわゆる他人のための保険契約と解するのが相当……。

(ウ)　保険契約者が自己を被保険者とし、保険金受取人を指定しなかった場合

　保険法等の法律および保険約款に従って判断することになる。約款に、「被保険者の相続人に支払う」との条項がある場合には、保険金受取人を被保険者の相続人と指定した場合と同じ結果になる。

> **最判昭和48・6・29民集27巻6号737頁**
>
> 　「保険金受取人の指定のないときは、保険金を被保険者の相続人に支払う。」旨の条項は、被保険者が死亡した場合において、保険金請求権の帰属を明確にするため、被保険者の相続人に保険金を取得させることを定めたものと解するのが相当であり、保険金受取人を相続人と指定したのとなんら異なるところがないというべきである。

そして、保険金受取人を相続人と指定した保険契約は、特段の事情のないかぎり、被保険者死亡の時におけるその相続人たるべき者のための契約であり、その保険金請求権は、保険契約の効力発生と同時に相続人たるべき者の固有財産となり、被保険者の遺産から離脱したものと解すべきであることは、当裁判所の判例……とするところであるから、本件保険契約についても、保険金請求権は、被保険者の相続人である被上告人らの固有財産に属するものといわなければならない。なお、本件保険契約が、団体保険として締結されたものであっても、その法理に変りはない。

(7) 代償財産

相続開始時には存在したが、その後に滅失したり、相続人によって処分されたりした結果、保険金請求権、損害賠償請求権や売却代金などに転化してしまっている場合がある。このような財産（代償財産）は、遺産分割時説を前提とする限り、遺産分割の対象とはならないのが原則である。ただし、相続人全員の合意があれば、遺産分割の対象とすることができるとするのが判例（最判昭和54・2・22家月32巻1号149頁）である。

最判昭和54・2・22家月32巻1号149頁

共有持分権を有する共同相続人全員によって他に売却された……各土地は遺産分割の対象たる相続財産から逸出するとともに、その売却代金は、これを一括して共同相続人の一人に保管させて遺産分割の対象に含める合意をするなどの特別の事情のない限り、相続財産には加えられず、共同相続人が各持分に応じて個々にこれを分割取得すべきものである。

(8) 遺産から生じた果実および収益

遺産共有の状態にある不動産から生ずる金銭債権たる賃料債権について、判例（最判平成17・9・8民集59巻7号1931頁）は、当該不動産を共有する相続

人がその持分に応じて分割単独債権として取得し、遺産分割の遡及効によってその効果が覆るものではないとしている。

> **最判平成17・9・8民集59巻7号1931頁**
>
> 　遺産は、相続人が数人あるときは、相続開始から遺産分割までの間、共同相続人の共有に属するものであるから、この間に遺産である賃貸不動産を使用管理した結果生ずる金銭債権たる賃料債権は、遺産とは別個の財産というべきであって、各共同相続人がその相続分に応じて分割単独債権として確定的に取得するものと解するのが相当である。遺産分割は、相続開始の時にさかのぼってその効力を生ずるものであるが、各共同相続人がその相続分に応じて分割単独債権として確定的に取得した上記賃料債権の帰属は、後にされた遺産分割の影響を受けないものというべきである。
>
> 　したがって、相続開始から本件遺産分割決定が確定するまでの間に本件各不動産から生じた賃料債権は、被上告人及び上告人らがその相続分に応じて分割単独債権として取得したものであり、本件口座の残金は、これを前提として清算されるべきである。

　この点、遺産分割調停および審判の実務においては、遺産から生じた果実および収益は、遺産そのものではなく、当然に遺産分割の対象となるものではないとしているが、相続人全員が遺産分割の対象に含めることに合意した場合には遺産分割の対象となるとしている（東京高決昭和63・1・14家月40巻5号142頁）。

(9)　金銭債務（相続開始前の債務）

　金銭債務は、相続により当然に各相続人に法定相続分で承継されるため、遺産分割の対象とはならないとするのが判例（最判昭和34・6・19民集13巻6号757頁）である。

> **最判昭和34・6・19民集13巻6号757頁**
>
> 　債務者が死亡し、相続人が数人ある場合に、被相続人の金銭債務その他の可分債務は、法律上当然分割され、各共同相続人がその相続分に応じてこれを承継するものと解すべきである。

　この点、調停実務においては、相続人の一人が積極財産を単独で取得する代わりに、債務も全額負担する内容の協議を成立させることもあるが、その場合は、債務を免れる相続人については免責的債務引受契約を行うのと同じことになるから、債権者の承諾がない限り債務を免れることはできない。もっとも、債権者の承諾が得られなかった場合にも、相続人間の内部的な負担割合の合意としての意味は有する。

⑽　死亡退職金

　死亡退職金が遺産に含まれるか否かは、その退職金の趣旨や支給規定など鑑み、遺産に含まれるか否かが事案に応じて判断される。多くの場合、支給規定等により受給者とされる遺族の固有の権利と解されるが、一律に遺産性を否定されるわけではない。

　この点、国家公務員退職手当法に基づく死亡退職金は、受給権者たる遺族固有の権利であると解されており、遺産には含まれない。そのほか、地方公務員の死亡退職金、私立学校職員の死亡退職金、特殊法人の死亡退職金もそれぞれ受給権者の固有の権利であり、遺産に含まれないとする判例（最判昭和58・10・14判時1124号186頁、最判昭和60・1・31家月37巻8号39頁、最判昭和55・11・27民集34巻6号815頁）がある。

┌─ コラム　遺産の範囲の確定は、悩ましい ─
│
│　遺産分割調停においては、遺産の範囲の確定は必須である。しかし、遺産の範囲の確定は容易ではない。なぜなら、紛争状態にある当事者間では、遺産の範囲のとらえ方が同じではないからである。

被相続人の死亡時の遺産が明確であったとしても、死亡前に他の相続人が勝手に被相続人の財産を取得しているのではないか、勝手に使っているのではないかという、使途不明金の問題がある（本章Ⅱ4参照）。この点の話をするだけで調停期日が何回も繰り返されることも少なくない。このような場合は、遺産の範囲の確定を地方裁判所での訴訟で明らかにすることとなる。

　被相続人が金庫を自宅に置いていた場合、その開扉は相続人全員の立会いのもと行わなければ、金庫の内容物（高齢者の中には、金庫内に多額の現金や金塊を保管している場合もある）について異論が生じて、「あった」「なかった」というもめごとにつながる。

　また、遺産の中に骨董品や絵画が多数ある場合、その評価をどうするかという問題が出てくる（本章Ⅳ5参照）。調停では、まずは、当事者が評価をどのように考えるかを提示し、話し合いが進められる。場合によっては、当事者全員が業者に査定を依頼することもあろう。骨董品・絵画の取得希望者がいない場合は、調停続行中に売却をし、現金化することも一案である。

　遺産の範囲の確定は、悩ましい……。

Ⅳ 遺産の評価

　遺産分割の手続は、現金、預貯金、株式、不動産、動産（家財道具）などの財産から構成される遺産を、各相続人の相続分に応じて分配する制度であるから、その前提として、遺産の経済的価値を適正に評価する必要がある。特に、種類の異なる遺産（たとえば、預貯金と不動産の間）を分割する場合には、適正な評価は相続人間の公平の前提となるものであり、適正な評価がなされることが相続人間の納得を得るために、重要な必須条件となる。

1　土地の評価

　土地については、信頼性の高い公的な評価基準として、次の(1)～(4)のような価格が公示されている。相談を受けた司法書士としては、これらの価格をできる限りすべて調査したうえ、相談者の依頼の趣旨に従って、適切な情報を提供することが求められる。

(1)　地価公示価格

　地価公示価格（いわゆる「公示価格」）は、地価公示法に基づいて、国土交通省の土地鑑定委員会が特定の標準地について毎年1月1日を基準日として公示する価格であり、3月下旬頃の官報に掲載され、国土交通省のウェブサイトにおいても公開されている。地価公示価格は、「一般の土地の取引価格に対して指標を与えるとともに、公共事業用地の取得価格算定の規準となり、また国土利用計画法に基づく土地取引の規制における土地価格算定の規準となる等により、適正な地価の形成に寄与することを目的として、土地鑑定委員会が、毎年1回、標準的な土地についての正常な価格を一般の方々にお示しするもの」とされている。

(2)　都道府県地価調査標準価格

　都道府県地価調査標準価格（いわゆる「標準価格」）は、国土利用計画法施行令に基づいて、都道府県知事が、特定の基準地について、毎年7月1日を

基準日として公表している価格である。正常な取引価格を公示するという意味では公示価格と同趣旨であるが、林地の基準値もあるので、山林の評価では参考になる。公示価格と同じく、国土交通省のウェブサイトにおいて公開されている。

(3) 固定資産評価額

固定資産評価額は、地方税法に基づいて、市町村長が土地課税台帳または家屋課税台帳等に登録する基準年度の価格である。これは、固定資産税、不動産取得税、訴額算定等の基準となる。

(4) 相続税評価額

相続税評価額は、財産評価基本通達に基づいて、国税庁が、相続税および贈与税等の算出の基準とするために、毎年1月1日時点での価格を対象土地の地目ごとに路線価方式または倍率方式のいずれかにより算定し、各税務署単位で国税庁から公表している価格である。国税庁のウェブサイトにて公開されている。

2 建物の評価

建物については、一般に、家屋課税台帳等に登録されている固定資産評価額が基準となる。ただし、耐用年数を経過した老朽建物については、残価率20％で算定されているために、時価より高額になる傾向があることに注意を要する。

コラム　土地および建物の評価

調停実務においては、まず当事者がそれぞれに妥当と考える土地・建物の評価を出し合って話し合うことが基本となる。この場合、最も簡便な方法として、固定資産評価額を基準とすることで決着がつくことも多い。話し合いがつかない場合には、最終的には鑑定の方法によらざるを得ないが、鑑定料は相当な額になることも念頭におかなければならない。そのため、通常の調停においては鑑定に至ることはあまり多くはない。

Ⅳ　遺産の評価

> **コラム　不動産取得を複数の相続人が希望する場合**
>
> 　相続財産である不動産について、調停実務では当該不動産の取得を相続人が希望するかどうかを確認する。もし複数の相続人が取得を希望するのであれば、まずその理由を確認することとなる。たとえば、「そこに現に住んでいる」「収益性が高い」「思い出がある」など、さまざまな理由があるであろう。さらに、その不動産を取得できなければ、どのような支障があるのかを確認する。たとえば、すでに共有持分をもっているので単有にしないと今後管理に困るなどの理由が考えられる。それらの要素を考慮して、どの相続人が取得するのが適当なのかについての合意形成を行う。
> 　しかし、決め手を欠く場合は、さらに不動産の評価について検討することとなる。それを各相続人に確認して、意見がないあるいは争いがない場合、結局何らかの方法で評価額を決定しないと合意は困難になる。鑑定等の客観的手法もあるが、相続人が合意すればよいので必ずしも客観的である必要はなく、主観的な評価でも目的は達成できるのである。
> 　この点に着目して、一部の家庭裁判所では調停手続の一環として入札を行っている。任意の期限を設定して、指定した方法、たとえば、ファクシミリで各相続人が評価を家庭裁判所に送り、次回期日ではその評価を基に調停を進める。原則として最高価を付けた相続人が当該不動産を取得し、それ以外の流動資産はそれを基に計算し分割する。不動産を取得した相続人が代償金を支払う場合もある。もっとも、この手法は相続人が不動産取得を望むから使えるのであって、最近よくある、相続人全員が不動産はいらないと主張している場合や、誰も取得を希望しない不動産がある場合には使えない。このような場合には、逆に、不動産を取得してくれたらインセンティブを付けるなどの手法を考える必要があるかもしれない。

3　預貯金の評価

　預貯金は、通帳や残高証明を取得することにより金額が明らかになる。したがって、遺産の評価において特に問題となることはない。

> **最判平成21・1・22民集63巻1号228頁**
>
> 　預金者が死亡した場合、その共同相続人の一人は、預金債権の一部を相続により取得するにとどまるが、これとは別に、共同相続人全員に帰属する預金契約上の地位に基づき、被相続人名義の預金口座についてその取引経過の開示を求める権利を単独で行使することができる（同法〔筆者注・民法〕264条、252条ただし書）というべきであり、他の共同相続人全員の同意がないことは上記権利行使を妨げる理由となるものではない。

4　株式・有価証券の評価

(1)　株　式

　証券取引所に上場されている取引相場のある上場株式の場合には、日刊新聞等に毎日の最終価格が記載されているため、遺産分割時の評価額を調査することは容易である。

　これに対して、取引相場のない株式については、相続税法や贈与税法上の評価の基準（これは、国税庁のウェブサイトで公開されている）、会社法上の株式買取請求における価格の算定方法を参考とする。ただし、当事者間で合意が調わない場合には、公認会計士等による鑑定が必要なことも多い。

(2)　有価証券

　有価証券（たとえば、国債、社債等）については、券面額のあるものについては、原則として、預貯金等と同じく券面額による評価をすればよいことになる。ただし、社債その他の有価証券の評価について当事者間で合意が調わない場合には、公認会計士等による鑑定が必要となる。

5　動産の評価

　自動車については、中古車価格の相場（現に使用・管理している場合には、中古車店等で査定してもらうとよい。そうでない場合には、車種・年式・走行距

離などからインターネット検索などにより相場価格を調査することができる）が参考となる。それ以外の動産については、交換価値が高くないことが多く、鑑定を行うのは不合理であるため、当事者間で評価の合意が調うように努めるほかない。ただし、一部の高価な書画・骨董については、特別な鑑定を要することもある。

6　遺産の評価に関する合意

遺産の評価に関して当事者で合意ができれば、その評価または評価の方法に従って手続を進めることができ、事後の調停が円滑に進行する。そこで、客観的な資料（前記1の公示価格、標準価格、固定資産評価額、路線価等）に基づいて合意形成を図っていくことが重要となる。ただし、紛争性の高い事案については具体的な合意を得ることが難しく、鑑定に至る事案もある。

7　鑑定人の選任

不動産の評価について争いがあり、当事者間で合意が成立しない場合には、不動産鑑定士を鑑定人に選任して、評価を行うことになる（家事法64条1項、民訴法212条以下）。遺産分割調停中に鑑定を実施する場合には、法定相続分に基づいて各当事者が負担するのが原則であるが、相手方が不出頭の場合には、申立人が鑑定費用を立て替えて支払い、調停成立時において相続人それぞれの負担割合を定めることが多い。

V　特別受益

1　特別受益とは

　共同相続人の中の一人または数人が、被相続人から遺贈または生前贈与を受けるなど特別な利益を受けている場合には、相続開始時の遺産について単純に法定相続分に従って分配すると、相続人間の公平を欠くこととなる。そこで、相続人間の公平を保つため、特別受益者の具体的相続分を算定するに際し、すでに受けた特別受益の額を斟酌する制度が特別受益の制度である（民法903条）。

　具体的には、共同相続人中に、被相続人から、遺贈を受け、または婚姻もしくは養子縁組のためもしくは生計の資本として贈与を受けた者があるときは、被相続人が相続開始の時において有していた財産の価額にその贈与の価額を加えたものを相続財産とみなし（みなし相続財産）、この額に各相続人の相続割合（民法900条～902条）を乗じて相続分を算定し、特別受益を受けた者については、この額から特別受益分を控除した残額をもって特別受益者が現実に受け取る相続分とするものである。

　なお、特別受益を相続分算定の基礎に参入する計算は、特別受益の持戻しと呼ばれている。

2　特別受益財産の範囲

(1)　遺　贈

　遺贈は、その目的にかかわらず、包括遺贈である場合も特定遺贈である場合も、すべて特別受益財産となり、持戻しの対象となる。

(2)　「相続させる」旨の遺言

　相続人中の一人または数人に「相続させる」旨の遺言がある場合には、このような遺言は遺贈にはあたらないが、審判実務においては、相続人間の公

平の観点から、特別受益として持戻しの対象とされている。

> **広島高岡山支決平成17・4・11家月57巻10号86頁**
>
> 　被相続人の公正証書遺言の「相続させる」旨の記載は、遺贈の趣旨であるとは解されないのであるが、特定物を相続させる旨の遺言により、当該特定物は、被相続人の死亡と同時に当該相続人に移転しており、現実の遺産分割は、残された遺産についてのみ行われることになるのであるから、それは、あたかも特定遺贈があって、当該特定物が遺産から逸出し、残された遺産について遺産分割が行われることになる場合と状況が類似しているといえる。したがって、本件のような「相続させる」趣旨の遺言による特定の遺産承継についても、民法903条1項の類推適用により、特別受益の持戻しと同様の処理をすべきである。

(3) **生前贈与**

すべての生前贈与が特別受益となるのではなく、①婚姻もしくは養子縁組のための贈与、②生計の資本としての贈与の場合にのみ特別受益となる。

　(ア)　婚姻もしくは養子縁組のための贈与

持参金、支度金、結納金など婚姻または養子縁組のために、特に被相続人からしてもらった支度の費用などがこれに含まれると考えられている。挙式費用については、これに含まれないと解するのが有力である。

　(イ)　生計の資本としての贈与

　(A)　学　資

学資は、親の負担すべき扶養義務の範囲を超えた不相応な学資のみを特別受益と解するのが有力である。

> **大阪高決平成19・12・6家月60巻9号89頁**
>
> 　被相続人の子供らが、大学や師範学校等、当時としては高等教育と評価できる教育を受けていく中で、子供の個人差その他の事情により、公立・私立等が分かれ、その費用に差が生じることがあるとしても、通常、親の子に対する扶養の一内容として支出されるもので、遺産の先渡しとしての趣旨を含まないものと認識するのが一般であり、仮に、特別受益と評価しうるとしても、特段の事情のない限り、被相続人の持戻免除の意思が推定されるものというべきである。

　Ⓑ　その他の生計の資本としての贈与

　調停実務においては、①少額の贈与であるが比較的長期間にわたって繰り返され、その総額が多額になった場合（東京家審平成21・1・30家月62巻9号62頁）、②相続人の債務を被相続人が肩代わりして支払った場合（高松家丸亀支審平成3・11・19家月44巻8号40頁）などが認められている。前記①については扶養義務の範囲を超えていることから、②については相続分の前渡しと評価できることから、持戻しの対象となると解するものである。

　Ⓒ　死亡保険金請求権

　死亡保険金請求権またはこれを行使して取得した死亡保険金は、原則として、特別受益にあたらない。ただし、保険金受取人である相続人とその他の共同相続人との間に生ずる不公平が民法903条の趣旨に照らし到底是認することができないほどに著しいものであると評価すべき特段の事情が存する場合には、同条の類推適用により、持戻しの対象となるとする判例（最決平成16・10・29民集58巻7号1979頁）がある。

> **最決平成16・10・29民集58巻7号1979頁**
>
> 　被相続人が自己を保険契約者及び被保険者とし、共同相続人の一人又は一

部の者を保険金受取人と指定して締結した養老保険契約に基づく死亡保険金請求権は、その保険金受取人が自らの固有の権利として取得するのであって、保険契約者又は被保険者から承継取得するものではなく、これらの者の相続財産に属するものではないというべきである……。また、死亡保険金請求権は、被保険者が死亡した時に初めて発生するものであり、保険契約者の払い込んだ保険料と等価関係に立つものではなく、被保険者の稼働能力に代わる給付でもないのであるから、実質的に保険契約者又は被保険者の財産に属していたものとみることはできない……。したがって、上記の養老保険契約に基づき保険金受取人とされた相続人が取得する死亡保険金請求権又はこれを行使して取得した死亡保険金は、民法903条1項に規定する遺贈又は贈与に係る財産には当たらないと解するのが相当である。もっとも、上記死亡保険金請求権の取得のための費用である保険料は、被相続人が生前保険者に支払ったものであり、保険契約者である被相続人の死亡により保険金受取人である相続人に死亡保険金請求権が発生することなどにかんがみると、保険金受取人である相続人とその他の共同相続人との間に生ずる不公平が民法903条の趣旨に照らし到底是認することができないほどに著しいものであると評価すべき特段の事情が存する場合には、同条の類推適用により、当該死亡保険金請求権は特別受益に準じて持戻しの対象となると解するのが相当である。上記特段の事情の有無については、保険金の額、この額の遺産の総額に対する比率のほか、同居の有無、被相続人の介護等に対する貢献の度合いなどの保険金受取人である相続人及び他の共同相続人と被相続人との関係、各相続人の生活実態等の諸般の事情を総合考慮して判断すべきである。

3 特別受益者の範囲

特別受益者として持戻しの対象となる者は、共同相続人に限られる。

(1) 代襲相続人

代襲相続が発生している場合には、被代襲者が得た特別な受益があれば、代襲相続人は被代襲者の持戻義務を引き継ぐこととなる。

また、代襲相続人自身が特別な受益を得ている場合には、通説では、代襲

原因の発生した後の特別受益は持戻しの対象となり、代襲原因の発生する前の特別な受益は対象とはならないと解されている。

(2) 包括受遺者

包括受遺者は、相続人と同一の権利義務を有する（民法990条）が、包括受遺者が共同相続人以外の第三者である場合には、持戻しを予定していないのが被相続人の通常の意思と考えられるから、持戻しを要しないと解するのが通説である。

これに対して、包括受遺者が共同相続人である場合には、特定遺贈を受けている場合と異ならないから、持戻しが肯定されている。

4　特別受益の評価基準時

特別受益の制度は、相続開始時の遺産に、生前贈与等の金額を加算して「みなし相続財産」を計算し、特別受益者の具体的相続分を減縮する制度である。したがって、特別受益の額は、相続開始時を基準として評価して、みなし相続財産を計算することとなる。

なお、受贈者の行為によって、相続開始時までに受贈財産が滅失または価格の増減があった場合には、相続開始時においてはなお原状のままであるものとみなして算定する。

これに対して、不可抗力など、受贈者の行為によらずして相続開始時までに受贈財産が滅失した場合には、特別受益はないものと考える。また、価格の増減があった場合には、変動後の財産の相続開始時の価格にて算定する。

5　持戻免除の意思表示

被相続人は、意思表示によって特別受益者の受益分の持戻しを免除することができる（民法903条3項）。特別受益分を遺産に持ち戻す必要がないとの意思を占めることを持戻免除の意思表示という。生前贈与や遺贈をその者の特別な取り分として与えようとする被相続人の意思を尊重するものである。

生前贈与の持戻免除の意思表示については、生前贈与の意思表示が特別な

方式を要しないのと同様に、特別な方式を要しないとされている。明示たると黙示たるとを問わない。

これに対して、遺贈についての持戻免除の意思表示は、遺贈が要式行為であるから遺言によってなされる必要があるとするのが多数説である。

6　超過特別受益の取扱い

特別受益の額が、持戻し計算をして算定された当該共同相続人の相続分の額を超える場合については、特別受益者がその超過分を返還する必要はなく、ただ、その相続において新たに財産を取得することはできない（民法903条2項）。

Ⅵ 寄与分

1 寄与分とは

　共同相続人中に、被相続人の財産の維持または増加について「特別の寄与」（親族として期待される通常の程度を超える貢献）をした者があるときに、相続財産の中からその者の寄与分を控除したものを相続財産とみなして相続分を算定し、その算定された相続分に寄与分を加えた額をもってその者の相続分とする制度である（民法904条の2）。

　つまり、寄与をした者（寄与分権者）があるときは、寄与分を先取りさせるという範囲で法定（指定）相続分を修正することにより相続人間の実質的な公平を図る制度である。昭和55年の民法の一部改正によって新しく創設され、昭和56年1月1日以降に開始された相続に関して施行された。

> **コラム　寄与分制度の見直しの動き**
>
> 　法務省内に「相続法制検討ワーキングチーム」が設置され、①生存配偶者の居住権を法律上保護するための措置、②配偶者の貢献に応じた遺産の分割を実現するための措置、③その他が検討され、報告書が提出された。現在の寄与分制度については、今後、法制審議会の民法（相続関係）部会において、見直しが検討されており、今後も改正動向に留意する必要がある。

2 寄与分を受ける資格

　寄与分を受ける資格について、民法は、共同相続人に限定している。したがって、共同相続人でない者は、寄与分を請求できない。ただし、共同相続人以外の者（たとえば、共同相続人の配偶者等）がした貢献について、その者が直接に寄与分を請求することはできないものの、その寄与が共同相続人の

寄与と同視できるというような場合には、当該共同相続人は、その結果生じた財産の維持または増加に対する寄与を含めて自己の寄与分として請求する場合があるというのが審判の実務である。

なお、寄与分権者についてさらに相続が開始された場合、代襲相続人は被代襲者の寄与行為に基づく寄与分を取得できると解されている。

> **東京高決平成元・12・28家月42巻8号45頁**
>
> 　寄与分制度は、被相続人の財産の維持又は増加につき特別の寄与をした相続人に、遺産分割に当たり、法定又は指定相続分をこえて寄与相当の財産額を取得させることにより、共同相続人間の衡平を図ろうとするものであるが、共同相続人間の衡平を図る見地からすれば、被代襲者の寄与に基づき代襲相続人に寄与分を認めることも、相続人の配偶者ないし母親の寄与が相続人の寄与と同視できる場合には相続人の寄与分として考慮することも許されると解するのが相当である。

3　寄与分の要件

寄与分の取得の要件は、次の①〜③のとおりである（民法904条の2）。

① 　相続人の寄与があること
② 　当該寄与行為が「特別の寄与」であること　　被相続人と相続人の身分関係に基づいて通常期待されるような程度を超える貢献であることが必要である。夫婦間の協力扶助義務（同法752条）、親族間の扶養義務・互助義務（同法877条1項）の範囲内の行為は、特別の寄与にあたらない。
③ 　被相続人の財産が維持または増加したこと　　相続人の行為によって、その行為がなかったとすれば生じたはずの被相続人の財産の減少が阻止され、またはその行為がなかったとすれば生じなかったはずの財産の増加がもたらされたことが必要である。

4　寄与行為の態様

民法は、寄与行為の態様として、①被相続人の事業に関する労務の提供、②財産上の給付、③被相続人に対する療養看護、④その他の方法の四つを規定している（同法904条の２）。

(1)　被相続人の事業に関する労務の提供（家事従事型）

家業である農業、林業、漁業のほか、各種の製造業、加工業、小売業、医師、公認会計士、税理士等に従事することによって寄与が認められる場合である。この類型については、特別な貢献にあたるかの判断基準として、無償性（賃金や報酬等の対価が支払われていないこと）、継続性（少なくとも３年～４年継続的に従事したこと）が基準となると解されている

大阪高決平成２・９・19家月43巻２号144頁

　被相続人の財産形成に相続人が寄与したことが遺産分割にあたって評価されるのは、寄与の程度が相当に高度な場合でなければならないから、被相続人の事業に関して労務を提供した場合、提供した労務にある程度見合った賃金や報酬等の対価が支払われたときは、寄与分と認めることはできないが、支払われた賃金や報酬等が提供した労務の対価として到底十分でないときは、報いられていない残余の部分については寄与分と認められる余地があると解される。また、寄与分が共同相続人間の実質的な衡平を図るための相続分の修正要素であることに照らせば、共同相続人のうちに家業に従事していなかった者と家業に貢献していた者がいる場合にこれを遺産分割に反映させる必要性があるというべきである。

(2)　財産上の給付（金銭等出資型）

被相続人または被相続人の事業に対して財産の利益を給付する場合である。たとえば、不動産の購入資金の援助、医療費や施設入所費の負担などの例がある。

(3) 被相続人に対する療養看護（療養看護型）

病気療養中の被相続人の療養看護に従事した場合である。被相続人が自らの費用で看護人を雇わなければならなかったはずであるところを、相続人が療養看護したために、被相続人が看護人の費用の支出を免れたことにより相続財産が維持または増加した場合に限られる。被相続人が療養看護を必要とする病状であったことおよび近親者による療養看護を必要としていたことが前提となっており、被相続人が疾病を有していなかった場合、病状が重篤で完全看護の病院に入院しているような場合はあたらない。また、特別の寄与であるか否かの判断基準として、無償性や継続性が基準となる。

(4) その他の方法

その他の方法として、審判実務においては、①相続人が、被相続人の扶養を行い、被相続人が生活費等の支出を免れたため財産が維持された場合（扶養型）、②不動産の賃貸管理を行っていた場合など、被相続人の財産を管理することによって財産の維持形成に寄与した場合（財産管理型）が認められている。

5　寄与分の決定

寄与分の額の評価については、寄与の時期、方法、程度および相続財産の額その他の一切の事情を斟酌して決定されるべきものである。

6　寄与分を定める手続

寄与分は、共同相続人の協議で決定されるが、その協議が調わないときは、家事調停を行い、調停不成立の場合には家庭裁判所の審判により決定される（民法904条の2 1項・2項、家事法191条〜193条・244条）。

なお、寄与分の決定は遺産分割の前提問題としての性格を有しているから、寄与分を定める処分審判申立ては、遺産分割審判事件が係属している場合に限りすることができる（民法904条の2第4項）ことに注意を要する。

(1) 寄与分を定める処分調停の申立て

　　㋐　管　轄

　遺産分割調停・審判事件がすでに係属している場合は、その事件が係属している家庭裁判所に対してのみ申立てを行うことができる。遺産分割調停・審判事件がまだ係属していない場合には、調停の場合には相手方の住所地、審判の場合（遺産分割の審判を同時に申し立てる場合）には相続開始地を管轄する家庭裁判所が管轄となる。ただし、調停・審判いずれについても、相手方との間で担当する家庭裁判所について合意ができており、申立書とともに管轄合意書を提出された場合には、その家庭裁判所に対しても申立てを行うことができる。

　なお、遺産分割調停事件が係属している場合、遺産分割調停と寄与分を定める処分調停は一括処理され、調停手続および調停の併合がなされる（家事法245条3項・192条）。

　　㋑　必要な書類等

　申立てには、①寄与分を定める処分調停申立書（裁判所提出用1通、相手方全員の人数分。【書式26】参照）、②連絡先等の届出書、③進行に関する照会回答書、④被相続人との関係を証する除籍謄本、改製原戸籍謄本、⑤被相続人の戸籍附票（または住民票除票）、⑥相続人全員の戸籍謄本、戸籍附票（または住民票）が必要である。

　　㋒　審判への移行

　寄与を定める処分調停は、話し合いがまとまらない場合には、当然に審判に移行する。この際、遺産分割審判事件が係属していることを要するので、遺産分割審判事件が係属していない場合には、申立てをすることを要する。

Ⅵ 寄与分

【書式26】 寄与分を定める処分調停申立書

この申立書の写しは、法律の定めるところにより、申立ての内容を知らせるため、相手方に送付されます。

受付印	家事	☑ 調停 ☐ 審判	申立書　事件名（寄与分を定める処分）

（この欄に申立て1件あたり収入印紙1,200円分を貼ってください。）

収入印紙　　　円
予納郵便切手　　円

（貼った印紙に押印しないでください。）

	○○　家庭裁判所 　　　　　御中 平成 ○○年○○月○○日	申　立　人 （又は法定代理人など） の　記　名　押　印	甲野幸子　㊞

添付書類	（審理のために必要な場合は、追加書類の提出をお願いすることがあります。）	準口頭

申立人	本　籍 （国　籍）	（戸籍の添付が必要とされていない申立ての場合は、記入する必要はありません。） ○○　都道府⑲　○○市○○町○○番地	
	住　所	〒○○○-○○○○ ○○県○○市○○町○○番○○号　　（　　　　方）	
	フリガナ 氏　名	コウノ　サチコ 甲野　幸子	大正 ㊼昭和　○○年○○月○○日生 平成　　　（　○○歳）

相手方	本　籍 （国　籍）	（戸籍の添付が必要とされていない申立ての場合は、記入する必要はありません。） ○○　都道府⑲　○○市○○町○○番地	
	住　所	〒○○○-○○○○ ○○県○○市○○町○○番○○号　　（　　　　方）	
	フリガナ 氏　名	コウノ　ジロウ 甲野　二郎	大正 ㊼昭和　○○年○○月○○日生 平成　　　（　○○歳）

（注）太枠の中だけ記入してください。

<u>この申立書の写しは，法律の定めるところにより，申立ての内容を知らせるため，相手方に送付されます。</u>

申　立　て　の　趣　旨
申立人の寄与分を定める調停を求める。

申　立　て　の　理　由
1　申立人は被相続人甲野太郎（平成○○年○○月○○日死亡）の長女であり、相手方甲野二郎は長男である。
2　申立人は、被相続人が平成○○年○○月ごろから体調を崩し、○○病を診断されて自宅療養をしている間、被相続人と同居して、身の回りの世話をしたほか、週2回の近所の○○病院への付き添いや、3カ月に1回の頻度で○○キロメートル離れている○○市にある○○大学病院への通院に付き添った。
3　平成○○年○○月ごろから○○月ごろまでの間は、本人の症状が重篤化したため、昼夜を問わず看病が必要な状態となり、申立人はそれまで続けてきたパートの職を辞め、被相続人の世話に専念した。
4　平成○○年○○月に、被相続人は○○大学病院に入院となったが、その際にも、申立人は入院に付き添ったほか、ほぼ毎日、午後3時から6時くらいまでの間、本人の見舞いをし、本人の夕食などの介助を行った。また、申立人は入院に際して本人の身元引受人となった。
5　そこで、申立人は、上記の合計○○年○○カ月の間、被相続人の療養看護に努めたので、相手方に寄与分を認めるよう主張したが、相手方がこれに応じないので、本調停の申立てをする。

(2) 寄与分を定める処分審判の申立て

寄与分を定める処分の審判は、遺産分割審判申立てがあった場合のみ申立てをすることができる。

(ア) 管轄

寄与分を定める処分の審判事件は、現に遺産分割審判事件が係属している裁判所の管轄に属する。この裁判所が相続を開始した地を管轄する裁判所であるかどうかを問わない（家事法191条2項）。

(イ) 申立期間の制限

時期に後れた寄与分の主張により遺産分割審判事件の遅延が生じることを防ぐため、遺産分割審判手続においては、家庭裁判所は1カ月を下らない範囲内で寄与分を定める期間を定めることができ（家事法193条1項）、この期間を経過してされた申立てを却下することができると規定されている（同条2項）。

(ウ) 寄与分を定める処分審判事件の主文

寄与分を定める処分事件の申立てがなされている場合には、遺産分割審判事件と寄与分を定める処分事件が併合して審理され、遺産分割事件の主文に加えて、これとは別個に、寄与分を定める処分事件についての主文が次のように記載される。

1　相続開始時における遺産の価額を金1000万円と評価する。
2　申立人の寄与分を200万円と定める。

なお、寄与分を遺産の総額に占める割合で定める場合には、次のようになる。

1　相続開始時における遺産の価額を金1000万円と評価する。
2　申立人の寄与分を遺産の5分の1と定める。

Ⅶ　遺産分割の方法

1　概　説

　遺産の範囲や特別受益や寄与分による修正を加えた具体的な相続分が確定した後は、民法906条の基準に基づき、遺産に属する個々の不動産や動産などの財産を共同相続人間でどのように分割するかが問題となる。
　具体的な分割方法には、類型として、①現物分割、②代償分割（債務負担分割ともいう）、③換価分割、④共有分割の四つの方法がある。このうち、前記①こそが原則的な分割方法であり、それができない場合に、②③が検討される。個々の財産を共有状態のまま取得させる④は、個々の財産を各相続人の単独所有とする遺産分割の趣旨に反するので、最後の手段となる。

> **大阪高決平成14・6・5家月54巻11号60頁**
>
> 　遺産分割は、共有物分割と同様、相続によって生じた財産の共有・準共有状態を解消し、相続人の共有持分や準共有持分を、単独での財産権行使が可能な権利（所有権や金銭等）に還元することを目的とする手続であるから、遺産分割の方法の選択に関する基本原則は、当事者の意向を踏まえた上での現物分割であり、それが困難な場合には、現物分割に代わる手段として、当事者が代償金の負担を了解している限りにおいて代償分割が相当であり、代償分割すら困難な場合には換価分割がされるべきである。
> 　共有とする分割方法は、やむを得ない次善の策として許される場合もないわけではないが、この方法は、そもそも遺産分割の目的と相反し、ただ紛争を先送りするだけで、何ら遺産に関する紛争の解決とならないことが予想されるから、現物分割や代償分割はもとより、換価分割さえも困難な状況があるときに選択されるべき分割方法である。

2 現物分割

(1) 概　要

現物分割とは、遺産そのものを現状のままで、共同相続人間に分割して帰属させる分割方法をいう。

たとえば、①遺産に属する個々の財産について、その各財産を細分化することなく、現物そのものを具体的相続分に応じて、各相続人の単独所有として配分する方法、②遺産に属する個々の財産につき、その各財産を細分化したうえ、その細分化した後の現物そのものを各相続人の単独所有として配分する方法などがある。

(2) 審判の主文

遺産の現物分割を命ずる審判では、主文に次のような記載がなされる。

> 被相続人甲の遺産を次のとおりに分割する。
> 　(1)　申立人Aは、別紙遺産目録（略）記載の土地を取得する。
> 　(2)　相手方Bは、別紙遺産目録（略）記載の建物を取得する。

なお、すでに共同相続登記がなされている不動産については、単独名義とするためには持分移転登記が必要であるから、単独取得した相続人が単独で持分移転登記申請ができるように、次のように他の共同相続人の登記義務を定める。

> 　相手方Bは、申立人Aに対して、前記土地につき、遺産分割を原因とする共有持分2分の1も持分移転登記手続をせよ。

また、預貯金債権その他の可分債権については、原則として遺産分割の対象とはならないが、共同相続人全員の合意があれば遺産分割の対象となり、その場合には、主文には次のような記載がなされる。

> 　相手方Bは、別紙遺産目録（略）記載の預金を取得する。

(3) 調停条項

現物分割（土地を細分化（分筆）して、各相続人の単独所有とする場合）の調停条項では、次のような記載がなされる。

> 1　申立人は、別紙物件目録1（略）記載の土地のうち、別紙図面（略）イ、ロ、ハ、ニ、イの各点を順次直線で結んだ範囲内の部分（以下「Ａ地」という。）を、相手方は、同土地のうち、別紙図面イ、ニ、ホ、ヘ、イの各点を順次直線で結んだ範囲の部分（以下「Ｂ地」という。）を、それぞれ単独で取得する。
> 2　当事者全員は、別紙物件目録1記載の土地につき、速やかに、Ａ地及びＢ地に分筆登記手続をする。
> 3　相手方は、申立人に対し、Ａ地につき、本日付遺産分割を原因とする持分移転登記手続をする。
> 4　申立人は、相手方に対し、Ｂ地につき、本日付遺産分割を原因とする持分全部移転登記手続をする。
> 5　測量、分筆及びその登記手続に要する費用は、申立人が2分の1、相手方が2分の1の割合でそれぞれ負担する。

3　代償分割（債務負担分割）

代償分割（債務を負担させる方法による分割。単に債務負担分割ともいう）は、特別な事情があるときに、一部の相続人に法定相続分を超える額の財産を取得させたうえ、他の相続人に対する債務を負担させる分割方法をいう（家事法195条）。

(1) 概　要

㋐　特別な事情

ここでいう「特別な事情」とは、審判実務においては、次の①～④のように解されている。

①　現物分割が不可能な場合　　たとえば、株式や動産等の分割が困難な

場合など
② 現物分割をすると分割後の財産の経済的価値を著しく損なうため不適当である場合　たとえば、土地の分筆・細分化が難しい場合など
③ 特定の遺産に対する特定の相続人の占有、利用状態を特に保護する必要がある場合　たとえば、遺産たる土地の上に自己名義の建物を所有している相続人の土地の利用状態を保護する必要がある場合、遺産たる農地を耕作している相続人に当該農地を取得させる必要がある場合など
④ 共同相続人間に代償金の支払いの方法によることについて、おおむね争いがない場合

　(イ)　資力要件

代償分割は、債務を負担する者について債務の支払能力がある場合にのみ許されるというのが審判実務である（最決平成12・9・7家月54巻6号66頁、大阪高決昭和54・3・8家月31巻10号71頁等）。

　(ウ)　代償金の支払方法

代償金の支払いは、公平の観点から即時になされることが原則であるが、事情によっては分割払いまたは期限の猶予がなされることもある。

なお、審判においては、代償金たる金銭の支払いに代えて相続人の固有の財産を提供させることはできないが、調停においては、代償金の支払いに代えて相続人固有の財産を提供させる方法もとりうる。

(2)　審判の主文

代償分割を命ずる審判では、主文に次のような記載がなされる。

被相続人甲の遺産を次のとおり分割する。
(1) 申立人Aは、別紙遺産目録（略）記載の土地及び建物を取得する。
(2) 申立人Aは、相手方Bに対し、前項の遺産取得の代償として金100万円を支払え。

このように即時に代償金の支払いを命ずるのが原則であるが、諸事情を斟酌して代償金の支払いに一定期間の猶予を与えたり、利息を付することも許

されている。

代償金の支払いを一定期間猶予する場合には、次のような記載がなされる。

> 被相続人甲の遺産を次のとおり分割する。
> (1) 申立人Aは、別紙遺産目録（略）記載の土地及び建物を取得する。
> (2) 申立人Aは、相手方Bに対し、前項の遺産取得の代償として金100万円を本審判確定の日から3カ月以内に支払え。

また、代償金の支払いに利息を付する場合には、次のような記載がなされる。

> 申立人Aは、相手方Bに対し、前項の遺産取得の代償として金100万円及びこれに対する本審判確定の日の翌日から支払い済みまで年5分の割合による利息を次のとおり分割して支払え。
> (1) 平成28年4月末日限り、元本のうち50万円及び支払日までの利息
> (2) 平成29年4月末日限り、残元本50万円及び支払日までの利息

(3) 調停条項

代償分割を行う場合の調停条項では、支払期限を付する場合には、次のような記載がなされる。

> 1 申立人は、別紙物件目録1（略）記載の土地を取得する。
> 2 相手方は、別紙物件目録2（略）記載の動産を取得する。
> 3 申立人は、相手方に対し、第1項の遺産を取得した代償として、金100万円を、平成○○年○○月○○日限り支払う。

また、代償金の支払担保として抵当権を設定する場合には、次のような記載がなされる。

> 4　申立人は、相手方に対し、第3項の代償金500万円の支払いを担保するため、申立人所の別紙物件目録1記載の土地に、順位1番の抵当権を設定する。

4　換価分割（終局審判としての分割）

(1)　概　要

換価分割とは、現物分割や代償分割ができない場合に、遺産そのものを分割の対象とせず、その全部または一部を未分割のまま換価し、その換価代金を共同相続人間に配分する分割方法である。

審判により遺産の競売が命じられた場合には、民事執行手続に従って競売手続が進められる。その換価代金を当事者全員に具体的相続分に応じて分配する。

(2)　審判の主文

遺産全部の競売を命ずる終局審判をする場合には、競売を命ずる旨および具体的相続分に応じた売得金の分配をする旨について、主文に次のような記載がなされる。

> 別紙遺産目録（略）記載の不動産の競売を命じ、その売却代金から競売手続費用を控除した残額を、申立人並びに相手方B及び相手方Cに各3分の1あて分配する。

(3)　調停条項

換価分割を行う場合の調停条項では、次のような記載がなされる。

> 1　申立人A、相手方B及び同Cは、別紙物件目録1（略）記載の土地（以下「本件土地」という。）を各3分の1の割合による持分で共有取得する。
> 2　申立人A、相手方B及び同Cは、共同して、本件土地を平成○○年

○○月○○日までに金300万円以上の価格で売却処分し、その売却代金から仲介手数料等の売却に要する一切の費用を控除した金員を、その共有持分割合に従って取得する。
3　相手方B及び同Cは、申立人Aに対して、本件土地につき、第2項の売却に必要な一切の手続を委任し、同人の行う売却手続に協力をする。
4　第2項記載の条件による売却が不可能であったとき又は不可能であることが明確になったときは、申立人A、相手方B及び同Cの協議により、売却期限、売却代金額等の変更を行う。
5　相手方B及び同Cは、第3項の売却が終了するまでの間、本件土地につき、担保権の設定その他売却の妨げとなる一切の行為を行わない。

(4)　中間処分としての換価を命ずる裁判（審判以外の裁判）
　㋐　競売して換価することを命じる裁判
　家庭裁判所は、遺産の分割の審判をするため必要があると認めるときは、相続人に対し、遺産の全部または一部を競売して換価することを命ずることができる（家事法194条1項）。
　㋑　任意に売却して換価することを命じる裁判
　家庭裁判所は、遺産の分割の審判をするため必要があり、かつ、相当と認めるときは、相続人の意見を聴き、相続人に対し、遺産の全部または一部について任意に売却して換価することを命ずることができる（家事法194条2項）。「相当と認めるとき」とは、競売によるよりも実質的に妥当な売却が期待できる場合をいう。ただし、任意売却の方法により換価を命ずるには、競売によるべき旨の意思表示をする者がいないことが要件となる（同項ただし書）。

5 共有分割

(1) 概　要

　共有分割（共有取得による分割）とは、遺産の全部または一部について、具体的相続分による物権法上の共有取得させる分割方法をいう。審判実務においては、共有分割は、現物分割、代償分割、換価分割が困難な状況にある場合（大阪高決平成14・6・15家月54巻11号71頁）、または、当事者が共有による分割を希望しており、それが不相当であるとは認められない場合などに限定して認められる。

　共有分割がなされた遺産は、以後は物権法上の共有状態（民法249条～262条）となり、以後の共有関係の解消は、共有物分割訴訟（同法258条）によることとなる。

(2) 審判の主文

共有分割を命ずる審判では、主文に次のような記載がなされる。

> 　別紙遺産目録（略）記載の土地は、申立人A、相手方B及び相手方Cの持分各3分の1の割合による共有取得とする。

(3) 調停条項

共有分割を行う場合の調停条項では、次のような記載がなされる。

> 1　当事者全員は、別紙物件目録1（略）の土地、同2（略）記載の建物及び同3（略）乃至5（略）記載の土地が、被相続人甲（平成〇〇年〇〇月〇〇日死亡）の遺産であることを確認する。
> 2　当事者全員は、上記遺産を次のとおりに分割する。
> 　(1)　申立人は、別紙物件目録1記載の土地及び同2記載の建物を単独取得する。
> 　(2)　相手方A、同B及び同Cは、別紙物件目録3乃至5記載の各土地を各3分の1の割合による持分で共有取得する。

Ⅷ 調停成立と調停条項

1 概説

　調停期日について、当事者間に遺産分割に関する合意が成立し、その内容を調停調書に記載したときは、調停が成立する。また、その記載は、確定判決と同一の効力を有する。それゆえに、調停条項を検討するについては、執行力の観点から吟味される必要がある。

　なお、遺産分割の調停においては、遠隔の地に居住する等の理由により出頭することが困難であると認められる当事者が、あらかじめ調停委員会または家庭裁判所から提示された調停条項案を受諾する旨の書面を提出し、他の当事者が期日に出頭して当該調停条項案を受諾したときは、当事者間に合意が成立したものとみなし、調停を成立させることができる（家事法270条1項）。

2 遺産分割の前提問題に関する条項

(1) 遺産分割協議・遺言の有効性の確認

　遺産分割協議の有効性の確認（本章Ⅱ2・3参照）に関する条項では、次のような記載がなされる。

> 　当事者全員は、当事者間の平成〇〇年〇〇月〇〇日付遺産分割協議書による遺産分割が有効（無効）であることを確認する。

　遺言の有効性の確認に関する条項では、次のような記載がなされる。

> 　当事者全員は、被相続人甲が平成〇〇年〇〇月〇〇日作成した自筆証書による遺言は、有効（無効）であることを確認する。

(2) 相続人の確認

相続人の確認に関する条項では、次のような記載がなされる。

> 　当事者全員は、相手方Bが被相続人甲（本籍○○県○○市……、最後の住所○○県○○市……、平成○○年○○月○○日死亡）の相続人でないことを確認する。

(3) 相続分の確認

相続分の確認に関する条項では、次のような記載がなされる。

> 　相手方は、特別受益を受けており、その具体的相続分を算定した結果、本件遺産分割調停においては、遺産を取得しないことを承認する。

> 　相手方は、被相続人に生前に相続分を超える事業資金の贈与を受けたことを認め、本件遺産分割調停においては、相続分を有しないことを承認する。

3　特別受益に関する条項

特別受益の有無・程度および持戻免除の意思表示の有無（本章V参照）は、相続分の修正要素であって、相続人の任意処分に委ねて差し支えのない事項である。したがって、共同相続人全員に、これらに関する合意が成立した場合には、合意を前提とした調停条項を作成することができる。

特別受益者が具体的相続分のないことを承認する場合の調停条項では、次のような記載がなされる。

> 1　当事者全員は、別紙物件目録（略）記載の不動産が被相続人から相手方に生前贈与されたものであり、これがみなし相続財産に属することを確認する。
> 2　相手方は、特別受益者の相続分算定の結果、具体的相続分がないこ

> ととなるので、本件遺産分割においては遺産を取得しないことを承認する。

　また、持戻免除の意思表示があることを承認する場合の調停条項では、次のような記載がなされる。

> 　当事者全員は、別紙物件目録（略）記載の不動産が被相続人から相手方に生前贈与されたものであるが、持戻免除の意思表示が認められるので、これがみなし相続財産に属さないことを確認する。

4　寄与分に関する条項

　寄与分の有無・程度（本章Ⅵ参照）は、相続分の修正要素であって、相続人の任意処分に委ねて差し支えのない事項である。したがって、共同相続人全員に、これらに関する合意が成立した場合には、その合意を前提として調停を成立させることができる。

　金額をもって定める場合の調停条項では、次のような記載がなされる。

> 1　当事者全員は、別紙物件目録（略）記載の財産が被相続人甲（平成○○年○○月○○日死亡）の遺産であることを確認し、本件相続開始時における同遺産の価額を金○○万円と評価したうえ、被相続人の事業に対する労務の提供及び財産上の給付をしたことによる申立人Aの寄与分を金○○万円と定める。
> 2　申立人Aは、上記の労務の提供及び財産上の給付について、相手方に対し、賃金請求その他名目のいかんを問わず、一切の財産上の請求をしない。

　また、割合をもって定める場合の調停条項では、次のような記載がなされる。

1 当事者全員は、別紙物件目録（略）記載の財産が被相続人甲（平成〇〇年〇〇月〇〇日死亡）の遺産であることを確認し、本件相続開始時における同遺産の価額を金〇〇万円と評価したうえ、被相続人の療養看護に努めたことによる申立人Ａの寄与分を遺産の５分の１と定める。
2 申立人Ａは、上記の寄与行為について、相手方に対し、不当利得返還請求権その他名目のいかんを問わず、一切の財産上の請求をしない。

5 債権や債務に関する条項

預貯金等の可分債権は、相続開始と同時に当然に共同相続人に法定相続分に応じて分割帰属するというのが判例（最判昭29・4・8民集8巻4号819頁）である。したがって、遺産分割の対象とはならないが、相続人全員の合意があれば、調停の対象として、法定相続分と異なる割合で共同相続人に帰属される旨の調停を成立させることもできる。

同様に、債務（連帯債務を含む）についても、相続開始と同時に共同相続人に分割帰属するというのが判例（最判昭34・6・19民集13巻6号757頁）である。したがって、遺産分割の対象とはならないが、相続人全員の合意があれば、調停の対象とすることが可能である。ただし、法定相続分と異なる割合で分割帰属する旨の調停条項は、債権者の承諾がなければ効力を生じないため、債務者の内部的負担割合を定める合意としての効力を有するにとどまる。

1 当事者全員は、別紙物件目録（略）記載の貸金債権、預金債権、現金及び借入金債務が被相続人甲（平成〇〇年〇〇月〇〇日死亡）の遺産であることを確認し、これを次のとおり分割する。
  (1) 申立人Ａは、別紙物件目録１（略）記載の債務者乙に対する貸金債権及び同目録４記載の借入金債務を取得する。
  (2) 相手方Ｂは、別紙物件目録２（略）記載の預金債権を取得する。

> (3) 相手方Cは、別紙物件目録3（略）記載の現金を取得する。
> 2 申立人Aは、別紙物件目録4（略）記載の借入金債務を、申立人Aの負担において弁済し、相手方B及び同Cには負担させない。
> 3 相手方B及び同Cは、債務者乙に対し、速やかに、第1項(1)の貸金債権の各3分の1を申立人Aに譲渡した旨を内容証明郵便で通知する。

6　分割方法に関する条項

現物分割（本章Ⅶ2(3)）、代償分割（本章Ⅶ3(3)）、換価分割（本章Ⅶ4(3)）に掲げた調停条項例を参照されたい。

7　遺言内容と異なる分割協議に関する条項

遺言執行者がいない場合（遺言執行者の指定のない場合）には、共同相続人は、全員の合意に基づき、遺言の内容と異なる内容の遺産分割協議または調停をすることが許されると解されている（熊本地判昭和30・1・11家月7巻10号25頁）。

> 当事者全員は、被相続人甲（平成○○年○○月○○日死亡）の平成○○年○○月○○日付○○法務局所属公証人○○○○作成第○○号公正証書による遺言が有効に存在するが、これに拘束されずに、遺産の分割をすることを合意する。

また、遺言により遺言執行者が指定されている場合には、遺言執行者が、相続財産の管理その他遺言の執行に必要な一切の行為をする権利義務を有し（民法1012条1項）、共同相続人は、相続財産の処分その他遺言の執行を妨げるべき行為をすることができない（同法1013条）。したがって、遺言執行者がある場合には、共同相続人が遺言の内容に抵触する処分行為をしても無効となる。

最判昭和62・4・23民集41巻3号474頁

　民法1012条1項が「遺言執行者は、相続財産の管理その他遺言の執行に必要な一切の行為をする権利義務を有する。」と規定し、また、同法1013条が「遺言執行者がある場合には、相続人は、相続財産の処分その他遺言の執行を妨げるべき行為をすることができない。」と規定しているのは、遺言者の意思を尊重すべきものとし、遺言執行者をして遺言の公正な実現を図らせる目的に出たものであり、……法の趣旨からすると、相続人が、同法1013条の規定に違反して、遺贈の目的不動産を第三者に譲渡し又はこれに第三者のため抵当権を設定してその登記をしたとしても、相続人の……処分行為は無効であり、受遺者は、遺贈による目的不動産の所有権取得を登記なくして右処分行為の相手方たる第三者に対抗することができるものと解するのが相当である……。そして、前示のような法の趣旨に照らすと、同条にいう「遺言執行者がある場合」とは、遺言執行者として指定された者が就職を承諾する前をも含むものと解するのが相当であるから、相続人による処分行為が遺言執行者として指定された者の就職の承諾前にされた場合であっても、……その効力を生ずるに由ないものというべきである。

8　遺産分割協議の解除による再分割

　遺産分割協議を法定解除することはできないが、相続人全員の合意により再度の分割協議または調停を成立させることは可能である。

最判平成2・9・27民集44巻6号995頁

　共同相続人の全員が、既に成立している遺産分割協議の全部又は一部を合意により解除した上、改めて遺産分割協議をすることは、法律上、当然には妨げられるものではなく、上告人が主張する遺産分割協議の修正も、……共同相続人全員による遺産分割協議の合意解除と再分割協議を指すものと解されるから、原判決がこれを許されないものとして……主張自体を失当とした

> 点は、法令の解釈を誤ったものといわざるを得ない。

9 一部分割条項

　一部分割とは、遺産の一部を未分割としたまま、その余の遺産についてのみ分割することをいう。相続人全員の合意があれば、特段の制限なくこのような協議または調停を有効に行うことができる。
　残余遺産の分割を一部分割とは別個独立に行う場合の調停条項では、次のような記載がなされる。

> 1　当事者全員は、別紙遺産分割協議書（略）記載の遺産については、同協議書記載のとおりに分割を了したことを確認する。
> 2　当事者全員は、その余の遺産については、上記による分割とは別個独立に、その相続分に従って、引き続き本件調停手続において分割協議をすることを確認する。

　また、残余遺産の分割において一部分割の不均衡を是正する場合の調停条項では、次のような記載がなされる。

> 　当事者双方は、残余遺産の分割について、次のとおり合意する。
> (1)　残余遺産の分割においては、上記により分割された遺産を含めて、遺産の総額を評価する。
> (2)　上記の遺産の総額に各共同相続人の法定相続分を乗じて算定された具体的相続分額から上記により取得した遺産の額を控除した額をもって、各共同相続人の残余遺産の取得額とする。
> (3)　当事者双方は、引き続き本件調停手続において、残余遺産の分割協議をすることを確認する。

10 将来発見される遺産に関する条項

遺産分割調停の成立後に新たに遺産が発見される場合に備えて、あらかじめ、その処理を次のように明記することもできる。

> 当事者全員は、別紙物件目録（略）記載の財産以外の被相続人の遺産が将来発見されたときには、その分割につき別途協議するものとする。

> 当事者全員は、別紙物件目録（略）記載の財産以外の被相続人の遺産が発見されたときには、申立人がこれをすべて取得することに合意する。

> 当事者全員は、別紙物件目録（略）記載の財産以外の被相続人の遺産が将来発見されたときには、本件遺産分割調停による分割とは別個独立に、共同相続人の法定相続分に従って、分割協議することを確認する。

11 清算条項

遺産分割協議の紛争を終局的に解決するため、次のような清算条項を挿入するのが一般である。

> 当事者全員は、以上をもって被相続人の遺産に関する紛争を一切解決したものとし、本調停条項に定めるほか、何ら債権債務のないことを確認する。

12 手続費用の負担に関する条項

手続費用については、調停においては、各自が支出した分について、各自の負担とするのが一般であるが、不動産の鑑定などの特別の費用を要した場合には、それについて特定の当事者の負担または分担とすることもある。

調停費用を各自の負担とする場合の調停条項では、次のような記載がなさ

れる。

> 調停費用は、各自の負担とする。

> 調停費用は、それぞれに支出した当事者の負担とする。

また、調停費用を一方の負担とする場合の調停条項では、次のような記載がなされる。

> 調停費用は、申立人の負担とする。

> 調停費用は、相手方Aの負担とする。

さらに、鑑定費用等について、特に負担割合を定める場合の調停条項では、次のような記載がなされる。

> 調停費用中、鑑定費用金25万円は、申立人が20万円、相手方が5万円を負担することとし、その余の手続費用は各自の負担とする。

IX 遺産分割の履行に関する諸問題

1 遺産の瑕疵

　遺産分割によって取得した遺産ついて何らかの瑕疵があった場合、共同相続人間の公平を害することとなる。したがって、民法は、この遺産分割後の不公平を取り除くため、各共同相続人が他の共同相続人に対して、売主と同じく瑕疵担保責任を負担することを規定している（民法911条）。具体的には、売主の担保責任を規定している民法560条～572条が準用される。特に、遺産が預貯金、株式または有価証券である場合に数量指示売買における売主の担保責任の規定（同法565条）が準用されること、不動産について地上権等がある場合の担保責任の規定（同法566条）が準用されることが重要である。

　また、債権を遺産分割の対象とした場合については、債務者が無資力であるためにその債権を取得した相続人が全部または一部の弁済を受けることができなかったときに、他の共同相続人は、「その分割の時」における債務者の資力について、共同して担保責任を負うと規定されている（民法912条）。この点は、前記の担保責任（同法569条）より加重されている。

2 遺産分割協議内容の変更

　相続人全員の合意により、すでに成立した遺産分割協議の内容を事後的に変更することは可能である。また、遺産分割の審判が効力を生じた後、相続人全員で再度の遺産分割協議を行い、審判とは異なる内容の協議をすることも許される。

> **最判平成2・9・27判時1380号89頁**
>
> 　共同相続人の全員が、既に成立している遺産分割協議の全部又は一部を合意により解除した上、改めて遺産分割協議をすることは、法律上、当然には妨げられるものではなく、上告人が主張する遺産分割協議の修正も、……共同相続人全員による遺産分割協議の合意解除と再分割協議を指すものと解されるから、原判決がこれを許されないものとして……主張自体を失当とした点は、法令の解釈を誤ったものといわざるを得ない。

3　相続人の債務不履行

　前記2とは異なり、遺産分割協議により生じた債務について、相続人の一人が債務を履行しない場合であっても、債権者である他の共同相続人は、遺産分割協議を法定解除することができないとするのが判例（最判平成元・2・9民集43巻2号1頁）である。

> **最判平成元・2・9民集43巻2号1頁**
>
> 　共同相続人間において遺産分割協議が成立した場合に、相続人の一人が他の相続人に対して……協議において負担した債務を履行しないときであっても、他の相続人は民法541条によって……遺産分割協議を解除することができないと解するのが相当である。けだし、遺産分割はその性質上協議の成立とともに終了し、その後は……協議において……債務を負担した相続人とその債権を取得した相続人間の債権債務関係が残るだけと解すべきであり、しかも、このように解さなければ民法909条本文により遡及効を有する遺産の再分割を余儀なくされ、法的安定性が著しく害されることになるからである。

4　登記手続

　遺産分割調停が成立した場合の調停調書または確定した遺産分割審判において、金銭の支払い、物の引渡し、登記義務の履行その他の給付が命じられている場合には、当該調停調書または確定した審判書は、執行力のある債務名義と同一の効力を有する（家事法75条）。したがって、これらに基づく強制執行については、民事執行法上の単純執行文の付与を要しないと解されている。

　したがって、債権者が不動産登記手続を行う際、執行文は不要であるのが原則である。ただし、債務負担分割の場合に、登記手続の意思表示について前提条件が付されていたり、反対給付と引き換えになっている場合には、民事執行法174条に従って、条件成就執行文の付与されたときに当該登記申請の意思表示がされたこととなるので、条件成就執行文の付与を求めることが必要となる。

コラム　未登記建物の遺産分割による取得

　未登記建物を遺産分割により取得した場合、建物の表題登記を経由してから所有権保存登記を申請して対抗要件を具備していくことになる。ただし、実務上は、市町村に対する固定資産課税台帳上の所有者変更の届出をすることで済ますことも多い。

5　預貯金の解約

　遺産分割調停または審判により、特定の相続人が預貯金等の金融機関に対する債権を取得した場合、当該特定の相続人が、遺産分割調停調書等を金融機関に提出して、相続を原因とする解約・払戻手続をすることとなる。これに対して、複数の相続人が金額または割合により分割して取得することなった場合には、当該複数の相続人が、金融機関に対して、同時に解約・払戻手

続を行うか、または、一人の相続人がその手続を行い他の共同相続人が同意書・印鑑証明書等を提出して手続を行うことなる。調停条項において、相続による解約・払戻手続を行う者をあらかじめ選任しておくと、その後の手続を円滑に進めることができる。

コラム　預貯金等の解約手続における相続財産管理業務

　遺産分割協議または調停の成立後、あらためて相続人全員から預貯金等の解約手続の一切を頼まれることもある。この場合、司法書士は、司法書士法29条、司法書士法施行規則31条に基づく業務として行うことができる。

第5章
民事法律扶助を利用した書類作成援助の実務

第5章　民事法律扶助を利用した書類作成援助の実務

Ⅰ　民事法律扶助と家事事件

1　民事法律扶助とは

　民事法律扶助とは、経済的理由等によって資力が乏しい方のために、無料法律相談を行うとともに、司法書士・弁護士の裁判手続費用や書類作成費用などを立て替える制度のことである。経済的理由等によって資力が乏しい方が、法的トラブルにあった場合に司法書士や弁護士などの法律専門家に依頼する費用を支払うことができない場合、その費用を給付したり立て替えたりする制度であり、総合法律支援法に基づき日本司法支援センター（以下、「法テラス」という）が業務を行っている。

　現在、法テラスが行っている民事法律扶助には、法律相談援助、代理援助、書類作成援助、附帯援助がある（総合法律支援法30条1項2号）。これらの業務の方法については、日本司法支援センター業務方法書（以下、「業務方法書」という）5条1号～4号に定められている。

2　民事法律扶助の担い手としての司法書士

(1)　沿　革

　司法書士の本来業務である裁判所への提出書類作成について、民事法律扶助による書類作成援助が認められたのは、平成12年に民事法律扶助法が成立した時からであり、司法書士と民事法律扶助との関係は時間軸でいえば、まだまだ短いものであるが、平成14年司法書士法改正による簡裁訴訟代理等関係業務を含む司法書士の業務範囲の拡大を受けて、民事法律扶助業務についても司法書士が書類作成援助だけでなく、法律相談援助や代理援助の担い手として明記された。これにより、民事法律扶助の担い手としての司法書士に対する国民の期待は大きく、業務に関して活躍できるフィールドが広がったのである。

〈表16〉 契約司法書士数の推移

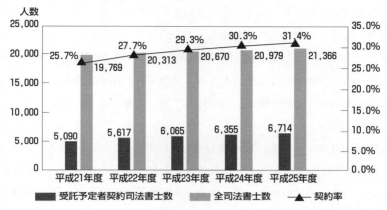

出典：日本司法支援センター「法テラス白書〔平成25年度版〕」71頁

　日司連は、平成19年6月の第69回定時総会において、「高齢者、障がい者、ホームレスを対象とした法律援助事業の実施を求める決議」が採択されたことにより、民事法律扶助の対象とならない方に対し、出張法律相談、生活保護受給などの行政処分の申立てについての援助を目的とする法律援助事業を実施すべく検討を始め、司法書士会が主催する経済的困窮者を対象とした法律支援事業の実施にかかる費用を助成するという制度を立ち上げた（稲村厚「日本の民事法律扶助の課題・展望と社会資源としての法テラスの可能性」別冊市民と法2号159頁参照）。

　各司法書士会の努力もあり、法テラスと契約をしている司法書士は、徐々にではあるが、年々増加している（〈表16〉参照）。

(2) **法律扶助サービスの提供のあり方についての課題**

　(ア) 事件による格差

　司法書士が申立てをする法律扶助業務の中でも、特に書類作成援助に関しては、破産事件をはじめとする多重債務に関する事件がほとんどを占めており、事件に偏りがある。

　もちろん、多重債務事件を積極的に受任することにより、司法書士が社会

的な意義を果たしてきたことは正当に評価されるべきであるが、近年の多重債務事件の減少により、簡裁訴訟代理権を活用しなくなることや、裁判所提出書類の作成を受任しないということがないようにしなければならない。

「法テラス白書〔平成25年版〕」によれば、この数年間で家事事件の書類作成援助件数が増加傾向にあることから、家事事件に関する書類作成援助のニーズがある限り、今後も積極的に推進してゆく必要がある。

　　　(イ)　地域による格差

法律扶助業務に積極的に取り組む地域（司法書士会と言い換えてもいいだろう）とそうでない地域があり、これは個々の司法書士の問題だけではないようである。積極的に取り組んでいる地域の特徴は、弁護士が少ない地域、各地に設置している司法書士会の総合相談センターが法テラスの指定相談場所の指定を受けている地域であることが多いようである。

今後も日司連が主導し、各地の司法書士会でアイデアを出し合って、地域格差の解消に努める必要がある。

　　　(ウ)　司法書士による格差

法テラスと契約している司法書士の中でも、法律扶助を活用していない者が相当程度いるようである。

「法テラス白書〔平成25年版〕」によれば、民事法律扶助を受けている利用者の多く（約4割程度）が無収入か月収10万円以下の資力の方であり、生活にゆとりがない状況にある。司法書士は家事事件の書類作成援助に関し、依頼者に対して民事法律扶助制度の説明をする義務は課されていないが、少なくとも契約司法書士は民事法律扶助制度への理解を深めるとともに、憲法で保障された国民の裁判を受ける権利を実質的に保障するよう努めるべきである。

3　司法書士が民事法律扶助を利用する意義

法律扶助の光を社会の隅々まで照らすという法テラスの理念を浸透させるため、多くの司法書士が社会的インフラである民事法律扶助制度を活用し、

I　民事法律扶助と家事事件

書類作成援助を通して今後ますます増加するであろう家事事件に関する問題を解決できるよう、法整備を含めた対応が求められる。加えて、高齢者、障害者、DV被害者、失職者などが償還することを危惧して利用をためらうようなことがないよう、民事法律扶助制度がセーフティネットとしての役割を十分に発揮できるようにしなければならない（〈表17〉参照）。

書類作成援助の利用は年間数千件程度であるが、法律相談援助を事件別にみてみると、最も多いのが離婚等請求事件である。また、被援助者の52％が女性であり、代理援助・書類作成援助を受けた方の33％が無収入という結果からすると、法律扶助制度が経済的に恵まれない方への受け皿として、その機能は十分と発揮されていないものと推測される。

法化社会を実現するためには、利用者から容易にアクセスできる制度でなければならない。また、生活困窮者には法的支援の充実を図るための費用の支払いが困難なことから、さらなる法律扶助制度の利用に関する広報が求められるとともに、今後も司法書士が法的サービスの供給者でなけれなならない。

また、法律扶助を通して依頼者の権利が実現されるだけでなく、その半歩先を見据えて、依頼者が社会の一員として社会参加できるような支援方法も考える必要があるのではないか。

ここでは、そのような問題意識に基づき、司法書士が民事法律扶助を利用

〈表17〉　援助開始決定件数の推移

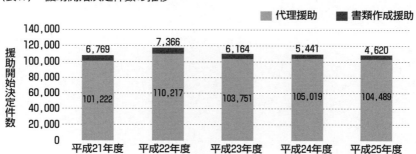

出典：日本司法支援センター「法テラス白書〔平成25年度版〕」68頁

するに際して、手続における基礎的な知識を習得し、司法書士が本書を利用し、国民の裁判を受ける権利の保障に貢献するため、民事法律扶助業務を担い、法律相談援助、代理援助、書類作成援助を通して、民事法律扶助制度の発展に貢献することを主眼におき、特に家庭裁判所へ提出する書類作成援助を通じて、本人訴訟支援の実務を解説するものとする。

Ⅱ　民事法律扶助の利用方法

1　基本契約と個別契約

(1)　基本契約

　民事法律扶助を利用するためには、まず、「民事法律扶助業務にかかる事務の取扱いに関するセンターと弁護士・司法書士等との契約」（以下、「基本契約」という）を締結する必要がある（基本契約4条1項参照）。基本契約を締結する司法書士は、契約条項に同意のうえ、所属司法書士会を管轄する法テラスの事務所に対し、所定の申込書を提出する必要がある。

　基本契約は、司法書士が担当する援助内容に応じて、①センター相談登録契約（法テラス地方事務所または指定相談場所で法律相談援助を実施することについての契約）、②事務所相談登録契約（司法書士の事務所で法律相談援助を実施することについての契約）、③受任予定者契約（代理援助を実施することについての契約）、④受託予定者契約（書類作成援助を実施することについての契約）の四つの類型に分かれる。

　基本契約の4類型のうち、前記①②③については司法書士法3条2項の認定を受けた司法書士（認定司法書士）に限り締結することができるので注意を要する。

　また、司法書士が自ら事件を受任または受託することを前提に援助申込みをする場合、前記③または④についての基本契約を締結している必要がある。

　なお、書類作成援助の受託者となるべき契約（受託予定者契約）の契約期間は2年間である。基本契約は自動更新されるが、期間満了の1カ月前までに、新たに契約を更新しない旨の通知をすることができる。

(2)　個別契約

　法律扶助の審査を経て、援助開始決定がされたときは、、地方事務所長よりその旨の通知がされることになる（業務方法書39条6項）。この通知を受け

たときは、速やかに法テラス、被援助者および当該受任者等となるべき者との間において、理事長が別に定める契約を締結するよう協力しなければならない。この契約は個別契約と呼ばれている。

　民事法律扶助を法テラスに持ち込んだ際、前記(1)の基本契約が締結されていない場合には、基本契約を締結してからでなければ、個別契約を締結することがないので注意を要する。

2　民事法律扶助の手続

　民事法律扶助の手続の全体の流れは、〔図10〕のとおりである。

〔図10〕　民事法律扶助の手続（全体の流れ）

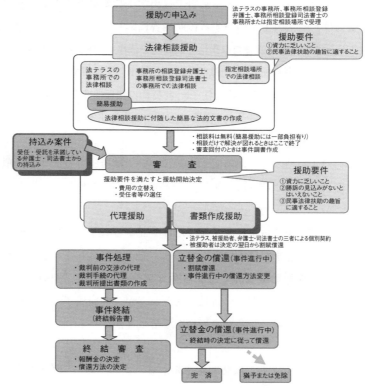

出典：日本司法支援センター「法テラス白書〔平成25年度版〕」67頁

Ⅲ 法律相談援助と書類作成援助

1 法律相談援助

(1) 法律相談援助の利用状況

平成25年度における法律相談援助について事件別でみると、離婚等請求事件が最も多く22.9％となっている。

家事事件（離婚等請求事件、親子関係などその他の家事事件）に関する相談は増加傾向にある一方で、多重債務事件（自己破産事件、任意整理などその他の多重債務事件）に関する割合は減少傾向にある（〈表18〉参照）。なお、平成24年度までは自己破産事件およびその他の多重債務事件の合計が離婚等請求事件およびその他の家事事件の合計を上回っていたが、平成25年度は家事事件に関する相談の全体に占める割合のほうが大きくなった（「法テラス白書〔平成25年度版〕」73頁）。

〈表18〉 法律相談援助の事件別内訳の推移

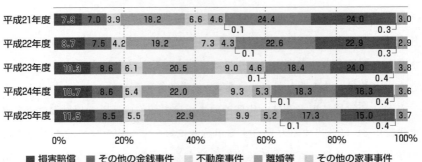

出典：日本司法支援センター「法テラス白書〔平成25年度版〕」73頁

(2) 法律相談援助の利用に関する留意点

(ア) 法律相談援助の対象

　司法書士が法律相談援助を申し込むに際しては、簡易裁判所の事物管轄の範囲内であることに注意を要する。紛争の範囲が司法書士の簡裁訴訟代理権の範囲を超えていれば、法律相談援助の対象にならない。よって、家事事件に関する相談については、司法書士の簡裁訴訟代理権の範囲内の紛争に該当しない。ただし、この場合でも書類作成援助の利用は可能である（本章Ⅳ参照）。

(イ) 法律相談援助を行う場所

　事務所相談登録契約を締結した司法書士（事務所相談登録司法書士）の場合、法律相談援助を自身の事務所で行うことになる。例外的に法テラス地方事務所長から承認を受けた出張法律相談の場合は法律相談援助をすることができるが、司法書士事務所が独自で開催する出張相談等の場合は法律相談援助を行うことができない。

　また、センター相談登録契約を締結した司法書士（センター相談登録司法書士）は、法テラス地方事務所や指定相談場所（司法書士総合相談センターなど）において、援助要件を満たす申込者に対して法律相談援助をすることができる。

(ウ) 法律相談援助後の受任等

　援助開始決定がされた場合、法律相談援助を行った案件につき、自らが受任者等となるよう努めなければならない。ただし、事務所相談登録司法書士が業務の繁忙その他の理由により当該案件を受任しまたは受託することができないときは、この限りでない（業務方法書20条8項）。

　なお、法律相談担当者は、代理援助または書類作成援助の援助要件（業務方法書9条）に該当すると思料する申込者に対して、法テラス地方事務所長の承認なく、自身と直接委任契約を締結するよう勧誘してはならない（基本契約16条2項）。

2　書類作成援助

(1)　書類作成援助の利用状況

　平成25年度における書類作成援助では、84.1％が自己破産事件となっている。

　債務整理事件の減少に伴い、その割合は次第に減っているものの、依然として書類作成援助の大半を占めている（〈表19〉参照）。

　書類作成援助の利用は、法テラスを利用した事件（代理援助と書類作成援助の合計）の中でも約5％という利用率であるが、主に司法書士が利用しており、多重債務事件（そのうち84.1％が自己破産事件）が、そのほとんどを占めている。家事事件における書類作成援助の利用件数は平成25年度で497件あり、書類作成援助全体の10.7％であった。

　司法書士が書類作成援助を利用するのは、法律相談援助の結果、①本人名で書類を作成するだけで解決するような簡易な事件である場合、②少額の事件であるため、司法書士が代理援助を利用すると依頼者の負担が大きくなる場合、③司法書士法で定められた司法書士の代理権の範囲を超えるまたは代理することができない事件において、司法書士が書類を作成することにより依頼者自身で訴訟追行できる場合などが考えられる。

　書類作成援助による報酬の立替基準は、代理援助による報酬額よりも低廉であることが多いのが通常であることから、事件の筋や当事者の性格など総合的な判断にもよるべきであるが、利用者たる国民等の経済的負担を考慮すると、さらに書類作成援助の利用を推進してゆくべきである。

　日司連では、リーフレット等で書類作成援助について啓発活動をしているが、司法書士は裁判手続のしくみや流れ、個々の裁判関係書類の意義等について説明し、自身で裁判手続を行いたいという方、訴訟にかかる費用を少しでも抑えたいという方のために書類作成業務を通じて本人訴訟支援を続けていく必要がある。

　また、補助・保佐はもちろんのこと後見開始審判等申立事件においても、

〈表19〉　書類作成援助の事件別内訳の推移

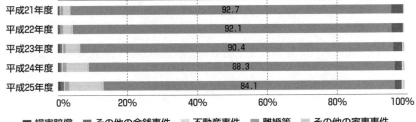

	損害賠償	金銭事件その他	不動産事件	離婚等	家事事件その他	労働事件	保全事件	自己破産	多重債務事件その他	執行・競売	その他
平成21年度	0.2%	0.4%	0.2%	0.7%	1.9%	0.1%	0.1%	92.7%	3.4%	0.2%	0.1%
平成22年度	0.2%	0.6%	0.1%	0.6%	2.4%	0.3%	0.1%	92.1%	3.2%	0.3%	0.1%
平成23年度	0.4%	0.8%	0.3%	0.7%	3.8%	0.3%	0.1%	90.4%	2.6%	0.4%	0.2%
平成24年度	0.4%	0.6%	0.3%	1.1%	6.2%	0.2%	0.1%	88.3%	2.1%	0.5%	0.2%
平成25年度	0.7%	1.0%	0.2%	1.3%	9.4%	0.3%	0.2%	84.1%	2.0%	0.6%	0.2%

出典：日本司法支援センター「法テラス白書〔平成25年度版〕」76頁

それぞれ要件を満たせば書類作成援助も利用できることを知らない司法書士も多いようである。本人の精神の状況について裁判所による鑑定費用も51万4285円を限度として立替えがされるので、積極的に利用すべきである。

(2)　援助要件

書類作成援助を受けるには、次の(ア)～(ウ)の三つの援助要件を満たさなければならない（業務方法書9条）。

　　(ア)　勝訴の見込みがないとはいえないこと

和解、調停、示談成立等により紛争解決の見込みがあるものや、自己破産の免責見込みがある場合も含む。なお、法律相談援助にはこの要件は不要である。

(イ) 資力が一定額以下であること
(A) 収入要件（収入基準）

書類作成援助を行うための収入要件は、業務方法書別表1・第1において定められている。

(a) 概　要

書類作成援助を行うためには、申込者の収入（手取り月額（賞与を含む））にその配偶者の収入を加算した額が、その家族の人数に応じた基準額以下であることが必要である（〈表20〉〈表21〉参照）。

収入から控除しうる特定の支出として、医療費、教育費、その他職業上やむを得ない出費等がある場合で生計が困難であると認められるときは、この基準を満たすものとして取り扱うことができる（業務方法書別表1・第1の3）。たとえば、精神疾患やリウマチを患い毎月の通院が必要となっている場合の医療費、大学受験用の予備校の費用、保育園における保育料などの教育費が考えられる。また、医療費、教育費、その他職業上やむを得ない出費というのはあくまでも例示であり、その他の費用であっても、申込者の生活

〈表20〉　収入基準額

人　数	手取月収額の基準（※1）	家賃または住宅ローンを負担している場合に加算できる限度額（※2）
1人	18万2000円以下 （20万200円以下）	4万1000円以下 （5万3000円以下）
2人	25万1000円以下 （27万6100円以下）	5万3000円以下 （6万8000円以下）
3人	27万2000円以下 （29万9200円以下）	6万6000円以下 （8万5000円以下）
4人	29万9000円以下 （32万8900円以下）	7万1000円以下 （9万2000円以下）

※1　申込者の居住地が東京、大阪など生活保護一級地の場合、（　）内の基準を適用。以下、同居家族が1名増加するごとに基準額に3万0000円（3万3000円）を加算なお、生活保護の基準に定める一級地については〈表21〉を参照。
※2　申込者等が、家賃または住宅ローンを負担している場合、基準表の額を限度に、負担額を基準に加算できる。居住地が東京都特別区の場合、（　）内の基準を適用。
出典：日本司法書士会連合会「司法書士のための法律扶助活用マニュアル〔平成26年6月版〕」6頁・7頁

〈表21〉 生活保護の基準に定める一級地（平成26年4月5日現在）

都道府県	市町村名			
東京都	区の存する地域	八王子市	立川市	武蔵野市
	三鷹市	府中市	昭島市	調布市
	町田市	小金井市	小平市	日野市
	東村山市	国分寺市	国立市	福生市
	狛江市	東大和市	清瀬市	東久留米市
	多摩市	稲城市	西東京市	青梅市
	武蔵村山市			
神奈川県	横浜市	川崎市	鎌倉市	藤沢市
	逗子市	大和市	三浦郡 葉山町	
	横須賀市	平塚市	小田原市	茅ヶ崎市
	相模原市	三浦市	秦野市	厚木市
	座間市			
埼玉県	川口市	さいたま市	所沢市	蕨市
	戸田市	朝霞市	和光市	新座市
千葉県	千葉市	市川市	船橋市	松戸市
	習志野市	浦安市		
大阪府	大阪市	堺市	豊中市	池田市
	吹田市	高槻市	守口市	枚方市
	茨木市	八尾市	寝屋川市	松原市
	大東市	箕面市	門真市	摂津市
	東大阪市	岸和田市	泉大津市	貝塚市
	和泉市	高石市	藤井寺市	四條畷市
	交野市	泉北郡 忠岡町		
兵庫県	神戸市	尼崎市	西宮市	芦屋市
	伊丹市	宝塚市	川西市	姫路市
	明石市			
京都府	京都市	宇治市	向日市	長岡京市
滋賀県	大津市			
愛知県	名古屋市			
広島県	広島市	呉市	福山市	
	府中町			
岡山県	岡山市	倉敷市		
福岡県	北九州市	福岡市		
宮城県	仙台市			
北海道	札幌市	江別市		

出典：日本司法支援センターウェブサイト「法テラスの利用の流れ」

を維持するうえで、必要かつ相当な支出（たとえば、冠婚葬祭の費用、事件の相手方である配偶者に対する婚姻費用の支払い、扶養家族でない別居している子の養育費の支払いなど）については収入から控除することができる。

なお、家族の人数や家族の収入にはさまざまな事情や形態があり、相談時において判断が困難なことがある。申込者の生活を維持するうえで必要かつ相当な支出についての個別具体的な判断等が必要な場合は、法テラス地方事務所に問合せをすることが必要である。

(b) 「家族」の考え方

離婚等により家族が紛争の相手方となる場合、配偶者または同居の家族（業務方法書別表１第１の２の一）が申込者の事件の相手方である場合には、当該配偶者または同居の家族の収入に加算しない（業務方法書別表１第１の２の二）。したがって、紛争の相手方である家族の収入は申込者の収入に加算しないが、家族の人数の算出にあたっては、紛争の相手方であっても、同居している場合には家族の一人と数える。

(c) 控　除

住宅ローンがある場合、家賃と同様に負担額のうち一定額を限度に基準額に加算することができる（業務方法書別表１第１の１の三）。申込者の居住地が東京・大阪など生活保護一級地の場合、別基準が適用されることについては前述のとおりである。

住宅ローン以外の借金がある場合については、①業務方法書上にこれを加算することができる規定がないこと、②住宅ローンのような生活の基盤を維持するための必要な経費にも該当しないことから認められない。しかし、内容によっては医療費、教育費、その他職業上やむを得ない出費等の負担の範囲内で認められる余地はある（前記(a)参照）。これら具体的な事情については、資力の判定において事情が考慮される可能性もある（業務方法書別表１・第３）。

(B) 資産要件（資産基準）

書類作成援助を行うための資産要件は、業務方法書別表１・第２において

〈表22〉 資産基準額

人　数	資産合計額の基準（※）
1人	180万円以下
2人	250万円以下
3人	270万円以下
4人以上	300万円以下

※　将来負担すべき医療費、教育費などの特別な出費や事情がある場合は相当額が控除される。
出典：日本司法書士会連合会「司法書士のための法律扶助活用マニュアル〔平成26年6月版〕」8頁

定められている。

　申込者および配偶者（以下、「申込者等」という）が、不動産（自宅や係争物件を除く）、有価証券などの資産を有する場合は、その時価と現金、預貯金との合計額が基準を満たしていることが要件となる（〈表22〉参照）。

　資産から控除しうる特定の出費として、医師の診断により入院費用として預金している金額（医療費）、定期的に治療・療養をしている場合の医療保険の解約返戻金（医療費）、大学への進学が決定している場合の入学金・学費等を預金している金額（教育費）が考えられる。

　なお、離婚事件などで配偶者が相手方のときは資産を合算しない。

　　㋒　民事法律扶助の趣旨に適すること

　民事法律扶助業務はその公益性から、被援助者の報復的感情を満たすというものや、宣伝のためといった場合、濫用的な訴訟を提起する場合などには利用することができない。また、極端な少額訴訟も費用対効果の観点から援助できないとされる。

Ⅳ 書類作成援助のポイント

1 法律相談

　司法書士が法律相談援助を申し込むことができるのは、簡易裁判所の事物管轄の範囲内であるので、離婚等事件をはじめとする家事事件に関しては、法律相談援助を申し込むことはできない。しかし、書類作成業務については簡裁訴訟代理権の範囲に関係なく行うことができるため、通常相談についてもすることができる。

　書類作成援助による報酬の立替基準は、代理援助による報酬額よりも低廉であることが多いのが通常であることから、事件の筋や当事者の性格など総合的な判断にもよるべきであるが、利用者の経済的負担を考慮すると、さらに書類作成援助の利用を推進してゆくべきである。

　ちなみに簡裁訴訟代理権の範囲内の法律相談援助を申し込む場合は、次の⑴⑵の手順による。

⑴ 法律相談のみで終了する場合

　法律相談を実施した後、書類作成援助等として審査回付しない場合（相談のみで終了となる場合）は、援助申込書に必要事項を記入し、地方事務所あてに提出する（ファクシミリ可）。申込書の提出は相談を実施した日から１カ月以内にしなければならず、提出が遅れた場合は、法テラスから提出遅延理由書の提出を求められる（法テラス東京事務所の場合）。提出期限を徒過した理由が「単なる提出失念」「業務多忙」「審査必要書類が整わない」という理由のみでは支払いの対象とはならない。提出遅延理由書の提出が提出期限を過ぎた場合も同様である。

　申込終了後、１カ月～２カ月後に法テラスから規定の相談料（5400円（消費税込））が司法書士の口座に振り込まれる。

　なお、家事事件に関する相談（家庭裁判所に提出する書類の作成に関する相

談）は、裁判事務に関する相談ではあるものの、法律相談援助の対象外である（日本司法書士会連合会「司法書士のための法律扶助活用マニュアル〔平成26年6月版〕11頁）。

(2) 書類作成援助・代理援助の申込みをする場合（持込み案件）

家事事件に関する書類作成についての相談（家庭裁判所に提出する書類作成相談）を受けた場合、援助要件を満している場合でも、司法書士の訴訟代理権の範囲内の紛争に関する相談ではないことから、法律相談援助を利用することはできないが、書類作成援助については利用は可能であるから、後記(2)のとおり援助要件を確認していく。

2　援助要件の確認

書類作成援助を受けるには、本章Ⅲ2(2)の援助要件を満たさなければならない（業務方法書9条）。

3　相談者への説明

書類作成援助の要件を満たすと考えられる相談者に対しては、民事法律扶助制度について説明をしたうえで利用を勧めるべきであると考える。日司連「債務整理事件の処理に関する指針」（平成21年12月16日理事会決定、平成22年5月27日改正）では、「依頼者が民事法律扶助制度における資力要件に該当する場合には、民事法律扶助制度を教示して、依頼者がこれを利用するか否かについて選択の機会を与えたうえで、その意向を十分に考慮するものとする」とされている。これを家事事件の書類作成業務にあてはめてみると、民事法律扶助の要件に該当する相談者に対しては、紛争解決後の生活再建を図らなければならないのは債務整理事件においても、離婚等事件をはじめとする家事事件においても、本質的に何ら変わることはないと考える。

また、生活保護受給者については、原則的に援助終結まで立替金の償還を猶予する扱い（後記6・7参照）がされていることからも、民事法律扶助を積極的に利用することで、相談者が費用的な問題で裁判を受ける権利を失うよ

うなことのないように支援していかなければならないだろう。

4 必要書類の作成

(1) 必要書類の確認

離婚等事件について書類作成援助の申込みをする場合には、援助申込書（【書式27】参照）のほかに、次の書類を添付する。

① 申込者の住民票（発行後3カ月以内の世帯全員のもの。記載の省略はしないこと）

② 申込者と配偶者（内縁を含む）の収入を証する書面

 ⓐ 生活保護受給証明書（生活保護受給者の場合。発行後3カ月以内）

 ⓑ 給与明細書（給与所得者の場合。直近2カ月分）および賞与証明書（1年分）または源泉徴収票

 ⓒ 確定申告書の写し（自営業者の場合）

 ⓓ 各種公的年金通知（年金受給者の場合）

 ⓔ 課税証明書および雇用保険受給資格者証（無職・求職中の場合）

③ 戸籍謄本（発行後3カ月以内）

④ 離婚調書（【書式28】参照）

なお、事案によって前記以外の書類の提出が必要になる場合もあることから（法テラス地方事務所によっても若干の違いがあるようである）、あらかじめ法テラス地方事務所へ確認しておくことが必要である。

(2) 必要書類作成のポイント

(ア) 援助申込書の作成

援助申込書は、法テラスのウェブサイトからダウンロードするとよい。エクセルファイルをダウンロードすると、援助申込書だけでなく、事件調書等もパソコン上で入力することができるので、業務の効率化を図ることができる。

援助申込書の表面は、本人に記入してもらうのが原則であり、裏面は司法書士が記入する。収入欄や支出欄等、本人が記載を戸惑うことが想定される

箇所は、司法書士が説明をして記入をサポートすればよいだろう。また、障害などのやむを得ない事情により、援助申込者自身で自署ができない場合は、自署ができない事情を、援助申込書の余白か別紙に明記する。

なお、書類作成援助申込み（審査回付）の場合、「経済的利益の予想最高額」「相談料を直接受領していないことの確認」「簡裁の事物管轄範囲内である確認」欄のチェックは不要である。

(イ) 離婚調書の作成

事件調書も法テラスのウェブサイトからダウンロードすることができる。事件調書は司法書士が依頼者から聞き取った事情を記入し（入力用とPDF版があるが、入力用をダウンロードするとよい）、援助申込書に添付して提出する。

離婚事件の場合は離婚調書を作成することになるが、要領は他の事件と同じである。調書は一つの事件につき一つの調書が原則であるが、たとえば離婚と不貞行為の相手方に対する慰謝料請求が同一の手続で行われるのであれば、一つの事件として取り扱われることになるので、一つの調書に記載する。

(3) **必要書類の送付**

前記(1)にあげた援助申込書、法律相談票、離婚調書等の必要書類が揃ったところで、記入漏れのないことを確認し、法テラス地方事務所に持参または送付する。法テラス地方事務所は必要書類を確認し審査するが、審査期日に依頼者の出頭（面接審査）を求めるか否かは、法テラス地方事務所の運用に違いがあるので、あらかじめ確認しておく必要がある。

なお、出頭が必要な法テラス地方事務所でも事情を記載した説明書を添付し、書面審査の申立てをしてみる方法もあるし、事案によって受託予定の司法書士の出席だけでの可能な場合があるので、あわせて相談しておく必要がある。

IV 書類作成援助のポイント

【書式27】 援助申込書（離婚等請求（書類作成）事件）（法テラス様式）

法テラス 日本司法支援センター 民事法律扶助業務　**援助申込書**　【事務所相談用】【機3】
No.

| 過去に法テラスまたは（財）法律扶助協会の相談または援助を受けたことがありますか。 | ☑ 今回が初めて　□ 法律相談を受けたことがある　□ 援助を受けたことがある |

ご提供いただいた個人情報は、申込者ご本人の同意をいただいている場合や法令に基づく場合を除き、法テラス業務の目的の範囲内で利用します。個人情報は、業務の処理上、通常、法テラスの選定した協力団体、償還金の払込手続を担当するゆうちょ銀行、償還金管理及び督促手続を行う協力会社等に預託する場合があり、事件を担当予定の弁護士、司法書士又は法テラスが法律相談を行う場所等で指定した相談所等に提供し、共用します。なお、ご提出いただいた援助申込書は返却できませんのでご了承ください。

○相談実施日時：　　年　　月　　日　　時　　分〜　　時　　分　　| 左記の日時に法律相談を受けました。
（法律相談担当者の方へ）　　　　　　　　　　　　　　　　　　　　　　（相談者署名）：
※相談実施日から1ヶ月以内に必ず提出してください。

○法律相談援助用記入欄（太枠内を記入してください）

申込日	27年 1月 7日	生年月日	大・昭・平　54年 7月 28日	性別	男・㊛
申込者 お名前	ふりがな　よつや　はなこ （自署）**四谷花子**	満年齢 35歳	配偶者 ㊲・無	家族人数 5人	家族のうち、あなた自身または配偶者が扶養している人数（あなた自身と配偶者含まず）3人

| 現住所 | 〒160-0003　東京都新宿区本塩町9-3 | 電話番号（自宅/携帯など）03 (0000) 0000 |

| 日中連絡先 | 平日昼間に連絡可能な電話番号をご記入ください。 | 電話番号（　）
携帯など　090 (0000) 0000 | 連絡先名（会社名等）
法テラスからの連絡　☑可 □不可　個人名で連絡　家族へ伝言　□可 ☑不可 |

| 希望連絡先 | 現住所への連絡が差し支えるときの希望連絡先 | 〒　　　　　　電話番号　　　　　　携帯など（　　） |

| 連絡先区分 | □職場　□実家　□親族　□知人　□弁護士　□司法書士　□その他（　　） |

| 職業 | □給与生活者　□商工自営業　□農林・漁業　□自由業　□学生　☑パート・アルバイト　□無職　□その他（　　） |

| 勤労・事業収入 | 本人　月収（手取り）70,000円　年間賞与（手取り）0円
配偶者　月収（手取り）　　円　年間賞与（手取り）　円 |

| 公的給付 | ☑有 □無　生活保護　1ヶ月　　円
児童手当　1ヶ月　5,000円 | 年金 | 本人　1ヶ月　　円
配偶者　1ヶ月　　円 | その他給付（　） |

| 現金又は預貯金 | 本人　　万円
配偶者　　万円 | 支出 | 家賃　1ヶ月　　円
医療費　1ヶ月　　円 | 住宅ローン　1ヶ月　90,000円
教育費　1ヶ月　10,000円 | やむを得ない支出（　）1ヶ月　　円 |

紛争の相手方	ふりがな　よつや　たろう お名前　**四谷太郎**	住所（市区町村名まで記入） 東京都新宿区	職業　**会社員**
	資産　□無 □有　□不動産　☑預貯金　□有価証券　□その他（　）	事件内容　離婚等請求（書類作成）事件	備考（代理人の氏名等）

| 紹介機関 | 法テラスの民事法律扶助業務をどちらでお知りになりましたか。
□自治体（県・市・区役所・役場）　□裁判所　□弁護士会・司法書士会　□知人・友人　□電話帳　□電話ガイド　□マスコミ（新聞・テレビ・ラジオ）
□福祉事務所　□法務局　□労働相談センター等　□インターネット　□法テラスのコールセンター　□その他 |

法律相談援助の結果、弁護士、司法書士等の費用の立替えを希望されるときは、以下にもご記入の上、必要書類を提出し、審査をお受けいただきます。なお、審査の結果によっては、費用の立替えが受けられないことがあります。

○代理援助・書類作成援助申込用追加記入欄　代理援助・書類作成援助申込日　27年 1月 7日
○生活保護を受給していない方は、太枠内を記入してください

ご家族	氏名	続柄	年齢	職業	平均月収	家計への繰入額	同居・別居
	四谷美咲	子	11	小学生	円	円	㊟同居・別居
	四谷大翔	子	10	小学生	円	円	㊟同居・別居
	四谷陽菜	子	6	小学生	円	円	㊟同居・別居

あなたは同居親族等から食事の提供を受けていますか　□有 ☑無　あなたは家に生活費を入れていますか　1ヶ月　　円

| 資産 | 有価証券 | 本人　種類（　）時価　　円
配偶者　種類（　）時価　　円 | 生命保険 | ☑有 □無　解約払戻金　　円
□有 □無　解約払戻金　0円 |
| | 不動産 | ☑有 □無　居住用　土地　70㎡　建物　70㎡　非居住用　土地（　㎡）建物（　㎡） |

※本件について法律相談を行った場合（法律相談担当者記入欄）
□ 本件の法律相談援助申込書・相談票は既に提出済みである
☑ 本件の法律相談援助申込書・相談票の提出は初めてである

※持込事件の場合（受任・受託予定者記入欄）
□ 弁護士
☑ 司法書士　○○○○　㊞

393

第5章　民事法律扶助を利用した書類作成援助の実務

法律相談票

【機3】

相談場所	□ 法テラスの事務所　□ 指定相談場所（　　　　　　　） ☑ 相談登録弁護士・司法書士の事務所　□ その他（　　　）	相談料を直接受領していないことの確認☑	☑
事件名	離婚等請求		
訴　額 紛争の目的の価額		司法書士による相談・受任の場合 簡裁の事物管轄範囲内である確認☑	□
本件の相談日時	平成27年　1月　7日　13時　00分　〜　13時　30分	調書作成時間	30分
本件の送付先 ☑	□ 法人口座　法人名（　　　　　　　　　　） ☑ 契約弁護士・契約司法書士の個人口座 □ 常勤弁護士	担当者名 （弁護士・司法書士） 登録番号	司法書士　○○○○ ○○○○
措置区分	1. 相談のみで終了　2. 相談継続　③審査回付　4. 弁護士会・司法書士会紹介 5. 相談打切（今回限り）　6. 他機関紹介〔紹介機関　　　　　　　〕　7. 法律相談担当者私選受任 8. その他〔　　　　　　　　　　　　　　　　　　　　　　　　　　　　　　　　　　　　〕 9. 審査回付予定・方針未定〔　　　　　　　　　　　　　　　　　　　　　　　　　　〕		
審査の結果 援助開始決定となった場合	① 受任・受託する 2. 受任・受託しない	適当な 援助手続	1. 代理援助 ② 書類作成援助	希望償還額 生活保護受給中による猶予希望　有・無	5,000円／月
希望償還額	円／月　償還金自動引落口座☑（生活口座をチェックしてください） 生活保護受給中による猶予希望　□ 有　□ 無　□ ゆうちょ銀行以外の金融機関　□ ゆうちょ銀行		
受任する場合の手続方針	示談交渉　・　調停　・　調停（相手方）　・　審判　・　本訴　・　本訴被告（反訴：有・無）　・　控訴 被控訴（反訴：有・無）　・　仮差押／仮処分　・　その他〔　　　　　　　　　　　　　　　　　　　　〕		

相　談　概　要　（審査に回付する場合は詳細にご記入ください。または別途、事件調書をご記入ください。）

離婚調書のとおり

指　示　及　び　指　導　要　旨

相談時間内に本人名義の簡易な法的文書の作成を行った場合は、以下に作成文書の種類・通数を記入し、被援助者に確認の署名を求めてください。なお、内容又は趣旨が同一で、宛先が異なるのみと判断できる文書を複数作成した場合でも、1通の扱いとなります（上限2通まで、作成文書の写しの添付が必要です）。

作成文書の種類及び数	通
被援助者による受領確認	上記文書を受領しました。　　年　　月　　日　氏名
本人負担の有無	□ 有（2,160円（1通／税込）を本人から受領　□ 無（生活保護受給を証する書面の提出要）

IV　書類作成援助のポイント

【書式28】　離婚調書（法テラス様式）

離　婚　調　書

					援助番号		
					受付番号		

		年齢	作成年月日	27年　1月　7日		
申込者	四谷花子	35歳	作成者：	□ 弁護士名 ■ 司法書士名　○○○○		
相手方	四谷太郎	現在の状況	同居・(別居)	別居開始日 年　月　日		
離婚原因等 (該当番号に○)	①不貞行為　　2.悪意の遺棄　　3.3年以上の生死不明 4.回復の見込みのない強度の精神病　⑤その他婚姻を継続しがたい重大な事由（暴力・暴言・その他）					

事件の解決が複雑・困難であることが予想される点

相手方の状況	□ 反社会的組織に属している、又は属していた　□ 薬物、アルコール依存症歴がある □ 精神疾患による攻撃的、暴力的傾向が見られる　□ 申込者に対する深刻なつきまとい行為がある □ その他：具体的な内容（　　　　　　　　　　　　　　　　　　　　　　　　）
暴力等の態様	□ 執拗に暴力を繰り返している　□ 刃物を振り回す等、極めて危険な行為がある、又はあった □ 精神的なDV、又は経済的な悪意の遺棄がある □ その他：具体的な内容（　　　　　　　　　　　　　　　　　　　　　　　　）
申込者の状況	□ 入院（通院）している、又はしたことがある　□ 子ども等にも被害がある □ 相手方から身を隠している、又は隠す必要がある
直近の暴力の日時	年　　月　　日 午前・午後　　時頃　　□ 警察　□ 女性センターに相談
その他	平成14年に友人の紹介で結婚し、小学生の子が3人いるが、平成25年頃に相手方（夫）の不貞行為が発覚した。その際、相手方は謝罪し、不貞行為の相手と別れるということだったが、現在に至るも交際を継続中である。また、実家で同居する相手方の母（姑）も相手方の味方をするばかりで、何かにつけ申立人が悪いの一点張りで、相手方も、家庭を顧みず、夜は遅く土日もパチンコばかりしており、家計にも生活費を入れない月もあり、本年3月より子を連れて夫の実家を出て別居中である。

子の名前	続柄	年齢	現在の状況
四谷　美咲	子	11歳	(同居)・別居
四谷　大翔	子	10歳	(同居)・別居
四谷　陽菜	子	6歳	(同居)・別居
		歳	同居・別居

	依頼者の主張	相手方の主張	子の意思
親権者	申立人(母)	不明	申立人(母)
監護者	申立人(母)	不明	申立人(母)
養育費	50,000円	不明　　　　円	養育費算定表：　　円

資産・収入	申込者収入	(有)・無	相手方収入	(有)・無
	収入　月額	120,000円	収入　月額	円
	資産　土地	70 m²	資産　土地	70 m²
	建物	70 m²	建物	70 m²
	その他		その他	
	仮差押等の必要性	有・(無)	仮差押等の対象物	

395

処理方針

事件名	夫婦関係調整申立事件（離婚）						
必要な手続	□ 裁判外交渉	■ 調停		□ 調停（相手方）		□ その他	
	□ 訴訟	□ 訴訟（被告）		□ 保全		（	）
保護命令申立の必要	□ 有	■ 無	仮差押等の必要	□ 有	■ 無	仮差押等の対象物	
裁判管轄	東京		家庭裁判所		支部	相手方代理人	
関連して申立予定の事件名と手続	婚姻費用分担請求申立て						

予想される争点

財産分与の要求	有 ・ 無	申込者の主張	5,000,000 円
		相手方の主張	不明 円
慰謝料の要求	有 ・ 無	申込者の主張	5,000,000 円
		相手方の主張	不明 円
家事調停申立	有 ・ 無	事件番号	
		係属中 ・ 終了 　終了日	年　　月　　日
夫婦の最後の共通の住所地			
婚姻費用支払の有無	有 ・ 無		有 ・ 無
（その他）			

その他（証拠方法の概略、訴額、勝訴・和解成立の見込み、相手方の支払能力および執行の可能性など）

1　証拠方法（相手方作成の不貞行為を認めた念書（今後は不貞行為の相手と別れる）、電子メール履歴）

2　調停外で離婚および親権者についてはおおむね合意できているものの、財産分与・慰謝料・養育費の話し合いができない状況。

3　相手方は会社員であり、収入は安定しているにもかかわらず、遊興費支出が多く、婚姻費用の支払いをしない状況。申立人としても、自立のため正規雇用の仕事を探す予定であるが、婚姻関係の清算として財産分与や慰謝料はきちんともらいたい意向。

5 援助開始決定後の報告

　面接審査の場合には、その場で援助の可否が伝えられるが、審査に立ち会わない場合には、援助開始決定・不開始決定ともに、受託予定者の事務所あてにファクシミリで連絡がくることになる。

　援助開始決定が出ると事務所あてに契約書等の書類が郵送される（本章Ⅱ1(2)参照）。契約書は3通届くことになるが、被援助者に署名捺印をしてもらい、1通を法テラスに返送し、1通は被援助者に渡す。また、報告書の用紙も同封されているので、事件着手直後に着手等報告書（【書式29】参照）、書類作成援助の場合はケースとしては少ないと思われるが、事件進行中に依頼者と連絡がとれなくなった場合や、信頼関係が崩れ辞任を希望する場合、関連して他の手続の援助が必要になった場合等には、中間報告書（【書式30】参照）を提出し（高橋太郎「現在の民事法律扶助制度の概観」東京弁護士会会報LIBRA2010年2月号10頁）、事件終結時に書類作成援助用終結報告書（【書式31】参照）を作成し、法テラスに提出する。

第5章　民事法律扶助を利用した書類作成援助の実務

【書式29】　着手等報告書（法テラス様式）

○本報告書は、個別契約締結後3か月以内にご提出願います（業務方法書46条1項、契約条項25条1項）。
○着手が遅れている場合にも、その事情を報告してください。
○『契約書』が提出されない限り、着手金等を送金できません。早めのご提出をお願いします。
○援助決定していない事件の費用は立替えできません。関連事件がある場合は必ず援助申込みをしてください。

平成　年　月　日　　　**着　手　等　報　告　書**　　　援　助　番　号

日本司法支援センター　　　　　　　　所属　　東京　　弁護士会・（司法書士会）
法テラス　　東京　　御中

氏名　○○○○　　㊞
（登録番号　○○○○）

事件名：　離婚等請求事件　　　開始決定日　27　年　○　月　○　日

被援助者	四谷花子	旧姓（改姓した場合記入）	（フリガナ）
相手方	四谷太郎		

事件着手の概要等（□にチェック）

年　月　日（申立日等記入）	□訴訟提起　□答弁書提出等　☑調停申立て　□保全申立て □相手方への通知・催告書発送　□その他（　　　　　　　　　）
（訴訟等の場合）	係属裁判所：　東京　地裁・(家裁)・簡裁　　支部 事件番号：　平成　27　年　（　家イ　）　第　○○○○　号
（特記事項）	
添付書類（該当書類に☑・写しで可）	□訴状　□答弁書　☑調停申立書　□保全申立書　□受任通知 □その他（　　　　　　　　　　　　　　　　　　　　　　　）

※添付書類の例　訴訟事件（原告：訴状、被告：答弁書）、保全事件（保全申立書）、破産・民事再生・債務整理事件（受任通知）
調停事件（申立人：調停申立書、相手方：答弁書又は期日報告書等）、示談交渉事件（通知書・催告書等）

着手未了の場合は、その事情を以下に記載してください。（□にチェック）

初回打合せ：□済（　　年　　月　　日）・□未

現時点での新たな関連事件申込み	□有　事件名：（　　　　　　　　　）　手続方針：（　　　　　　　　　） 　　　事件概要：別紙（書式自由）に記載の上、併せてご提出ください。 □無　※今後関連事件が生じた場合は、中間報告書を用いて援助申込みをしてください。）

被援助者の新連絡先　※手続中に被援助者の連絡先の変更があった場合、わかる範囲でご記入ください。
〔　　　年　　月　　日より〕
（住所）〒
　　　　　　　　　　　　　　（電話）（　　　　）　　　ー

Ⅳ　書類作成援助のポイント

【書式30】　中間報告書（法テラス様式）

中間報告書は、以下の場合にご提出願います。
1　事件進行中において援助案件に関連し、別の訴えの提起その他の手続が必要になったとき
2　事件に関し相手方等から金銭を受領したとき
3　着手報告書の提出から1年が経過したとき

中　間　報　告　書

援　助　番　号

年　　月　　日

日本司法支援センター
法テラス　　　東京　　　御中

所属　東京司法書士会
受任者　○○○○　　㊞
（登録番号　　○○○○　）

事件名：　離婚等請求事件

被援助者	四谷花子	旧　姓 （改姓した場合記入）	（フリガナ）
相手方	四谷太郎		
係属裁判所	東京　家裁　　　支部	事件番号	平成 27 年（家イ）第○○○○号
年　月　日	事　件　処　理　の　概　要		
平成28年○月○日	調停が成立しなかったことから離婚訴訟を提起した。		

今後の方針

添付書類(該当するものに☑・写しで可)
　☐ 判決書　　☐ 和解調書　　☑ 調停調書　　☐ 示談書・合意書・和解書（私製証書）
　☐ 保全決定書　☐ 破産決定書　☐ その他（　　　　　　　　　　　　　）

被援助者の新連絡先
※手続中に被援助者の連絡先の変更があった場合、わかる範囲でご記入ください。
　〒　　　－

（電話）（　　　　）　　－

399

年　月　日	事　件　処　理　の　概　要

Ⅳ　書類作成援助のポイント

【書式31】　書類作成援助用終結報告書（法テラス様式）

（書類作成援助用）
終結報告書

|援助番号|
|－|

年　　月　　日

日本司法支援センター
法テラス　　東京　　御中

所属　東京司法書士会
受任者　○○○○　㊞

事件名：　離婚等請求事件

被援助者	四谷花子	旧姓（改姓した場合記入）	（フリガナ）
係属裁判所	東京　簡裁／家裁／地裁　支部／出張所	事件番号	平成 27 年（家イ）第○○○○号
裁判所提出①	作成書類（調停申立書（離婚））	平成27年　4月○○日提出	
裁判所提出②	作成書類（〃　　（婚姻費用））	平成27年　4月　○○日提出	
裁判所提出③	作成書類（訴状　　　　　　　）	平成28年　○○月　○○日提出	
裁判所提出④	作成書類（第１準備書面　　　）	平成28年　○○月　○○日提出	
裁判所提出⑤	作成書類（第２準備書面　　　）	平成28年　○○月　○○日提出	
その他提出書類	陳述書、証拠申出書		
事件の結果	☑勝訴　□和解成立　□調停成立　□免責決定　□仮差押決定　□仮処分決定 □強制執行　□敗訴　□調停不成立　□免責不許可　□不明 □その他（　　　　　　　　　　　　　　　　　　　　　　　）		

添付書類(該当するものに☑)
□訴状　□準備書面　□答弁書　□調停申立書　□破産申立書　□免責申立書
□仮差押申立書　□仮処分申立書　□強制執行命令申立書　□支払督促申立書　☑判決書
□和解調書　□調停調書　□破産決定書　□免責決定書　□仮差押決定書
□仮処分決定書　□執行文　□その他（　　　　　　　　　　　　　　　）の写し

特記事項（書類作成に大きな困難を伴った場合又は事件結果が不明の場合は、その理由。）

被援助者の新連絡先
※手続中に被援助者の連絡先の変更があった場合、わかる範囲でご記入ください。
〒　　　－

電話（　　　　　　　）　　　－

6 事件終結後の償還遅滞への対応

　被援助者の償還が滞った場合、法テラスでは被援助者に対し電話連絡をし、あわせて郵送により督促を行うことになる。電話により償還が困難な事情の有無を問い合わせ、合理的な説明がされない場合や連絡がとれない場合、支払督促の申立てがされることもあるので、司法書士は被援助者に対し、あらかじめ連絡がとれるように説明しておく必要がある。

　また、被援助者につき償還困難な事情がある場合は、償還方法の変更や免除・猶予の制度についても検討する必要がある（後記7参照）。

7 償還免除・猶予申請の利用

(1) 償還免除・猶予制度

　被援助者（相談者）が生活保護法による保護を受けているとき、または生活保護法の適用を受けているに準ずる程度に生計が困難であるとき（準生活保護基準）は、法テラス地方事務所長の決定により事件進行中の期間における立替金の償還を猶予することができる（業務方法書31条2項）。

　生活保護受給者であっても、自動的に償還免除となるものではないので注意が必要である。償還免除については、事件が終了し終結決定以降に償還免除申請をし、免除決定を得ることが必要となる。

　被援助者が生活保護の受給中でなくても、生活保護基準と同じかそれ以下の収入しかない場合、猶予の相当性が認められれば償還が猶予され、将来にわたって資力が回復する見込みに乏しいと認められるのであれば、免除の相当性が認められる限り償還の免除を受けることができる。

(2) 償還免除・猶予の申請

　立替金の償還免除を受けるには、収入要件、資産要件、資力回復困難要件のすべてを満たす必要があり、要件を確認するための資料を提出する必要がある。

　すべての要件を満たしていると思われる場合、免除に関する確認票（【書

〈表23〉 準生活保護基準

	生活保護法の一級地以外	生活保護法の一級地	家賃等加算
単身者	127,400円以下	140,140円以下	41,000円以下 （53,000円以下）
2人家族	175,700円以下	193,270円以下	53,000円以下 （68,000円以下）
3人家族	190,400円以下	209,440円以下	66,000円以下 （85,000円以下）
4人家族	209,300円以下	230,230円以下	71,000円以下 （92,000円以下）
以下、家族1名増加するごとに	21,000を加算	23,100を加算	71,000円を上限とする

※家賃等加算をする場合、東京都特別区については（ ）の基準を適用する。
出典：日本司法書士会連合会「司法書士のための法律扶助活用マニュアル〔平成26年6月版〕」27頁

式32】参照）を本人に渡し記入してもらう。免除・猶予についても審査の対象となることから、提出した資料の内容によっては免除・猶予が認められないこともあるが、聞取りをしていく中で償還が困難と考えられる場合は、積極的に申請を進めるべきである。

　(A)　収入要件

「生活保護法の適用を受けているに準ずる程度に生計が困難であるとき」（準生活保護基準）と判断されるための収入要件は〈表23〉のとおりである。親族からの援助、児童扶養手当、特別児童扶養手当、その他公的手当（児童手当を除く）や公的給付も加算するが、控除できる家賃、医療費等のやむを得ない支出については、民事法律扶助開始決定における資力基準をそのまま適用する。

　(B)　資産要件

本人および配偶者（内縁関係含む）の資産について、次の(a)～(c)のすべての要件に該当することが必要である。

ⓐ　現金、預貯金、保険（生命保険、学資保険等）の解約返戻金、有価証券の時価等の合計額が66万円以下であること

　ただし、66万円を超える場合であっても事案によって考慮される。その際は資料の提出を求められることがある。

　　　ⓑ　自宅のほかに不動産をもっていないこと

　自宅のみを保有している場合であっても、自宅の評価が高額な場合は、免除申請が認められない可能性がある。

　ただし、ほかに不動産を保有している場合でも、特別の事情（たとえば、農業専従者等で、その土地がないと生活ができない場合、資産として価値が低い、買い手がつかないなどにより換価が困難な場合など）があるときは考慮される。その際は資料の提出を求められることがある。

　　　ⓒ　車は世帯で1台のみであること

　1台のみの保有であっても、車の評価が高額な場合は、免除が認められない可能性がある。

　ただし、2台以上の場合でも、特別の事情（夫の職場と子の幼稚園が最寄りの駅やバス停から徒歩で行くことが難しい場所にあり、夫の通勤と子の送迎のため2台ないと生活に支障が出る場合など）があるときは考慮される。その際は資料の提出を求められることがある。

　　ⓒ　資力回復困難要件

　資力の回復が困難な場合として、次の①～⑤のいずれかの要件に該当することが必要とされる。

①　65歳以上の高齢者
②　重度または中度の障害のある者として、次のⓐ～ⓔのいずれかに該当する者
　　ⓐ　国民年金法による障害基礎年金の支給を受けている者
　　ⓑ　厚生年金保険法による障害厚生年金の支給を受けている者
　　ⓒ　労働者災害補償保険法による障害補償給付を受けた者のうち対象となった身体障害の障害等級が1級ないし7級に該当する者

ⓓ　身体障害者手帳の交付を受けている者のうち同手帳に1級ないし4級と記載されている者
　　ⓔ　精神障害者福祉手帳の交付を受けている者のうち同手帳に1級ないし2級と記載されている者
③　前記②の障害のある者を扶養している者
④　病気により長期の療養が必要で、現に収入を得ておらず、かつ、今後1年程度の間に収入を得るために働くことが見込めない者
⑤　前記①～④に準ずる理由により、今後1年ないし2年で、現在よりも生計が改善される見込みに乏しい者

前記④⑤に該当すると認められないケースとしては、たとえば、不景気による収入減、一時的な失職、または現在低収入という理由のみで償還が困難な場合、離婚して子を養育しているが、両親と同居していて就労に支障がなく、今後収入の増加が見込める場合、胃潰瘍の治療のため働けず収入がないが、今後1年内に回復して復職の見込みがある場合がある。

【書式32】 免除に関する確認票（法テラス様式）

書類の取寄せ機関一覧
● 住民票、課税・非課税証明書、固定資産評価証明書、無資産証明書
　⇒市区町村役場
● 預貯金取引明細⇒銀行等　●年金振込通知書⇒年金事務所

法テラス整理欄
援助番号：＿＿＿＿＿＿
氏名：＿＿＿＿＿＿＿＿

免除に関する確認票

立替金の償還免除を受けるに当たっては、収入・資産などの基準を満たす必要があります。以下の項目をご確認の上、該当するものにはチェック欄への☑と必要事項の記載をお願いします。また、該当する各項目に記載されている提出物をご用意ください。提出物が足りない場合は、免除を受けられない可能性があります。

A 収入要件について

家計の状況について次の①～③の項目に記入し、それに関する資料を提出してください。
①-1. 同居家族人数（本人含む）……………（　　　　）人
　-2. 配偶者の有無……………………………（□有　　□無）

同居家族人数とは、ご本人、配偶者（内縁関係含む）、扶養している家族の合計人数です。

対象者	提出物チェック欄（全員必ず提出してください）
本人	□住民票の写し （3カ月以内のもの。「世帯全員分」、「本籍」、「続柄」の記載があるもの）

②収入について

対象者	提出物チェック欄（全員必ず提出してください）
本人	□課税（所得）証明書または非課税証明書（直近1年分）
配偶者	□課税（所得）証明書または非課税証明書（直近1年分）

●本人の収入について（下記にご記入ください。）

	チェック欄	提出物チェック欄	金額記入欄
給与^{注1}	□あり □なし	□給与明細書の写し（直近2カ月分）	円／月
自営業収入^{注1}	□あり □なし	□受雇印のある直近1年分の確定申告書（第一表・二表）の写し	円／月
賞与^{注2}	□あり □なし		円／月
・国民年金 ・厚生年金 ・共済年金	□あり □なし	□年金振込通知書、裁定通知書または支給額変更通知書の写し（1年以内のもの）	円／月
・企業年金 ・年金基金 ・個人年金	□あり □なし	□年金振込通知書、裁定通知書または支給額変更通知書の写し（1年以内のもの）	円／月
児童扶養(一人親)手当^{注3}	□あり □なし		円／月
家族等からの援助	□あり □なし		円／月
・婚姻費用分担金 ・養育費	□あり □なし		円／月
その他（　　　）	□あり □なし		円／月

注1：直近の給与・自営業収入額から税金・社会保険料を引いた額を記載してください。
注2：年間の支給合計額を記載してください。就労して1年未満の場合、年間の満額支給見込み額を記載してください。
注3：児童手当と児童扶養（一人親）手当は取扱いが異なります。児童手当は収入に加算する必要はありません。

Ⅳ 書類作成援助のポイント

書類の取寄せ機関一覧
●住民票、課税・非課税証明書、固定資産評価証明書、無資産証明書
 ⇒市区町村役場
●預貯金取引明細⇒銀行等　●年金振込通知書⇒年金事務所

提出資料をコピーする場合は、A4用紙に濃くお願いします。

●配偶者の収入について（内縁関係含む）　配偶者がいる場合は下記にご記入ください。

	チェック欄	提出物チェック欄	金額記入欄
給与[注1]	□あり □なし	□給与明細書の写し（直近2カ月分）	円／月
自営業収入[注1]	□あり □なし	□受領印のある直近1年分の確定申告書（第一表・二表）の写し	円／月
賞与[注2]	□あり □なし		円／月
・国民年金 ・厚生年金 ・共済年金	□あり □なし	□年金振込通知書、裁定通知書または支給額変更通知書の写し（1年以内のもの）	円／月
・企業年金 ・年金基金 ・個人年金	□あり □なし	□年金振込通知書、裁定通知書または支給額変更通知書の写し（1年以内のもの）	円／月
家族等からの援助	□あり □なし		円／月
その他 （　　　）	□あり □なし		円／月

注1：直近の給与額から税金及び社会保険料を引いた額を記載してください。
注2：年間の支給合計額を記載してください。就労して1年未満の場合、年間の満額支給見込み額を記載してください。

③収入から引く項目（収入が基準額を超えている場合のみ記入ください）
　支出したことが確認できる資料を提出いただかないと、収入から引くことができません。

	チェック欄	提出物チェック欄	金額記入欄
・家賃 ・住宅ローン	□	①□賃貸借契約書の写し 　または 　□住宅ローン契約書 ②□領収書（通帳引落でない場合）	円／月
医療費（継続して発生するもの）	□	□支払明細書（直近2か月分）	円／月
教育費(塾・習い事を除く)	□	□確認できる資料	円／月
職業上やむを得ない出費等 理由：	□	□確認できる資料	円／月 ※今後も継続的な支出を擁するものに限ります。

第5章 民事法律扶助を利用した書類作成援助の実務

```
書類の取寄せ機関一覧
●住民票、課税・非課税証明書、固定資産評価証明書、無資産証明書
　⇒市区町村役場
●預貯金取引明細⇒銀行等　●年金振込通知書⇒年金事務所
```

提出資料をコピーする場合は、Ａ４用紙に濃くお願いします。

B　資産要件について

次の①～⑦の項目の該当する□に☑を入れ、本人・配偶者ともに、それに関する資料を提出してください。ただし、配偶者が事件の相手方の場合など、配偶者の資料の提出が難しい場合には、下記に事情を記載してください。

配偶者の資料提出が困難な理由	例：離婚事例の相手方のため　・配偶者と別居し、扶養されていないため

① 現金

	チェック欄	金額記入欄
本人と配偶者	□あり	（合計額：約　　　　　　　　　　　　　　　　円）
	□なし	

② 預貯金
　（残高合計額：　　　　　円）

		チェック欄	提出物チェック欄
本人		□あり （1年以内に解約したものを含む）	□通帳の写し：過去一年分（表紙の裏部分、定期預金のページ含む） □別添用紙⑦（提出通帳一覧表） □別添用紙④（不定期・高額入出金一覧表） ★預金通帳を紛失した場合・通帳のない口座の場合 　□取引履歴がわかるもの（過去1年分）　または　□預金証書の写し ★過去1年以内に通帳に「合算記帳（おまとめ）」がある場合 　□合算期間の取引履歴がわかるもの
		□銀行等の口座を持っていない	
配偶者		□あり （1年以内に解約したものを含む）	□通帳の写し：過去一年分（表紙の裏部分、定期預金のページ含む） □別添用紙⑦（提出通帳一覧表） □別添用紙④（不定期・高額入出金一覧表） ★預金通帳を紛失した場合・通帳のない口座の場合 　□取引履歴がわかるもの（過去1年分）　または　□預金証書の写し ★過去1年以内に通帳に「合算記帳（おまとめ）」がある場合 　□合算期間の取引履歴がわかるもの
		□銀行等の口座を持っていない	

③ 有価証券・各種債券（例：株式・投資信託・出資金・積立金・互助会など）
　（時価合計額：約　　　　　　　　円）

	チェック欄	提出物チェック欄
本人	□あり	□証券等の写し（証券がある場合） □時価を証する資料
	□なし	
配偶者	□あり	□証券等の写し（証券がある場合） □時価を証する資料
	□なし	

Ⅳ　書類作成援助のポイント

書類の取寄せ機関一覧
- 住民票、課税・非課税証明書、固定資産評価証明書、無資産証明書
  ⇒市区町村役場
- 預貯金取引明細⇒銀行等　●年金振込通知書⇒年金事務所

提出資料をコピーする場合は、Ａ４用紙に濃くお願いします。

④　保険　（解約返戻金合計額：　　　　　　円）

生命保険、共済、損害保険等すべて含みます。本人名義の保険で家族等が支払っているもの、家族名義の保険で本人が支払っているものについても、原則として提出が必要です。

	チェック欄	提出物チェック欄
本人	□あり	□保険証券の写し □解約払戻金証明書または解約払戻金がないことが確認できる資料 （※車の任意保険等、解約払戻金がない保険証券も提出が必要です。）
	□１年以内に解約した保険がある	
	□なし（１年以上保険に加入していない。）	
配偶者	□あり	□保険証券の写し □解約払戻金証明書または解約払戻金がないことが確認できる資料
	□１年以内に解約した保険がある	
	□なし（１年以上保険に加入していない。）	

●加入中の保険がある場合、下記にご記入ください。

保険会社	解約返戻金の有無	解約返戻金
例：テラス生命	□あり　□なし	１５０，０００円
	□あり　□なし	円
	□あり　□なし	円
	□あり　□なし	円
	□あり　□なし	円
	□あり　□なし	円

●１年以内に解約した保険がある場合、書きにご記入ください。

保険会社	解約返戻金	解約時期
	円	年　月頃
	円	年　月頃
	円	年　月頃

■現金、預貯金、有価証券等、保険の解約返戻金の合計額

合計	円	★合計額が66万円を超える場合は以下の書類を提出してください。 □別途用紙⑦（やむを得ない出費がある等の事情）

⑤　不動産

a．ご自宅について

区分	□持ち家 ・建物・土地が「本人または配偶者」所有の場合 ・建物・土地のとちらかが「本人または配偶者」所有の場合		□賃貸	□その他
	（建物）	（土地）	（アパート・公営住宅・社宅等）	
所有者等	□本人所有 □配偶者所有 □本人が（　　　）と共有 □配偶者が（　　　）と共有 □親族（　　　）が所有 □親族以外（　　　）が所有	□本人所有 □配偶者所有 □本人が（　　　）と共有 □配偶者が（　　　）と共有 □親族（　　　）が所有 □親族以外（　　　）が所有	（借り主） □本人 □配偶者 □その他 （関係：　　）	□建物・土地のとちらも親族（　　　）が所有 □知人宅 □上記以外 [理由：　　　　]

●提出物	提出物チェック欄
賃貸アパート・公営住宅・借地・借家等の場合	□賃貸借契約書の写し

第 5 章　民事法律扶助を利用した書類作成援助の実務

```
書類の取寄せ機関一覧
●住民票、課税・非課税証明書、固定資産評価証明書、無資産証明書
　⇒市区町村役場
●預貯金取引明細⇒銀行等　●年金振込通知書⇒年金事務所
```

（提出資料をコピーする場合は、Ａ４用紙に濃くお願いします。）

b．所有・共有不動産について

　　遺産分割協議が終わっていない不動産、相続はしているが相続登記が終わっていない不動産も含みます。
　　また、自宅以外の農地、山林等も含みます。

	チェック欄	提出物チェック欄
本人	□あり[注]	□固定資産評価証明書（最新年度のもの） ※年度をまたがないときは援助開始時の資料を使用できます。 □別添用紙⑦ （生活のために必要であることを証する資料または売却が難しいことを証する資料）
本人	□なし	□無資産証明書（固定資産課税台帳に登録されていないことの証明書） □自治体が無資産証明書を発行していない。
配偶者	□あり[注]	□固定資産評価証明書（最新年度のもの） □別添用紙⑦ （生活のために必要であることを証する資料または売却が難しいことを証する資料）
配偶者	□なし	□無資産証明書（固定資産課税台帳に登録されていないことの証明書） □自治体が無資産証明書を発行していない。

注：不動産をお持ちの場合、不動産の価額や保有状況によっては、下記提出書類に加え、登記事項証明書（オンラインによる不動産登記情報も可）をご提出いただく場合があります。

⑥　**自動車について**　任意保険にご加入されている場合は 4 ページの「④保険」欄にご記入ください。

	チェック欄	提出物チェック欄
同居家族[注1]	□あり（　　　台）	□車検証の写し[注2] □別添用紙⑦（生活のために必要であることを証する資料）
同居家族[注1]	□なし	提出する資料はありません。

注1：同居家族とは、ご本人、配偶者（内縁関係含む）、扶養している家族です。

注2：お持ちの自動車の車検証は全てご提出ください。

⑦　**家にある高額（時価20万円以上）なもの**

	チェック欄	提出物チェック欄
本人	□あり	□時価を証する資料 □別添用紙⑦ （生活のために必要であることを証する資料または売却が難しいことを証明する書面）
本人	□なし	提出する資料はありません。
配偶者	□あり	□時価を証する資料 □別添用紙⑦ （生活のために必要であることを証する資料または売却が難しいことを証明する書面）
配偶者	□なし	提出する資料はありません。

Ⅳ　書類作成援助のポイント

書類の取寄せ機関一覧
- 住民票、課税・非課税証明書、固定資産評価証明書、無資産証明書
  ⇒市区町村役場
- 預貯金取引明細⇒銀行等　●年金振込通知書⇒年金事務所

提出資料をコピーする場合は、A4用紙に濃くお願いします。

C　資力回復困難要件について

該当する□に☑を入れ、関連する添付書類を必ず提出してください。

	条件チェック欄	提出物チェック欄
①	□ 年齢が65才以上である	なし
②	□ 次の項目に該当する障害がある ・国民年金法による障害基礎年金の受給を受けている ・厚生年金法による障害厚生年金の受給を受けている ・労働者災害補償保険法による障害補償給付を受けており、身体障害等級が1級～7級である ・身体障害者手帳の交付を受けており、手帳に1級～4級と記載されている ・精神障害福祉手帳の交付を受けており手帳に1級～2級と記載されている	□ 各種障害手帳の写し （障害年金受給者は年金受給通知書で確認できますので、必要ありません。）
③	□ 上記②の障害のある者を扶養している	□ 被扶養者の各種障がい者手帳の写しまたは □ 被扶養者（配偶者を除く）の障害基礎（厚生）年金支給通知書等の写し
④	□ 病気により長期の療養を要するため、現に収入を得ておらず、かつ、今後1年程度の間に収入を得るために働くことが見込めない	□ 診断書等 □ （任意）具体的な病状や生活状況、今後の見通し等を説明する資料
⑤	□ 上記①～④には当てはまらないが、今後1年から2年で、現在よりも労働による収入が増加する等の理由により生計が改善される見込みに乏しい （例：本人が要介護状態、要介護状態の家族を介護している。 　　→この場合、介護認定通知等の資料の提出が必要） 具体的事情：	□ 事情が確認できる資料

この「免除に関する確認票」の内容に間違いはありません。

　　　　年　　　　月　　　　日

作成者：＿＿＿＿＿＿＿＿＿＿＿＿　印

必ず記入してください！

第5章 民事法律扶助を利用した書類作成援助の実務

【別添用紙⑦】 提出通帳一覧表

本人と配偶者がお持ちの口座について、残高にかかわらず、金融機関と口座名義が確認できるページ、過去1年分の取引のページ、定期預金のページの写しを提出してください。免除申請日から2週間を超えている場合には、再度記帳していただく場合もあります。
事件の結果、解決金や養育費等の支払先となっている場合や、預金の移動先口座が確認できる場合には、お子さん名義でも、提出をお願いする場合があります。

通帳番号	金融機関	口座名義	通帳の期間	最後に記帳した日（申請日の2週間以内に記帳）	定期預金積立等	備考
①		本人・配偶者・子・（ ）	年 月 ～ 年 月	年 月 日	有 ・ 無	
②		本人・配偶者・子・（ ）	年 月 ～ 年 月	年 月 日	有 ・ 無	
③		本人・配偶者・子・（ ）	年 月 ～ 年 月	年 月 日	有 ・ 無	
④		本人・配偶者・子・（ ）	年 月 ～ 年 月	年 月 日	有 ・ 無	
⑤		本人・配偶者・子・（ ）	年 月 ～ 年 月	年 月 日	有 ・ 無	
⑥		本人・配偶者・子・（ ）	年 月 ～ 年 月	年 月 日	有 ・ 無	
⑦		本人・配偶者・子・（ ）	年 月 ～ 年 月	年 月 日	有 ・ 無	
⑧		本人・配偶者・子・（ ）	年 月 ～ 年 月	年 月 日	有 ・ 無	

下記項目（Ⅰ～Ⅷ）に該当する通帳がある場合は、□に☑を入れ、通帳番号（①～⑧）をご記入ください。

		チェック欄	通帳番号記入欄			チェック欄	通帳番号記入欄
Ⅰ	給与振込	□	通帳番号：	Ⅴ	失業給付・傷病手当	□	通帳番号：
Ⅱ	年金振込（企業年金等含む）	□	通帳番号：	Ⅵ	婚費・養育費等の振込	□	通帳番号：
Ⅲ	児童手当	□	通帳番号：	Ⅶ	公共料金等引落	□	通帳番号：
Ⅳ	児童扶養手当	□	通帳番号：	Ⅷ	保険料引落	□	通帳番号：

別添用紙 ⑦

Ⅳ　書類作成援助のポイント

【書式33】　償還免除及び猶予申請書（法テラス様式）〔記載例〕

記載例

機密性3　取扱注意

償還免除及び猶予申請書

援助番号：

申請者	住所	〒***-**** ○○県○○市○○1-1-1					
	氏名(旧姓)	支援　太郎			年齢	70	歳
	職業			月収	約7万円		

生計を同じくする家族	氏名	続柄	年齢	職業	月収	備考
	支援　花子	妻	68		約7万円	

生活状況
- 生活保護適用の有無：無・有
- 将来の資力回復の見通し：高齢であり、収入が基礎年金のみでぎりぎりの生活をしており今後の収入増加が見込めない
- 備考：

事件の状況
- 事件名：自己破産申立
- 事件終結の結果相手方から給付を受けるべき在崎の価格及びそれを得る見込み：金　　　円
- 備考：

当該事件につき、立替金を償還することが困難な事情がありますので、次のとおりその償還の免除を得たく申請します。
あわせて、立替金の償還免除が決定されるまでは、その償還の猶予をされたく申請します。

免除及び猶予を受けようとする金額　金　149,000　円

③　　　年　　月　　日
　　　　　　　　　　申請者　　　　　　　　　　　印

日本司法支援センター　　　　　法テラス　御中

---

①住所と名前を確認してください。変更があれば、変更後のものを右側に記載してください（変更がなければそのままで結構です）。
②項目に沿って記載してください。
③記入した年月日、お名前を書き、印鑑を鮮明に押印してください。

第6章

〈座談会〉
家事調停の現状・課題と司法書士による支援のあり方

〈座談会〉
家事調停の現状・課題と司法書士による支援のあり方

●目　次●

I　はじめに　417
II　家事調停事件への法律専門家関与の現状　419
　1　家事事件手続法による実務の変化　419
　2　同席調停の課題と可能性　423
　3　司法書士による調停支援のあり方　426
III　離婚調停の考え方——面会交流を中心に　430
　1　離婚調停における面会交流の位置づけ　430
　2　面会交流の継続性と支援のあり方　434
　3　司法書士に求められる離婚調停支援　437
IV　遺産分割調停の考え方——長期化防止の視点から　439
　1　遺産分割調停における当事者間の調整　439
　2　遺産分割調停の争点と書面化　442
　3　司法書士に求められる遺産分割調停支援　444
V　まとめ　449

●出席者●

梶村　太市（常葉大学教授・弁護士）　　細川　眞二（司法書士）〔司会〕
杉井　静子（弁護士）　　　　　　　　　清水佐智子（司法書士）
入江　秀晃（九州大学准教授）　　　　　（敬称略。平成26年11月7日㈮収録）

I はじめに

梶村太市氏

細川 本日はご出席いただきましてありがとうございます。本日の司会を務めます日本司法書士会連合会（以下、「日司連」という）理事の細川と申します。よろしくお願いいたします。

さて、ご存じとは思いますが、司法書士は調停の申立書などの書類作成という形で家事事件に関与することができますが、近年、家事事件が年々増えているという状態で、私たちが市民のために何かできないのかという問題意識から、まずは、家事調停（主に離婚調停、遺産分割調停）の現状と課題、そして今後どうあるべきなのかということをテーマに座談会を企画いたしました。私たち司法書士が、今後家事調停にさらに取り組んでいくにあたって、参考にさせていただければと思っていますので、よろしくお願いいたします。

さっそくですが、家事事件へのかかわりなどを含めて自己紹介をしていただければと思います。

梶村 裁判官を約31年、その間7年間訟務検事をやっていましたので、法務局の関係ではいろいろとお付き合いがあります。その後、公証人を2年近く、それから早稲田大学大学院法務研究科に5年、そのほかもう1カ所法科大学院で教鞭を執り、現在は静岡に新しく法学部ができた常葉大学で、主として家族法・民事訴訟法を教えております。前々から弁護士がいない過疎地域、いわゆるゼロワン地域にあちこち行っておりまして、そこでは司法書士の活躍は不可欠であると感じております。家事事件についてもさらに一層、司法書士の活躍分野を広げていくべきではないか、そういう観点から本日は話をしたいと思います。

杉井 私は梶村先生と違って、弁護士一筋45年になります。私が弁護士になった頃は女性弁護士がまだまだ少ない時代でした。女性の相談者・依頼者は女性の弁護士に相談・依頼したいということが多いので、当初から家事事件は男性に比べると多くやってきています。現在でも家事事件は6割か7割ぐらいになると思います。弁護士会の関係では、日本弁護士連合会（以下、「日弁連」という）の家事法制委員会の委員長を5年間務めていました。一昨年に退任しましたが、家庭裁判所の家事事件にかかわっている全国の弁護士からの情報を把握できる立場で

第6章 〈座談会〉家事調停の現状・課題と司法書士による支援のあり方

杉井静子氏

入江秀晃氏

あったと思います。それから家事事件手続法については、法制審議会の非訟事件手続法・家事審判法部会の委員でしたので、その審議にも加わりました。

入江 私は法社会学の研究者です。調停について研究しています。調停の主に技法的なところや、調停の技法の教育に関すること、それから調停制度の歴史についても関心をもっています。平成23年4月に九州大学に着任したという、まだまだ新米の教員でございます。家事事件についてもまだまだ勉強し始めているという段階ですが、調停制度の歴史をみますと、大正時代の穂積重遠の考え方や実践が重要だと考えています。大村敦志先生の著書（『穂積重遠──社会教育と社会事業とを両翼として』）が最近出ましたけれども、穂積重遠は、家庭裁判所の構想そのものについても非常に大きな影響を与えた方です。私も、家庭裁判所の歴史に関しても関心がありますので、本日は楽しみにしてまいりました。

私は司法書士会のADRの関係で、調停技法についての研修会でよく講師をさせていただきます。単に技法をお伝えするというだけではなくて、もう少しいろいろな悩みをうかがったり、事例の研究を手伝ったりもします。その中から私自身も大変いろいろと勉強させていただいています。最近だんだん厚かましくなりまして、司法書士会のADRに「もっと頑張れ」というような辛口のことを言ったりすることもありますが、基本的には司法書士には期待しているところは大きいのです。

清水 広島で司法書士をしております、清水佐智子と申します。司法書士としては平成12年に登録しまして、14年目ということになります。家事事件に関しては、先ほど杉井先生も言われましたが、女性であるということもあって、女性からの離婚の相談等もあります。また私自身が離婚経験者ということもあり、同職や知人からの紹介で離婚に関する相談等は多いと思います。

後ほど話題が出ますが、面会交流について、全国青年司法書士協議会の人権擁護委員会の委員長をしており、DV問題

清水佐智子氏

細川眞二氏

に取り組んでいます。被害者支援センターの支援相談員として電話相談担当をしており、いろいろな勉強をさせていただいています。

細川 私は福岡県北九州市で司法書士をやっています。昭和最後の合格者、昭和63年合格ということで、けっこうベテランの域に達してきております。日司連理事は１期目で、裁判事務家事事件受託推進委員会の担当理事をしています。入江先生とはADRの関係で、初期の頃から教えていただいており、日司連でも司法書士ADR推進委員会の担当もしております。

―Ⅱ―
家事調停事件への法律専門家関与の現状

1　家事事件手続法による実務の変化

細川 さて、まずは、家事調停事件における法律専門家（弁護士、司法書士）の関与の現状をテーマにします。家事調停事件については、家事事件手続法（以下、「新法」ともいう）の施行の前後で、法律専門家の関与について変化がみられるかというあたりから、それぞれの立場で話をうかがえればと思います。

梶村 私が家事調停を裁判官の立場で担当したのは、もうかれこれ10年以上も前です。その後は杉井先生と同じように代理人弁護士の立場で関与していますが、必ずしも新法の施行の前後にわたって詳しく承知しているわけではありません。

ただ、今のところ目立った数字には出てこないけれども、当事者の意識も裁判所の意識も少しずつ変わってきていると思います。

杉井 新法施行前はどちらかというと、特に男性の弁護士は、家事調停を嫌がっていたと思います。それで調停の段階で相談に来る方に「裁判になったら来てください」と帰らせてしまうことがよくありました。

細川 調停の代理をしないということですか。

杉井 そうです。調停は本人だけでできますから、「どうぞ、自分でやって、それで不調になったら来なさい」ということです。私は女性の相談が多いので、そしてできるだけ依頼者に寄り添いたいと思っているので、昔から調停の段階から受けてきています。

今回の新法の施行後、透明性の確保ということで、調停でも申立書の写しを相手方に送らなければならない、あるいは答弁書を出さなければいけない、一定の書式の情報も出さなければいけないことになりました。そうなると当事者は、自分では書けない、やはりこれは誰かに相談しなければならないといって、弁護士に対する相談も増えていると思います。その中で弁護士は、特に最近は弁護士人口がぐっと増えましたので、若い男性の弁護士が調停に関与していると思います。はっきり言って、昔の男性弁護士が家事調停をやらなかったのは単価が低いとい

う報酬の問題もあると思いますが、最近の若い弁護士は、そうは言っていられないし、家事調停を一つの新しい分野と位置づけて、積極的に関与しているといえるのではないでしょうか。

細川 入江先生はいかがですか。新法の施行前後の変化についての研究はされていますか。

入江 家事事件に関しては、あまり現場の研究はしていません。ですので、私は杉井先生にお聞きしたいのですが、家事事件手続法制定に向けての法制審議会の議事録を読んでいまして、細かな議論をしているなというのが私の印象です。家事審判法が、戦後すぐにつくられたのが60年経ってようやく変わるという大改革のはずなのに、どうもスケールの小さい議論しかしていないという感じがしています。終戦直後なんていうと、まだ多くの国民あるいは調停委員の法意識みたいなのは、旧民法でやりましょうとか、そのようなことを言っていたような時代ですよね。その時につくられた家事審判法を、今の時代にもう一回つくり直すという時に、何か手続法的な抜け穴をつぶすというような、そういう観点の議論に終始していたような印象をもっています。もう少し日本の家族や日本の家庭ということ、あるいは夫婦であるとか、子どもをどのようにして育てるとか、そういうもっと根本的なところを本当は議論しなければいけないはずなのに、そういう話が全然なくて、全部先送りにされたよう

なところがあると思っています。たとえば、今の時代だからこそ、むしろ最終的に家族しか頼るものがないという社会的な現象も出てきているので、セーフティーネットとしての家族の問題があります。あるいは家族から個人をどう守るかという問題もあります。そのような本当に根源的な問題を話すべき時にきているのに、必ずしも話されていないということが大きな問題ではないかなと私は思っています。

　終戦直後、家庭裁判所の草創期につくられたある種の理想、男女の平等や親切な司法といった理想に燃えていた1960年代から1970年代初頭までの家庭裁判所と、それ以降成熟していった家庭裁判所の歴史があるわけです。けれども現在は、本当は次の時代といいますか、最初の草創期でもないし、その後の成熟期でもないような、またこれから家庭裁判所が果たす役割というのをもう一回考え直さなければいけない時代に入ってきていると思います。そのあたりのグランドデザインに関する議論というのがまだまだされていない。そういう問題に対して、私たちはどのように考えていくのかということを、少し足元を見つめるといったことが、本当は必要ではないかと考えたりしています。

細川　杉井先生、この点はいかがですか。

杉井　入江先生がおっしゃるとおりだと思います。ただ、一つは家事事件手続法はあくまでも手続法で、私たちの審議会の議論の中でも、結局、実体法である民法が変わらなければ、いくら手続法だけ変えてもしょうがないというネックがあったと考えます。家族のことを考え、時代の変化に応じた法ということを考えるならば、民法改正案が棚ざらしになっているわけで、あれは早期に実現しなければいけないということもあります。たとえば、親子法の「成年に達しない子は、父母の親権に服する」という規定は親子の関係を支配・服従の関係と規定しているわけで、戦前の親権規定と変わっていないですね。家事事件手続法の制定と同じ時期の民法改正で若干は変わったにしても、抜本的な改正はありません。もっと家族法を今の時代に合ったものに見直していくというのは、私も大賛成です。ただ、法制審議会では、そこまで議論することはできませんでした。何しろ裁判所は当初すべてにおいて法を変えることに消極的でした。たとえば、申立書の相手方への送付です。こんなのは私たちから言わせれば、当然ではないかと主張しましたが、これにも大きい抵抗がありましたね。

細川　なぜ裁判所は相手に送るのが嫌なのですか。今までしていないからというだけですか。

杉井　もちろん裁判所の手間暇がかかるというのがありますよね。それと、相手方を刺激するというわけです。調停は相手方に出席してもらわなければいけないので、申立書の写しが送られたら相手方

を刺激して欠席されては困るということです。ただ私たちに言わせれば、申立書の写しが送られなければ、どのような申立てがされたのかというのがわからないと指摘しました。旧法下の第1回期日は、相手方はどのような内容の調停が申し立てられたのかわからないまま出席していたため、どのような申立てがされているかを説明するだけで終わってしまっていたわけです。事前に申立書が届いていれば、相手方も自分なりに考えて臨みます。そういう意味では第1回期日が充実するではないかということを強調しました。最終的には申立書の写しを送るということになりましたが、現在の裁判所の定型の書式をみると、夫婦関係調整調停では申立ての理由はチェック方式になっていて、中身が結局わからないものになっています。

梶村 その点は、一応実務的には双方の意見を調整するような形で、基本的な申立書は骨格となる部分（たとえば、夫婦関係調整であれば、当事者、何を求めるのか、離婚、親権者、養育費、財産分与など）は一応チェックして、何を求めるかぐらいは明らかにするようになりました。しかし、あまり詳しいことを書くと、相手方を刺激するということで、その部分は別の用紙に書いてもらうことにして、別の用紙は裁判所は相手方に送らないでもよいという形で、うまく調整はしていますが、その点の兼ね合いは難しい問題です。杉井先生のように、できるだけ相手に送ったほうがよいという考え方はわかりますが、当事者の気持というのは変わるではないですか。申立書の時はこう思ったけれども、だんだん相手と話しているうちに変わってくるということがあるので、あまり最初から「私の意見はこうだ」と言ってしまうと、当事者も「何だ。最初はそんなこと言っていなかったじゃないか」というようなことを言われかねないので、当事者は躊躇するということもあります。申立書をどの程度書くかは非常に難しい問題ということですね。

杉井 それはそうですね。

細川 調停だと、裁判と違って全部書類が出てくるわけではないから、話の内容が変わった部分が抜けて、最初の書類だけが残るという問題があるということですね。

梶村 それで、調停委員は、話の内容が変わることをどうも嫌がる傾向があって、私は「そんなの嫌がることないじゃない。どんどん当事者の気持は変わりますよ。変わったら変わったように対応すればよいではないですか」と言うのだけれど、なかなかそういう対応はしてくれないという面があると思います。

杉井 感情的な記載は絶対避けたほうがよいのでしょうが、ただ事実関係はそれなりに詳しく書かないとだめなのではないかと思っています。

細川 そうすると、一般の方が「感情を省いて事実を書く」というのはけっこう難しいですよね。

杉井 そうです。難しいです。そういう意味では法律専門家の関与が大事になると思います。

細川 相手を刺激しないような形の文章をつくっていくことが求められるということですね。

2 同席調停の課題と可能性

梶村 そうです。それと当事者どうしあるいは調停委員との情報の共有が公平な調停運営では不可欠ですが、もし同席調停であればそのようなことは心配いらないわけです。ところが別席での調停ですから、情報の共有ができません。そのようなことは聞いていないということになってしまう。調停委員はわかっているけれど、相手方はわからないのだから。おそらく、そのような問題があるから、できるだけ肝心なことは書いてくれという意見になると思います。

細川 言っていることを全部文章にすればよいのですが、それも大変でしょうからね。

梶村 そうです。しかし書いてしまうと、またぐるぐる変わるし。

細川 変わったときに、これは違いますという訂正とか。

梶村 そうです。事実といっても、客観的な事実よりも、むしろ主観的な事実のほうが調停では大事です。どのように思ったか、どのように感じたか、これからどのような方向にしたいのか、もしそれらが大事だとすれば、あまり書いてしまうと身動きがとれないということがあります。

細川 入江先生、同席調停に関して何かございますか。

入江 私は8月まで米国に1年留学していましたが、実際に、たとえば親権の調整で、すべて同席で進められる手続を傍聴させていただきました。ほかには、交通事故の同席と別席の組合せの調停も見ました。米国でも、実務では別席を使うところもあります。しかし、基本は同席というか、同席のよさを大事にするというのが、少なくとも調停技法を教える場面ではかなり重視されています。私は日本でも同席を重視している団体との交流もあります。たとえば、岡山弁護士会は同席をかなり重視しています。

　私の印象としては、利用者が馴れていないことと、調停委員・調停人が馴れていないということは随分違うということです。私は日本で同席調停ができない一番大きい問題としては、調停人の構えというか、調停人がきちんと同席でできるという形で習っていないからだと思っています。同席別席の話題はまさに手続の話なので、もう少し家事事件手続法の制定の際にも議論してほしかったという気持があります。ただ、最近の「ケース研究」を見ていると、東京家庭裁判所では、最初だけは少なくとも同席でやるということ、しかも細かく読んでいると、現在の取組みはステップ1だと書いてあります。そういう意味では、今後ある程度取

組みを増やしていくという方向性は考えられているという気もします。梶村先生が、同席調停もできないような関係の中で面会交流は実施できないと書かれていましたが（『裁判例からみた面会交流調停・審判の実務』288頁、「親子の面会交流原則的実施論の課題と展望」判時2177号3頁〜12頁）、今後は家事調停でも同席への取組みを強化せざるを得ないと思います。もちろんDVなど同席すべきでない類型があります。そのあたりのアセスメントは海外のものでもかなり丁寧にやっています。同席で理性的に話ができないケースでは、やはり同席を排除するというアセスメントに関してはかなり丁寧にやるのだけれども、そうではないものに関してはきちんと同席でできるというように、調停人自身がトレーニングされている必要はあると私は思っています。

杉井 海外の場合は、専門家代理人は付いていますか。

入江 ハーグ調停に特化したイギリスのリユナイトモデルは付かず、弁護士は外で待機するというモデルですが、議論が分かれるところです。ハーグなので特別で、2日間で9時間まとめて行う方式です。ただ、アメリカの離婚調停は弁護士も入って同席で行うという話は聞きます。

梶村 同席調停の一つの問題は、調停委員がまだその気になっていないと指摘されました。そうだろうと思いますが、もう一つの問題は、代理人弁護士の問題で、代理人弁護士は同席調停を嫌がります。私たちが調停を同席で行おうとすると、代理人弁護士は「別席でやってくれ」という傾向が強いです。私は調停委員の意識を変えると同時に、裁判官の意識も変える必要があるし、それよりも何よりも代理人弁護士の意識を変える必要があると感じました。

杉井 私は、実は民事の調停委員を長く務めています。民事調停は原則として、最初は同席ですよね。代理人が双方に付いていれば、同席は可能なのではないかと思います。ただ、特に夫婦関係の場合、たとえば、夫から妻に対する暴言や暴力があって怖いという感覚がある、自由に発言できない、萎縮してしまうというケースでは、代理人としては、本人を守らなければいけないという意識はどうしても先にきます。そして、本人に「同席はどうでしょうか」と最初に聞くと、ほとんど「嫌です」「顔を合わせたくありません」と言うので、結局別席調停となってしまうのだと思います。ただ、確かに、もっと同席調停の訓練を受けて馴れていけば、十分可能ですが、DVなどはどうしても難しいですね。

梶村 もちろんそうですね。DVなど、どうしても当事者の力関係に差がありすぎて、同席では弱いほうが発言することもできないというケースはありますので、もちろん個別、コーカスで行う必要があるということは前提にして、それにしても同席を少し増やしていかないといけな

いと思います。そのためには代理人弁護士や、場合によってはカウンセリング的な専門家の援助が必要でしょう。

杉井 それはそう思います。本人たちだけではちょっと無理ですね。

入江 調停に関して、梶村先生が書かれた言葉で振るっているなと思ったのは、「これまでの調停というのは調停委員に対する言いつけ合いにすぎなかった」という話です。弁護士が長い書面をつくってくるというのは言いつけの一つです。本当にそういう形でいいのかという問題です。私もそこはすごくあると思っていて、杉井先生がおっしゃったように、両方にしっかりとよい代理人が付いていて、調停委員もそれなりに訓練されていれば、同席でしっかりと、梶村先生の言葉でいうと、大人のけんかができるということになると思います。整えられた土俵で、大人のけんかが安全にできるような形で調停人がかかわるという。それが近代・現代の社会のあるべき姿だと思います。また、弁護士を排除する形ではなくて、弁護士にはしっかりと弱い本人をガードするというような役割、これ以上は踏み込ませないとか、そういうことをきちんとやっていただくという考え方も大事だと思います。米国でも同席調停の中で、弁護士に対して調停人は何を質問すべきか、本人に対して何を質問すべきか、そのような枠組みを研究しているところもあります。まともな法律家であれば、必ず裁判で勝てるなんていうことは言わない。要するに自分のこの事件での強みと弱みというのはある。相手方の弁護士も自分サイドの強みと弱みがわかると。そういう現実的な土俵の中で、本人たちが妥当な自己決定ができるような話し合いをきちんとつくれるという考え方です。日本では、そういう現代的な調停の実現のために、必要な材料は多分ほとんどもう揃っているのだけれども、他方で日本は非常に画一的な司法制度をもっている国で、どこかで実験するというのもやりづらいところはあると思います。ただ、いつまでも日本人の国民性はどうのこうのとか、そういうことを観念的にやるよりは、もう少し実態的に、実践的にやっていけば改善の糸口が見えるはずです。たとえば東京などは調停委員になることは難しいですから、ある意味レベルの高い人が集まっているわけです。実験としてはむしろもっと小さいところのほうがやりやすいかもしれないですけれども。調停のあり方は長い歴史もあるし、年間十数万件という大きなものなので、「せーの」で変えるというのは難しいですけれども、私はやはり変えるべきは変えるということで、妥当な取組みを本格化していくような時期にきているのではないかなと思っています。

梶村 よく日本人はどうも同席が下手だと。要するに日本の国民性からいってどうも日本では馴染まないという意見が相当あります。しかし歴史を繙くと必ずしもそうではありません。というのは、た

とえば、江戸時代とか明治時代の国民・市民というのは、都市化する前の特に田舎などではもう喧々諤々その地方で議論するという風習ができていました。私も愛知県の田舎の出身ですが、父親が早く死んだために中学生の頃から父親の代わりとして村の寄り合いに出て、喧々諤々の議論をしていたわけです。それは全員が議論する。まとまるまで議論する。何回でも議論する。そういう風習があったと思います。明治時代や戦前や終戦直後の調停は、主に民事なのでしょうが、「いや、あのころは同席でしていた」と言う先輩もいるわけです。「もっとやっていたよ」と。「別席で、ああいうのはむしろ戦後のここ20年〜30年前からだよ」という声があるくらいです。つまり、私たちは決して同席が苦手な国民ではないと私は思います。先生、このあたり、よく研究してください。

入江 実際に終戦直後につくられた日本調停協会連合会による『調停読本』という本では、同席が原則です。日本人は別席を好むという話は、少し神話が入っているのではないかなと思っています。

細川 自分で直接話をすることが苦手だとか。

入江 言いつけを聞く調停委員という役割と、言いつけを準備する弁護士という、ある種の相互依存の関係だと思います。そこをある種断ち切る必要があります。

3　司法書士による調停支援のあり方

細川 先ほど当事者の力関係について触れていただきましたが、司法書士が、当事者の力関係があるケースで、何かしら貢献することはできないでしょうか。

梶村 当事者のうち一方には代理人弁護士が付き、他方には付いておらず本人だけだと、力関係のアンバランスがありすぎますね。そういう意味では、代理人弁護士は双方の当事者に付いていることが望ましいです。

しかし、一方で現実問題として、地方へ行くと弁護士ゼロワン地域が依然としてありますが、それぞれの地方に多く存在している司法書士が何らかの形で関与できるシステムを考えていく方向にもっていくべきでしょうね。たとえば、司法書士も離婚事件についても興味をもって、問題点をよく勉強して、バックアップ体制をとってもらうことが地方の司法政策で必要ではないか。書類作成の援助のために裁判所まで同道することもあってよい。

細川 この点、清水先生は、調停の中で、代理人は付いていないが、当事者の後方で書類作成の援助をするという立場で実際に工夫して行っていると思いますが、いかがですか。

清水 家事事件の相談自体は、司法書士のもとにきていると思います。ただ、事件を受けたことがないということで、取

Ⅱ 家事調停事件への法律専門家関与の現状

り組んでいない司法書士もいると思います。

先ほど家事事件手続法によって、申立書の写しが相手方に送られ、相手方が申立書に必ず目を通すようになっているということから、本人の話の中から必要な事実をピックアップして、それをきちんと書面に落として、必要なことは必ず相手方に伝えていくという作業は書類作成を行う司法書士だからこそできることだと思います。代理人であれば、調停室に入って、いっしょに話すことができますが、司法書士はあくまでも書類作成なので、話を聞いて、それをきちんと書面にして、相手にわかるように、裁判所にわかるようにまとめる作業が必要なので、ある意味で神経を使って書類をつくっていると思います。最初から申立書が相手方に送られて、相手方がそれを読んで逆上するという申立書はもちろんつくれないわけですから、きちんと必要な事項は伝えたうえで、相手方にもそのつもりで裁判所に来てもらって調停をスタートさ

せる。その役割が私たちにはあると思います。

また、私が調停にかかわるときは、調停室の中には入れませんが、必ず同行して待合室にいっしょに行って、横にいて、本人に落ち着いてもらいます。本人は一人で調停室に入って、事実も話しますが、気持も含めて話したいことを話してもらえるような、そのための書類をつくって援助しているというイメージです。

梶村 簡易な事件という意味では、家庭裁判所の事件はほとんど簡易な事件です。簡易裁判所の事件では、代理権が一定の限度で与えられている司法書士が、家事事件も、すべてではないけれども、一定の研修を経たうえで、新法別表第1事件類型はほとんど、別表第2事件類型でも一定の事件については、司法書士にも代理権を与えるべき時期にきているのではないかと思います。私が強調したいのは、新法ができて、書面主義が強調されてきていますので、司法書士の仕事が増えていくのではないかということです。

清水 本来ではそうですね。

梶村 申立書にしても、答弁書にしても、準備書面にしても、最近は家事調停でも書類作成をすることが多くなりました。司法書士がそういう書類を作成するためには、いろいろと相談に乗らなければいけないわけですから、家事調停や家族法あるいは家事事件手続法の勉強も必要になります。

清水 きちんと争点を整理して書面に書いていくことが必要なのだと思います。そのうえで、本人に話したいことを話してもらうという。どちらかというと、その素地のため、基礎のための書類というイメージですね。

杉井 私は申立書を書くにあたって、必ず本人に「メモ程度でよいので」と言って、事情を書いてもらいます。文字にするということは、その人の気持ちや感情を整理するために大事なことです。本人は話す過程で自分なりに心の整理をして、「ここをこういうふうに話せばよいのだな」ということがみえてくるのではないかと思います。

清水 裁判でなくて調停というのは、そこに意義があるのだと思います。話すことによって、本人がいろいろなことを整理できて、次にどうしようということが考えられるようになるという意味では、調停というのはよいものだと思います。

梶村 一方だけ強調するとよくないと思いますが、私はいろいろなところで、話に行ったり相談に乗ったりするものだから、私のところに当事者本人からいろいろと意見があります。最近は、調停委員が、よく「その点は書面化してきてください」、「陳述書という形で書いてくれませんか」と言うことが多くなったといいますね。

杉井 そうですね。多いですね。

梶村 いいですか、当事者にとって書類を書くということがいかに大変か。これはわかってやらなければいけないと思います。なぜならほとんど書いたことのない当事者が、離婚調停の当事者として来るのだから。

細川 そうですね。家事事件の手続が変わったことによって、そのようなことが起きているということですよね。

梶村 そうです。

細川 そうすると、やはりここで誰が書類をつくってあげるのかという話になってくるのですよね。

梶村 そうです。だからそこで司法書士が「書面化は私に任せてください」と。弁護士のように高額な報酬をとるのではなく、気軽にちょっと２枚〜３枚の書面をさらさらと書くことができる、２時間〜３時間もあればできるような作業かもしれないですよね。ところが当事者にとっては、それは大変ですよ。書いたことがないのだから。

細川 たとえば、陳述書とは何を、どのようにして書けばよいのかというところからですよね。

梶村 このあたりは、司法書士の働きが

Ⅱ 家事調停事件への法律専門家関与の現状

求められる分野ですよと、私は言いたいです。

清水 本人は実にいろいろなことを話しますので、書面でしか表現できない司法書士は、必要なものをピックアップすることには長けていると思います。

梶村 事実関係をしっかりと見据えたうえで話し合い、調停を続けていく必要がありますから、ある意味では書面化は必要です。しかし、書面化だけではだめですよ。口頭で話し合いをしなければいけない。両面があるから、一方を強調してしまうといけないのだけれども、少なくとも離婚調停でさえ、たとえば財産分与などでいえば、財産がどのくらいあるかが紛争になる。夫に言わせれば「知らないうちに妻がさんざん使い切ってしまって、私の貯金、どこ行ったかわからない」ということが争点になります。それはやはり書面化しなければどうにもならないだろうということですね。そのようなときに、たとえば司法書士がきちんと当事者から細かく聞いて書面化するという作業を惜しまないということです。

清水 ただ、調停では、本人は緊張して、言わなければいけないことを言わずに出てくることもあるので、少なくとも司法書士は調停室の中に入れないからこそ、そのような場合にきちんと補足できるような形にしておかないといけないと思います。そういう意味で、当事者に寄り添って、当事者の言いたいことも忘れないようにサポートしながらいっしょにやっていくということが、司法書士による調停支援と思います。

―Ⅲ―
離婚調停の考え方
――面会交流を中心に

1 離婚調停における面会交流の位置づけ

細川 すでに話題に出ていますが、ここからは、離婚調停と遺産分割調停とに分けて、話をうかがっていこうと思います。

まずは離婚調停ですが、最近大きく変わってきていると思います。離婚調停の変化に、どのように対応し関与していけばよいのか、そのあたりをまず杉井先生からお聞かせいただけますか。

杉井 今までは夫婦関係、それから婚姻費用分担請求も面会交流も全部いっしょに調停を行うというイメージでしたが、最近は夫婦関係、婚姻費用分担請求、面会交流といったようにきちんと分けながら調停をしていると思います。

離婚調停においては、まず婚姻費用を決めなければいけないというのがありますよね。婚姻費用については算定表があるから、昔に比べて比較的早期に話を進めてまとまることが多いです。最初は、夫婦関係のほうはおいて、まず婚姻費用についてだけ調停を先行させて成立させてしまうというのが最近の傾向です。夫婦関係については少しぐらい延びても婚姻費用が決まっていれば生活に困りませんので、この傾向はよいと思っています。しかも調停で話がつかなければ、これは審判事項ですから、調停不成立として審判移行してもらい、そして審判が出るということでよいと思います。

調停委員は、面会交流も基本的には切り離して、まず先に進めます。たとえば、妻が離婚を申し立てたとすると、夫から面会交流の申立てが出てきます。すると、まず面会交流を先に進めましょうという話になります。しかし、面会交流を先に進めた場合、これでもめると夫婦関係の調停が長引きます。はっきり言って、昔は3回くらいの調停で話がつかなければ、もう不成立にして人事訴訟という流れだったと思いますが、私はそういうときは、むしろ面会交流は基本的に審判をやってくださいと言います。そして、夫婦関係は不成立にして人事訴訟にしますと言うことも多いです。しかし、代理人が付いていないと、本当に1年近くかかってしまうこともあって、最近は調停が長くなっているという気がしています。

細川 婚姻費用を早く決めるということで、これが駆け引きに使われなくなったというのはよい点ですね。

ただ、昔はいっしょに行っていたのが、現在は分けてやっていることから、調停の長期化という問題が出ているのですね。

梶村 要するに夫婦関係調整で、離婚するかどうかが大きな問題になっているのだけれども、その前に解決しなければいい

III　離婚調停の考え方——面会交流を中心に

けない当面の課題として、生活費をどうするかという婚姻費用の問題と、それから父親は子どもに会いたいと言っているから、面会交流をどうするかという二つの問題が絡んでいるという場合ですね。

杉井先生の話だと、まず婚姻費用を決めよう、その次に面会交流を決めよう、話ができなければ審判に移行するしかない、しかしその後の離婚調停は非常に難しい、時間がかかるということですよね。婚姻費用は審判でもよいと思います。子どもとの面会交流になると、審判で決めてうまくいくかという問題が出てきますね。最近、面会方法について、義務・債務の特定があれば間接強制ができるという最高裁判所の決定が出ましたが（最決平成25・3・28民集67巻3号864頁ほか）、東京高等裁判所でも、原審が特定していないケースを特定しているとして、間接強制を認めました（東京高判平成25・7・3判タ1393号233頁）。しかし、間接強制で本当にうまくいくのかと思います。おそらく90％以上だめですよ。

細川　だめですか。

梶村　間接強制ではうまくいきません。というのは、母親（監護者）は納得していないのだから。要するに債務名義のつくり方の問題です。結局、調停委員は当事者を納得させないまま調停を成立させてしまいがちです。審判についても、説得力のない審判を出すからです。それなのに、後は強制執行でやれというようなことだと、子の利益にかなう面会交流は望めません。調停の最も大事なことは、当事者をいかに納得させるか。よく昔から性善説と性悪説があって、欧米は性悪説で当事者が合意しなければ裁判してしまえ、と裁判官が決めるのだという。ところが日本人は、儒教の影響もあるのもしれないけれども、性善説です。だから昔から和の国とか何とかといろいろとあるように、最終的には合意できる民族だと私は思います。とすれば、できるだけ納得させるように調停委員が進めるべきであって、先ほどの最近の裁判所の問題はここで、利用促進とか迅速処理という言い方で、そういう観念が強すぎると、これはかえって問題です。面会交流についていえば、最近一丁上がり式で、もう何回か調停で話がつかなければ審判してしまえ、審判で守られなかったら間接強制してしまえ、そういう風潮が出てきています。漂流型調停はいかんと。しかし、それは決してよい傾向ではないと思っています。

細川　ならば、どのようなところに注意すればよいのでしょう。最近は離婚の場合において面会交流は一つの問題になってきていると思います。でもその問題について納得できないと、離婚事件全体に影響が出てくるということですよね。

入江　梶村先生の話は、面会交流ありきという形での結論を出すように裁判所が変わったという態度そのものにも課題があるのではないかということだと思います。現在、裁判所は一応月に1回程度や

るという話になっていますが、ハーグ条約を結んだので、国際離婚の調停の面会交流との整合性をとるためという側面があったのではないかと邪推しています。海外から見ると、月に１回ぐらいというのは、たとえば米国だとほとんど会わせないに等しいという理解になります。要するに週の半々という原則を頭でやっている人たちからすると、月に１回は少なすぎるという意識が一方であります。他方で、つい数年前までの日本では、面会交流は非現実で、やってくれるという人はやったらよいが、そうでなければ別に不要ではないかという、むしろそういう態度だったと思います。それで現在の裁判所は、その間をとって、面会交流を月に１回ぐらいで実施しましょうという形でやっていますが、離婚した後の子どもをどのように育てるかという、ある種の社会的なコンセンサス自体が日本ではまだ十分にないと思います。私は現在45歳ですが、私の世代はかなり育児を男性もするという人が多いとはいえ、それでも家庭にもよります。もちろん、世代にもよるところがあります。元々育児をしていない父親が面会交流の主張のときだけ、弁護士に「男性側はそれでしか闘えないよ」といったことを言われて、ある種の駆け引きの材料にしてしまっているというのは不幸だと思います。

司法システムとしてみた場合には、面会交流というのは続いていく話ですから、審判で結論を出したというようなものだけで、その後は知りませんという裁判所の態度では済まない問題だと思っています。間接強制という金銭の話も本質的には継続的な関係の中でどのように強制力を使えるようにしていくかというような話のはずです。海外でいえば、ペアレンティング・コーディネーターみたいな人が、たとえばどちらに監護権を付け替えるかというような権限まで与えられたうえで、かなり世話する実態があります。ベビーシッターの代わりに親をシッターするといわれますが、そういう役割、司法の容量といった話につながってくる話ですが、どこまで広げて世話をするかというような話は難しいですが、避けて通れないのではないかと思っています。ハーグ条約を結んでしまったから、ちょっとやっているふりをするために月１回ぐらいは何とかという形で、お茶を濁そうとしても済まないのではないかとみています。日本中どこでも月１回で一丁上がりで、それで当事者に「やってくださいよ」というのは、国民を不幸にすると思います。

ですから、これは時間がかかる話だと思いますが、梶村先生の言葉でいえば、性善説で解ける問題、解ける場所をもっと増やしていくべきだということになります。もっといえば離婚の９割を占める協議離婚の子どもの面会交流だって、本当はきちんと受け皿をつくっていかないといけない話だと思います。そういう話もなしに何となく、今の実務をありきと

III 離婚調停の考え方——面会交流を中心に

して、迅速化とか、そういう話だけで終わっているというのはちょっと違うのではないだろうかというのが私の考えです。

梶村 今のお話で私も、特に米国などでは最近は、たとえば、父親は月のうち半分は会わせろという要求が強いのだけれども、よくよく聞いてみると、それは月に半分くらい子育てしたいとか、子どもに会いたいということではなくて、向こうは養育費の取立てが厳しいので、半分ずつ監護すれば養育費を支払う必要がないわけです。

細川 減額できると。

梶村 そうです。そういう話を最近聞いて、なるほどなと思いました。欧米では、1970年ぐらいから離婚破綻主義化していって、そしてその後、共同親権・共同監護の時代が30年〜40年続いていますが、最近になって共同親権・共同監護は問題だとなってきて、日本のような単独親権・単独監護のほうがいいぞという風潮が少しずつ出てきているようです。これは私もそうだと思います。というのは、両親が仲違いして、けんか別れしたのに、子育てでうまく子どものために面会交流がスムーズにできるのかは難しいわけです。面会交流を実施するという方向にもっていくにしても、やっぱり専門家の援助が必要です。そのためには、代理人の弁護士にもっとしっかりとしていただかないといけないということと同時に、現在、家庭裁判所調査官のOBによるFPIC（公益社団法人家庭問題情報センター）がいろいろと活躍していて、とにかく面会交流の後始末はFPICぐらいしかほかにないものだから、もう少しNGOやNPOなどの民間団体で子育て、面会交流について応援してくれるところが増えてほしいと思います。司法書士が、成年後見については、現在非常に活躍されておられるではないですか。確かにそれは不動産とか登記に関係するからということもあるけれども、司法書士も高齢者ばかり相手にしないで、もっと子どもを相手にしろという、私はそういうことをどこかに書いてもらいたいです。

清水 ご指摘いただきありがとうございます。ただ、東日本大震災の関係で、未成年後見が増えていて、そこに司法書士がかかわっているという実態もあります。

梶村 それは非常にけっこうです。

清水 離婚調停の話に戻りますが、面会交流は、決めるのは当事者である母や父ですが、結局子どもの人生にかかわることなのに、子どもの権利が守られていないと思います。子どもがいっしょに住んでいない親に会う権利をどのようにして守るかというところで、家庭裁判所が調停の中できちんとかかわってやっていくという必要はあると思います。協議離婚であれば、面会交流も決めず、酷いときは養育費も決めず離婚するというのがまだまだあります。それを考えると、もっと調停を使って、私たちは司法書士という立場で書類作成によって、子どものための面会交流はどのようなことが必要か

というのを、監護親の立場であれ、非監護親の立場であれ、考えながら、本人と話をしながら書面にしていくことが必要です。子どもが面会交流の中では主役になってほしいなと私は思います。

梶村 そうですね。地方へ行って、感じたことですが、地方には弁護士はほとんどいないのです。特に、若手で、子どもたちの役に立つような弁護士が少ない。地方は、弁護士の数よりも司法書士の数は2倍、3倍とあるわけでしょう。どこへ行っても司法書士のいない地域はないでしょうし、専門家がもう少し子育てについても関心をもっていただいて、組織的にやってほしいですね。

2 面会交流の継続性と支援のあり方

細川 杉井先生は、代理人として、面会交流にどのようにかかわってこられましたか。

杉井 離婚調停中に面会交流の要求が相手方から出ると、「面会自体はかまわない、でも夫と顔を合わせるのは嫌だ」という女性が多いです。そういう場合にどうするかということです。FPICは池袋で、私の事務所は立川ですから、遠いのです。私は、立川の裁判所のすぐ近くということもあるので、面会の場所として事務所を提供しています。部屋がいくつかあるから、監護親に事務所に子どもを連れてきてもらって、非監護親に子ども引き渡し、子どもと交流した後、また事務所に子どもを戻してもらうという形で面会交流をします。そのように、私は弁護士としては最初の子どもの引渡しと、最後また戻してきた時の立会いはやるようにしています。でもこれは弁護士が代理人として事件が継続している間は、サービスでやってあげますよということなのでよいですが、事件が終わってしまった後が困ります。そこまで継続的に支援をしていくのは難しいので、どうしようかとなります。これが悩みですね。

細川 それはどうしたらよいでしょうか。お互いが顔を合わせずに受渡しができる場所があれば、もっとうまくできそうですね。

杉井 そうですね。子どもは会いたいという気持があるし、それは実現したほうがよいです。しかし、調停中に、夫婦で顔は合わせたくない、完全に離婚した後だって、やはり顔は合わせたくケースも多いです。

細川 時間をずらさないといけない、誰か間に立つ人がいないという。

杉井 そうです。先ほど梶村先生がおっしゃった、NPO・NGOや公的機関が、何かそういうものをつくっていかないといけないと思います。

細川 公的な機関でできなければ、代理人などがある程度考えなければいけないのでしょうか。

梶村 代理人の立場では、その事件が終われば終わり、それは個人としてはしょうがない。後でいろいろ言うと余計なお

せっかいになってしまうから。そうではなくて、組織的にやるためには、日弁連や日司連が組織としてやらなければだめですよ。個人がやるのではなくて。

清水 広島でもFPICがあまり活用されていない地域もあるので、当事者どうしが話を聞くのも嫌だし会いたくないと言っても、子どもは会いたいという気持があるし、もう一人の親はどのような親かと知ること自体が、その子どもの成長にとって大切だと思います。

杉井 私もそう思います。

清水 その機会をどのように保障するかということですよね。

杉井 悪いところがある親であっても、やはりちゃんとみて、ちゃんとケアできる機会が必要ですね。

清水 悪いところがあるけれども、それは私の親だと。それが大切なのだと思います。

梶村 こういう問題もあります。子どもは確かに会いたい。最初は喜んで会いますが、会っていくうちにだんだんと嫌になってきます。多くの場合、「また会わなきゃいけないの。会うのだったら友達と野球したほうが楽しい」という時がきます。そうすると、子どものニーズに応じた面会交流をやるためには援助者が必要です。「もうここまで子どもが嫌だと言っているのだから、そんな無理に会わなくてもいいだろう」というようなことが言える人も必要で、そのあたりが難しいですね。

細川 面会交流の実施の方法がいったん決まったときに、それを変更するというのはけっこう大変ですね。

清水 面会交流の決め方を硬直的にすると、子どもが成長したときに合わなくなります。そこの決め方の提案方法も考えていかないといけないだろうと思います。子どもの成長に合わせた面会交流を決めていかないと。

杉井 いったん途切れてもよいと、私は思います。でも、その糸はつながっているという形があれば。

清水 そこは親の都合だったりするところもあると思います。

細川 調停の中で、要は面会交流の約束を決めるときにどのようにしていったらよいのでしょうか。

清水 当事者が、面会交流とはこういうものだと納得できるかですよね。

杉井 実務では、先ほど入江先生も指摘されましたが、夫婦関係調整調停の対抗手段で面会交流を申し立てる、これが見え見えなのがあります。本当に会いたいというのならよいです。愛情があるならよいのですが、対抗手段でというのはちょっと……。

梶村 弁護士がそういう知恵をつける場合があります。

細川 子どものことを考えて面会交流をどのようにしていくのかということを踏まえて、本人に伝えていかないといけない。たとえば、「〇年経ったらまた面会交流のことを変更する」というような、

そういう柔軟な約束にしていくのかどうかということですが、何かそのあたりでよいアイデアがあれば教えていただきたいのですが。

入江 面会交流をサポートするのはFPICという団体がやっていますが、それも主にやっているのは大阪、東京ぐらいですよね。そういう受け皿が社会的に求められているというのは確かでしょう。ただ、日本全国同じように、たとえば日弁連や日司連が旗振りしていくようなものではないと思います。やはり、裁判所がもう少し地域に目を開いて、使える団体ときちんとパートナーシップを組んで、それで離婚した後もある程度、家庭裁判所は関与するのだというような、そのようなものになっていくべきだと思います。

杉井 たとえば、公民館、あるいは児童館といったいろいろな子どもが大勢来ている、そのような場に子どもを連れていって会うという方法があると思います。そのような形で地域の公共の場所を利用し、それを裁判所がもう少し活用するとよいと思います。

面会交流は、ただ権利としてあるから主張しなければという考えではなくて、本当に子どもにとってよいのか、子どもはどのように考えているのかをみなければなりません。

細川 一番の当事者は子供ですよね。ところが、子どものためではない、親どうしの紛争という面が依然としてあります。

杉井 実は、何日か前に面会交流の審判をもらいました。私は監護親の母側の代理人です。子どもはまだ4歳です。2歳の時に別居していますから、子どもには、お父さんという意識がないわけです。試行的面会交流をしたら、途中から泣き出してしまいました。また、若干発達障害があるものだから、医師は面会交流は当面させないほうがよいという意見書を書いてくれています。そして実際にも試行的面会交流の後、熱を出してしまって、半月ほど保育園を休んでしまいました。そのような状況があったので、私としてはまさか負けると思っていませんでした。

Ⅲ　離婚調停の考え方——面会交流を中心に

しかし、月1回面会させなさいという審判が出てしまいました。

梶村　突然思いもよらない結論が出ることがあるらしいです。これは新法の精神に全く反しますよ。やはり不意打ちはいけない。そのような審判をするのなら、ある意味で予告して、それについて、「このような考え方があるけれども、あなたはどう考えるのだ」という反論を聞いたうえで進めなければいけないと思います。杉井先生の話を聞いていて、これはちょっとひどいなと思いました。

杉井　それで、第三者機関を利用することができると書いてありますが、普通だったら第三者機関は FPIC ですから、では FPIC に二人で相談にいって、細かいことを決めなさいというのは、事前にあってしかるべきでしょう。それがいっさいありませんでした。なかったから、まさかそのような結論が出ると思いませんでした。

梶村　新法の精神は、まだまだ浸透していないですね。最も肝心なことは、おそらく、今のようなことをきちんとやるということです。

細川　月1回というのは、いつぐらいからそのような話になりましたか。

杉井　大体、原則月1回となったのは、新法施行の少し前ですかね。

細川　離婚して親に会うなど、昔は聞かなかったでしょう。

梶村　それで面会交流が強行されて子どもが被害に遭って、精神疾患になったという。あまり詳しいことは言えませんが、そのような例がいくつかあって、これはちょっと行きすぎではないかと。

細川　誰のために審判を出したのかという話ですよね。父親のためとか、相手の親のために裁判所が考えた可能性がありますか。

梶村　もっとも、原則実施論者も、子どものために原則実施が必要なのだという言い方ですね。ですから、どちらも子どものためにと言っているのだけれども、さて本当にどちらが子どものためになるかという問題です。子どものためというのは当たり前のことなのだから、それではどのようにして実現するかが大事だと思います。そのために専門家が育ってほしいと思います。

杉井　面会させるのはよい、そこまでは納得したと、しかし相手とは会いたくない。その際に、どう受け渡すか、面会の場所をどうするかという問題が、必ず出てくるわけです。そのときに、「このような方法がある、このような場所ではどうですか」、「では最初の引取りは私がやりますからどうですか」といった具体的な提案ができるとよいと思います。

清水　これからの課題ですね。本当にそれこそ離婚事件へのかかわり方ということですね。

3　司法書士に求められる離婚調停支援

細川　ここでは、面会交流を中心に、離

婚調停の現状と、支援のあり方を話題にしてきました。私たち司法書士は調停室には入れないわけですから、離婚調停における書類作成を通じて、どのような支援ができるのかについてはいかがですか。

入江 司法書士だから書面的にみたいな、そのロジックがすごく強いと思います。けれど、司法書士だから、みたいな形よりも、もっと社会的に明らかにニーズがあること、たとえば離婚後の子どもの支援のような分野に関して、ある種の運動を司法書士がやるとか、特に地方でやるとか、そのようなことが本当は強く求められているのではないかという気がしています。

書類作成という話でちょっとだけ嫌なことを言いたいと思います。司法書士の書く書類というのは本当にピンからキリまであって、ある種の筋のよいかかわり方をする人もいますが、筋の悪い、たとえば弁護士コンプレックスを晴らすためにやっているみたいに見える人もいます。それから、ほとんどでき上がった流れ作業になるような書類は喜んで書くのだけれども、この事件では何が必要かということを当事者との関係をきちんと踏み込んで支援できない人も多いという印象をもっています。当事者との関係の踏み込み方という意味では、私は司法書士の何割かはかなり深い方がいると思いますが、そうでない人も多いという印象です。司法書士だからできるとかということでは全然なくて、先駆的にやられている司法書士の活動、あるいは弁護士の活動を、その残りの並の司法書士が学んで、当事者の役に立つことをしっかりとやっていくということが大事だと思います。その延長線上に、もう少し権限が広がるなどということがあるのであって、何となく「欲しい、欲しい」と言っていれば降ってくるというような発想は、ちょっと違うと思います。

清水 特に家事事件だと、離婚調停は特に本人としっかりと話をして、本人の真意や思い、こだわりがどこにあるのかをしっかりと聞かないと、それはもちろん最終的には書類に書けないですが、そこできちんと相談者との関係性をつくったうえでないと形にできません。だからこそ、関係性をつくることが大切だと思うし、時には先ほどの面会交流の話でも、本人は相手が嫌いだから、もう嫌になって別れたいから、子どもにも会わせたくないという気持が強いときは、話をよく聞きます。でも、あなたは親で、向こうも親で、こういうこともあるのではないですかということもいろいろと話をしながら、再度考えていただいて、また意見を聞いて、ということをキャッチボールをしながらやっていく。そういう形で離婚調停の支援をするように、気を付けていますよね。そうでないと、できないと思います。

梶村 入江先生が言いにくいことをほとんどおっしゃってくれましたが、その意味では今回の企画は、私は大いに期待し

ているわけです。今まで司法書士が、成年後見は別として、あまり取り組んでいない分野です。これから職域を拡大する意味でも非常に大事なことですが、そのためには実力をつける必要があります。それこそ1割の司法書士では不十分です。7割か8割くらいは、離婚問題も、それから遺産分割問題もできる、そういう実力をつけてもらわなければいけないと。非常に厳しいことを入江先生がおっしゃったけれども、やればできると思います。

—IV—
遺産分割調停の考え方
——長期化防止の視点から

1 遺産分割調停における当事者間の調整

細川 次は、遺産分割調停をテーマにします。司法書士にとっては、ある意味得意な分野でもあるのかもしれません。遺産分割調停は長期にわたるケースがありますが、その要因と調停支援のあり方をお聞きしたいと思います。

入江 私は対話促進型あるいは対話型の同席調停の研究をしているという話をしました。調停の一つのモデルとしては、私は日本でもこの対話型の調停というのは使われる可能性があると、使えるものだと思っていますが、これは万能ではないと思っています。実際、裁判ももちろ

ん必要ですが、もう一つ重要なプラクティスとしては、労働審判ができましたけれども、現在、労働審判のスタイルを民事の調停に応用するという議論が出て、実際に福岡でも行われています。要は書面で主張立証を事前にかなりしっかりしたものを両方に出させて、そのうえで期日では口頭で喧々諤々やるけれども、期日の回数を3回でというような形で決めています。実情は、東京では「労働審判は1回目の期日が勝負だ」ということになっているという話も聞きます。要は話し合いの土俵が決まっているからこそ結論を出しやすいのです。だらだらとやらないという、そういうあれは一種の評価型の調停だと思いますが、あれはあれで有用な手続のモデルではないかなと思っています。対話型と評価型のどちらかが優れているではなくて、どのような文脈でどのような手続が必要かということをきちんと使い分けていくようにならないといけないと思っています。遺産分割は、調停だから職権主義という話ではなくて、事実上もう弁論主義に近いような形で双方が主張立証しないと話し合いが進まないという構造ですから、そういう意味では労働審判型の活用というのは考えうるところなのではないかなという気がしています。そういう議論になるかどうかはまだわかりませんが、私は調停の二つのモデル、対話型のモデルと労働審判型のモデルというのは、必ず両方とも注目すべきものだろうと思っています。

細川 遺産分割の調停は、実際どういう形で進められているケースが一番多いのかということですが、いかがですか。

梶村 入江先生が、労働審判との関係を指摘されましたが、まさにそのとおりです。労働審判は非常に成功している数少ない例だといわれています。なぜかというと、あのやり方は、最初は同席です。中身まで同席で入っていきます。初回は大体2時間ぐらいのうち1時間以上は同席で話をしていきます。そうすると、争点がどこになるかということは大体裁判官がわかってきます。そうすると、「では、問題点がわかりました。双方とも、要するにこういう問題点ですね」と確認したうえで、「それではこれから個別にうかがいます」ということで、申立人、相手方に個別に裁判官が聞いて、2時間ほどで第1回期日は終わりますが、締め方が「今日の争点はこういうことです。次回までの課題はこういうことです。本件は和解的解決が可能だと思います」ということまで、裁判官が言います。次回期日になると、まず「前回どこまで検討してきましたか」ということで個別に聞く、その後調整段階ではいっしょに聞くということを交互に繰り返す形で進行していきます。同席と別席をうまく使い分けているので、当事者はどのような形で事件が進行しているかを絶えず理解できるように、裁判所が配慮してくれました。別席の場合でも、「相手の人は、今こういうことを話している」とわかるように

なっていました。自分たちのほうも、話していても決して相手の悪口等を言うのではなくて、建設的な方向にもっていく形の労働審判は非常にうまくいっています。

　遺産分割は当事者が多数であるということが、労働審判との違いであり、ある意味で非常に難しい問題です。しかし、多数だからこそ同席でやる意味があるといえます。多数といっても、多くの場合、たとえば、前妻の長男の味方、母親の味方、一番下の娘の味方といったように、大体グルーピングされていて、グループ間は激しく対立しています。いずれにしろ、同席か別席かという問題については、またいろいろと別の問題が出てきますね。当事者が多いということは大変なことです。

細川　当事者が多いと代理人も多くなるのか。ケース・バイ・ケースだとは思いますが。

杉井　最近は、特に調停が成立する段階になると、利益相反の関係がありますから、個別に進めます。私も最終的に労働審判型がよいと思いますが、遺産分割の場合は、当事者が多いだけでなく、感情的な対立がありますから、労働審判と同じような回数でできるかというと、難しいですよね。

　最初は、個別にそれぞれの感情の部分を聞き取って、どこが一番かを探ることでしょうね。実際は金銭の問題がありますが、一方で金銭の問題でない部分もあるので、そのあたりをまずきちんと聞いてあげることが必要です。遺産分割の場合も、最初は別席がよいと思います。それを1、2回続けると、感情的な部分も整理されて、「このあたりでこのような形でなら」というそれぞれの機運が出てきたときに、同席して調整をするというのがよいと思います。

細川　最初は感情を受けとめることが重要だと。

杉井　そうです。私は重要だと思います。

梶村　感情的な問題があるから紛争になるのですが、代理人が付いているかいないかで相当違います。代理人は当事者の感情をうまく抑えてくれますから、そういう意味では、私は代理人の役割は大きいと思います。ただ、調停委員、裁判官の立場からいうと、代理人に対する対応の仕方は非常に難しいですね。私は裁判官時代には「言いにくいことは私が言います」と言っていましたし、「代理人には決して言いにくいことは言ってもらってはいけない」と考えていました。というのは、遺産分割や離婚の調停など家事調停は、代理人の解任率が高いのです。当事者は感情的になると、すぐに代理人を解任してしまいます。それこそ当事者は一刀両断で解任しますから、「もう先生はいりません」と、それで終わりです。いくら説得しようとしても、「いや、先生、それはだめです。私はもう先生に頼みません」ということになってしまいます。ですから、私は、「いや、ちょっと

待って」と。当事者には「代理人が言っているのはこういうことだから」と言い、代理人には「先生、そんなこと言わないの。私が言ってあげるから」ということで、言いにくいことは必ず調停委員や裁判官に言ってもらわなければだめです。いろいろと調整というのは難しいですね。

杉井 そうです。代理人というのはあくまでもその人の代理人だから、あまり不利なことを言えないし、あまり説得しすぎると解任されてしまいます。一定のところで裁判官に言ってもらうというのは、それはよいですね。

梶村 代理人は決して裁判官ではありません。代理人は調停委員でもありません。調停委員から、「あの代理人が当事者の有利なことばかり言って困る」ということを聞くことがありますが、当事者の代理人なのだから、当事者の有利なことを言うのは当たり前ではないかと思いますね。

　入江先生が調整型と評価型について触れられましたが、まさに遺産分割を調整型で最後までうまくいったというケースは、その当事者たちは非常に優秀な当事者だったということです。それはめったにないです。そういう当事者には代理人が付いて、うまく問題点を整理してくれています。ところが、感情的対立がある、争点そのものが定まらないというケースでは、評価型にならざるを得ないのです。つまり、調停委員が何らかの形で整理して、「いや、これはこうではないか。あ

れはこうではないか」と言わないと、遺産分割はうまく成立しません。

2　遺産分割調停の争点と書面化

細川 これまで、遺産分割調停が長期化する要因として、まず当事者の感情の問題が指摘されましたが、遺産分割自体の争点が多岐にわたることも、長期化の要因と考えますが、いかがでしょうか。

梶村 遺産分割においては、まず当該遺産が遺産であるかどうかが問題になります。つまり、被相続人に帰属しているのか、名義どおり長男のものなのか、あるいは第三者のものなのか。それが相当に争いになる場合がけっこうあります。その部分を争われたら、これは訴訟事項でしょう。要するに遺産の範囲からして、まず問題になります。

細川 遺産の範囲が決まらないと調停は進まず、審判に移行してしまうということですね。

梶村 そうです。だから遺産分割では、まずは遺産の範囲の問題です。

　遺産の範囲が決まると、次に遺産の評価が問題となります。不動産にしても、最近は株式も、まだ上がっているときはよいでしょうが、上がっているときと下がっているときで評価が相当違います。

細川 調停が1年ほど続くと、すぐに変動しますね。

梶村 そうです。また、同族会社の株について争いがあると難しいです。

Ⅳ　遺産分割調停の考え方——長期化防止の視点から

　そこで、裁判所は、そのようなことはきちんと代理人や司法書士が事前に整理してほしいと思っています。そのような整理まで全部調停委員がやるとなると、逐一遺産を聞いて、あなたの同族会社でどういう、株はそうでしょうが、実際だれが支配しているのだとか、そんなことまで聞かないといけません。そうしないと被相続人がもつ株式の評価が決まりません。そのあたりになると、財産の専門家である司法書士の活動分野ではないかと私は思います。

細川　同族会社の株というのは、資産評価の面で難しいですよね。

杉井　でもまず最初の感情的な部分がある程度収まった後は、私はまさにこれは書面のやりとりというのが有効だと思います。口頭では誤解が生じることがありますから、たとえば遺産の範囲にしても、遺産の評価にしても、書面できちんと出すことが大事です。それこそ司法書士が得意とするところなので、それを整理して出してもらえば、非常に迅速になると思います。

梶村　そうですよね。あと争点になるのは、たとえば生前贈与、特別受益の問題と、それから最近、寄与分の主張が非常に多いです。被相続人は「最後私が面倒を見たのだから、他の人といっしょでは困ります」と言います。そうすると、寄与分がどれだけかということはいろいろな事情を考えないと出てこないですから、そのようなことをきちんと整理してもら

うと、非常に調停機関としてはありがたいです。

細川　寄与分の評価はけっこう厳しいですよね。

清水　あまり調停の中で評価されていないイメージがあります。書面にはしますが、結局調停では、それが反映された結果にならないですよね。

梶村　審判になると後が大変だから、裁判官は「時間がかかってもよいから、話をまとめてほしい」ということになってしまいます。

細川　話し合いで寄与分の割合を決めてくれということですか。

清水　でもきちんと出すしかないですよね。

杉井　たとえば、介護したというケースでも、病院代等を立て替えたという記録を出してもらうなど、ある程度数字化するという努力は必要でしょう。

清水　数字化は一般の方だけでは難しいところではありますよね。そこは支援が必要だと思います。

杉井　そうですよね。時間とか。

細川　時間がわかれば、介護保険の報酬単価を参考にできますし、ヘルパーであれば額が確定できます。

杉井　そういう数字が出てこないと、裁判所としては評価できないのではないでしょうか。

梶村　遺産分割ほど書面化が必要な事件はありませんね。遺産の範囲、遺産の評価、寄与分、生前贈与かどうかなど、多

くの争点を少しずつ書面化しなければなりません。

杉井 書面化は、最近かなり定着してきましたよね。以前は、延々言い合いになって、紛争が長期化する原因の一つであったと思います。

細川 書面ではっきりと、目で見て確認できないという部分ですよね。

梶村 最近は、裁判所から「こういう書面を出してください」ということで、どんどん書面の提出が求められます。それを提出できる当事者はよいですが、多くの当事者は、どのようにしてつくったらよいのかわかりません。その段階で司法書士にもいろいろと活躍していただいたほうがよいのではないかということです。

3 司法書士に求められる遺産分割調停支援

細川 長期化防止策として、まず当事者の感情面をとらえて調整を図ること、次に書面化をすることですね。

そこで、次は、どのように関与していくか。感情面は、まず相談の段階で聞いていくということでしょうね。

清水 紛争の根っこがどこにあるのかを、まずは聞くことですね。それこそ、遺産の範囲が問題なのではなくて、きょうだいげんかが根っこですというケースがあります。時には、争点にあまり関係ないことかもしれないけれども、そのような部分も、申立書や準備書面に一部反映させることがあります。それが依頼者の満足につながることもあると思います。

杉井 そして、聞いた中で、きちんと言うべき事実と抑えておくべき部分など、発言の指導もしていただくとよいのではないでしょうか。

清水 調停の中で、「最低限ここは伝えたほうがよいですよ」「このような伝え方をしたほうがよいですよ」ということはありますよね。要綱には入れないけれども、ここだけはきちんと言わないと次に進めない、考えてもらえないという部分ですね。

入江 私は遺産分割の調停というのは一番難しいと思っています。それで現行の遺産分割調停に国民が満足しているかというと、必ずしもそんなに高い満足ではないとみています。しかし、現実的に争いになった場合には、受け入れざるを得ないから受け入れているという形だと思います。その中で、裁判所が、提出資料を定式化して、当事者に何を求めるかということは定着してきたので、ある種の弁論主義の裁判みたいな感じで事実上や

Ⅳ　遺産分割調停の考え方——長期化防止の視点から

っているということですね。この分野は正直言って難しいですよね。法律論としても。

　何か司法書士は遺産分割に慣れているからできるという話だけでは済まないような問題が私はあると思っています。ただ、現実の遺産分割調停よりもっと手前に、介護であるとか、同族会社の事業の承継であるとか、本来はそこまで泥沼のけんかをするよりは、もうちょっと事前に賢い和解ができたかもしれないという話ですけど、本当は情報をお互いにきちんと見せ合って、そのうえで建設的な話し合いをしたいという潜在的なニーズはあると思います。だけど、誰もどこも提供していない、弁護士も含めて日本では誰も提供していないというのが現状だと思うのです。

　海外のメディエーションは、明らかにビジネスになっているので、司法書士だけではなくて、弁護士も含めて、今後の研究すべきマーケットとして重要であるはずです。裁判所の遺産分割調停は残るのだけれども、それ以外の国民の膨大なニーズ、きちんと話し合える場所が求められているはずなのです。その点は意識したほうが、私はよいのではないかなと思います。弁護士、司法書士のほか、大事なプレーヤーは税理士です。当事者からすれば、現実的な問題、たとえば会社の経営、介護の分担ということも含めて全部一切合財話せるような場が本当はほしいのです。

杉井　ちょっと言いにくいことを言いますが、司法書士が関与した事件で、遺産分割協議書を定型的に作成してしまって、これにサインしてくださいという形で一方的に送ってくることがあります。このようなことをされると、大抵の当事者は怒ってしまいます。「判子を押して、印鑑証明書を付けて送り返してください」など、一方的に文書を送ってこられると、こじれてしまいます。入江先生の指摘のとおり、裁判所の調停は敷居が高いですから、調停とはまた別に、どこかに話し合う場、たとえば民間のADRのような場があるとよいと思います。

梶村　そこで問題なのが、家事調停はあまりにも申立費用が低廉だということです。たとえば、普通の離婚調停では1200円、何億円という遺産分割でも1200円の申立費用でよいのだから、これでは民間のADRなどは、費用の面でいうと太刀打ちできるわけないですね。私は、民事調停はある程度訴額に応じて申立費用が累積で高くなるのだから、遺産分割などは累積で高くすべきだと思います。1200円ではあまりにも家庭裁判所はサービスしすぎですよね。

入江　でも、たとえば1日10万円支払っても、1億円以上の資産があって、兄弟姉妹が話し合う場がないみたいな人たちというのはけっこういるわけなので、現状を考えてもそれなりに市場はあるはずだと思っています。もちろん、梶村先生がおっしゃるように、遺産分割の調停が

445

安すぎる、あるいは遺産分割の調停に関しては、たとえば弁護士代理を必須にすべきだという議論もあって、ある種の当事者にもっと負担を求めるという議論はあってよいとは思います。それとは別に、私は民間の人たちも、裁判所の調停が安いからだめだというので思考停止するのではなくて、絶対1日10万円でも支払ってくれるお客さんはいるはずだという、そこをきちんと提供できていないのだという立場を私は考えるべきだと思っているのです。

梶村 では、民間のADRで遺産分割をする場合のメリットが何かというところですよね。

細川 たとえば、遺産分割協議書をつくってお渡ししているのに、数年間判子が戻ってこないことは、実務上よくあります。その裏には、先ほど指摘があったように、ほかに預貯金をもっている、不動産以外に預貯金がある、時には株がある、それを誰か一人が知っていて、ほかの人が知らないということがあります。ほかの人は「何かある。隠しているんじゃないか」という。このような場合に、裁判所に行く前に、とりあえず、そのあたりをオープンにする駆け込みの場として活用できれば、民間のADRのメリットがあると思います。調停というと、紛争が相当激化しているイメージですが、遺産分割はきょうだい間、親子間なので、離婚と違ってその後も関係が続くわけですから、その関係をどのようにして維持したり再構築したりするのかということですよね。

杉井 弁護士が受けたときは、私はできるだけ優しい文章で、とにかく話し合いをしたいから一度来てくださいという感じで機会を探りますが、司法書士の場合は、一方の代理人というわけにいかないから。

清水 こういうふうに言われて、こういうものをつくりましたということになります。

杉井 そうなると、ADRのような、もっと双方が集まれる場所が必要になると思います。

梶村 裁判所での調停となると、敷居が高いという面は確かにありますから、そうすると、たとえば、司法書士会などがADRのような活動をする場合には、あまり強制的なものではなくて、「ここは裁判所と違いますよ」、「あくまでも話し合い、納得して遺産を分ける場所ですよ」ということを広報することによって、「そうであれば、金銭の問題ではなくて、場合によっては利用しようか」という実績をつくらなければいけないという感じがします。

細川 相続人の死亡時に、とりあえず相続の手続を一般的に説明するなど、全員を集めて情報提供をする場というのも一つの方法なのかもしれないですね。

入江 相続の場合の調停前の話し合いの場所をつくるときには、注意しないと、情報をずっと抱え込んでいる人がその情

IV 遺産分割調停の考え方——長期化防止の視点から

報を出さないで、相手を丸め込む場所に使われるおそれがあると思っています。もちろん話し合いですが、当事者全員が情報をきちんともてるということを多少担保するというような点には気を付けるべきだと考えています。もちろん強制力はないわけですが、たとえば、調停の前に教育するということはあってよいと思います。裁判所の調停に行けばこういうことは当然に書類として提出することは要求されますよという程度の教育、あるいは情報開示について、調停機関側が踏み込む必要があると思っています。同族会社は登記しているのに登記情報を見せないとか、何かばかみたいな話があるわけですけれども。結局当事者間で情報が偏っていて、ある種の家督相続のような古い観念みたいなのがいまだに残っていますから、そういうものを単に追認する場所になるべきではないという点で、かなり価値観を含む制度設計にならざるを得ないと思います。たとえ性善説に基づく話し合いの場だとしても、そういうことをどのようにしてしつらえるかというところはちょっと踏み込んで考えないと、「私たち、対話型調停できますよ。何も情報提供しませんよ」というだけで無責任にやってよいのかどうかという問題はあると思います。

梶村 家督相続的な、明治民法的な感覚がいまだに残っているという指摘ですが、まさにそうですね。しかも東京、千葉、埼玉の大都会でさえ、そうです。大都会だからまさか、長男だから余計にもらうのは当たり前だとか、私は家を継ぐのだとか、そういう意識はもう戦後50年経ったから少なくなっていると思いきや、決してそうではない。ぎりぎりのところで争いになってくると、ぽろっと、「私は長男だから当たり前でしょう」という発言があったりします。いまだに均分相続の考え方が必ずしも一般の市民の間に行き通っていないですね。そういう意味では、弁護士、司法書士の法律専門家の支援が必要だということです。

細川 先ほど指摘のあった、介護の分担について、兄弟姉妹でうまく話し合えば、その点について遺産分割の時点で問題が広がるということはありませんよね。要は、誰がどのように負担していくのかということの話し合いをしておけば、遺産分割がうまくいく部分もあるでしょう。同族会社にしても、社長がいるときにその話はできませんが、介護であれば「どうやって面倒をみようか」という話はできますから。問題は、そのようなことを話し合う場がないということなのでしょう。

杉井 介護の問題は、誰が介護するかということと同時に、介護のための費用あるいは労力をどのように分担するかということもきちんと話し合って決めておけば、後になってトラブルになりません。それが誰か一人が金銭を全部管理して、自分のもののような感覚でどんどん使ってしまったりなんかするから、一方で不

447

信感が出ますよね。
入江 今話していることは、日本中で起きていることだと思います。たとえば、法教育みたいな観点で、司法書士会が10分間の動画をつくって動画共有サイトにアップするなど、できるではないですか。
清水 介護の問題など、遺産分割の問題になりそうなパターンを、遺産分割が始まる前に当事者に意識してもらうということですね。
入江 よくあるパターンがあるではないですか。
清水 裁判所に行く前に、ある程度の情報の共有化、意識の共有化ができていると、最後の調整がうまくいかなくなって調停にもっていくにしても、調停ができる限り短い期間でまとまるということにはつながるかもしれないですね。前段階が大切ということですね。
杉井 そうだと思います。
清水 そのうえで、しっかりと書面化をしていくということですね。たとえば、介護の負担のケースでいうと、ほかの当事者から「あなたに介護を全部任せるから、あなたが全部もらっていいよと言われた」と言って相談にくる方がいますが、相手にそれを確認すると「そんなことはない」ということがよくあります。事前に決めたことを書面にしておくということがあると、また違うという気はします。
杉井 そのように書面化していくということが日常的になると、まさに法化社会というか、法治主義が定着していくのかなという気がします。

—V— まとめ

細川 それでは、最後に一言いただけますか。

梶村 家事事件手続法が施行されて2年ほどになりましたが、やはり調停の迅速化は一つのテーマであることは間違いありませんので、そのためには法律専門家の支援が必要であると思います。その法律専門家には、もちろん弁護士が中心ですが、司法書士も相当程度かかわっていただかなければならないと思います。家事事件手続法は、透明性、当事者権の保障ということがメインですから、そのためには一方では話し合いをきちんとするということ、他方では書面化できちんと争点を明確にするということです。話し合いという点については、司法書士は、たとえば、静岡の例（静岡県司法書士会調停センターふらっと）にあるように、ADRをやればできるという実績がありますね。書面化については、いろいろと困難なものですが、研修を強化することによって司法書士は実績を積んでいくことができるのではないか。そういう観点からいくと、家事事件について、司法書士はそちらの方向へ舵を切っていかなければいけないという問題意識、これは非常に重要だと私は思います。私なりに支援したいと思っています。

杉井 私は、家事事件手続法ができた直後、「月報司法書士」に3号連続で原稿を書かせていただいたり（491号34頁以下、492号60頁以下、493号55頁以下）、あるいは長野県司法書士会の研修で家事事件手続法の話をさせていただいたりしていましたが、実ははっきり言って「司法書士は家事事件で代理人になれないのに、なぜ家事事件にこんなに興味をもつのかしら」なんて思っていました。でも、この座談会で、そのあたりの理解ができました。

ただ家事事件は、裁判所に来て、事件化してからだけの問題ではなくて、先ほどから出ているように、それ以前のいろいろな問題がいっぱいあるし、あるいはその後の、面会交流などはまさに調停後の問題です。司法書士だけではなくて弁護士もそうですが、法律専門家がどのようにフォローしていくかという、このことを皆で考えていく、ある意味社会的な問題として提起し、その条件を整備していくことがとても大事だなということを痛感しました。

入江 本日は、随分言いにくいことを言いました。私は司法書士といろいろと付き合いをするようになって10年以上経つのですが、よい人が多いのです。人間的によい人が多くて、個人的に好きな人が多いのです。だからこそ、たとえば、成年後見では比較的信頼できる相手だということで裁判所から認められているのだろうなと思うのです。ただし、という話

ですけれども、司法書士の今後のプロフェッションのあり方みたいなことを考えるときに、脱皮していかないといけないことがあると思っています。先ほど杉井先生が提起された、分割協議書に判子を押してくださいという話はまさに典型だと思うのですが、代書屋さん意識というか、クライアントとの関係の踏み込み方が非常に浅いのです。「お客さんが書いてくれと言ったから書きました」で終わる、あるいは「こういう仕事は裁判所あるいは法務局でマニュアルとして、こういう書面になっているから、これを埋めればいいのですよ」だけで終わっている。そうではない人をいかに増やせるかだろうと思っています。法律は何のためにあるかみたいな青臭い議論をすると、人と人がいっしょに協力できるようにするための知恵ですよね。クライアントとの関係を深い関係、踏み込んだ関係で、「書いてくれと言われたから書く」ではなくて、本当にそれぞれの当事者がどのような気持をもっていて、自分が関与するということはどのような影響を与えるのかという、その責任感みたいなことをもってかかわることが、私はもっと必要だと思っています。弁護士はいろいろと問題があるかもしれないけれど、集団としてみた場合にやはり一日の長があるというか、クライアントとの深い関係のつくり方という意味では、弁護士と司法書士の現状というのはかなり違うものだろうと思います。あるいは税理士と比べても、一般に司法書士はクライアントとの関係において浅いのではないかなと思うのです。そこをもう少し考えて、正面からきちんと向き合って、もっと社会の中で活躍できる場を増やすという可能性があると思っているのです。いろいろな動き方はあると思うのですけど、NPO法人をつくるうえで、コアのメンバーになるとか、あるいは社会に対して問題提起していくみたいな活動をやっていくとか司法書士会が後方支援するということももっとあってもよいのではないかと思っています。あるいはもっと言うと、大学の教員としては大学院にもっと来てほしいなと思っています。要するに誰かにお膳立てしてもらった書式を埋めるのではなくて、自分で目次を立てて、自分で議論を論じ切るのです。論文を書くのは、多くの司法書士にとってすごくよいトレーニングになると思っています。宣伝でもありますけれども（笑）　新しいものをクリエイトするような、そういう役割をぜひ果たすようになってほしいという願いは本当です。それぐらいの潜在能力がある人はいっぱいいると思いますし、ともかく頭はよい人が多いので。

清水　本日はありがとうございました。いろいろな宿題をいただいたような気がしていますが、調停は当事者がそれまで生きてきた人生を振り返って、いろいろな感情を吐き出して、整理整頓して、次のステップに進む、その一つの場所だと思います。私たち司法書士は、専門家と

V　まとめ

してそこにかかわっていって、いっしょに考えて、いっしょにつくって、いっしょに進んでいく、後押しをするという役割があると思っています。そこで先ほど指摘をいただいたように、もっと深く付き合わないと見えないところもあるというところで、もっともっと深くかかわりたいと思っています。家事事件に興味がある司法書士は増えています。私も全国あちこちに講師に呼ばれて、行ったりもしていますが、非常に関心が高いのはわかります。参加者も多いです。そのような人たちといっしょにまた、家事事件の一部だけではなくて、もっといろいろなところを見ていきましょうという提案をしています。この座談会では、調停の場面だけではなくて、調停の前にもできることがあるし、調停の後にもできることがあるということを勉強させていただきました。そこも含めてこれからもっと考えていきたいです。司法書士だからこそできることというのをもっと進めて実践していきたいなと思っています。

細川　ありがとうございました。本日は、いろいろと教えていただき、示唆もしていただいて、司法書士が今後どこに向かっていくのかという点について、ちょっときつい言葉はありましたが、それは当然私たちのことをよく考えていただいての発言だろうと思いますので、これをやっていきたいなと思います。司法書士は、自分たちの仕事をこれだけと決め付けるのではなく、もっと広い意味で考えて、依頼者にどのような形で支援ができるのか、定型的な業務から少し離れたところで何ができるかといった示唆もいただきましたので、それも含めて、市民のための専門家になっていきたいと思います。今後ともいろいろとご指導をよろしくお願いします。ありがとうございました。

●事項索引●

〔英数字〕

1/2ルール　215
DV →ドメスティック・バイオレンス
FPIC →公益社団法人家庭問題情報センター

〔あ行〕

遺言書　303
遺言無効　318
遺産分割（事件）　6, 12, 28, 57, 62, 296
慰謝料　78, 108, 185, 216, 228
移送　37
受継　56
援助開始決定　397
援助申込書　391
援助要件　384, 390

〔か行〕

家事調停官　39
家庭裁判所調査官　40, 59, 99, 131, 152, 153, 155
株式　336
換価分割　352, 357
監護権　122, 126, 174
監護者の指定・変更　78, 140
監護親　143, 148
間接強制　155, 285
鑑定人　337
忌避　26, 42
基本契約　379

強制執行　284
共有分割　352, 359
寄与分　344, 362
記録の閲覧・謄写　18, 23, 47, 98
現金　327
現物分割　352, 353
合意管轄　16, 29, 36, 88
合意に相当する審判　20, 48, 58, 61, 65, 68, 69, 72, 317
公営住宅　324
公益社団法人家庭問題情報センター　154, 175, 182
戸籍の届出　62, 75, 101
固定資産評価額　334
子の意思　58, 131, 151
子の氏の変更　3
子の監護に関する処分　89, 107, 161, 183, 205
子の引渡し　78
個別契約　379
婚姻費用　81, 87, 88, 107, 214, 251
婚姻費用算定表　252, 253, 257

〔さ行〕

財産分与　78, 80, 87, 107, 212, 230
祭祀承継者　314
参加　26, 28, 53, 54
試行的面会交流　152, 155
資産要件　387
事実の調査　26, 58
事情説明書　88, 271, 302

自動車　336
使途不明金　314, 320
司法書士法施行規則31条　372
社会保険　105
死亡退職金　331
就学援助　203
収入要件　385
出頭義務　11
償還免除・猶予　402
情報通知書　241
情報提供請求書　241
除斥　26, 41
書類作成援助　374, 383, 389
親権　122, 124, 174
親権者の指定・変更　78, 136
進行に関する照会回答書　88, 271, 302, 348
審判移行　18, 64, 88, 348
審判前の保全処分　251, 275
ステップファミリー　109
生活保護　185
生前贈与　339
生命保険金　327, 340
葬儀費用　314
相続財産管理人　314
相続税評価額　334
相続人不存在　300
相続分の譲受人　300
即時抗告　16, 18, 53, 55, 74

〔た行〕

代襲相続人　341, 345
代償財産　329
代償分割　352, 354
代理援助　374
調査嘱託　294
調停委員会　38, 59, 60, 63, 98, 131
調停条項案の受諾　28, 62, 100, 360
調停前置主義　17, 19, 33, 50, 64, 66, 69, 81, 297
調停に代わる審判　19, 27, 28, 58, 63, 65, 68, 70, 72
直接強制　284
陳述の聴取　16, 26, 131
賃料債権　329
手続代理人　30, 46, 47, 55, 83
テレビ会議　27, 57, 61, 100
電話会議　27, 57, 61
特別受益　301, 338, 361
特別代理人　10
ドメスティック・バイオレンス　9, 25, 84, 101, 144, 145, 148, 164

〔な行〕

年金分割→離婚時年金分割

〔は行〕

排除　56
非開示の希望（に関する申出書）　24, 88, 176, 303
非監護親　143, 150
不在者財産管理人　313
附帯援助　374
付調停　18, 66
不貞行為　112, 228, 231
不貞行為の相手方　232

扶養料　183
弁護士関与率　5, 7
包括受遺者　300, 342
法律相談援助　374, 381
保護命令　173
本人支援　10, 12, 311

〔ま行〕

未成年者　300
みなし相続財産　338, 342
民事法律扶助　374
面会交流　79, 80, 83, 89, 122, 130, 143, 174, 184
申立書の写しの送付　16, 23, 24, 50, 88, 176, 302
持戻免除　342

〔や行〕

有価証券　336
有責配偶者　86, 252

行方不明者　300, 313
養育費　79, 80, 83, 87, 143, 156, 180, 214
養育費算定表　186, 189
預貯金　324, 326, 335, 371

〔ら行〕

履行勧告　277
履行命令　281
離婚・離縁（事件）　19, 28, 58, 62, 69, 72, 74
離婚原因　86, 111, 228
離婚件数　5
離婚事件　5, 12
離婚時年金分割　78, 87, 105, 107, 237
離婚訴訟　5, 40, 86, 87, 88, 107, 230
離婚調書　392
連絡先（等）の届出書　25, 88, 271, 302, 348

●判例索引●

〔最高裁判所〕

大判大正13・3・13新聞2247号21頁 …………………………………… 324
最判昭和27・2・19民集6巻2号110頁 ………………………………… 86, 117
最判昭和29・4・8民集8巻4号819頁、判タ40号20頁 ………… 324, 326, 363
最判昭和34・6・19民集13巻6号757頁 …………………………… 330, 331, 363
最判昭和39・9・17民集18巻7号1461頁 ………………………………… 113
最判昭和40・2・2民集19巻1号1頁 ……………………………………… 327, 328
最判昭和45・11・24民集24巻12号1943頁 ……………………………… 114
最判昭和47・2・15民集26巻1号30頁 …………………………………… 318
最判昭和48・6・29民集27巻6号737頁 …………………………………… 328
最判昭和53・11・14民集32巻8号1529頁 ………………………… 268, 270
最判昭和54・2・22家月32巻1号149頁 …………………………………… 329
最判昭和55・11・27民集34巻6号815頁 ………………………………… 331
最判昭和58・10・14判時1124号186頁 …………………………………… 331
最判昭和59・7・6家月37巻5号35頁 ……………………………………… 143
最判昭和60・1・31家月37巻8号39頁 …………………………………… 331
最判昭和62・4・23民集41巻3号474頁 ………………………………… 365
最大判昭和62・9・2民集41巻6号1423頁 ………………………… 86, 117, 118
最判平成元・2・9民集43巻2号1頁 ……………………………………… 370
最判平成元・3・28家月41巻7号67頁 …………………………………… 118
最判平成2・3・6家月42巻6号40頁 ……………………………………… 118
最判平成2・9・27民集44巻6号995頁、判時1380号89頁 ………… 365, 370
最判平成2・10・18民集44巻7号1021頁 ………………………………… 324
最判平成2・11・8家月43巻3号72頁 …………………………………… 118
最判平成4・4・10家月44巻8号16頁 …………………………………… 327
最判平成5・11・2家月46巻9号40頁 …………………………………… 118
最判平成6・2・8家月46巻9号59頁 ……………………………………… 118
最判平成12・5・1民集54巻5号1607頁 ………………………………… 143
最決平成12・9・7家月54巻6号66頁 …………………………………… 355
最決平成16・10・29民集58巻7号1979頁 ……………………………… 340

455

最判平成17・9・8民集59巻7号1931頁……………………………………… 329, 330
最判平成21・1・22民集63巻1号228頁、家月61巻5号41頁…………… 321, 336
最判平成22・10・8家月63巻4号122頁……………………………………… 327
最決平成25・3・28民集67巻3号864頁……………………………………… 156

〔高等裁判所〕

大阪高決昭和37・1・31家月14巻5号150頁………………………………… 180
福岡高判昭和44・12・24判時595号69頁…………………………………… 220
高松高決昭和48・11・7家月26巻5号75頁………………………………… 319
大阪高決昭和54・3・8家月31巻10号71頁………………………………… 355
東京高判昭和54・3・27判タ384号155頁…………………………………… 115
東京高判昭和55・5・29判時968号62頁……………………………………… 117
東京高判昭和55・9・29判時981号72頁……………………………………… 231
東京高決昭和58・4・28判時1079号48頁…………………………………… 200
東京高決昭和58・12・16家月37巻3号69頁………………………………… 252
東京高判昭和59・5・30判タ532号249頁…………………………………… 115
仙台高判昭和59・12・14判時1147号107頁………………………………… 117
東京高決昭和63・1・14家月40巻5号142頁………………………………… 330
東京高決平成元・12・28家月42巻8号45頁………………………………… 345
東京高判平成2・4・25判時1351号61頁…………………………………… 115
大阪高決平成2・8・7家月43巻1号119頁………………………………… 203
大阪高決平成2・9・19家月43巻2号144頁………………………………… 346
大阪高判平成2・12・14判時1384号55頁…………………………………… 115
東京高判平成3・7・16判時1399号43頁…………………………………… 231
東京高決平成10・4・6家月50巻10号130頁……………………………… 201
名古屋高決平成10・10・13判時1674号80頁…………………………… 319, 320
大阪高判平成12・3・8判時1744号91頁…………………………………… 231
東京高決平成14・2・15家月54巻8号36頁………………………………… 325
大阪高決平成14・6・5家月54巻11号60頁………………………………… 352
大阪高決平成14・6・15家月54巻11号71頁………………………………… 359
広島高岡山支決平成17・4・11家月57巻10号86頁……………………… 339
広島高決平成19・1・22家月59巻8号39頁………………………………… 174
東京高判平成19・2・27判タ1253号235頁………………………………… 118

広島高判平成19・4・17家月59巻11号162頁･････････････････215
大阪高決平成19・12・6家月60巻9号89頁････････････････････340

〔地方裁判所〕

熊本地判昭和30・1・11家月7巻10号25頁････････････････････364
新潟地判昭和36・4・24判タ118号107頁･････････････････････113
名古屋地判昭和47・2・29判時670号77頁････････････････････112
大阪地判昭和48・1・30判時722号84頁･･････････････････････217
東京地判昭和59・10・17判時1154号107頁･･･････････････････116
東京地判昭和60・3・19判時1189号69頁･････････････････････231
浦和地判昭和60・9・10判タ614号104頁･･････････････････115, 231
浦和地判昭和60・12・25判タ617号104頁････････････････････232
横浜地判昭和61・12・25判タ637号159頁････････････････････232
横浜地判平元・8・30判時1347号78頁････････････････････････229
岡山地津山支判平成2・6・14判時1410号100頁･････････････116
長野地判平成2・9・17判時1366号111頁････････････････････116
岡山地津山支判平成3・3・29判時1410号100頁･････････････232
広島地決平成5・8・27家月47巻9号82頁･･･････････････････180
東京地判平成9・10・20判タ999号283頁････････････････････325
東京地判平成14・5・21判例家事審判法1076の2の1頁･･････116
東京地判平成17・2・25判タ1232号299頁･･･････････････････198

〔家庭裁判所〕

東京家審昭和44・2・24家月21巻8号107頁････････････････323
福岡家小倉支審昭和56・6・18家月34巻12号63頁･･････････319
神戸家審平成元・11・14家月42巻3号94頁･･････････････････202
高松家丸亀支審平成3・11・19家月44巻8号40頁･･････････340
東京家審平成18・6・29家月59巻1号103頁･････････････････204
東京家審平成20・7・31家月61巻2号257頁･････････････････252
東京家審平成21・1・30家月62巻9号62頁･･････････････････340

●執筆者紹介●

浦井　裕樹（うらい・ひろき）

略　歴　平成9年司法書士登録、大阪司法書士会

著書・論文等　「補助・保佐における同意権・代理権の考え方」実践成年後見7号19頁以下、「礼金返還請求訴訟について」月報司法書士486号84頁以下、『払いません。』（共著）、『Q&A敷金・更新料訴訟の実務』（共著）

梅垣　晃一（うめがき・こういち）

略　歴　平成17年司法書士登録、鹿児島県司法書士会

著書・論文等　『労働紛争対応の手引』（共著）、「家族によるクレジットカードの偽造・不正利用とカード名義人の支払責任」現代消費者法7号129頁以下

井上　尚人（いのうえ・なおと）

略　歴　平成13年登録、静岡県司法書士会

著書・論文等　「自己責任の時代とセーフティネット」市民と法11号92頁以下

清水　佐智子（しみず・さちこ）

略　歴　平成12年登録、広島司法書士会

著書・論文等　「離婚調停」月報司法書士512号64頁以下、「婚姻費用分担請求」同513号72頁以下、「親子関係不存在確認」同515号85頁以下

関根　圭吾（せきね・けいご）

略　歴　平成19年司法書士登録、東京司法書士会

著書・論文等　「いわゆるヴァーチャル口座に対する債権差押命令の申立て」現代消費者法11号143頁以下、「パチンコ攻略法詐欺の実態および対処法」市民と法61号48頁以下

近藤　誠（こんどう・まこと）

略　歴　平成9年司法書士登録、東京司法書士会
著書・論文等　『会社を経営するならこの一冊』（共著）、『不動産登記を見る・読むならこの一冊』（単著）、『新米司法書士はるかの事件ファイル』（単著）、『バーテンダー司法書士楓の事件ノート』（単著）

西山　弓子（にしやま・ゆみこ）

略　歴　平成12年司法書士登録、奈良県司法書士会
著書・論文等　「沖縄のハンセン病療養所について」月報司法書士388号16頁以下、「道がない」同446号82頁以下

〔編者所在地〕

日本司法書士会連合会

〒160-0003　東京都新宿区本塩町9-3

☎03-3359-4171㈹

http://www.shiho-shoshi.or.jp/

離婚調停・遺産分割調停の実務
──書類作成による当事者支援

平成27年5月9日　第1刷発行

定価　本体4,400円＋税

編　　者	日本司法書士会連合会	
発　行	株式会社　民事法研究会	
印　　刷	株式会社　太平印刷社	

発 行 所　株式会社　民事法研究会
　　　　〒150-0013　東京都渋谷区恵比寿3-7-16
　　　　〔営業〕TEL 03(5798)7257　FAX 03(5798)7258
　　　　〔編集〕TEL 03(5798)7277　FAX 03(5798)7278
　　　　http://www.minjihc.com/　info@minjiho.com

落丁・乱丁はおとりかえします。ISBN978-4-86556-013-8　C2032　￥4400E
カバーデザイン　袴田峯男

▶遺言執行者に必要な知識と実務を書式を織り込み解説した手引の最新版!

遺言執行者の実務
〔第2版〕

日本司法書士会連合会　編

A5判・428頁・定価　本体4,000円+税

本書の特色と狙い

▶遺言を実現するための遺言執行者の職務について、就任直後の実務から、相続人・受遺者等への対応、身分行為・登記等の名義変更手続の実際、終了事務までを記載例を織り込みわかりやすく解説!

▶民法・家事事件手続法の基本事項から、実務上問題となる論点についての判例・学説まで網羅した実践のための手引!

▶法改正や新たな判例に基づく加筆を行うとともに、遺言、遺言執行や遺留分に係る論点の記載内容を見直し、記載内容をよりわかりやすくするために、家事審判申立書などについては、関係書式として巻末に収録!

▶家事事件全般の受任にも役立つ判例も多数盛り込まれており、司法書士・弁護士等はもとより、遺言や遺留分について関心を持つ一般の方々や金融機関等にとっても至便の書!

本書の主要内容

第1章　遺言と遺言執行
1　遺言
2　遺贈
3　遺言の執行
4　遺留分

第2章　遺言執行者の業務Q&A
1　はじめに——本章の構成
2　遺言を作成するにあたっての注意点
3　遺言執行者に就任するまで
4　遺言執行者に就任してからの職務
5　具体的な遺言事項の執行方法（1）
　　——身分的な遺言事項
6　具体的な遺言事項の執行方法（2）
　　——各種名義変更手続
7　遺言執行の終了、その他

第3章　遺言執行関連の論点
1　遺言
2　遺言執行
3　遺留分

関係書式・資料
資料1　関係書式
資料2　家事事件別表第一審判事件の添付書類および予納郵券一覧表
資料3　全国司法書士会所在地・連絡先一覧

発行　民事法研究会

〒150-0013　東京都渋谷区恵比寿3-7-16
（営業）TEL. 03-5798-7257　FAX. 03-5798-7258
http://www.minjiho.com/　info@minjiho.com

■ハーグ条約・実施法に対応して改訂増補！■

裁判事務手続講座〈第3巻〉

〔全訂10版〕
書式 家事事件の実務
―審判・調停から保全・執行までの書式と理論―

二田伸一郎・小磯 治 著

A5判・606頁・定価 本体5,200円＋税

◁◁◁◁◁◁◁◁ 本書の特色と狙い ▷▷▷▷▷▷▷▷▷▷▷▷

- ▶全訂10版では、ハーグ条約・ハーグ条約実施法に基づく国際的な子の返還申立て、子の監護に関する処分（面会交流）調停申立ての手続・書式を追録！
- ▶施行から1年半となる家事事件手続法下の実務・運用および最新の判例を収録するとともに、審判・調停手続に関連する実体法の論点と実務上の留意点も解説！
- ▶103件もの書式・記載例を収録し、理論と実務を一体として詳解した実践手引書として多くの方々から長年にわたり好評を博してきたロングセラー！
- ▶手続の流れに沿って具体的かつわかりやすく解説しているので、弁護士、司法書士、裁判所関係者などの法律実務家のみならず、法務アシスタントや法律知識にうとい一般の市民にとっても格好の手引書！

本書の主要内容

第1章 家事事件の概要	第7章 家事雑事件の申立て
第2章 家事事件手続	第8章 民事執行法に関する事件の申立て
第3章 審判事件の申立て	第9章 その他の申立て
第4章 調停事件の申立て	第10章 不服の申立て等
第5章 合意に相当する審判事件の申立て	第11章 養育費等の強制執行の申立て
第6章 ハーグ条約・実施法に基づく子の返還申立て	〔参考〕家事事件に関連する制度の概要等

発行 民事法研究会

〒150-0013 東京都渋谷区恵比寿3-7-16
(営業) TEL. 03-5798-7257　FAX. 03-5798-7258
http://www.minjiho.com/　info@minjiho.com